Ullstein Sachbuch

ÜBER DAS BUCH:

Elf Frauen geben zu Protokoll: nichts Sensationelles. Aber Gravierendes, das an den Nerv der Zeit rührt. Sie berichten über Erlebnisse zu unterschiedlichen Zeiten, jedoch an ein und demselben Ort. Dieser Ort, um den ihre traumatischen Erinnerungen kreisen, ist die Strafvollzugseinrichtung Hoheneck/Stollberg – das größte Frauengefängnis der DDR. Der Erfahrungsbogen setzt an im Januar 1950 und endet zu Beginn der achtziger Jahre. So nehmen – fragmentarisch, doch eindringlich genug – drei Jahrzehnte politischer Verfolgung konkrete und zugleich düstere Gestalt an.

»Die ›Hohenecker Protokolle‹ von Ulrich Schacht organisieren in Buchform einen Lokaltermin über das ›größte Frauengefängnis der DDR und zugleich die (wohl) unmodernste, humanen und hygienischen Minimalanforderungen im Strafvollzug am wenigsten entsprechende Anstalt der DDR‹. Schacht geht detektivisch und dokumentarisch an die Arbeit, ihm geht es um die Spurensicherung, ›über drei Jahrzehnte politischer Verfolgung von Frauen in der DDR‹ . . .«
(DIE WELT)

DER AUTOR:

Ulrich Schacht wurde 1951 im Frauengefängnis Hoheneck/DDR geboren, wo seine Mutter aus politischen Gründen inhaftiert war. Er wuchs im mecklenburgischen Wismar auf, absolvierte eine Bäckerlehre, war Pfleger in der Psychiatrie, studierte dann Theologie in Rostock und Erfurt und arbeitete am Theater. 1973 wurde er verhaftet und wegen »staatsfeindlicher Hetze« zu einer langjährigen Gefängnisstrafe verurteilt, aber 1976 in die Bundesrepublik entlassen. Hier studierte er Politikwissenschaft und Philosophie. Seit 1984 arbeitete er als Literaturredakteur bei der *WELT* in Bonn; seit Mai 1987 leitet er das Ressort Kulturpolitik bei der *Welt am Sonntag* in Hamburg.
Weitere Veröffentlichungen: *Traumgefahr* (Lyrikband 1981, für den der Autor den Andreas-Gryphius-Förderpreis und das Stipendium des Alexander-Zinn-Preises der Freien und Hansestadt Hamburg erhielt); *Scherbenspur* (Lyrikband 1983); *Letzte Tage in Mecklenburg. Erinnerungen an eine Heimat* (herausgeg. von U. Schacht 1985): *Dänemark – Gedichte* (1986); *Brandenburgische Konzerte* (1989)

Ulrich Schacht (Hrsg.)

Hohenecker Protokolle

Aussagen zur Geschichte der politischen Verfolgung von Frauen in der DDR

Ullstein Sachbuch

Ullstein Sachbuch
Ullstein Buch Nr. 34591
im Verlag Ullstein GmbH,
Frankfurt/M – Berlin

Ungekürzte Ausgabe

Umschlaggestaltung:
Hansbernd Lindemann
Unter Verwendung eines Fotos
vom Ullstein Bilderdienst

Printed in Germany 1989
Druck und Verarbeitung:
Ebner Ulm
ISBN 3 548 34591 3

Juli 1989

CIP-Titelaufnahme
der Deutschen Bibliothek

Hohenecker Protokolle: Aussagen zur
Geschichte der politischen Verfolgung von
Frauen in der DDR / Ulrich Schacht
(Hrsg.). – Ungekürzte Ausg. –
Frankfurt/M; Berlin: Ullstein, 1989
(Ullstein-Buch; Nr. 34591:
Ullstein-Sachbuch)
ISBN 3-548-34591-3
NE: Schacht, Ulrich [Hrsg.]; GT

Ulrich Schacht
Hoheneck. Nachdenken über ein Stichwort

1

Am 8. November 1973 ratifizierte die DDR als 21. Staat den von der Generalversammlung der Vereinten Nationen im Dezember 1966 aufgelegten »Pakt über die bürgerlichen und politischen Rechte«, in dessen Präambel »die Anerkennung der allen Mitgliedern der menschlichen Gesellschaft innewohnenden Würde«[1] vorausgesetzt und anerkannt wird, daß die »Gleichheit und Unveräußerlichkeit ihrer Rechte die Grundlage von Freiheit, Gerechtigkeit und Frieden in der Welt bildet«.[2] Gleichzeitig wird die »Erkenntnis« festgehalten, »daß nach der Allgemeinen Erklärung der Menschenrechte das Ideal vom freien Menschen, der bürgerliche und politische Freiheit genießt und frei von Furcht und Not lebt, nur verwirklicht werden kann, wenn Verhältnisse geschaffen werden, in denen jeder seine bürgerlichen und politischen Rechte ebenso wie seine wirtschaftlichen, sozialen und kulturellen Rechte genießen kann«.[3] – Es mag für den aufmerksamen Zeitgenossen lediglich eine rhetorische Frage sein, angesichts dieser Vorgaben, die zweifelsohne einen idealpolitischen Akzent haben, nach ihrer gesellschaftlichen Verwirklichung auch in der DDR zu fragen, verfügen wir doch seit Jahrzehnten über eine Fülle von beweiskräftigen Erfahrungen und Informationen, die den ehemaligen Ostberliner Professor für Internationales Wirtschaftsrecht und Direktor für ausländisches Recht und Rechtsvergleichung Wolfgang Seiffert – heute an der Universität Kiel – zu der lakonischen Feststellung veranlaßte: »Die Gründung der DDR war im Gegensatz zur Bildung der Bundesrepublik Deutschland die auf der Basis von Gewaltakten zustande gekommene Staatswerdung des kommunistischen Systems sowjetischer Prägung . . . Ihre Geburtsstunde war nicht ihre formelle Gründung am 7. Oktober 1949. Ihre wirkliche Gründung erfolgte vielmehr auf dem Wege a) der Stationierung sowjetischer Truppen in Deutschland im Ergebnis des Zweiten Weltkrieges; b) der unter dem Schutz der sowjetischen Besatzungsmacht unfreiwillig vollzogenen Vereinigung von Kommunisten und Sozialdemokraten in der SBZ am 22. April 1946 und c) der Spaltung der deutschen Hauptstadt Berlin im Jahre 1948.«[4] Aber wenngleich dieser Charakterisierung in der Tat nichts hinzuzufügen ist, wir also davon auszugehen haben, daß permanente Gewaltakte konstitutives Ordnungsprinzip des Staates DDR sind, scheint es doch nicht überflüssig zu sein, nach legitimationsideologischen Belegstücken in der veröffentlichten Meinung der DDR zu suchen, die jener Einschätzung widersprechen. Das vor allem deshalb, weil in der Konfrontation von gesellschaftlicher Theorie mit gesellschaftlicher Praxis (wie sie eben auch in den Hohenecker Protokollen zum Ausdruck kommt) keineswegs nur faktische Diskrepanzen deutlich werden, sondern nicht zuletzt die Qualität der politischen Moral der herrschenden Klasse der DDR, für die – nach eigenem Bekunden – »die Macht das allererste (ist).«[5] Natürlich immer nur »zum Wohle des ganzen Volkes«[6], denn »im Regelfall der Geschichte ist der Träger des Terrors zur Eroberung von Herrschaft eine *Führungsminderheit,* die sich mit der Mehrheit, berechtigt oder unberechtigt, zumindest ideell gleichsetzt«.[7] In der Konsequenz dieser Herrschafts-Psychologik liegt auch folgende Selbstcharakterisierung der DDR, die stellvertretend für viele gleichlautende oder ähnliche hier zitiert werden soll: »Unsere sozialistische Gesellschaft ist ein wahrer Hort der Freiheit. Diese Gesellschaft ermöglicht ihren Mitgliedern einen Freiheitsspielraum, den nicht ein einziges kapitalistisches Land auch nur annähernd aufzuweisen hat. In der Geschichte unseres Volkes gab es keine Zeit, in der es so frei atmen konnte, wie in der Deutschen Demokratischen Republik.«[8] Zweifelsohne muß diese in Superlativen schwelgende Selbsteinschätzung der gesellschaftspolitischen Verhältnisse in der DDR auf jeden auch nur halbwegs Informierten grotesk wirken: Millionenfach ist bis zum 13. August 1961, dem Tag des Mauerbaus durch Berlin und dem Beginn der technischen Perfektionierung der innerdeutschen Grenze, mit den Füßen gegen diesen »wahren Hort der Freiheit« abgestimmt worden: indem man ihn fluchtartig verließ; und was den behaupteten »Freiheitsspielraum« betrifft, so wurden seit November 1961 von der zentralen Erfassungsstelle für Unrechtstaten der Länderjustizverwaltungen in Salzgitter rund 30 000 DDR-Gewaltakte registriert: »Es handelt sich dabei um Tötungsdelikte und versuchte Tötungshandlungen, um Mißhandlungen und Verschleppungen, um Fälle von politischen Verdächtigungen und von Verurteilungen aus politischen Gründen.«[9] Aber gerade diese Flut von erschreckenden Tatsachen scheint der Grund dafür zu sein, daß DDR-Ideologen im Auftrag der SED in immer neuen Anläufen zu »beweisen« versuchen, »daß Freiheit in der gemeinschaftlich ausgeübten Macht der Menschen über ihre natürlichen und gesellschaftlichen Existenzbedingungen besteht . . . und daher erst in der kommunistischen Gesellschaft zu wahrer Existenz und Entfaltung gelangt«.[10] Daß »die wachsende Führungsrolle der Partei« – also die uneingeschränkte Herrschaft der führenden Parteifunktionäre – in diesem Kontext auch noch als entscheidendes »Kennzeichen des Wachstums der Freiheit der Gesellschaft und jedes einzelnen«[11] betont wird, ist nur die zynische Pointe einer durchschaubaren Legitimationsideologie, die ihre diplomatische Kehrseite im ebenso zynischen Ratifizieren von Menschenrechtskonventionen der Vereinten Nationen hat, an die man sich – was die DDR allerdings mit den meisten Staaten der Welt gemein hat – auch nicht im Traum zu halten gedenkt. Zum Glück leben wir jedoch im Zeitalter der grenzüberschreitenden Medien, mit deren Hilfe wir Einblicke gewinnen bzw. Informationen, die zur Realitätsfindung beitragen, verbreiten können: Wer gesellschaftliche Praxis entdeckt, kommt gesellschaftlicher Wahrheit nahe – ganz im Sinne jenes marxistisch-leninistischen »erkenntnistheoretischen Grundsatzes«, wonach die Praxis das Kriterium der Wahrheit ist. Noch jedes politische oder soziologische Wörterbuch der

DDR formuliert dies unter dem Stichwort »Praxis«, und in einer Studie über die »Grundlagen des dialektischen Materialismus« heißt es dazu: »Wie alle Erkenntnis letzten Endes aus der gesellschaftlichen Praxis hervorgeht und ihr dient, so liegt in der Praxis zugleich auch das letzte und höchste Kriterium der Wahrheit. Die Klassiker des Marxismus-Leninismus sahen jeden Versuch, die Frage nach der Wahrheit außerhalb der Praxis zu lösen, als scholastisch an . . . Das Kriterium der Praxis hat absoluten Charakter, insofern die Praxis die Wahrheit einer Theorie zuverlässig beweist.«[12] Die vorliegende Dokumentation versucht deshalb auch nichts anderes als einen wesentlichen Aspekt der gesellschaftlichen Wirklichkeit der DDR, das entscheidende Moment ihrer politischen Praxis zur Sprache zu bringen: das Moment der politischen Verfolgung. Denn ohne politische Verfolgung – hauptsächlich ausgeführt durch das Ministerium für Staatssicherheit der DDR – »sind Machterhaltung und Herrschaftssicherung im Staat der SED . . . undenkbar wie umgekehrt Existenz und Notwendigkeit des MfS bis heute aus den Macht- und Herrschaftsverhältnissen im Staat der SED resultieren. Dabei wird die Abwehr- und Sicherungsfunktion des MfS im Innern der DDR durch seine nach außen gerichtete Angriffsfunktion ergänzt. Seine besondere Gefährlichkeit liegt eben in dieser Bündelung seiner Aufgaben als politische Geheimpolizei mit exekutiven Befugnissen, als Untersuchungsorgan in politischen Strafsachen und als geheimer Nachrichtendienst.«[13] Das politisch-administrative System der DDR – obwohl flexibler und subtiler geworden in seinen repressiven Maßnahmen – kann deshalb nach wie vor nicht als ein lediglich »autoritäres« definiert werden, sondern erweist sich in seinen Strukturen auch nach dreieinhalb Jahrzehnten immer noch als konsequent *totalitär* organisiert. In der Logik dieses historischen wie aktuellen Sachverhaltes, dem der *unbedingte* Machterhaltungswille einer kleinen Gruppe von Menschen zu Grunde liegt (so heißt es zum Beispiel in einem Glückwunschschreiben des Zentralkomitees der SED zum 75. Geburtstag des Politbüromitgliedes und Ministers für Staatssicherheit der DDR, Erich Mielke, u. a.: »Du widmest Dich als Kommunist der geduldigen Erziehung junger Menschen zu bewußten und selbstlosen Kämpfern in den Organen des Ministeriums für Staatssicherheit, die bereit sind, jeden Auftrag der Partei bedingungslos zu erfüllen.«[14]), muß gesehen werden, was mit vorliegender Dokumentation erneut bezeugt werden soll: Existenz und Wirksamkeit jenes institutionalisierten Instrumentariums, mit dessen Hilfe politische Verfolgung und Unterdrückung in der DDR zu einem alltäglichen Phänomen gemacht wurden und werden.

II

Wesentlichster Teil dieses repressiven Instrumentariums ist, wie schon hervorgehoben, das Ministerium für Staatssicherheit (MfS), hinzu kommen die Ministerien für Justiz (MdJ) und des Innern (MdI). Letzterem untersteht die sog. »Verwaltung Strafvollzug«. Sie alle operieren, wenn es um die Verfolgung von politisch Andersdenkenden geht, inzwischen durchaus auf dem Boden einer Fülle von Gesetzen und Rechtsverordnungen, d. h. vor dem Hintergrund einer legalistischen Fassade – nehmen jedoch, wenn es darauf ankommt (und es kommt oft darauf an), nicht einmal die eigenen gesetzlichen Grundlagen ernst, weil der Endzweck der politisch motivierten »Rechtssprechung« in der DDR prinzipiell nichts anderes ist als konsequente Menschenrechts-Brechung. So finden wir zum Beispiel im Lehrbuch des »Strafverfahrensrechts« der DDR zum »Vollzug der Untersuchungshaft« folgende Erläuterungen: »Der sozialistischen Gesellschaft ist eine menschenunwürdige Behandlung von inhaftierten Personen fremd. Deshalb werden ihnen nur die Beschränkungen auferlegt, die der Zweck der Untersuchungshaft, die Ordnung der Anstalt oder die Sicherheit erfordern (§ 130 Abs. 1). Der Verhaftete trägt – von den Ausnahmefällen abgesehen, wenn er als Ausbrecher bekannt ist oder aus der Untersuchungshaft zu entfliehen suchte – Zivilkleidung, so daß er sich auch äußerlich von einem Strafgefangenen unterscheidet. Gestatten es die räumlichen Verhältnisse, wird ihm auf Wunsch Gelegenheit zu produktiver Arbeit gegeben. Er erhält die Möglichkeit, das politische Tagesgeschehen zu verfolgen, sich kulturell zu betätigen und sich weiterzubilden ... Die Einzelhaft wird nur ausnahmsweise verfügt, da sie für den Inhaftierten mit starken Beschränkungen verbunden ist ... Der Inhaftierte erhält ausreichend Gelegenheit, sein Recht auf Verteidigung wahrzunehmen. Verfahrensdokumente werden ihm unverzüglich nach ihrem Eingang zugeleitet, und auf seinen Wunsch hin Schreibgeräte, Schreibmaterialien und Gesetzblätter zur Verfügung gestellt. Schreiben des Verhafteten an das Untersuchungsorgan oder Gericht werden ungeöffnet weitergeleitet. Gleiches gilt bezüglich der Korrespondenz zwischen ihm und seinem Verteidiger ... Hat der Staatsanwalt für das Stadium des Ermittlungsverfahrens nichts anderes verfügt, finden die Aussprachen mit dem Verteidiger ohne Gegenwart dritter Personen statt.«[15] Was sich hier als Zustandsbeschreibung gibt, hat mit den tatsächlichen Zuständen zumindest in den U-Haftanstalten des Ministeriums für Staatssicherheit nicht das geringste zu tun. Das erste, was ein Verhafteter dort erlebt, ist das erzwungene Ablegen seiner Zivilkleidung sowie aller persönlichen Gegenstände (einschließlich seiner Armbanduhr). Ebensowenig gibt es Gelegenheiten, produktiv tätig zu sein. Wenn er Glück hat, erhält er nach einigen Wochen (vorausgesetzt, er ist geständig) Bücher sowie eine Tageszeitung. Von weiteren »kulturellen« Möglichkeiten als Ausdruck einer Regel ist nichts bekannt; auch gibt es keine Gelegenheit, sich fachlich weiterzubilden. *Regel* ist es dagegen (und eben nicht Ausnahme), daß der politische Häftling zuerst einmal isoliert, d. h. in Einzelhaft gehalten wird. Wochenlange Einzelhaft ist in diesem Zusammenhang normal, monatelange nicht selten und jahrelange immer wieder vorgekommen. Das so betonte »Recht auf Verteidigung« – ohnehin nur ein formales, wenn es um politische Verfahren geht – wird selbst als Formalie noch auf ein Minimum reduziert: Während des sog. Ermittlungsverfahrens beim MfS finden Gespräche zwischen dem Verhafteten und seinem Anwalt *immer* in Gegenwart dritter, also unter Aufsicht eines Sicherheitsbeamten statt. Erst wenn das Ermittlungsverfahren abgeschlossen ist, können sich Anwalt und Mandant unter vier Augen sprechen. Allerdings weisen viele Anwälte mit einer kurzen Geste darauf hin, daß diese Vier-Augen-Gespräche durchaus keine Vier-Ohren-Gespräche sind. Diese Grundbedingungen, denen komplettierend hinzuzufügen ist, daß sich jeder Staatsanwalt der DDR per definitionem als »Staatsfunktionär« zu verstehen hat, der »der Arbeiterklasse und dem sozialistischen Staat treu ergeben ist«[16], illustrieren nur jene Auffassung Lenins, nach der »das Recht ›als eine Form der Propaganda‹«[17] anzusehen sei, eine Auffassung, die in einem 1984 erschienenen Buch der Akademie für Staats- und Rechtswissenschaft der DDR ausdrücklich gewürdigt wird, denn hierin drücke »sich kein willkürlicher ›Balanceakt‹, kein ›Spielen‹ mit dem Recht aus, sondern vielmehr das bewußte Abwägen seiner Möglichkeiten«.[18] Otto Kirchheimer, Jurist, Politikwissenschaftler und Verfolgter des Naziregimes, hat schon frühzeitig in seiner Monographie über »Politik und Justiz« den inhumanen Kern dieser Pseudo-Rechtspolitik freigelegt, indem er schrieb: »›Sozialistische Gesetzlichkeit‹ läuft, wenn man sich's genau besieht, nur darauf hinaus, daß die unbeirrbare Beachtung aller Befehle und Signale in allen untergeordneten Ebenen garantiert wird . . . Da sie einer bestimmten Politik dient und nicht die Mission hat, das Gleichgewicht der Gesellschaft herzustellen . . ., wird (sie) zur Knute, mit der der Staat die Erreichung der jeweiligen Vorrangziele sichert.«[19] Aus diesem Grund ist die juristische Ungleichbehandlung vergleichbarer politischer (aber auch krimineller) Straffälle in der DDR genauso *System* wie zum Beispiel der gravierende Unterschied der Lebensbedingungen in den U-Haft-Anstalten bzw. Strafvollzugseinrichtungen des MfS und des MdI. »Strafgesetzbuch«, »Strafprozeßordnung«,

»Strafverfahrensrecht«, »Strafvollzugs-« und »Wiedereingliederungsgesetz« – sie alle sind somit nur, jedenfalls wenn es um politische Verfolgung geht, Teile eines modern geschnittenen »Rechtsgewandes«, hinter dem sich lediglich die willkürlichen Interessen einer politischen Minderheit verbergen: »Das sozialisische Recht ist . . . konzeptionell in die politische Gesamtstrategie der SED . . . eingebettet«[20] und bleibt damit »ein wesentliches Instrument zur Verwirklichung der schützenden Funktion der Staatsmacht«[21] – nicht zuletzt gegen »noch existierende kleinbürgerliche und bürgerlich-spontane Denk- und Verhaltensweisen«[22] in der DDR. »In seinem Referat vor den 1. Sekretären der Kreisleitungen der SED (1978) erklärte Erich Honecker unmißverständlich: ›Unsere Politik des planmäßigen Ausbaus der sozialistischen Rechtsordnung und der Gewährleistung der Rechtssicherheit verlangt, allen Tendenzen falsch verstandener Toleranz, des Liberalismus oder gar des Anarchismus entschieden entgegenzutreten. Dazu, und schon gar zu Positionen verfassungs- und gesetzwidriger Handlungen – gleichviel, ob sie offen feindlich oder pseudotheoretisch verkleidet werden –, verhalten wir uns weiterhin mit der gebotenen Unduldsamkeit. Je strikter wir Gesetzlichkeit, Ordnung und Sicherheit wahren, je höher die Klassenwachsamkeit ausgeprägt ist, um so geringere Chancen hat der Feind für seine subversiven Ziele und Machenschaften gegen den Sozialismus . . .«[23] Aber was sich hier klar und deutlich als Macht-Position einer Minderheit äußert, ist nicht so sehr Willkür aus Irrationalismus, sondern Willkür aus einem rationalen *Prinzip* heraus. Trotz aller Lehrbuchsystematisierung und damit theoretischen Berechenbarkeit gibt sich das politische Verfolgungssystem der DDR in der Praxis *betont unsystematisch* im Sinne von unberechenbar, denn nur mit Hilfe einer gezielt popularisierten Verunsicherungsskala von *möglichen* repressiven Maßnahmen erfüllt es *systematisch* seine Sicherungsaufgaben. Einziger Zweck all dieser – selbstverständlich *keiner echten* gesellschaftlichen Kontrolle unterliegenden – Maßnahmen ist die schnelle und gründliche Liquidierung nicht nur des jeweils faktischen, sondern auch jedes potentiellen Widerstandes – wobei schon das geringste politisch motivierte Wider-Wort, die harmloseste alternative Geste – *öffentlich gemacht* – strafrechtlich relevant und – je nach kontextbezogener Einschätzung durch das Ministerium für Staatssicherheit, also auf dem Boden des Opportunitätsprinzips – auch verfolgt werden. So trat, als jüngstes Beispiel dafür, am 1. Juli 1984 in der DDR eine neue »Verordnung zur Bekämpfung von Ordnungswidrigkeiten« in Kraft, die u.a. Personen mit Ordnungsstrafen bedroht, die Zusammenkünfte organisieren, »die geeignet (sind), gesellschaftliche Interessen zu mißachten oder die öffentliche Ordnung und Sicherheit zu beeinträchtigen«[24]. Mit der gleichen Strafe bedroht wird, wer »in demonstrativer Weise eine Mißachtung von Gesetzen und anderen Rechtsvorschriften, staatlichen Interessen bekundet oder dazu auffordert«[25]. Begründet wird eine solche Rechts-Politik, die Schuldige geradezu produziert, mit folgenden, stereotyp wiederholten »Argumenten«: »Der Schutz der Errungenschaften des Volkes hat infolge der Konfrontationspolitik der aggressivsten imperialistischen Kreise und der subversiven Tätigkeit der imperialistischen Geheimdienste an Bedeutung zugenommen. Die Volkskammer hat die notwendigen gesetzgeberischen Voraussetzungen für konsequente staatliche Reaktionen auf feindliche Angriffe geschaffen.«[26] Vor solchem Hintergrund muß die im § 1 (1) der Strafprozeßordnung der DDR formulierte Behauptung, das Strafverfahren diene »der gerechten Anwendung des sozialistischen Strafrechts ... Es sichert, daß jeder Schuldige, aber kein Unschuldiger strafrechtlich zur Verantwortung gezogen wird«[27] als bewußte Lüge bezeichnet werden, verweist gleichzeitig aber auf den generell phraseologischen Charakter der Rechts-Terminologie der DDR. Dennoch sind im juristisch-propagandistischen Schrifttum dieses Staates Äußerungen und ideologisch motivierte Theoreme zu finden, die – wenn auch nur kryptisch – dem tatsächlichen Zweck der jahrzehntelangen Verfolgungspraxis wesentlich näherkommen: in der Strafe – »als Reaktion auf eine Straftat« – »äußert sich die unverbrüchliche politische Macht der Arbeiterklasse ... sie (ist) immer zugleich eine staatlich-rechtliche und politisch-moralische durch das Gericht im Namen des Volkes«[28]. Daß solches Unrechts-Theoretisieren auch noch steigerungsfähig ist, und zwar um die Dimension Zynismus, mag ein anderes Zitat belegen. Zu der These: »Die Strafe als Einheit von Zwang und Überzeugung«[29] führt ein Kollektiv von Mitarbeitern der Akademie für Staats- und Rechtswissenschaft der DDR aus: Im Sozialismus sind 'Überzeugung und Zwang' »Ausdruck und Widerspiegelung der historischen Gesetzmäßigkeit; auch der Zwang verkörpert die historische Notwendigkeit. Ihre Anwendung erfolgt im Interesse des Volkes. Als Äußerung des demokratischen Zentralismus dient auch der Zwang der Entfaltung der sozialistischen Demokratie ... Gerade in diesem wechselseitigen Durchdringen von Zwang und Überzeugung besteht die Dialektik ihres inneren Zusammenhangs: Der Zwang der Überzeugung paart und vereinigt sich mit der überzeugenden Wirkung des Zwangs.«[30] Da aber »jeder Bürger der DDR weiß, was unter Strafe gestellt ist und im wesentlichen auch warum«[31], ist er grundsätzlich selber schuld, wenn er, um ein Bild zu gebrauchen, zwischen die Enden dieser gut geölten dialektischen Zange gerät. Die »zuständigen Organe der DDR« reagieren nur konsequent, wenn sie deshalb – den 1978 verkündeten Forderungen Erich Honeckers gemäß – »strikt« mit »Unduldsamkeit« observieren, verhaften, verurteilen und – auf Monate und Jahre hinaus – *einschließen,* denn der Staat DDR war vom ersten Tag seiner Existenz an das, was man eine »geschlossene Gesellschaft« nennt, weil nur der *Einschluß* der beherrschten Mehrheit den *Ausschluß* der herrschenden Minderheit verhindert. Wie sehr sich die DDR als eine »geschlossene Gesellschaft« versteht, wird nicht zuletzt in der rigorosen Ablehnung deutlich, das *eigenwillige* Verlassen eben dieser Gesellschaft zu legalisieren: »Solange der Bürger in der sozialistischen Gesellschafts- und Staatsordnung der DDR lebt, besteht kein Anlaß, das Staat-Bürger-Verhältnis rechtlich zu beenden«.[32] Denn »in Übereinstimmung mit dem Wesen der sozialistischen Staatsbürgerschaft akzeptiert das Recht der DDR *keinen individuellen Anspruch auf Entlassung*«[33] aus der DDR. Damit ist nicht nur de facto, sondern eben auch de jure die Ebene einer modernen Art von Leibeigenschaft erreicht, und wer das in der DDR anders sieht – möglicherweise auf der Grundlage des Artikels 12 (2) des auch von der DDR ratifizierten Internationalen Pakts über die bürgerlichen und politischen Rechte vom 19. Dezember 1966 – hat sich schon kriminalisiert.

III

Dies alles entsprechend zu werten, ist nie ein Problem für die (eingeschlossenen) Betroffenen gewesen. Ihre Erfahrungen vor Ort waren und sind eindeutig, weil sie auf dem Boden der nackten Existenz und nicht in den Beletagen diplomatischer Leerformeln-Verbreiter gemacht wurden. Dieser polemische Gedanke hat deshalb mit vorliegender Dokumentation zu tun, weil es in den letzten Jahren in der Bundesrepublik Deutschland zunehmend Mode geworden ist, sich politischen Systemen wie der DDR nur noch »diplomatisch« zu nähern. Was aber auf der Ebene zwischenstaatlicher oder weltpolitischer Beziehungen einsehbar und taktisch begreifbar ist, wird auf dem Felde der politisch-ideellen *Aufklärung* unerträglich: Denn wer hier auf der Basis der sog. »normativen Kraft des Faktischen« *diplomatische* Methoden und Sichtweisen in Information und Analyse bringt, wer meint, totalitäre Staaten – wo auch immer sie liegen – an deren eigenem, sprich: propagandistischem Selbstverständnis messen zu müssen, der läßt nicht nur die historisch bewährten Werte und Freiheiten der parlamentarischen Demokratie hinter sich, der geht vor allem über Leichen: im wörtlichen wie im übertragenen Sinne – und setzt damit die typisch deutsche »Unfähigkeit zu trauern« fort, die »Relativierung der Moral«, obwohl es doch gerade in

Deutschland darauf ankommt, »die Schärfung des Bewußtseins für innere und äußere Realität« zu betreiben, um Alexander und Margarete Mitscherlichs Worte zu gebrauchen. Denn wenn es richtig ist – und es *ist* richtig! –, daß zum Beispiel das »Recht des Dritten Reichs« eben kein *Recht*, sondern von Anfang an *Un-Recht* war, dann gilt das – nach alldem, was wir wissen und wissen können – zweifelsohne auch für ein »Rechtssystem«, wie es seit 1949 in der DDR angewandt wird, das in machtgewisser Offenheit über sich und seine legitimationsideologischen Prämissen verbreiten läßt: »Vorbild und Maßstab der sozialistischen Grundrechte sind nicht in den bürgerlichen Menschenrechtsdeklarationen zu finden. Die sozialistischen Grundrechte sind Klassenrechte ... Die Richtigkeit und Gültigkeit dieser Idee wurde auch in der DDR durch eine dreißigjährige Praxis und Entwicklung bestätigt.«[34] Wer hier also »wertfrei« zu analysieren beginnt, spricht – ob er will oder nicht – erwiesenermaßen Unschuldige *erneut* schuldig und begibt sich damit auf die Ebene einer rechtspositivistischen »furchtbaren Juristerei«. Es gibt in der Bundesrepublik Deutschland inzwischen Staatsanwälte, Verwaltungsbeamte, Politiker und Wissenschaftler, die hier mit »Filbingermentalität« zu argumentieren und zu operieren beginnen. Seit geraumer Zeit wird die Existenzberechtigung der zentralen Erfassungsstelle für Unrechtstaten der Länderjustizverwaltungen in Frage gestellt, »erkennen« Politologen in der DDR das »Modell einer kalkulierten Emanzipation«[35], predigen Neo-Metterniche den Eingeschlossenen auf der anderen Seite die Verinnerlichung ihrer Unfreiheit und widerspruchslose Akzeptanz ihres Verhaftet-Seins in den historischen Zufall, weil deren mögliches oder gar faktisches Freiheits-Verlangen angeblich nichts Geringeres gefährde als den Weltfrieden[36] (ein »Argument« übrigens, das DDR-Staatsanwälte schon seit Jahrzehnten fast jedem politisch Angeklagten entgegenschleudern). In diesen Zusammenhang gehört auch der Hinweis, daß es ebenfalls schon längere Zeit üblich ist, in den Medien der Bundesrepublik Deutschland das Problem der politischen Verfolgung in der DDR mit den Problemen freigekaufter ehemaliger politischer Häftlinge oder Übersiedler aus der DDR zu vermischen. In den Mittelpunkt der Berichterstattung geraten so immer wieder Personen, die ihre oppositionelle Haltung in der DDR »progressiv« motiviert verstanden wissen wollen (was immer das im Einzelfall konkret bedeuten mag), und die deshalb – kaum hier angekommen – sofort als Kronzeugen politischer Äquidistanz präsentiert werden. Oder aber wir werden mit Menschen konfrontiert, die schon nach wenigen Tagen und Wochen ihres »Westlebens« zu Sozial- bzw. Kriminalfällen degenerierten. Ich verkenne nicht Legitimität und Notwendigkeit, auch darüber zu berichten. Aber es ist zu bedenken, ob nicht inzwischen im öffentlichen Bewußtsein ein monströses Mißverhältnis zwischen dem Wissen um diese popularisierten Fallminderheiten und dem dadurch verdrängten Wissen um die überwältigende Mehrheit derjenigen besteht, die ihre Befreiung aus der Gesellschaftsordnung der DDR und/oder deren Gefängnissen im besten Sinne für sich und die neue Gemeinschaft nutzen – nicht zuletzt deshalb, weil sie ein Bewußtsein *dafür* entwickeln konnten, daß der politische Ort »Bundesrepublik Deutschland« zwar kein paradiesisch heiler, wohl aber ein strukturell menschlicherer ist. Unter diesem Gesichtspunkt sollten die den Gesprächsprotokollen vorgeschalteten Lebensläufe gelesen werden – belegen sie doch, wie ich meine, durchaus *nicht* kritiklose Anpassungsbereitschaft der neuen Welt gegenüber, sondern in erster Linie *Erfahrungsoffenheit,* die vorhandene Selbstbestimmungschancen in der parlamentarischen Demokratie *erkennt* und *nutzt.* Es gilt also – alles in allem – jenen vorhin skizzierten, zum Teil schon weit fortgeschrittenen Anfängen einer neuen deutschen Verdrängungs-Politik entschieden zu wehren und gleichzeitig Material zur Verfügung zu stellen, das die Erarbeitung *sinnvoller* gesellschaftskritischer Maßstäbe ermöglicht, denen geschichtliche bzw. aktuelle *Erfahrungen* zu Grunde liegen und nicht politische Ideal-Modelle, die alles Gute verheißen und doch nur in den geschichtlich bekannten Schrecken enden. Insofern versteht sich diese Dokumentation als eine zutiefst sachliche, weil konkret sachbezogene Arbeit.

IV

Die Sache, auf die sich hier im engeren Sinne bezogen werden soll, heißt »Hoheneck«: ein Gebäudekomplex in einer Stadt, eine Stadt in einem Staat, ein Staat in der Mitte Europas – auf dem Boden des geteilten Deutschland. »Hoheneck«: das Frauengefängnis in Stollberg im Erzgebirge. Stollberg: eine Kreisstadt im DDR-Bezirk Karl-Marx-Stadt. Die DDR – Teil des sozialistischen Weltsystems und laut Artikel 6 ihrer Verfassung »für immer und unwiderruflich mit der Union der Sozialistischen Sowjetrepublik verbündet«[37]. Dies also der große Zusammenhang. Und der kleine – der vor Ort? In einem Lexikon der DDR können wir unter dem Stichwort »Stollberg« folgendes erfahren: »Kreisstadt im Bezirk Karl-Marx-Stadt, am Nordrand des mittleren Erzgebirges, im Tal des Gablenzbaches und auf den umgebenden Hochflächen, 400 bis 450 m ü. M. Die 13200 Ew. zählende Stadt ist das politische, gesellschaftliche und das Versorgungszentrum des dicht besiedelten Industriekreises sowie Straßenverkehrsknotenpunkt. In den Industriebetrieben werden Erzeugnisse der Elektrotechnik (Radios u. a.), der Elektrizität und des Maschinenbaus sowie Metallwaren hergestellt. Die Stadt ist ein Zentrum des Gesundheitswesens mit Pathologischem Institut und Arbeitshygienischem Zentrum. Sie besitzt ferner Kulturhaus, EOS, Bibliothek, Freibad, Gondelteich, Sportplätze, Keglerheim und Kinderferienlager. Sehenswürdigkeiten sind die Kirchen St. Marien (14./15. Jh., spätgotischer Flügelaltar von 1516) und St. Jakobi (1653/59, Turm 1879), schöne Fachwerkhäuser sowie das Kreisgericht (1812, klassizistisch).«[38] Des weiteren wird darüber informiert, daß die Stadt durch »Kolonisation im späten 12. Jh. entstand« und in ihrer Nähe »auf steiler Höhe eine 1224 als Herrensitz nachzuweisende, seit dem 18. Jh. als Hoheneck bezeichnete Burg erbaut wurde«[39], die später offensichtlich verfiel, denn »auf den Grundmauern des verfallenen Schlosses Hoheneck«, heißt es weiter, »wurde 1863 eine Strafanstalt errichtet«[40]. Aber damit hat es sich dann. Stollberg also kein Schreckensort? Und »Hoheneck« kein Schrekkenswort? Wenn es nach diesem Lexikon geht, offenbar nicht. Arbeitsstätten, medizinische Fürsorgeeinrichtungen, kulturelle Attraktionen zählt es auf – einen aktuellen Hinweis auf die uralte Strafanstalt jedoch gibt es nicht. Wie denn auch auffällt, daß es keine erzgebirgischen Wanderkarten gibt, die die Stadt Stollberg kartografisch ins Blickfeld rücken – immer enden die Ausschnitte (geben sie nun das West-, Mittel- oder Ost-Erzgebirge wieder) vor dieser Stadt. – Zwischen Weimar und Buchenwald, wir wissen das Unfaßbare, lagen Welten. Stollberg ist nicht Weimar und »Hoheneck« zum Glück nicht Buchenwald. Aber geblieben sind sie wohl, die ganz speziell deutschen Distanzen und Dimensionen. Weiß man in diesem Land endlich einmal das, was man wissen *kann* und *will?* Oder weiß man immer noch *nur,* was man wissen *darf*? Und was darf man in der DDR noch über diese Burg wissen, die seit 1863 ein Gefängnis ist? Nichts natürlich, was die Gegenwart charakterisiert. Aber alles, was sie *legitimiert.* Und was legitimiert sie den neuen Geschichtsbüchern zufolge so fundamental? Das Antifaschist- und Opfer-Sein einiger Führer der neuen Gesellschaft im Reich des Adolf Hitler, im »SS-Staat«, den sie überlebten. Bis hierhin ist die Recherche nicht nur erlaubt, sondern auch erwünscht. Danach herrscht die Retusche: Politische Justiz gibt es in einem von Kommunisten geführten Staat nicht, weil »in sozialistischen Staaten für eine Opposition keine objektive politische oder soziale Grundlage (existiert), denn die Arbeiterklasse – im Bündnis mit allen anderen Werktätigen – ist die machtausübende Klasse«[41]. Das Palmström-Niveau dieser Art von Polit-Logik (nach der »nicht sein *kann,* was nicht sein *darf*«) ist unübersehbar – aber es kann wohl kaum noch überraschen. Und so endet in der Konsequenz dieser Logik Hoheneck als Ort politischer Verfolgung im Jahre 1945. Bis dahin gab es sehr wohl eine politische, also die wilhelminische, Weimarer und faschistische Klassen-Justiz; und in den Jahren von 1933 bis 1945, so lesen wir in dem 1974 in Leipzig erschienenen Nachschlagewerk »Gedenkstätten: Arbeiterbewegung Antifaschistischer Widerstand Aufbau des Sozialismus«, war das Gefängnis Hoheneck nichts Übleres als ein »SA-KZ«, in dem, wie weiter vermerkt wird, der Stollberger KPD-Funktionär Alfred Kempe »brutal mißhandelt«[42] wurde. – Aber Hoheneck hat auch *nach* 1945 *nicht* aufgehört, eine Stätte von brutalen und subtilen Mißhandlungen an Menschen zu sein. Die politische Klassen-Justiz des »gewöhnlichen Sozialismus« in der ehemaligen SBZ und späteren DDR sorgt seit nunmehr fast vier Jahrzehnten für einen nie unterbrochenen Strom von menschlicher Not und menschlichem Elend – auch und gerade in der Strafvollzugseinrichtung Hoheneck, wie sie heute exakt und offiziell in der DDR genannt wird.

V

Elf Frauen geben in diesem Zusammenhang Erfahrungen zu Protokoll, die nichts Sensationelles an sich haben, aber gravierend genug sind, um an den Nerv der Zeit zu rühren. Sie berichten mit unterschiedlichem Temperament, in unterschiedlicher Sprache und aus subjektiver Sicht über Erlebnisse zu unterschiedlichen Zeiten – jedoch an ein und demselben Ort. Der Ort, um den ihre traumatischen Erinnerungen kreisen, ist jenes Gefängnis in Stollberg im Erzgebirge, das seit 1863 existiert: Hoheneck – heute das größte Frauengefängnis der DDR und zugleich »die (wohl) unmodernste, humanen und hygienischen Minimalanforderungen im Strafvollzug am wenigstens entsprechende Anstalt der DDR«[43]. Der Erfahrungsbogen der sich Erinnernden setzt an im Januar 1950 (nach Auflösung der bis zu diesem Zeitpunkt von der Sowjetischen Militär-Ad-

ministration weiter betriebenen ehemaligen NS-Konzentrationslager Buchenwald und Sachsenhausen) und endet am Beginn des Jahres 1984. So nehmen – fragmentarisch, doch eindringlich genug – über drei Jahrzehnte politischer Verfolgung von Frauen in der DDR konkrete Gestalt an. Daß es sich dabei auch noch um ein besonders infames Kapitel handelt, hängt nicht zuletzt mit der ebenfalls rein propagandistischen These von DDR-Ideologen zusammen, die behauptet: »Daß es in den sozialistischen Ländern gelungen ist, in nur wenigen Jahrzehnten . . . die Gleichberechtigung der Frau zu verwirklichen . . ., zeigt überzeugend die Fähigkeit des Sozialismus, soziale Grundfragen der Menschheit zu lösen. Die neue gesellschaftliche Stellung der Frau in den sozialistischen Ländern führt anschaulich vor Augen, daß Sehnsucht und Streben der Frauen und Mädchen, als gleichberechtigtes und gleichgeachtetes Mitglied der Gesellschaft anerkannt zu werden, über gleiche Rechte und Entwicklungsmöglichkeiten zu verfügen, erfüllbar sind, daß der Kampf der Bewußtesten von Erfolg gekrönt ist . . . Für sie ist ein sinnerfülltes Leben kein illusionärer Traum geblieben, sondern reale Wirklichkeit geworden.«[44]
Die vorliegende Dokumentation konterkariert diese Behauptung und entlarvt sie als eine von vielen ideologischen Notlügen, die der Herrschaftsapparat der DDR täglich verbreiten läßt, um auch an diesem Punkt den tatsächlichen Alltag, der nicht zuletzt von alltäglicher Verfolgung aus politischen Gründen gekennzeichnet ist, zu verschleiern. Der so intensiv behaupteten Emanzipation der Frau in den sozialistischen Ländern – und damit auch in der DDR – steht eine besonders intensiv betriebene Unterdrückung im Frauengefängnis Hoheneck gegenüber, denn im Vergleich mit Erfahrungsberichten aus Männerstrafanstalten wird deutlich, daß die Lebens- und Arbeitsbedingungen in Hoheneck physisch brutaler und psychisch zerstörerischer sind als anderswo: Terrorisierender Arbeitszwang und auf die Spitze getriebene ökonomische Ausbeutungs-Mechanismen verbinden sich in diesem Gefängnis mit unsäglich würdelosen räumlichen und hygienischen Be-

dingungen sowie einem aus Frauen rekrutierten Bewachungspersonal, dessen Härte und Distanziertheit unübertreffbar zu sein scheinen, das sich zudem mit besonderer Vorliebe den aus politischen Gründen inhaftierten Frauen und Mädchen »widmet« und dies alles in perfekt funktionierender Interessenkoalition mit ausgesuchten Häftlingen aus dem Bereich der Schwerstkriminalität, die in Zellen und Werkstätten klassische Kapo-Funktionen erfüllen. Gewiß: Auch in Hoheneck – das belegen die Protokolle unübersehbar – sind die Unterdrükkungsmaßnahmen und -mechanismen, ist die strukturelle Gewalt subtiler, raffinierter geworden – wie noch überall in den Haftanstalten der DDR. Aber konstant geblieben ist der Versuch, gerade den politischen Häfling zu erpressen, ihn seelisch zu zermürben, seinen inneren Widerstand mit äußeren Mitteln zu brechen, sowie aus allen »eine gefügige Masse« zu »machen, aus der kein individueller oder Gruppenwiderstand mehr hervorgehen«[45] kann. Doch beschreiben die Protokolle nicht nur diese Seite des seit über drei Jahrzehnten anhaltenden menschenrechtsfeindlichen Geschehens, das – *und dies soll unterstrichen sein* – von allen, die an der Erarbeitung dieser Dokumentation beteiligt waren, ganz gewiß *nicht* egozentrisch vermerkt sein will, sondern sehr *bewußt* im Kontext historischer wie aktueller *weltweiter* politischer Verfolgung *begriffen* und *gewertet* wird. Zu Wort kommt in diesen Protokollen auch das Wider-Wort, kommen Gesten, Äußerungen und Handlungen geistig-politischen Widerstands und menschlicher Solidarität unter geist- und solidaritätsfeindlichen Bedingungen. Natürlich haben sich in über dreißig Jahren Motivationsfiguren, Verhaftungsanlässe, Strafmaße und Überlebensmethoden geändert: den Müttern – vor oder im »Dritten Reich« geboren – sind die Töchter, Schwiegertöchter und Enkeltöchter gefolgt, die in der gesellschaftlichen Realität der DDR aufwuchsen. Was aber geblieben ist, ist das Wesentliche: das elementare Streben nach persönlicher Freiheit und Selbstbestimmung. Dieses Streben und Ziel, das in den Protokollen einmal »Freisein von Angst« genannt wird, ist der Kern, der die Generationen eint – auch wenn jede es anders begründet. »Die triumphierende Revolution«, heißt es bei Camus, »muß mit ihrer Polizei, ihren Prozessen und ihren Exkommunikationen beweisen, daß es keine menschliche Natur gibt. Die gedemütigte Revolte muß durch ihre Widersprüche, ihre Leiden, ihre wiederholten Niederlagen und ihren unablässigen Stolz dieser Natur ihren Gehalt von Schmerz und Hoffnung geben.«[46] Die »Hohenecker Protokolle« wollen in genau diesem Sinne Zeugnisse sein – Zeugnisse von »Menschen in der Revolte«, die nichts anderes gewagt und verbrochen haben, als über sich selbst zu bestimmen. Das System, in dem sie dies wagten, die DDR, reagierte entsprechend: unmenschlich in der ganzen Schreckensfülle des Wortes – und nannte und nennt eben diese unmenschlichen Reaktionen Akte »revolutionärer Gerechtigkeit« oder »das neue Recht, die wahre Gerechtigkeit«[47] – die Opfer aber »Faschisten, Rassisten, verbrecherisch handelnde Anhänger des Imperialismus«[48]. Mit Camus sollten wir die Vertreter dieser »revolutionären Gerechtigkeit« um das Adjektiv nicht länger beneiden, sondern selbstbewußt davon ausgehen, daß – wo und wie auch immer eine Revolution *gesiegt* hat – die *humane Revolte* als Konterrevolution denunziert und verfolgt werden *muß*.

VI

Was mich, den Herausgeber, zur Erstellung dieser Dokumentation motiviert hat, sind mehrere Gründe: Zum einen befindet sich auf meiner Geburtsurkunde, die am 16. Juni 1951 vom Standesamt Wismar/Ostsee ausgefüllt und mit der »Nr. 338/1951« versehen wurde, folgende Eintragung: »Ulrich Hartmut Christian Schacht ist am 9. März 1951 in Stollberg/Erzgebirge, An der Stallburg 7, geboren worden«. Hinter diesem harmlos klingenden Straßennamen verbirgt sich nichts anderes als das Frauengefängnis Hoheneck. Etwa acht Jahre später erfuhr ich in ersten Gesprächen von meiner Mutter

Einzelheiten über Ort und Umstände meiner Geburt, über Gründe und Abgründe, in die man sie und meinen Vater gestoßen hatte. Ich erfuhr sie mithin rechtzeitig genug, so daß dritte mich nicht überraschen konnten. Ich habe das Wissen um meinen Geburtsort zu keiner Stunde als Makel, sondern sehr bald nur noch als eine Verpflichtung angesehen, die sich im Laufe der Jahre durch die Erfahrungen und Schicksale weiterer Frauen, die meinen Lebensweg kreuzten, verstärkte. Ein weiterer Grund ist in meinem eigenen politischen Verfolgtsein durch das System der DDR zu sehen. Jahrelanger geistiger Widerstandskampf aus dem Raum der ev. Kirche heraus gegen die politischen Strukturen der DDR und eine sich nach der Festnahme anschließende, fast vierjährige Haft in der U-Haftanstalt der MfS-Bezirksverwaltung Schwerin sowie in der Strafvollzugseinrichtung Brandenburg-Görden haben jene vorhin genannte Verpflichtung weiter verstärkt. Ich bin deshalb allen Beteiligten aufrichtig dankbar, mir bei der Erfüllung dieser Chronistenpflicht geholfen zu haben, für ihre uneingeschränkte Bereitschaft, ureigene Erfahrungen der Öffentlichkeit preiszugeben, denn diese Bereitschaft ist nach wie vor keine selbstverständliche. Fast alle, die in dieser Dokumentation zu Wort kommen, haben Menschen im anderen deutschen Staat, die ihnen lieb und teuer sind. Doch ein offenes Reden in Sachen Hoheneck wird gewiß nicht mit erleichterten Ein- oder Ausreisegenehmigungen durch die DDR-Behörden honoriert werden. Und so kommt zum Dank ein tiefer Respekt vor der Fortsetzung einer Haltung, die mit dem Begriff Zivilcourage möglicherweise zu salopp umschrieben ist. Aber in Deutschland hat dieses Wort wohl doch noch immer genug Format – weil Gründe –, um nach wie vor als Ehrenbegriff gelten zu können. Ich danke schließlich meiner Mutter sowie meiner Frau, die über ihre spezielle Gesprächsbereitschaft hinaus *wesentlich* am technischen Zustandekommen des Manuskripts beteiligt waren.

Hamburg, im Sommer 1984

Anmerkungen

1 amnesty international Der internationale Menschenrechtsschutz, Frankfurt am Main 1981, S. 199
2 Ebenda
3 Ebenda
4 Wolfgang Seiffert: Der ›deutsche Faktor‹ kehrt mehr und mehr in die Politik zurück, in: Frankfurter Allgemeine Zeitung vom 5. Juni 1984, Nr. 128, S. 11
5 Bericht des Zentralkomitees der Sozialistischen Einheitspartei Deutschlands an den IX. Parteitag der SED. Berichterstatter: Genosse Erich Honecker, Berlin 1976, S. 110; zitiert nach: Eberhard Poppe: Reflexionen zum Staatsrecht als grundlegendem Rechtszweig, in: Staat und Recht 6/84, S. 435
6 Ebenda
7 Eugen Kogon: Der SS-Staat. Das System der deutschen Konzentrationslager, München 1982, S. 28
8 Helmut Klotsch, Alfred Kohlsdorf, Heinrich Opitz: Freiheit – ein Vorzug des Sozialismus (Ost-)Berlin 1978, S. 12/13
9 Tgn. HANNOVER, 19. April: Die Witwe Burkerts entdeckte die Verletzungen und drang auf Obduktion, in: Frankfurter Allgemeine Zeitung vom 20. April 1983
10 Freiheit und Gesellschaft, (Ost-)Berlin 1973, S. 5
11 Ebenda S. 328
12 R. O. Gropp: Grundlagen des dialektischen Materialismus, (Ost-)Berlin 1970, S. 196/97
13 Karl Wilhelm Fricke: Die Problematik der Kaderauslese und das Ministerium für Staatssicherheit in der DDR, in: Beiträge zur Konfliktforschung 2/1984, S. 25
14 Zentralkomitee gratuliert Genossen Erich Mielke, in: Neues Deutschland vom 28. Dezember 1982, Nr. 304, S. 1
15 Strafverfahrensrecht Lehrbuch, (Ost-)Berlin 1982, S. 159
16 Grundlagen der Rechtspflege Lehrbuch, (Ost-)Berlin 1983, S. 133
17 Staat, Recht und Politik im Sozialismus, (Ost-)Berlin 1983, S. 170
18 Ebenda
19 Otto Kirchheimer: Politische Justiz, Frankfurt am Main 1981, S. 438/39

20 Staat, Recht und Politik im Sozialismus, (Ost-)Berlin 1983, S. 188/89
21 Ebenda S. 191
22 Ebenda
23 Ebenda S. 191/92
24 Höhere Strafen bei Verstößen gegen die staatliche Ordnung, in: Die Freiheitsglocke Juli/August 1984, S. 13
25 Ebenda
26 Klaus Heuer: Recht und Gesetzlichkeit in unserem Lande, in: Einheit 9-82, S. 935
27 Strafprozeßordnung, (Ost-)Berlin 1981, S. 15
28 Erich Buchholz, Ulrich Dähn, Hans Weber: Strafrechtliche Verantwortlichkeit und Strafe, (Ost-)Berlin 1982, S. 97
29 Ebenda S. 99
30 Ebenda S. 99/100
31 Ebenda S. 100
32 Gerhard Riege: Die Staatsbürgerschaft der DDR, (Ost-)Berlin 1982, S. 295
33 Ebenda S. 297
34 Hans Heilborn, Eberhard Poppe: Die sozialistischen Menschenrechte und ihre Verwirklichung in Gesetzgebung und Rechtspflege der DDR, in: Recht im Dienst des Volkes, (Ost-)Berlin 1979, S. 96
35 Rüdiger Thomas: Modell DDR. Die kalkulierte Emanzipation, München 1972
36 Vgl. Egon Bahr: Was wird aus den Deutschen? Fragen und Antworten, Reinbek bei Hamburg 1982, S. 236
37 Verfassung der DDR, München 1980, S. 48
38 Lexikon Städte und Wappen der DDR, Leipzig 1979, S. 426
39 Ebenda
40 Ebenda S. 426/27
41 Kleines Politisches Wörterbuch, (Ost-)Berlin 1973, S. 617
42 Gedenkstätten: Arbeiterbewegung Antifaschistischer Widerstand Aufbau des Sozialismus, Leipzig Jena Berlin 1974, S. 523
43 Gerhard Finn unter Mitarbeit von Karl Wilhelm Fricke: Politischer Strafvollzug in der DDR, Köln 1981, S. 39
44 Herta Kuhrig, Wulfram Speigner: Wie emanzipiert sind die Frauen in der DDR? Köln 1979, S. 22

45 Bruno Bettelheim: Erziehung zum Überleben, München 1982, S. 59

46 Albert Camus: Der Mensch in der Revolte, Reinbek bei Hamburg 1976, S. 203

47 Hilde Benjamin: Aus Reden und Aufsätzen, (Ost-)Berlin 1982, S. 45

48 Werner Lamberz: Partei und Volk im vertrauensvollen Dialog, in: Die weiteren Aufgaben der politischen Massenarbeit der Partei, S. 50; zitiert nach: Helmut Klotsch, Alfred Kohlsdorf, Heinrich Opitz: Freiheit – ein Vorzug des Sozialismus, (Ost-)Berlin 1978, S. 23

Jutta Giersch

Jutta Giersch, geb. Kubowski, wurde am 29. April 1928 in Berlin als Tochter eines selbständigen Kaufmanns geboren. Von 1934 bis Spätsommer 1944 besuchte sie die Schule und wurde dann im Rahmen der »totalen Kriegsführung« des »Dritten Reichs« als Schwesternhelferin eingesetzt. Im Zusammenhang mit dieser Tätigkeit verschlug es sie im März 1945 als Lazarettbegleitung nach Schleswig-Holstein. Anschließend – der Krieg war zu Ende – ging sie in die Freie und Hansestadt Hamburg und schlug sich dort mit ersten Lokalreportagen durch. Ende April 1946 beschloß sie ihre Heimkehr nach Berlin und fuhr – eingeschlossen in einem Lokomotivtender – schwarz über die Zonengrenze in die zerstörte und in vier Sektoren geteilte ehemalige Reichshauptstadt. In Westberlin absolvierte sie die Ausbildung an einer Handelshochschule und arbeitete im Anschluß daran als Werbeassistentin bei der KERI-Werbung Berlin. Nebenher verstärkte sich ihre journalistische Tätigkeit. Sie schrieb Reportagen für verschiedene Zeitungen, die in Berlin erschienen, u. a. für den »Telegraph« und den »Abend«. Am 13. Oktober 1949 wurde sie gemeinsam mit einem befreundeten Journalisten von Mitarbeitern des sowjetischen Geheimdienstes aus Westberlin entführt und in das Untersuchungsgefängnis von Potsdam gebracht. In einem anschließenden Prozeß verurteilte man sie wegen »antisowjetischer Hetze« und angeblicher »Spionage« zu 25 Jahren Arbeitslager. Nach der Verurteilung wurde sie in das ehemalige NS-Konzentrationslager Sachsenhausen bei Oranienburg eingeliefert, das bis Anfang 1950 von den sowjetischen Besatzungsbehörden in Funktion gehalten wurde. Als das Lager schließlich aufgelöst wurde, kam sie mit Hunderten anderen weiblichen Häftlingen ins Zuchthaus Hoheneck, wo sie am 26. März 1950 eine Tochter gebar. 1953 wurde sie wegen Beteiligung an der Organisation eines Hungerstreiks mit an-

deren sog. »Rädelsführerinnen« ins Zuchthaus Brandenburg-Goerden verlegt, später in den »Roten Ochsen« nach Halle gebracht und im Juni 1956 begnadigt und auf Bewährung entlassen. Sie kehrte nach Westberlin zurück und arbeitete auf freier Basis beim RIAS und SFB mit. Im November 1957 wurde sie Landesgeschäftsführerin des Kuratoriums »Unteilbares Deutschland« in Frankfurt am Main und blieb in dieser Tätigkeit bis Dezember 1958. Am 13. Januar 1958 heiratete sie Franz Giersch, der 10 Jahre aus politischen Gründen in sowjetischer Haft gewesen war. 1962 zog Jutta Giersch mit ihrem Mann nach Heidelberg, der dort sein Medizinstudium abschloß. Anschließend war Jutta Giersch dann 13 Jahre lang als Mitarbeiterin eines Versicherungs-Konzerns in Baden-Württemberg tätig, ohne die freie Mitarbeit bei Rundfunk und Presse aufzugeben. 1976 wurde sie in den Bundesvorstand der »Vereinigung der Opfer des Stalinismus – Gemeinschaft ehemaliger politischer Häftlinge« gewählt. Im Oktober desselben Jahres zog sie mit ihrem Mann ins Emsland, der dort eine Landarztpraxis übernahm. Seit März 1978 ist Jutta Giersch die 1. Bundesvorsitzende der »Vereinigung der Opfer des Stalinismus«. Sie arbeitet mit im Fachausschuß für Deutschlandpolitik der niedersächsischen Landesregierung, ist Stellvertretende Vorsitzende des Stiftungsrates für ehemalige politische Häftlinge sowie im Vorstand der CDU-Frauenvereinigung im Kreis Meppen.

Ich habe – nachdem der Krieg zu Ende war und ich nach der Flucht ins Westdeutsche wieder nach Berlin zurückkehrte und da natürlich dasselbe Durcheinander vorfand wie viele andere auch – angefangen, meine Ausbildung weiter fortzusetzen und nebenbei auch bereits die ersten kleineren Reportagen geschrieben. Zuerst, um ein paar Pfennige zu verdienen; mit der Zeit bekam ich dann aber mehr Verbindungen, Beziehungen, und das wurde dann ein volles Programm. Ich habe insbesondere über das Tagesgeschehen sowie lokale Reportagen geschrieben. Ich habe in diesen Alltagsreportagen allerdings auch aktuelle Geschehnisse aus Berlin geschildert (Dinge, die mir später oft vorgehalten wurden) z. B.: das Benehmen in den öffentlichen Verkehrsmitteln von Besatzungsoffizieren, sowjetischen Offizieren und Engländern, die etwas blasiert daherkamen; habe das also kritisch vermerkt. Das waren natürlich keine prosowjetischen Geschichten, wie man sich denken kann. Zumal ich mir auch Gedanken machte über die Entwicklung im Kommunismus, obwohl ich noch eine unvollkommene Vorstellung davon hatte. Aber ich wollte die Nazizeit nicht, und ebensowenig wollte ich auch den Kommunismus. Das merkte man meinen Reportagen an. Am 13. Oktober 1949 nun hatte ein Redakteur, für den ich arbeitete, ein Angebot bekommen, eine größere Tätigkeit in Mainz zu beginnen, im Vorfeld des zu entwickelnden Fernsehens. Wir wollten uns kurz verabschieden und haben uns deshalb auf der Kaiserallee in Berlin bei einem befreundeten Frauenarzt getroffen, um einfach eine Stunde der Verabschiedung zuzubringen, bei einem Glas Wein. Er kam dort an mit einem Reporter, den ich nicht näher kannte und der, wie sich später herausstellte, von den Russen angeheuert, schon mehrere Menschen verschleppt hatte. Abends, es ging auf die Nacht zu, gegen 22.00 Uhr wurde ich müde; ich war außerdem im vierten Monat schwanger und hielt sowieso weniger aus, ich wollte also nach Hause fahren. Dabei war mir schon vorher aufgefallen, daß der Begleiter des Redakteurs ins Nebenzimmer ging, in den Ordinationsraum des Arztes, und dort telefonierte. Es war so eigenartig, aber ich hatte das nur im Unterbewußtsein mitbekommen. Um halb zwölf Uhr brachen wir jedenfalls auf. Ich war ja hingebracht worden, hatte also keinen Wagen und keine Möglichkeit, nach Hause zu kommen. Der besagte Redakteur bot sich an, mich nach Hause zu fahren. Wir gingen runter, der Arzt verabschiedete sich von mir, seine Frau war noch oben. Er wollte auch noch mit, aber da er ja schon einige Glas Wein intus hatte, schlug ich ihm die Tür vor der Nase zu.

Das hat ihm im Grunde genommen die Haft später erspart. Und so bot sich der Begleiter meines Kollegen, der sich Salzmann nannte, an, uns zu fahren, mich zuerst und dann meinen Kollegen. Wir stiegen ein und fuhren in Richtung Brandenburger Tor. Nun war Berlin zu der Zeit ja noch ziemlich zertrümmert, der Tiergarten bestand aus Stümpfen und zerbombten Straßen. Dennoch aber merkte ich sehr bald, daß wir nicht in Richtung Tempelhof fuhren, sondern mehr in die linke Richtung abbogen, und bat, darauf zu achten; aber während ich diese Überlegung machte und ausdrückte, waren wir schon ein paar Meter an einem Schild vorbei, auf dem stand: Sie verlassen den amerikanischen Sektor von Berlin! Fünfzig Meter weiter wurden wir angeblendet, der Wagen hielt, wir wurden rausgezerrt, dicke Pistolen bohrten sich in unsere Rücken, und Personen in Uniform sowie Sowjets mit Zivilmänteln und Mützen auf dem Kopf stießen uns mehr oder minder unsanft in eine bereitstehende Limousine. Wir hatten gar keine Gelegenheit, uns zu äußern; ich wußte auch gar nicht, was das sollte, weil ich mir eigentlich gar keinen politischen Vorgang darunter vorstellen konnte. Meinem Kollegen hatten sie noch den Revolver über den Kopf geschlagen, so daß er blutend neben mir saß. Zitternd saßen wir nun in dem Wagen, und ich dachte, die fahren uns an irgendeine dunkle Stelle und bringen uns um und wollen uns ausrauben, was mir auch rätselhaft war, denn ich hatte außer einem Ring und einer Armbanduhr ja gar nichts bei mir. Das ganze wurde insofern noch interessant, als uns nach ungefähr dreißig Metern des Anfahrens ein Volkspolizist anhielt und vom Fahrer der Limousine die Legitimation verlangte. Aber der zog einen Ausweis, einen sowjetischen Ausweis, der VOPO guckte rein und sah also offensichtlich, daß irgend etwas vorgegangen war (was später eine Rolle spielte, denn durch ihn ist der erste Bericht in Westberlin veröffentlicht worden, daß da gerade ein paar Leute entführt worden sind). Der uns begleitende Herr Salzmann, der den Wagen gefahren hatte bis zum Ort der Verschleppung, war, wie sich später dann herausstellte, ein sogenannter »Schlepper«

oder Agentenführer. Den hatten sie in den VW von meinem Kollegen, der hinter uns herfuhr, gesetzt mit einem sowjetischen Begleitsoldaten, so daß wir im Moment überhaupt nicht übersehen konnten, was los war. Das ging durch ganz Berlin, zum Teil sogar durch Westberlin, denn wir haben die Westberliner Straßenbahnnummer 74 gesehen und landeten schließlich in Potsdam in der Lindenstraße, wo ich bis zur Überführung nach Sachsenhausen in Untersuchungshaft blieb. Wir kamen also da an – Haftbefehle lagen schon vor – und erfuhren u. a. auch, daß Herr Salzmann, ein falscher Name, der Mann hatte, wie es sich herausstellte, mehrere Namen, dieser Herr also hatte vor uns schon 2 Franzosen und ein paar andere Journalisten herübergebracht. Wir waren also Person 9 und 10, die für Geld von ihm in die russische Besatzungszone entführt worden waren. Die Untersuchungshaft dauerte vier Monate, Tag und Nacht Verhöre, so, wie das alle erlebten, auch mit Schlägen, auch mit Erpressung. Aber ich habe in dieser Zeit keinen Bogen unterschrieben. Seinerzeit ging das ja noch so vor sich, daß alles mit der Hand geschrieben wurde, sämtliche Untersuchungsrichter unterzogen sich diesen mühsamen Ritualen, die oftmals auch damit endeten, daß abends alles wieder zerrissen wurde. Am Ende der vier Monate, ich wurde aus dem Prozeß, der ja noch anderen galt, meinem Kollegen und anderen Kontaktpersonen, herausgezogen, also da gab's ein Tribunal, das sowjetische Militärtribunal, von dem man damals noch verurteilt wurde, und ich wurde wegen »antisowjetischer Propaganda« und angeblicher »Spionage« zu 25 Jahren Zwangsarbeitslager verurteilt. Der Hintergrund der Geschichte war, daß der Redakteur, mit dem ich zusammenarbeitete, natürlich viele journalistische Kontakte hatte, wie das auch heute jeder hat, und es war durchaus nicht Spionage mit im Spiel, sondern die typische Zuführung von Neuigkeiten, die man braucht, um im Zeitungsgewerbe aktuell schreiben zu können. Ich persönlich war in dieses Bemühen gar nicht mit eingeschlossen, bei mir zählte mehr die Zusammenarbeit mit diesem Mann, die über das übliche Reportagendurchsprechen und -abgeben und auch -loswerden gar nicht mal hinausging. Aber ich hatte eben, wie gesagt, einige Glossen geschrieben über Vorfälle in Berlin, die letztlich den Tatbestand der antisowjetischen Propaganda erfüllten, obwohl ich in Westberlin lebte. Ansatzpunkt war sicher mein Kollege, ich saß in dem Wagen mit drin, und die mir vorgeworfenen Tatbestände reichten eben aus für so ein Urteil. Im Januar kam ich dann alleine vor dieses Tribunal, wo man mir lang und breit die vorgeworfenen Delikte vorlas. Eigenartig war dabei, daß alle Bogen unterzeichnet waren, die ich ja, wie gesagt, gar nicht unterschrieben hatte. Also hat man hier gar nicht haltgemacht vor Fälschungen. Ich habe auch nur die Hälfte verstanden. Das erste Mal war übrigens eine exakt deutschsprechende Dolmetscherin dabei. Ich habe zwei Stunden zuhören müssen, dann hat man mich nur gefragt, ob ich dazu was zu sagen hätte. Da habe ich geantwortet, alles, was ich dazu zu sagen hätte, habe ich gesagt, und nichts davon steht in Ihrer Urteilsbegründung. Dann wurde ich rausgeführt und kam in die Gemeinschaftszelle, und ein paar Tage später ging der Transport in das immer noch bestehende KZ Sachsenhausen. Dort angekommen, kam ich in die Frauenkompanie, so nannte sich das damals, das ist so ein Achtelstück mit mehreren Baracken gewesen, in denen schon viele Frauen saßen, einige als Internierte, die meinetwegen als Stenotypistin oder Sekretärin bei Dienststellen der Nazis gesessen hatten, zum Teil oft gar nicht unbedingt als Nazis ansprechbar waren. Man hat sie eben, weil sie dort gearbeitet haben, als belastet und Geheimsnisträger oder was auch immer eingestuft. Ich traf da sogar eine Schwimmtrainerin wieder, die mit Typhus einige Zeit später nach Hause kam. Wir hatten keine Möglichkeit, uns aus Sachsenhausen zu melden; wir waren regelrecht von der Erdoberfläche verschwunden! Ich hatte das Glück, in Sachsenhausen auf einen Arzt zu treffen, Dr. Schamatti, der inzwischen für alle Sachsenhausener einen legendären Ruf hat, der nämlich übriggeblieben war. Die Nazis hatten ihn eingesperrt und die Russen hatten ihn gleich dabehalten. Er selbst hat dafür gesorgt, daß ich in der Schwangerschaftszeit, in der ersten, die sehr mühsam, sehr qualvoll war – es gab weder Milch noch sonstwas – Hilfe erfuhr. Er hat mir Ratschläge mit auf den Weg gegeben, die wahrscheinlich dazu führten, daß ich das alles halbwegs heil überstanden habe. Aber Dr. Schamatti ist auch insofern erwähnenswert, als er wirklich eine Besonderheit darstellte. Er hatte ja schon, wie bereits gesagt, einige Jahre bei den Nazis gesessen, als italienischer Jude und sehr bekannter Arzt, der später übrigens in der Freiheit in Berlin dann verstorben ist; dieser Mann hatte nur eine ihm befreundete Frau bei der Befreiung durch die Russen suchen wollen. Und bei dieser Gelegenheit, statt rauszugehen, war er also zurückgegangen, um diese Frau zu holen, haben die Russen ihn sofort und ohne jede Diskussion wieder eingesperrt und im Lager festgehalten. Der ist nahtlos von den Nazis über die Russen hinweg bis in den Januar 1950 in diesem Lager gewesen. Und er wußte zu diesem Zeitpunkt auch nicht, ob er nicht mit einem Transport nach Rußland mitgenommen werden würde. Er holte mich mehrfach, weil ihn interessierte, was inzwischen an aktuellen Dingen draußen geschehen war. Vier Wochen später wurde die Auflösung des KZ Sachsenhausen befohlen. In der Zwischenzeit lebten wir so wie alle anderen, also mit geringer Verpflegung, aber immerhin in frischer Luft und dem Rhythmus, den wahrscheinlich auch die KZ-Insassen bei den Nazis hatten, nur daß es zum Glück keine Verbrennungsöfen gab. Aber die mangelhafte Ernährung hat dazu geführt, daß nachweislich über 10 000 Menschen dort Hungers gestorben sind – wohlgemerkt: nach der Nazizeit, obwohl ja die Sowjets angeblich die Dinge besser machen wollten und die Unmenschlichkeit in Nürnberg mitverurteilt hatten. Das sind Zahlen, die ich vom Leichenkommando weiß und die auch heute noch zugänglich sind. Wir mußten eines Tages auf dem großen Abstellplatz antreten, kompanieweise, alt und jung. Einige Namen waren vorher aufgerufen und ihre Träger rausgeholt worden – Spezialisten, die sie in der Sowjetunion besonders brauchten. Weitere Gründe kenne ich nicht. Aber jedenfalls wurden doch einige Hundert auch bei den Männern aussortiert und per Transporte in die Sowjetunion gebracht. Was aus ihnen geworden ist, weiß ich nicht. Die Übriggebliebenen traten also auf dem Appellplatz an, standen stundenlang und bekamen nach drei, vier Stunden mitgeteilt (die sogenannte Deutsche Demokratische Republik war ja inzwischen gegründet worden und Volkspolizei übernahm uns), daß das Zwangsarbeitslager Sachsenhausen aufgelöst und wir jetzt an einen anderen Ort gebracht würden. Man hat uns nicht gesagt wohin. Wir wurden unter Hundebewachung auf denselben Marsch geschickt wie früher die Häftlinge bei den Nazis, wurden auf dieses Abstellgleis gebracht und dort in Güterwagen verfrachtet, 25–30 Personen pro Waggon. Das war eine fürchterliche Enge. Es gab einen Eimer mit Wasser. Außerdem war es ja immerhin auch noch Winter. Und nun kam die Odyssee in diesen Güterwagen, bis nach Stollberg im Erzgebirge, mit einigen Unterbrechungen; dann wurden wir mal auf ein Nebengleis gestellt, blieben da stundenlang stehen. Es hatte ungeheure Mühe, mal einen Moment frische Luft schnappen zu können. Wir bekamen nur 'nen kleinen Happen zu essen und wurden recht barsch abgefertigt. An den Güterwagen waren ja, genau wie in Nazizeiten, diese kleinen Gitter dran. Man hatte also nur hin und wieder die Möglichkeit, einen Blick auf die Bahnhöfe zu werfen und auf die Gegend, durch die wir fuhren. Wir konnten uns aber nicht erklären, wohin wir kamen. Wir hatten, ehrlich gesagt, Angst, wir kämen nach Rußland. Wir waren erst von diesem Druck befreit, als wir dann nach knapp drei Tagen anhielten und lesen konnten, wo wir waren: in einem kleinen Ort – Stollberg im Erzgebirge! Da standen nun Busse bereit, in die wir verfrachtet wurden, mit denen fuhren wir dann aus diesem Ort hinaus bis auf eine Burg, die Hoheneck hieß. Hoheneck war einige Zeit unbewohnt und völlig verludert, in einem unmöglichen Zustand. Angesagt waren 600 Frauen, es kamen aber 1500 aus Sachsenhausen. Und daraus resultiert, was es für Probleme bei der Verpflegung und der Unterbringung schon in den ersten Stunden gab. Nun hat die Bevölkerung in dieser Gegend natürlich auch wenig zu essen gehabt. Das war ja noch die schwere Zeit. Aber für uns hieß das noch weniger! Und das »noch weniger« war das absolute Existenzminimum! Wir wurden verteilt auf große Säle und auf Strohsäcke darin. Gegenüber war ein Zellenhaus. Ich weiß jetzt nicht genau, wieviel Zellen dort waren, aber so ungefähr 140 bis 150, in die auch welche gesteckt wurden. Und in der Regel waren das alles vom Sowjetischen Militärtribunal verurteilte politische Häftlinge: Lehrerinnen, Studentinnen, natürlich auch ein paar einfache Geister dabei, die vielleicht mal einen Ausweis geklaut hatten oder Zuträgerdienste geleistet. Echte Spione ganz sicher nicht, denn die hatten alle Sonderurteile und waren nach Rußland gekommen. Es gab auch noch eine Art Sippenhaft. Wir hatten Kameradinnen dabei, die für ihre Söhne saßen, die in die Westzone geflohen waren, weil sie dort studieren konnten. Das war eben quer durch alle Bevölkerungs- und Bildungsschichten, durch alle Altersstufen. Die älteste Kameradin war eine Herrnhuter Schwester von sage und schreibe sechsundsiebzig Jahren. Wie wir durch Stollberg gefahren sind, muß jemand der Bewohner eine unserer Kameradinnen erkannt haben. Wir hatten eine Kameradin mit dabei, die in Stollberg geboren wurde und dort also bekannt war. Das war wichtig, denn man hatte im Ort verbreitet, daß auf die Burg Kriminelle kämen. Das Gefängnis würde wieder in seinen ursprünglichen Zweck zurückversetzt, es würde wieder als Gefängnis dienen. Es war eine Zeitlang mal Jugendlager, und dann war es bei den Nazis Gefängnis. Man sah da oben auch noch Käfige in den Dachregionen. Also bestimmte Zeugnisse solcher Vergangenheit waren schon vorhanden. Aber alles eben völlig verdreckt, runtergekommen. Man hatte der Bevölkerung also erklärt, es kämen wieder Kriminelle da rauf, und aus dieser Tatsache leitete sich natürlich eine gewisse Angst vor und Aversion gegen uns ab. Nachdem man aber die Kameradin erkannt hatte, wandelte sich das Verhalten sehr schnell.

Ja, die ersten Wochen waren in der Verpflegung besonders

hart. Pro Mittag eine Zinkschale mit Haferflocken, weder gesalzen noch gesüßt. Es gibt so bestimmte Dinge, an die man sich erinnert. Da ich schwanger war, machte mir das sehr Mühe, etwas zu essen. Wir waren aber froh, daß man da für 2 Stunden mal den Magen ein bißchen voll hatte. Ein kleines Stückchen Brot, also alles vielleicht ein Drittel dessen, was es heute an Verpflegungssätzen gibt. Da ich mich heute ja dauernd mit solchen Dingen befasse, kann ich das schon in etwa beurteilen. Langsam und sicher haben die Frauen dann Hoheneck halbwegs für ihre Möglichkeiten und Verhältnisse bewohnbar gemacht. Ich sagte schon anfangs, daß ich schwanger war und andere Frauen ebenfalls. Wir hatten auch Frauen mit Kindern dabei. In Sachsenhausen gab es eine sogenannte Kinderbaracke, denn manche Ehepaare wurden mitsamt Kindern inhaftiert, oder die inzwischen geborenen Kinder durften da bei den Frauen verbleiben. Das älteste Kind war, soweit ich mich erinnern kann, vier Jahre alt, und es gab entsprechend dieser Notwendigkeit eine Gemeinschaft, in der eben die Frauen mit Kindern bzw. die Schwangeren untergebracht waren. Da in Hoheneck selber keine ausreichenden Bedingungen für eine einwandfreie Geburt waren, geschah alles vorerst noch unter sehr primitiven Umständen. Unter uns waren eine junge Ärztin und eine Hebamme, denen ich rückblickend ganz sicher mein Leben verdanke, denn die Bedingungen waren mangelhaft. Es gab weder Medikamente noch sonst irgend etwas und Hilfsmittel genausowenig. Außerdem war man psychisch und physisch ziemlich runter. Am 26. März, d.h. einige Tage vorher, war es bei mir soweit, daß die ersten Wehen einsetzten und ich ins Häftlingsrevier kam, und dann begannen drei Tage und drei Nächte, die man natürlich auch deshalb nicht vergißt, weil ich einfach zu kraftlos war, um auf natürliche und gesunde Art und Weise ein Kind zu gebären. Es war also ein paar Mal nahe daran, daß ich nicht mehr gekonnt hätte. Es gab auch keine Hilfe von Ärzten von draußen. Aber die junge Ärztin, das ist ohne Zweifel ein Grund dafür, daß ich überleben konnte, hatte in der Volkspolizei-Apotheke Medikamente besorgt, die mir gestatteten, mich wieder zu erholen. Mit Hilfe der Hebamme kam dann nach drei Tagen meine Tochter auf die Welt. Anwesend war eine junge Wachtmeisterin, die später noch eine Rolle spielte, weil offensichtlich durch so ein Erleben doch eine Bindung über die politische Einstellung hinweg möglich ist. Das sind die positiven Erkenntnisse, die man aus solchen Zeiten zieht, daß Menschlichkeit nicht immer so ganz zu versacken braucht und auch nicht immer untergehen muß! Meine Tochter kam auf die Welt, ein gesundes Mädchen. Ich lag noch ein paar Tage im Revier und bekam hinterher eine Hühnerbrühe, ein so seltener Genuß, daß man ihn ganz millimeterweise zu sich nahm, und wir durften die Kinder bei uns behalten. Auch ich. Das ging so 6 Wochen in der sogenannten Mütterstube, in der schon vor mir einige Mütter ihre gerade geborenen Kinder untergebracht hatten. Da waren 5 Frauen in diesem kleinen Raum, der einen Ausgang hatte in den größeren, in dem die anderen Mütter mit den kleinen Kindern und die noch Schwangeren lagen. Eines Tages, im April 1950, wurden wir allesamt angeblich zur Untersuchung in das Revier bestellt. Es gab eine Routineuntersuchung. Wir haben uns selbst gefragt, was das sollte. Nun gab's ja immerhin bestimmte Epidemiegefahren, und da sah man schon ein, daß überprüft werden mußte. Als wir aber nach Abschluß der Untersuchung zurückkamen, da waren die Kinder weg! Die hatten also ohne Vorankündigung, ohne ein Wort zu sagen, einen Bus in den Hof fahren lassen, und ausgesuchte Wachtmeisterinnen, wir haben sie nicht gesehen, ich kann nur wiedergeben, was erzählt worden ist von denen, die das mitangesehen haben, haben die Kinder rausgeholt, die älteren, die kleinen, meine Tochter war gerade sechs Wochen alt. Ich konnte sie nur bedingt stillen, einfach durch die Schwäche, die ich hatte. Wir kriegten zwar hin und wieder ein bißchen Milch, aber ansonsten war das alles mehr oder minder nur mit Hilfe der Kameradinnen möglich, abgerissene Laken oder Stücke, die als Windeln dienten, und hin und wieder gab's auch eine menschliche Wachtmeisterin, die mal ein paar geraspelte Mohrrüben oder sonst etwas hereingab. Aber im Grunde genommen war das alles völlig unzureichend. Die hatten also die Kinder in den Bus gepackt, waren abgefahren – aus! Und als wir zurückkamen in die Mütterstube, da gab's natürlich fürchterliche Zusammenbrüche. Einige von den Frauen sind wirklich völlig durchgedreht und hatten Mühe, wieder zu sich zu kommen. Wir waren fassunglos vor Entsetzen, daß so etwas möglich ist. Ich meine die Feigheit, nicht einmal den Mut zu haben, uns zu sagen, daß unter diesen Haftbedingungen Kinder nicht leben können, was ja einzusehen gewesen wäre, wenn man nur gewußt hätte, wo sie hinkommen und Möglichkeiten geschaffen worden wären, die Kinder in familiäre Obhut zu geben. Wir wußten also nicht, wo die Kinder hingekommen waren. Man hatte uns einfach vor die vollendete Tatsache gestellt.

Und das ging monatelang!

Inzwischen waren ein paar Werkstätten eingerichtet worden. Sie hatten ein Band aufgestellt für Schneiderarbeiten, auf dem dann später Produktion in großem Stil erfolgte. Bloß keiner, der draußen Kleidungsstücke oder gefertigte Textilien dieser Art aus Hoheneck kaufte, wußte, daß diese aus einem Gefängnis kamen, weil das ja immer unter der Überschrift eines Volkseigenen Betriebes, unter VEB, gelaufen war. Ich hatte mich dringend bemüht um eine Arbeit, obwohl es dafür auch nicht mehr zu essen gab, einfach, um nicht mehr zu grübeln, denn letztlich muß man mit der Verbitterung und der Not und der Angst um das Kind fertig werden. Ich kam in die Tischlerei. Habe dann einige Monate erst mal Nägel gerade geklopft. Habe eigentlich früher nie gewußt, daß ich Begabung handwerklicher Art habe. Habe aber mit der Zeit festgestellt, daß diese Tischlerarbeit in der Haft mir eine ganze Menge gegeben hat. Ich mußte auf meine Hände aufpassen, weil ich dort den Maschinenraum übernommen hatte, von der Bandsäge bis zu den Kreissägen und den Abrichtemaschinen. Wer nicht aufpaßte, der hatte sehr schnell seine Hände da drin. Es hat mir auch eine ganze Menge handwerkliche Kenntnisse vermittelt, die bis zur Gesellenprüfung gingen. Es war uns also am Ende möglich, alle Tischler- und Schreinerarbeiten in eigener Regie vom Aussuchen des Holzes bis zum Anreißen usw. zu machen. Dem Wachpersonal war das ganz angenehm. Da waren einige Werkstattmeister, die mit Parteiauftrag in das Gefängnis regelrecht befohlen worden waren. Einer kam aus dem Sachsenwerk. Ich würde sagen, es waren Kommunisten, aber keinesfalls unmenschliche Leute. Die haben uns so manche Problematik zu bewältigen geholfen. Denen war auch ganz angenehm, daß wir so intensiv arbeiteten, denn alles, was wir taten, brauchten sie nicht zu machen. So ging es weiter im Auf und Ab. Inzwischen hatte sich die Verpflegung insofern etwas verbessert, daß es wenigstens keine Haferflockensuppen mehr gab. Es gab kleine Näpfchen, die jeweils unterschiedlich mal Marmelade, mal eingedrückte Leberwurst hatten. Wir kriegten zwar in der ersten Zeit nicht mehr Verpflegung, wenn wir arbeiteten, aber das war auch eigentlich nicht der Hauptgrund. Beschäftigung war wichtiger als Herumsitzen. Zwei oder drei Monate nach Ankunft in Hoheneck bekamen wir dann erstmalig eine normale Postkarte, auf der wir (die meisten Angehörigen hatten ja noch gar keine Ahnung, daß man verurteilt war, wofür und wo man saß) unseren Angehörigen mitteilen mußten, daß wir zu fünfundzwanzig Jahren oder mehr oder weniger verurteilt worden sind und in Hoheneck sitzen und daß es uns »gut«geht, mehr nicht! Das war der vorgeschriebene Text. Von da an fing ein gewisser Postverkehr an. Ein Brief im Kleinformat, 15 Zeilen, leserlich geschrieben. Man durfte monatlich einen Brief bekommen und einen Brief herausgeben. Zeitungen bekamen wir nicht, auch Pakete noch nicht. Das fing erst viel später an. Diese Briefe, die hereinkamen bzw. hinausgingen, wurden natürlich intensiv zensiert, wobei ganze Passagen durchgestrichen wurden, oder der ganze Brief ging nicht raus. Aber auch Briefe, die hereinkamen, wurden zensiert. Ich habe Briefe gesehen, wo noch ganze 3, 4 Sätze drin standen. Also, es gab schon eine ganze Menge schlimmer Dinge in dieser Richtung. Nun hatten wir natürlich auch noch versucht herauszukriegen, wo die Kinder abgeblieben waren. Es ist uns nicht gelungen. Nachdem ich inzwischen in der Tischlerei arbeitete und auch schon ein bißchen Reparaturarbeiten machen konnte, eine Arbeit, die gewisse kleine Freiheiten erlaubte (wir konnten mal ein paar Mohrrüben vor der Küche in die Hosenbeine stecken und mitgehen lassen, und bei dem Hungerzustand, unter dem wir litten, war uns jeder Kohlstrunk recht, mitgenommen zu werden, den wir dann, im Leimofen abgekocht, gegessen haben. Also, Häftlinge haben für alles Verwendung!), wurde ich in dieser Zeit mit meinem Handwerkskasten in die Verwaltung gerufen, in der eine kleine Wachtmeisterin saß, die Sekretärin der Politkommissarin und damals bei der Geburt meiner kleinen Tochter dabei war. Sie wollte ein Fenster repariert haben. Das war aber nur vorgetäuscht. Sie schloß die Tür zu und sah sich um, ob einer in der Nähe war, und sagte mir dann, daß meine Tochter in Leipzig sei in einem Kinderheim, in dem auch andere Kinder seien von Häftlingen, und bei der Entlassung würden die Kinder auch da wieder herauskommen. Das war die Mitteilung. Ich muß zugeben, ich war zumindest beruhigt, erst einmal zu wissen, wo sie war, daß sie lebte, denn uns war auch schon zu Ohren gekommen, daß es Zwangsadoptionen und so etwas gegeben haben sollte. Also, diese Geschichte, das geht schon lange, es gab auch damals schon solche Fälle, die allerdings auf Kinder von Frauen zutrafen, die russische Partner gehabt hatten. Ein paar Monate danach wurde ich wieder mal nach vorne gerufen. Es versteht sich von selbst, daß ich von der kleinen Wachtmeisterin herzlichst gebeten wurde, völliges Stillschweigen darüber zu bewahren. Sie wohnte in der Nähe von Leipzig und hat dann noch mein Kind fotografiert. Ein so erschütternder Anblick: spielend mit so langen grauen Strümpfen und einem höchst putzigen Kleid. Ich gebe zu, daß ich nächtelang davon geträumt habe; es hat mich maßlos bedrückt, zumal es mich ja völlig in meiner Aktionsfreiheit einengte. Ich wäre, glaube ich, schon ein Typ gewesen, der auch versucht hätte, zu fliehen oder eine Möglichkeit zu suchen, da rauszukommen. Davor hätte ich keine Angst gehabt. Aber durch das Kind war ich in der Form gebunden, daß das gar nicht mehr ging. Und als ich das Bild sah, da ermahnte sie mich noch einmal. Wir hatten übrigens durchaus unter den Wachtmeisterinnen hin und wieder welche, die uns in sehr menschlicher, herzlicher Form halfen. Manche steckten uns ein Stück Brot zu, andere kannten auch Verwandte von uns Häftlingen, denn, wie gesagt, eine von uns stammte aus Stollberg. Sehr bald wußten die Leute, da sitzen ja gar keine Kriminellen. Es gab zum Beispiel an der Mauer von Hoheneck – Hoheneck liegt inmitten des Ortes, man kann direkt über die Mauer, auf der kleine Wachtürme sind, hinunter in die Straßen und auf die kleinen Häuser sehen – folgendes zu beobachten: Da sind Leute gewesen, die in der Tat, ich habe es zigfach erlebt, raufgerufen haben »Haltet den Kopf hoch!« Und die haben sie dann zur Seite getrieben, und später wurde das auch in einen sogenannten Sperrgürtel verwandelt, so daß sie dann nicht mehr so nahe herankommen konnten. Aber wir haben solche Sympathiebeweise in vielfacher Form bekommen. Wir haben auch mehrfach von den Fenstern, die in das Land hinausgingen – das ist ja eine wunderschöne Gegend, das Erzgebirge –, Schulklassen gesehen, die gewinkt haben. Solche Sympathiekundgebungen haben uns eigentlich in der ganzen Zeit ungeheuer geholfen, weil sie einen moralisch aufbauten und einem ein gewisses Durchhaltevermögen schenkten. Es gab natürlich auch andere Wachtmeisterinnen, die sich geradezu viehisch verhalten haben, anders kann man das gar nicht bezeichnen. Sie waren ja auch aus der untersten Schicht, Lumpenproletariat. Manche sind natürlich nur zur Volkspolizei gegangen, weil sie dann in Lohn und Brot waren und was anzuziehen hatten. Und das haben sie uns ganz ungeschminkt gesagt. Politisch motiviert waren die wenigsten. Einige änderten ihr Verhalten, als sie dahinterschauen konnten, daß wir eben keine kriminellen Verbrecherinnen waren, wie sie immer gesagt bekommen hatten, obwohl einige wenige dabei waren, die mal KZ-Bewacherinnen waren. Aber alle anderen eben nicht. Drei hatten wir dabei, die aber extra in Einzelzellen saßen, mit denen wir übrigens auch wenig Kontakt pflegten. Wir haben auch nie Gelegenheit gehabt, mit denen näher darüber zu sprechen. Mich hätte das manchmal schon interessiert, aber es ging gar nicht. Jedenfalls führte das Verständnis einiger Wachtmeisterinnen für unseren Personenkreis und seine Nöte dazu, daß manche auch mal Briefe illegal mit rausnahmen und reinbrachten. Einige sind dafür auch verurteilt worden und landeten hinter Gittern. Ich habe später im Hallenser Gefängnis zum Beispiel eine getroffen, die vorher in Hoheneck Bewacherin war. Es hat sich dann natürlich auch langsam herauskristallisiert, daß die Verbindung mit den Wachtmeisterinnen für alle eine Gefahr darstellte. Die Wachtmeisterinnen wurden in ihrer Sicherheit gefährdet, und deshalb hat jede, die solche menschlichen Züge zeigte, inständigst darum gebeten, nicht darüber weiterzusprechen. So auch die kleine Kommissarin, die mir die Auskünfte über meine Tochter gegeben hatte. Ich bin ihr auch immer dankbar dafür gewesen. Ich habe es später abzugelten versucht, indem ich unter anderem Absender (ich bin sicher, daß sie gewußt hat, woher) Pakete geschickt habe. Ich weiß auch, daß der Abtransport der Kinder unter dem Wachpersonal selber, auf Parteisitzungen und in Konferenzen scharf angegriffen worden ist, denn viele der Wachtmeisterinnen haben das ebenfalls als unmenschlich empfunden und keinesfalls mehr mit Parteiaufträgen oder ähnlichen gesellschaftspolitischen Auffassungen vertretbar gefunden.

Während der Haftzeit passierten natürlich viele Dinge, die uns sehr erregten. Außerdem war die Unterbringung in den Gemeinschaften so aufgeteilt, daß entweder Arbeitskommandos zusammenlagen oder die Altersgruppe eine Rolle spielte. Ich war ja, wie gesagt, noch nicht 21 Jahre alt und gehörte deshalb mit einigen anderen, wir waren ungefähr knapp 90 Frauen, in die Jugendgemeinschaft. Wir konnten durch die Fenster in den Hof gucken, ein riesengroßer Hof, auf dem ein Baum stand, natürlich die Rundgänge sehen, die für eine halbe Stunde im Kreise auf diesem Hof umhergingen, um ein bißchen frische Luft zu schnappen, um sich die Beine zu vertreten. Wir hatten einige Kameradinnen dabei, die etwas behindert waren, manche auch geistig. Und unter anderem war eine dabei, die drüben im Zellenhaus saß. Wir hatten aber schon mehrfach von oben beobachtet, daß die Wachtmeisterinnen, die diesen Rundgang zu beaufsichtigen hatten, sie immer wieder stießen. Und das führte eines Tages zu einer fürchterlichen Situation: Wir rissen die Fenster auf und schrien runter, sie sollten gefälligst die Strafgefangenen in Ruhe lassen und sie nicht mehr anrühren. Die Wut staute sich in unserer Gemeinschaft so auf, daß – durch die Schreierei veranlaßt – die anderen Wachtmeisterinnen raufkamen, die Gemeinschaft aufschlossen und die betreffende Wachtmeisterin sofort von uns an den Haaren hereingezogen und unglaublich zusammengeschlagen wurde. Die Wachtmeisterin ist also, würde ich sagen, mit Mühe und Not mit dem Leben davongekommen. Es waren einige dabei, die tatsächlich zum Messer gegriffen haben. Die Vernünftigen und Besonnenen haben sie aber zurückgehalten. Die Erregung war jedenfalls groß über diese Mißhandlungen. Die Wachtmeisterin hat dann einige Zeit im Krankenhaus gelegen; und wir wurden mit enormer Vorsicht angefaßt. Wir mußten dann alle antreten und kriegten dann natürlich Postsperre und einige Strafen aufgebrummt, und einige hat man auch noch ins Zellenhaus verlegt. Aber in der Folgezeit wurde auf dem Hof keiner mehr so behandelt. Diese Revolte war schon eine Warnung. Es gab natürlich Wachpersonal, das sich alles andere als menschlich oder auch nur vorschriftsmäßig verhielt. Eine Zeitlang mußten wir Meldung erstatten, indem wir uns mit dem Gesicht zur Wand drehen und dann sagen mußten: Strafgefangene sowieso meldet sich zum Arbeitsauslauf oder zum Essenfassen oder was auch immer. Idiotisch, das Ganze.

Später gab's dann mal einen Ansatz, das Leben in Hoheneck sozusagen in einer Art Selbstverwaltung zu gestalten. Sie hatten wohl in anderen Bereichen so etwas versucht und wollten nun praktisch aus unseren eigenen Reihen Kameradinnen finden, die so eine Art Polizei darstellen sollten oder Werkstattmeisterin, Schneidereileiterin usw. Das war schon relativ weit gediehen, wobei man wissen muß, daß solche Entwicklung nicht selten von der politischen Entwicklung draußen abhing. Diese Bestrebungen, eine Selbstverwaltung zu installieren, scheiterten daran, daß die Gefangenen nicht mitmachten. So trug man auch an mich heran, die Selbstverwaltung der Werkstättenräume zu übernehmen. Ich sagte, ich bin kein Büttel, und wir sind nicht dazu da, unsere eigenen Kameradinnen möglichst auch noch zu Produktionszielen zu drängen oder anderweitig zu reglementieren. Das alles ist Zwangsarbeit, die wir unter Druck ausführen. Deshalb fühlen wir uns nicht verpflichtet, Handlanger anderer in der Ausübung ihrer Pflichten zu sein. Übrigens war das die Meinung aller.

Es mag sein, daß der eine konkreter Stellung dazu nahm, der andere vielleicht weniger, aber sie konnten es nicht durchdrücken, und so wurde auch nichts vollzogen. Ob das nun besser oder schlechter gewesen wäre, kann ich nicht übersehen. Ich würde sagen, es wäre sicher schlechter gewesen, denn zwischen Tür und Angel zu stehen, bringt Zwangssituationen mit sich, die uns vielleicht in die Richtung getrieben hätten, wie sie zum Beispiel die Kapos in den KZ-Lagern erlebten. Das wollten wir nicht. Natürlich gab es auch bei uns hin und wieder mal Leute – die gibt es überall, wo Gefangene sind –, die sich für Spitzeldienste heranziehen ließen. Wir haben am Anfang sehr wohl Kenntnis davon erhalten, daß die eine oder andere nicht ganz zuverlässig, nicht vertrauenswürdig war, und die Strafen, die daraus resultierten, waren gar nicht so leicht. Es ist schon vorgekommen, daß diejenige mal kopfüber in den Kübel fiel. In Hoheneck war das jedenfalls schwer, Spitzel zu werben oder unterzubringen. Das ist woanders gar nicht so gewesen, das weiß ich.

Dann haben wir Kirchenbesuche gehabt, hatten auch einen kleinen Gefangenenchor, der uns viel bedeutete. Denn Musik ist Gott sei Dank noch immer imstande, auch Notsituationen und Leidenszeiten zu mildern. Ich weiß das auch von den Verfolgten aus der Nazizeit. Wir hatten eine Musikdozentin dabei, Ilse Rose, der wir alle sehr viel verdanken. Sicher hatte die Mehrheit Verständnis für Musik, für klassische Musik. Aber selbst diejenigen, die unmusikalisch waren, waren bald imstande, eine dritte Stimme zu halten, so daß das Largo von Händel und große Chöre einstudiert werden konnten – von einer Schönheit und Klangwirkung, wie ich sie eigentlich draußen selten erlebt habe, so daß sogar die Volkspolizei die Gelegenheit ergriff, um sich unsere Musik anzuhören. Es gab später sogar eine Theatergruppe, von der ich deshalb weniger weiß, weil ich durch meine Tätigkeit in der Tischlerei ja voll in Anspruch genommen war, und wenn man dann abends hoch kam, war man fix und fertig; den ganzen Tag körperlich schwer arbeiten und dann dreckig von oben bis unten, dann hat man nicht mehr allzuviel Ambitionen für andere Dinge. Die Waschgelegenheiten waren zu unserer Zeit ja mehr als mangelhaft. Es gab unten einen riesengroßen Waschraum, und die paar Minuten, die man da rein konnte, früh oder abends, waren kostbar genug für uns, um sie wahrzunehmen. Aber ein kleines spaßiges Erlebnis muß ich erzählen, nämlich wie eine Wachtmeisterin mit Staunen sah, daß wir uns trotz der Kürze der Zeit und im stärksten Winter nackt auszogen, um uns mit dem kalten Wasser zu waschen und die ausrief: »Gugge doch mal die Schwene an, die waschen sich nackt!« Ich bin paar Mal gefragt worden, ob man denn in der Haft unter solchen Bedingungen überhaupt lachen kann? Natürlich kann man lachen, weil natürlich auch ein paar putzige Dinge passieren, die Gott sei Dank passieren, weil ja der Alltag traurig genug ist. Und um noch eine von den humorvollen Episoden zu schildern, die so hinter Gittern passieren können: Wir haben Unterwäsche der Männer geflickt. Bei der Gelegenheit sagte eine unserer Kameradinnen: »Guckt mal, wie schick!« Mit einem besonders zerlöcherten Ding von Unterhose ist sie auf den Tisch gestiegen und hat da in graziöser Form neueste Mode präsentiert, als die Tür aufging und der Politkommissar der Anstalt in der Tür stand, völlig fassungslos vor diesem an sich recht gut gewachsenen Wesen und sah, wie alle sich vor Lachen krümmten. Er wußte wohl nicht recht, ob er auch lachen oder nur brüllen sollte. Er brüllte und lachte, also beides zusammen, aber für uns war der Tag wieder mal gelaufen und nicht nur im Heulen und Grübeln geendet.

Der tägliche Ablauf in einer Haftanstalt hat natürlich 'ne ganze Menge Routine, die sich so langsam einspielt: Aufstehen, Frühstücken, Arbeitseinsatz, Mittagessen, wieder Arbeitseinsatz und dann wieder zurück in die Gemeinschaft oder in die Zelle; wenn man Glück hatte, ein bißchen waschen und dann paar Gespräche und ins Bett. Aber unterbrochen werden solche Dinge durch die Postvergabe, die natürlich ein ganz wichtiger Punkt im Haftalltag ist. Oder Paketausgabe! Die Glücklichen, die Pakete bekamen, mußten dann in die Paketstelle und bekamen die von der Polizei geöffneten Pakete. Jedes einzelne Ding des Inhalts wurde angesehen. Man mußte eine große Schüssel oder ein großes Gefäß oder irgend etwas mitnehmen, sofern man hatte, oder ein Stück Papier, und da wurde dann alles durcheinander in das Gefäß oder aufs Papier gekippt. Ob das Kuchen, Salz, Zwiebeln, die auch durchgeschnitten wurden, oder Zucker war, alles durcheinander, gerade so, als ob man einem Schwein am Futtertrog etwas zu fressen gibt. Alle haben sehr deprimiert so ihre Pakete empfangen. Manchmal passierten dabei aber auch ulkige Sachen, die wir natürlich, was man verstehen muß, mit hämischer Schadenfreude erlebten. Da war mal 'ne Büchse drin, die mit einer für die Volkspolizei unerklärbaren Masse gefüllt war, und in der Vorstellung, daß das weißer Käse sei, haben sie dann den Finger reingesteckt und abgeleckt. Und dann war das Nivea-Creme, weil irgendein Angehöriger auf die glorreiche Idee gekommen war, in so eine Butterdose Nivea-Creme zu tun. Die betreffende Wachtmeisterin hat ihr Leben lang nicht mehr so schnell an Undefinierbarem gelutscht. Auch andere Dinge sind passiert, die nicht mehr humorvoll waren. So wurde ich eines Tages, im November 1950 war das, geholt und nach vorne gerufen in die Poststelle, und der Werkstattwachtmeister, übrigens ein humorvoller und sehr menschlicher Mann, fragte mich unterwegs noch: »Sagen Sie mal, haben Sie in der Familie Krankheiten?«, woraufhin ich sagte: »Nicht, daß ich mich daran erinnern könnte.« Ich komme also in die Poststelle, und die dort sitzende Wachtmeisterin fragte mich nur kurz: »Ist bei Ihnen jemand krank gewesen?« »Nee«, habe ich gesagt, »ich wüßte nicht.« Und da schmeißt sie mir mit einer ganz lässigen Bewegung einen schwarzrumrandeten Brief rüber: die Todesanzeige meines Vaters! Also, ich muß gestehen, ich bilde mir ein, mich in vielen Situationen immer ganz gut in den Griff gekriegt zu haben, aber da habe ich gedacht, mir reißt es die Füße weg. Und da ich nun wußte, daß meine Mutter relativ hilflos war, denn die war von den Russen vergewaltigt, hatte lange Zeit im Krankenhaus gelegen und schwere Operationen hinter sich, so war es für mich schon eine sehr bedrückende Situation. Ich habe diese Mitteilung dann an mich genommen und bin halb chloroformiert aus dieser Poststelle rausgegangen; und nun wieder so eine Situation, die beweist, daß es auch menschlich handelnde Bewacher gibt. Besagter Hauptwachtmeister hat sich nicht gescheut, weil er merkte, daß ich ein bißchen weggetreten war, mich öffentlich zu stützen und über den Hof zu führen, was ganz sicher zu großen Problemen hinterher geführt hat. Das waren Regungen und Äußerungen, die nicht gerne gesehen wurden. Ich habe ihm das nie vergessen. Ich bin drüben angekommen und war natürlich vollkommen fertig und habe meine Arbeit erst am nächsten Tag wieder aufgenommen. Man muß wissen, daß einige Monate vorher mein Bruder, der 10 Jahre älter war als ich, auch verstorben war, und ich hatte mittlerweile das Gefühl, daß einer nach dem anderen verstirbt. Die Frage ist eben: Wenn man wieder rauskommt, ob man überhaupt noch jemanden vorfindet. Das ist der Punkt, der jeden in der Haft wohl am meisten bedrückt: die Gesundheit der Angehörigen, um die man sich meistens mehr Sorgen macht als um sich selbst, und umgekehrt, habe ich festgestellt, ist das genauso. Man macht sich um den, der drin sitzt, erheblich mehr Sorgen, weil man ja gar nicht weiß, wie der Ablauf seiner Tage ist, ob er gesund ist usw. Dann kamen die ersten Besucher, sofern Besuchsgenehmigung erteilt worden war, wobei die, die aus dem Westen kamen, also auch ich, da keine Chance hatten, jemals in den Genuß einer Besuchserlaubnis zu kommen; genauso wenig wie Ehepaare, wie ich das manchmal heute höre. So etwas gab es zu unserer Zeit überhaupt nicht. Das zog sich hin bis 1953. Seit 1952, glaube ich, bekamen wir dann hin und wieder ein Exemplar der »Täglichen Rundschau«, also der Tageszeitung der sowjetischen Besatzungsmacht. Selten genug. Es war durchaus nicht selbstverständlich. Und die Bücher, die man zu lesen bekam, waren ungeheuer aussortiert bis auf die Bibel, die es noch am Anfang gab und das »Kommunistische Manifest« und die »Geschichte der KPdSU (B)", die ich übrigens aus dieser Zeit kenne. Habe sie damals studiert, was ganz nützlich war und es mir möglich machte, politische Entwicklungen und Gedankengänge besser zu durchschauen. Sonst gab es kaum anständiges Lesematerial. Alle stürzten sich auf die Zeitungen, und offensichtlich war die nicht gut genug zensiert oder durchgeguckt, denn auf einer der Seiten in diesem Exemplar waren Namen veröffentlicht von einigen in Rußland sitzenden Strafgefangenen. Ich sagte schon einmal, daß per Sonderurteil viele wegen Spionage nach Rußland gekommen waren, während die, die bei uns saßen, im Endeffekt keinesfalls als Spione im heutigen Sinne anzusprechen gewesen wären. Da waren höchstens Mitteilungsweitergaben oder eben nichtkonformes Verhalten oder Widerstand bei unsinnigen Parteianordnungen. Da standen also Namen, und es waren welche dabei aus unseren Fällen. Und die Wellen der Empörung schlugen innerhalb von Stunden ungeheuer hoch, denn die waren amnestiert worden. Natürlich stand jetzt nicht etwa in der Zeitung, daß SMT-Verurteilte freigelassen würden, sondern, daß man jetzt dazu übergehen würde, auch die Nachwehen des letzten Krieges so langsam auszugleichen, und man würde in der Sowjetunion verurteilte Naziverbrecher (Naziverbrecher, keiner von denen hatte etwas mit der Nazizeit zu tun oder war wegen Vergehen während der Nazizeit verurteilt, ich betone das noch mal), nach Hause zu schicken. Das waren doch Leute, die wir selber kannten – aus unseren Fällen. Wir waren ungeheuer empört, und das sprach sich rum. Schon am nächsten Tag war Hoheneck in vollem Aufruhr. Wir waren der Auffassung, jetzt kommen die alle aus Rußland nach Hause, die doch angeblich viel mehr getan hatten als wir. Aber wir sind vergessen und bleiben im Erzgebirge, in diesem Loch Hoheneck ewig sitzen. Wir haben uns daraufhin bei der Verwaltung vorne anmelden lassen und haben verlangt, einen Verbindungsoffizier zu den Russen, die uns ja verurteilt hatten, zu sprechen, weil wir Auskünfte darüber haben wollten, was jetzt geschieht, was mit uns passiert. Aber das hat die Volkspolizei übergangen, hat uns nicht ernst genommen, und dann haben wir uns entschlossen, das anders zu machen. Wir wußten, sicher nicht so ganz korrekt informiert, aber egal, wir wußten aus Gefangenengeschichten aller Zeiten, eine der gewaltlosen Möglichkeiten und Mittel ist, die Bewacher und auch die Direktion des Gefängnisses zu zwingen, sich mit einer Sache zu befassen, und haben also beschlossen, einen Hungerstreik durchzuführen. Er wurde sehr gut organisiert und fing in den Werkstätten an. Man hatte darüber gesprochen, wie man das machen könnte. Das wurde dann weitergetragen. In kürzester Zeit wurden in jeder Gemeinschaft und in bestimmten Bereichen im Zellenhaus Sprecher sozusagen direkt gewählt, und für den Fall, daß übersetzt werden mußte, wurden auch russisch sprechende Frauen dazugenommen. Wir haben auch die Küche informiert, wo dann sogar weniger gekocht wurde. Also unsere Achtung vor Nahrungsmitteln war nach den Hungerzeiten entsprechend groß, so daß wir es nicht mal übers Herz brachten, umsonst gekochte Mahlzeiten da in Massen sehen zu wollen. Und nachdem alles soweit organisiert war, kam das Signal. Inzwischen gab's ja Verantwortliche in allen Gemeinschaften. Wir hatten da noch so altertümliche, fürchterlich stinkende Abtritte, Fallrohre. Aber die gaben uns die Möglichkeiten, uns besser zu verständigen. So konnte man von oben aus der Gemeinschaft bis runter in den Keller durchrufen. Und das ganze Gefängnis bebte regelrecht, würde ich sagen, in Unruhe und in einer gewissen Aufbruchstimmung. Die Nervosität war spürbar für alle. Und auch das Wachpersonal mußte mitbekommen haben, was los war, denn die Reaktion am nächsten Tag, nachdem schon bereits das Frühstück verweigert wurde, führte dazu, daß Sirenen gingen und die Volkspolizisten mit Knüppeln ausgerüstet, aber sonst noch unbewaffnet herbeikamen und nun die einzelnen Gemeinschaften, jeweils im Beisein eines Leitungsoffiziers oder einer Kommissarin oder auch noch in höheren Rängen, die sie eben schnell zusammenholen konnten, zwingen wollten zu essen. Die jeweiligen Essensträger weigerten sich, das Essen zu holen, und ließen die Kübel einfach stehen. Wir haben nicht gesagt, daß wir hungern wollen. Wir haben gesagt, wir haben keinen Appetit. Darauf hatten wir uns alle geeinigt, und das war ja nun keine Möglichkeit des Einsatzes irgendwelcher Zwangsmaßnahmen. Da sind Dinge passiert, die mir heute noch eindrucksvoll in Erinnerung sind, weil es natürlich erhebende Momente waren, wenn zum Beispiel soviel Frauen wie eine einzige Gestalt aufstehen und sagen, wir tun das nicht – und das dann auch konsequent durchhalten. Und sie haben es durchgehalten! Wir haben das Revier davon ausgenommen, und die ältesten Kameradinnen, ich muß sagen, die waren großartig. Jeder gab freiwillig Kanten und Schnitten, die er noch hatte, ab, und das geschah in der Tat sehr diszipliniert. In unserer Jugendgemeinschaft oben mit einer Selbstverständlichkeit, die mich heute noch ein bißchen stolz macht. Jedenfalls mußten wir antreten und natürlich Stunden stehen. Und die Politkommissarin, der Anstaltsleiter und auch andere Operationsoffiziere traten vor jeden einzelnen mit dem Löffel in der Hand und versuchten, indem sie mit den Händen unseren Mund öffnen wollten, uns den Löffel zwischen die Zähne zu schieben. Sie haben es nicht geschafft, und auf die Frage, warum wir nicht essen, antwortete jeder von uns: »Weil ich keinen Hunger habe!« Spätestens am Mittag, als wieder keiner der Essensträger sich bereit fand, das Essen zu holen, stellten sie natürlich auch fest, daß auch weniger gekocht worden war. Das dauerte zwar eine Weile, aber dann kriegten sie mit, daß war organisiert! Und nun wurde die Nervosität ganz erheblich. In sehr vernünftiger und sachlicher Form haben wir formuliert, warum wir keinen Appetit hatten; sinngemäß so: Wir glauben, daß unsere Zukunft völlig in den Sternen steht, und wir möchten wissen, was nun aus uns wird. Wir haben gelesen, daß inzwischen aus Rußland verurteilte politische Häflinge als angebliche Naziverbrecher amnestiert, freigelassen worden sind, daß sie aber z. T. leider aus unseren Fällen sind, und wir möchten Nachricht haben, wie das mit uns zu gehen hat, denn wir würden ja immerhin in Ostdeutschland nur zur Aufbewahrung sein. Wir möchten deshalb, weil sie gar nicht befugt seien, über unser Schicksal zu entscheiden, uns ist das ja selber immer wieder gesagt worden, einem Verbindungsoffizier der Russen vorgestellt werden. Ich weiß nicht, ob man das zuerst zu leichtnahm oder oberflächlich, jedenfalls reagierte man zuerst gar nicht darauf. Es dauerte eine ganze Weile. Man hat uns ununterbrochen verlegt, von einer Gemeinschaft in die andere, damit der Zusammenhalt unterbrochen wurde. Dann wurden Parolen ausgestreut. Dann hat man Mißtrauen zu säen versucht. Aber sie haben es wirklich nicht geschafft. Alle in Hoheneck einsitzenden Frauen haben in der Tat in einer Form zusammengehalten, die, glaube ich, wirklich ihresgleichen sucht. Ich habe von Männern gehört von Versuchen, einen Hungerstreik zu organisieren, und auch von bestimmten Oppositionshandlungen und Weigerungen – aber keine von denen hat auch nur halbwegs so einen Zusammenhalt, diese Geschlossenheit gehabt, die uns heute immer noch in Erinnerung ist. Allerdings waren wir zu der Zeit nur fix und fertig, denn wenn man nicht ißt und relativ wenig zu trinken hat, nimmt einen das logischerweise mit. Man hatte ja ohnehin nicht allzuviel zuzusetzen. Die Arbeitseinsätze liefen am Anfang noch, aber auch die wurden dann unterbrochen. Wieder wurden alle wild durcheinandergelegt. Jeden Tag irgendwo anders hin, dazu ununterbrochen Kontrollen. Denn alles war da bereits verboten, selbst ein kleines Stückchen Spiegel könnte ja zum Selbstmord benutzt werden. Alles das wurde ja in x Filzungen untersucht und abgenommen. Am Ende hatten wir so gut wie gar nichts mehr. Nach einigen Tagen, der Zustand war inzwischen sehr hektisch und an einem bestimmten Kulminationspunkt angelangt, erklärte man uns, wir sollten den Hungerstreik abbrechen, sonst müßte man uns künstlich ernähren, und aus Berlin würde eine Kommission kommen und ein russischer Verbindungsoffizier ebenfalls. Das geschah, nachdem man übrigens einige von uns, sogenannte Einflußpersonen, in Einzelhaft gebracht hatte, worunter auch ich war. Am Ende waren es dann rund 49 Kameradinnen, die ja später dann auch auf Transport kamen. Wir waren also vorher in Einzelhaft gebracht, damit wir auf die Gemeinschaften keinen Einfluß mehr nehmen konnten. Sie hatten mitbekommen, daß die Sache irgendwo einen gewissen Organisationskreis im Hintergrund haben mußte. Und das stimmte ja auch. Nun kam also eine Kommission, die von Gemeinschaft zu Gemeinschaft ging, zusammen mit einem Verbindungsoffizier zu den Russen aus dem Ministerium in Berlin, der uns ehrenwörtlich, er betonte das jedesmals aufs neue, die Versicherung gab, daß in Hinsicht auf unsere Verurteilungen und Strafverfahren Überprüfungen stattfinden würden. Er gäbe uns sein Ehrenwort. Dieses Ehrenwort betonte er zigmal. Wir würden ja selber unsere Gesundheit ruinieren, und wir sollten mit dem Hungerstreik jetzt aufhören. Er wäre deshalb gekommen, als verantwortliche Person zu garantieren, daß dieser Hungerstreik beendet würde. Eines war nur sicher, daß er die Verantwortung übernahm, daß die Überprüfung der Fälle stattfinden würde, was offensichtlich einige Zeit später geschehen ist und deutlich wurde durch die Herabsetzung der jeweiligen Höchststrafen von 25 Jahren, die wir ja fast alle bekommen hatten, auf meinetwegen 12, 10 oder 7 Jahre. Man wurde dann nach vorne gerufen, und einem wurde gesagt: Nach Überprüfung Ihrer Akten wird Ihr Urteil reduziert. Eine weitere Begründung gab's nicht. Keiner wußte, warum die eine 12 und die andere 8 oder 9 Jahre hatte. Das blieb also ewig ein Geheimnis. Ein bißchen beruhigte sich dann die Situation, und sie fingen an, uns leichte Mahlzeiten zu geben, Haferflockenbrei usw. Wir waren ja auch alle, muß ich gestehen, körperlich und nervlich fix und fertig. Übrigens, während dieses Hungerstreiks gab es wieder so ein paar tragische und doch auch erhebende Situationen. Um uns zu verständigen, haben wir natürlich oft über den Hof geschrien, d.h. also, wenn es dunkel wurde und man nicht mehr die Möglichkeit hatte, am Fenster genau identifiziert zu werden, dann wurde zum Zellenhaus rübergeschrien: »Hungert ihr noch?« »War bei euch der Offizier auch?« »Wir hungern noch, wir hungern noch«, kam es zurück. Unheimlich mit dem Widerhall, der sich in dem Gemäuer verfing. Und jeden Abend dasselbe Ritual. Und draußen stand, wir sahen das, die Zivilbevölkerung und hörte uns. Die haben also furchtbare Situationen und Stunden erlebt. Die Bevölkerung hatte sich massiv gegen die Bewacher gestellt. Bei dieser Gelegenheit, ich darf's mal so nebenher noch einfließen lassen, ist einmal folgendes passiert: An einem Weihnachtsfest hatten die Bergbauarbeiter aus Annaberg in gewisser Solidarität mit den leidenden Frauen da oben, die natürlich auch wußten, daß das keine Kriminellen waren, sich entschlossen, uns Christstollen zu spendieren. Und schickten also einen ganzen Lastwagen mit Christstollen nach Hoheneck, um uns eine kleine Weihnachtsfreude zu machen. Sie mußten mit dem Lastwagen wieder umkehren. Sie durften die Christstollen nicht ausgeben. Es gab also bald einen Aufstand deswegen. In der Folge dieser Ablehnung sind später einzelne Wachleute verhauen worden. Also ich persönlich habe unseren Wachtmeister mit einem blauen Auge kommen sehen. Er war unterwegs abgefangen und von Bergarbeitern und Zivilisten verdroschen worden. Das war keine Seltenheit. Ich sagte ja schon, daß Hoheneck mitten in Stollberg an sich etwas erhöht steht und schon hinter den Mauern die Häuser beginnen. Man war also durchaus imstande, wenn man wollte und über die Wachhäuschen hinweg sah, sich per Schreien zu verständigen. Das hatte natürlich immer üble Folgen und wurde auch selten praktiziert. Aber beim Hungerstreik waren ja alle Hemmungen gefallen. Die schrien von draußen zu uns rauf: »Haltet durch!« Mehrfach. Ich muß gestehen, wir haben heulend dagestanden. Und vielleicht haben wir auch deshalb so zusammengehalten. Ist ja möglich. So weit, so gut. Es gingen einige Tage ins Land, es geschah weiter nichts. Uns wurde versichert, daß inzwischen die Überprüfungen erfolgten. Und plötzlich, eines Nachts, wurde ich aufgeweckt. Wir waren ja inzwischen wieder ein paarmal verlegt worden. Man sagte zu mir im Flüsterton: »Strafgefangene, kommen Sie schnell mal mit, aber leise, damit die anderen nicht geweckt werden.« Völlig im Schlaf bin ich da hinterhergetapst, habe gerade noch meine Jacke fassen und mich nicht mal mehr anziehen können. Wurde also so spärlich angezogen in den Waschraum geführt, wo schon andere standen. Außerdem standen dort mehrere Volkspolizistinnen, im Hintergrund auch ein paar Männer, die dann rausgehen mußten, denn ich wurde nun aufgefordert, mich auszuziehen, und dann wurde ich gefilzt. Im Nebenraum lag eine völlig neue Strafgefangenenuniform. Wir hatten so Drillichzeug mit Streifen darauf an. Auch neue Holzschuhe. Wir mußten uns das anziehen, und dann wurden wir im wahrsten Sinne des Wortes auf Schleichwegen durch Hintertüren rausgeführt und in eine »Grüne Minna« gebracht. Also, alles still und heimlich. Natürlich! Denn wenn etwas ruchbar oder laut geworden wäre, hätte es wohl einen weiteren Aufstand gegeben. Ich bin sicher, daß das nicht so hingenommen worden wäre. Und dann fuhr die »Grüne Minna« bei Nacht und Nebel aus dem Tor raus, wir waren auf der Straße und fuhren Stunden um Stunden und fanden uns schließlich in Brandenburg wieder. Übrigens sind so 2 Transporte mit strafgefangenen Frauen aus Hoheneck nach Brandenburg gebracht worden. Insgesamt 49 Frauen. Wir kamen in Brandenburg an, und wir wußten erst gar nicht, wo wir waren. Keiner hat uns das gesagt. So saßen wir in den kleinen Minizellen, die in so einer »Grünen Minna« sind, völlig aufgeregt und mit den Nerven runter, die Frage im Kopf, was nun wohl passiert? Die Ungewißheit ist eines der schlimmsten Dinge in der Gefangenschaft. Womit man rechnen kann, darauf kann man sich einstellen, dagegen kann man sich wappnen und innerlich stark machen. Aber jedes Fragezeichen ist entnervend! Greift den Widerstands- und den Selbsterhaltungswillen an. Wir kamen also in Brandenburg an, die riesigen Tore gingen auf, und es erwartete uns eine Ansammlung von Volkspolizisten und auch Volkspolizistinnen, die alle einen Knüppel in der Hand hatten. Wir waren avisiert worden als die Rädelsführer eines Hungerstreikes aus dem Erzgebirge, und die haben vielleicht gedacht, wir sind denen an den Hals gegangen in Hoheneck. Auf alle Fälle sind wir mit Knüppeln in der Hand empfangen worden, in einer Reihe stehend. Im ersten Moment habe ich gedacht, die würden auf uns einschlagen. Aber das haben sie nicht getan. Die haben zu ihrer Sicherheit, und später habe ich mit einigen Wachtmeisterinnen darüber gesprochen, nicht in Angriffs- sondern in Abwehrhaltung gestanden. Die haben gedacht, da kommen welche, die ihnen an den Hals gehen, oder wir wären entweder durchgedrehte Verrückte oder so ungefähr. Wir wurden jedenfalls in das Haus 4 in Brandenburg gebracht, das der sogenannten Prominenz wie dem ehemaligen DDR-Außenminister Dertinger und anderen, die zu der Zeit da saßen, vorbehalten war. Wir wurden in vier Großraumzellen verteilt, und ich kam in Zelle 13. Ich muß gestehen, daß ich im ersten Moment schreckensbleich wurde. Nachher habe ich gedacht, jetzt wirst du vielleicht auch noch abergläubisch. Wir blieben einige Zeit da und hatten einen Kommandoleiter, der früher in einem KZ war. Er war KZ-Insasse gewesen. Und der hatte so ulkige Schuhe. Ich erzähle das deshalb, weil das noch besonders bemerkenswert ist: Wir haben ja furchtbar gefroren in dem dünnen Drillichzeug, das wir hatten. Nur eine Decke, die durchweg dreckig waren in Brandenburg, mit allem möglichen Zeug behaftet. Das waren schon üble Voraussetzungen. Geheizt war auch nicht groß, und dann haben wir die Hände in die Ärmel gesteckt und Rundmärsche um den Tisch, den einzigen Tisch, den es da gab, vollzogen. Mit den Holzschuhen war es natürlich der Klappergang eines Tausendfüßlers. Es fiel also auf. Jedenfalls ging plötzlich die Tür auf und der Kommandoleiter stand in der Tür und schrie uns an, was wir da täten, das wäre Sabotage. Wir haben da im Moment schreckensbleich und völlig erstaunt gestanden. Wir hatten ja gar nichts gemacht oder verbrochen. Aber der warf uns vor, daß wir durch das Laufen mit den Holzschuhen auf dem Linoleum volkseigenes Gut zerstören würden, und das wäre Sabotage, und wir sollten das gefälligst unterlassen. Grotesk, aber wahr!

Ein paar Tage später gingen dann die Türen auf, und die Hälfte von uns wurde aufgrund der ersten großen Amnestie im Januar 1954 nach Hause entlassen. 15 Strafgefangene, ich war mit dabei, blieben. Und das besonders mir im Gedächtnis Verbleibende ist, daß aus meiner Zelle alle gingen und ich darin sitzenblieb und es eigentlich für selbstverständlich hielt, da das ja immer in Abständen geschah, daß irgendwann also auch für mich der Schlüssel gehen würde: Strafgefangene, Sachen packen, raus! Denn wir hörten aus den anderen Häusern von denen, die wußten, daß sie nach Hause gingen, die Schreie: Wir gehen nach Hause, wir gehen nach Hause! Wir sind gar nicht auf den Gedanken gekommen, daß welche bleiben würden. Und dann vergingen Stunden um Stunden, wir blieben sitzen und haben eine ungeheure Schockzeit verkraften müssen. Ich muß gestehen, wenn ich jetzt so zurückdenke, dann waren das Wegholen der Kinder und das Verbleiben als letzte in der Zelle die fürchterlichsten Situationen, die es überhaupt für mich gab. Wir sind dann noch bis 1956 in Brandenburg geblieben, haben da gearbeitet, die paar Leute, die wir noch waren. Da kamen dann noch einige nach A 6 Verurteilte dazu und wir wurden dann im Mai 1956, glaube ich, nach Halle gebracht. Da sind wir im »Roten Ochsen« gewesen. Und auch da gab's dann nur Entlassungen ganz tröpfelweise. Ich war dann doch nicht die allerletzte, die entlassen wurde. Plötzlich kam jemand, rief einen auf. Man kam in einen Aufenthaltsraum, in dem man drei Tage verblieb. Dann bekam man Privatsachen, mußte irgendwas unterschreiben. Da ich ja aus dem Westen entführt worden war, bekam ich also nur eine Fahrkarte nach Berlin und weiter nichts, auch keinen Pfennig Geld oder sonst dergleichen und wurde vor die Zuchthaustür gestellt. Vor die Tür des »Roten Ochsen«, der mitten in Halle steht. Ein verrücktes Gefühl. Und dann war ich auf einmal wieder in Berlin – es fehlten viele Menschen, die mir wichtig waren. Aber es fing für mich eben doch alles noch einmal an, eine neue Zeit von Leben – erheblich bewußter, sensibler und in mancher Hinsicht auch überlegener.

Alexandra Dust-Wiese

Alexandra Dust-Wiese wurde am 15. April 1923 in Rostock geboren. Die ersten sechs Jahre ihres Lebens verbrachte sie auf dem mecklenburgischen Gut Krümmel, wo ihr Vater Gutspächter war. 1929 zog die Familie in die Kleinstadt Parchim, wo Alexandra Wiese im selben Jahr zur Schule kam: Bis 1932 absolvierte sie die Grundschule, von 1932 bis 1940 besuchte sie das Gymnasium. Ab September 1940 studierte sie an der Berliner Universität Auslandswissenschaften, u. a. bei Prof. Schulze-Boysen. 1942/43 ging sie für ein Semester nach Bukarest und wurde dort wegen regimefeindlicher Äußerungen von der Gestapo verhört. Mit Hilfe ihrer Berliner Lehrer gelang es jedoch, sie weiteren Zugriffen der Gestapo zu entziehen. Anschließend ging Alexandra Wiese nach München und setzte dort ihr Studium fort. Im darauffolgenden WS 44/45 kehrte sie aber wieder nach Berlin zurück, schrieb ihre Diplomarbeit und wurde erneut wegen der in Bukarest gemachten kritischen Äußerungen von der Gestapo vernommen. Den Zusammenbruch des »Dritten Reiches« erlebte Alexandra Wiese im heimatlichen Parchim. Ab Oktober 1945 arbeitete sie am Gymnasium der Stadt als Lehrerin. Im Mai 1946 trat sie in die Liberal-Demokratische Partei Deutschlands ein und setzte ihre Lehrertätigkeit im selben Jahr an einer Grundschule fort. Ende 1948 legte sie ihre Prüfung als »Neulehrer« ab. Im Sommer zuvor begegnete sie dem Rostokker Studentenführer und LDPD-Mitglied Arno Esch und geriet in dessen Widerstandskreis, der wenige Monate später vom sowjetischen Sicherheitsdienst zerschlagen wurde. Am 18. Oktober 1949 erfolgte die Verhaftung von Alexandra Wiese, und am 1. April 1950 wurde sie in Schwerin von einem Sowjetischen Militär-Tribunal zu 3 x 25 Jahren Arbeitslager verurteilt. Neben vielen anderen Studenten und jungen Intellektuellen werden auch die Brüder von Alexandra Wiese ver-

haftet: einer von ihnen erhält 5 x 25 Jahre Arbeitslager, der zweite, Friedrich-Franz Wiese, wird – zusammen mit Arno Esch und vier weiteren Angeklagten – zum Tode durch Erschießen verurteilt. Während ihre Brüder und die zum Tode Verurteilten in die Sowjetunion deportiert werden, kommt Alexandra Wiese im April 1950 nach Hoheneck. Im Mai 1951 erfährt sie, daß man auch ihre Mutter verhaftet, wegen »Spionage« zu 25 Jahren Arbeitslager verurteilt und in die Sowjetunion deportiert hat. Bis November 1953 blieb Alexandra Wiese in Hoheneck – kam aber anschließend wegen führender Beteiligung an der Organisierung eines Hungerstreiks als sog. »Rädelsführerin« ins Zuchthaus Brandenburg-Goerden. Im Mai 1956 verlegte man sie nach Halle in den sog. »Roten Ochsen«; am 15. November 1956 wurde sie schließlich begnadigt und nach Parchim entlassen. (Ihr zum Tode verurteilter Bruder wurde schon 1954 begnadigt und nach Westdeutschland entlassen. Er ist der einzige der zum Tode Verurteilten, der überlebt.) Am 7. Januar flieht Alexandra Wiese nach Hamburg, lebt eine Zeitlang in Uelzen und arbeitet später als Lehrerin an einer privaten Handelsschule in Pirmasens. 1958 folgt ein Studium an der PH Lüneburg, im selben Jahr die Anstellung als Lehrerin in Schneverdingen. 1959 heiratet Alexandra Wiese. 1960 wird ihr Sohn Götz geboren. Seit diesem Jahr ist sie in Wolfsburg an einer Realschule, später an einer Hauptschule tätig. 1980 geht Alexandra Dust-Wiese in Pension.

Ich glaube, es begann 1947, ja, 1947 fing es an mit unserem Kreis. Wir bekamen den Auftrag, den sogenannten »Marxismus« zu studieren, also auch Bücher von Lenin und Stalin, damit wir gut informiert waren und bestimmte Gegenpositionen dazu entwickeln konnten. Wir waren alle in der LDPD, Studenten der Rostocker Universität, aber auch bei uns in Parchim, ich als Lehrerin und verschiedene Oberschüler. Dazu kamen Studentengruppen in Halle und Leipzig. Da war alles organisiert von dem Kreis um Arno Esch in Rostock. Aber wir kannten nur wenige, waren auf den Parchimer Kreis beschränkt. Die Oberschüler kamen zu mir, ich spielte damals noch Gitarre, und dann sangen wir und spielten und sprachen auch über verschiedene politische Dinge – und rechneten hundertprozentig damit, daß uns die Amerikaner eines Tages von den Russen befreien würden. Ich habe es eigentlich, bis die DDR gegründet wurde, immer noch gehofft. Aber als wir dann nachher verurteilt und Arno Esch und verschiedene andere hingerichtet wurden, da habe ich dann doch gedacht, wir waren wohl zu junge Leute mit zuviel Idealismus. Denn die Amerikaner wären ja nie gekommen, um uns zu befreien. Aber wir hatten hundertprozentig damit gerechnet. – Ein hundertprozentiger Irrtum mit tragischen Folgen. Die Vernehmungen wurden mit physischer Gewalt durchgeführt. Aber ich muß ganz ehrlich sagen, ich habe nichts verraten; ich habe mich höchstens selbst belastet. Von meinen Brüdern habe ich immer gesagt, die wären überhaupt nicht dabeigewesen. Arno Esch kenne ich gar nicht, weiß auch gar nicht, wer das ist. Und dann hat der Vernehmer mich ja auch zusammengeschlagen. Das geschah immer wieder – bis auf einen Tag. Ich war zunächst etwas zurückhaltend, habe mich zusammengerissen. Aber ich war an diesem Tag so verzweifelt, weil er mich immer mit dem Kopf an die Wand gestoßen und mir seine Faust auf den Kopf geschlagen hatte. Und als ich dann zu ihm hingebracht wurde – wir mußten den ganzen Tag in der Zelle hin- und hergehen, wir durften nicht sitzen und so, und abends, wenn das Schlafen losgehen sollte, wurden wir zum Verhör geholt, nachts wurden wir fast immer verhört –, als ich also dann hinging, war ich so verzweifelt, daß ich dachte: Mensch, jetzt sagst du einfach was, dann läßt er dich zufrieden. Und dann kam ich in diese Ecke, wo der Stuhl stand, mußte mich wieder hinstellen und sah an die Wand. Und in die Wand war ein Kreuz geritzt, mit dem Fingernagel oder so, und da dachte ich: Mein Gott, als Jesus damals festgenommen wurde, hat er nicht einen seiner Jünger preisgegeben. Und du willst jetzt die anderen preisgeben? – Nie! In dieser Nacht habe ich nicht eine Antwort gegeben, nicht eine. Und er war also ganz entsetzt, der Major, daß ich nun überhaupt keine Antwort mehr gab. In der nächsten Nacht brüllte er mich wieder an, der Dolmetscher war aber weg. Und in dem Augenblick explodierte ich und bin zu ihm vor seinen Schreibtisch gegangen und habe ihn fünf Minuten lang angeschrien, ich habe Stalin fertiggemacht, und der hing da an der Wand, hab' ihm gesagt, wie ich die Russen hasse und daß er ein Schwein wäre, weil er mich immer zusammengeschlagen hätte, und dann habe ich mich bauz! auf den Stuhl gesetzt und gedacht, so, jetzt kommst du unten in diese Wasserzelle oder er tötet dich, ist ja völlig Wurscht! Und da zog er seine Schublade auf, und da dachte ich: Aha, da hat er einen Revolver, nun erschießt er dich. Na ja, puskai, dann brauchst eben nichts mehr zu sagen. Aber was machte er, er stand auf, kam mit einer Schachtel Zigaretten, bot mir eine davon an. Mensch, dachte ich, sollste damit vielleicht drogensüchtig werden. Na ja, aber ich war ja damals schon Raucherin, und ich nahm sie also. Er rauchte, ich rauchte, und plötzlich unterhielt er sich mit mir auf deutsch. Solange hatte er immer so getan, als hätte er bloß russisch gekonnt. Nö, er konnte ganz gut deutsch. Und war ganz höflich, ganz zurückhaltend. Und da gab ich mir selbst einen Tip, da dachte ich: Also, wenn er dich das nächste Mal anbrüllt, dann brüllst du zurück. Hab' ich gemacht! Dann war er wieder sehr höflich, hat mich nicht geschlagen. Und jetzt weiß ich also, was man bei Russen machen muß: Brüllen, brüllen, aber wie!

Nach der Verurteilung vom SMT kam ich nach Hoheneck, und zwar in eine Gemeinschaft mit ungefähr 120 Leutchen. Die ersten Tage durften wir überhaupt nicht reden, saßen an den Tischen, und vorne auf einem Katheder saß eine Wachtmeisterin. Als ich reinkam, schrie sie mich an: »Es wird nicht geredet!« Aber als ich mich hinsetzte, saßen die anderen da, machten fast lautlose Lippenbewegungen und führten so ihre Gespräche. Und dann schrie die Wachtmeisterin immer dagegen an. Aber alle erzählten lautlos weiter. Das dauerte vielleicht vier Wochen, dann gingen die raus, und wir durften uns unterhalten. Aber zunächst kam erst einmal die furchtbare Hungerzeit – ungefähr bis Oktober 1950. Das war wirklich furchtbar – aber verrückterweise auch zum Lachen, denn während dieser Hungerzeit haben alle Frauen Rezepte von sich gegeben, die leckersten Rezepte. Und dann haben sie mich mal gefragt, was ich denn so gern essen würde. Und da sagte ich: »Kinnings, lacht nicht, aber ich möchte so gerne Kartoffelpuffer essen.« Aber die haben natürlich gelacht. Im Oktober oder November 1950 kam ein neuer Kommandeur, sah uns Frauen an und war entsetzt, wie mager wir waren, und gab uns zwei- oder dreimal am Tag Haferflocken, und da wurden wir allmählich ganz schön mollig. Dann gingen wir ja nur immer eine Viertelstunde unten im Hof rum, wo die Akazie stand vor dem Turm. Da mußten wir die Hände auf dem Rükken haben, da bekamen wir extra Schuhe mit so dicken Holzsohlen, also mindestens sechs bis sieben Zentimeter hoch. Wir haben uns dann selber Einlagen gemacht, weil uns die Schuhe so weh taten, wenn wir damit gingen. Und dann war eine Kameradin da, die durfte, als dieser neue Kommandeur kam, Sport mit uns machen. Wenn wir jetzt Freistunde hatten, dann durften wir 5 Minuten turnen. Ich war nie eine Sportlerin, aber da war ich begeistert. Die meisten von uns waren zu 25 Jahren verurteilt. Es gab natürlich auch welche, die »nur« zu 15 bzw. »nur« zu 10 Jahren verurteilt waren. Eines Tages wurden wir gefragt, ob wir draußen, da war das Kulturhaus für das Wachpersonal und die brauchten Leitungen oder so etwas, ob wir da arbeiten wollten. Da habe ich mich auch gemeldet und bin rausgegangen. Es war fürchterlich neblig. Es muß im Herbst 1951 gewesen sein. Und dann bekamen wir Spitzhakken und mußten den Schieferboden auseinanderhacken. Und da standen keine Wachtmeisterinnen, sondern Wachtmeister dabei. Eines Tages – insgesamt habe ich wohl 3 oder 4 Tage gearbeitet – sind die dahintergekommen, daß wir die mit »25 Jahren« waren. Da wurden wir dann alle wieder reingeschickt.

Die zu 25 Jahren Verurteilten durften nämlich draußen nicht arbeiten. Die anderen durften. Das war also ein Privileg. Aber in diesen wenigen Tagen gab's ein Erlebnis. Wir waren da unten, hatten schon einen tiefen Graben gemacht, und plötzlich steht oben ein Junge, der war vielleicht so neun bis zehn Jahre alt. Frank hieß er, werde ich nie vergessen. Und der guckte runter und sagte: »Seid ihr aus dem Gefängnis?« »Ja«, sagte ich, »sind wir, wo kommst du denn her?« »Ich komme gerade aus der Schule«, sagte er. Und ich dachte, der Wachtmeister würde ihn wegschicken. Hat er aber nicht gemacht. Der hat sich umgedreht, und wir durften klönen. Und dann fragte er uns, was wir wären. Da sagte ich zu ihm: »Du glaubst wohl, wir haben Kaninchen gestohlen oder so irgendwas. Gestohlen hat von uns kein Mensch, sondern wir sind politische Häftlinge! Ich war gegen die Russen.« »Oh«, sagte er, »oh, gegen die bin ich auch.« Ich sagte ihm: »Du, sag das nicht so laut, dann kommst du auch hier rein.« Und da sagte er: »Wie ist es denn bei euch?« »Na«, sagte ich, »ganz schlimm.« »Und wie lange mußt du sitzen?« Ich sagte ihm: »25 Jahre!« Da wurde dieser kleine Junge ganz blaß und sagte: »Was, 25 Jahre? Ach nein.« Und am nächsten Tag kam er wieder, hatte seinen Eltern in Stollberg alles erzählt, und die hatten ihm lauter Brote, wunderbar mit Butter und Wurst gemacht, mitgegeben. Und er warf sie uns runter. Und da fragte der Wachtmeister: »Was bringst du denn?« Da packte ich das aus und sagte, ich habe ein Geschenk bekommen, dürfen wir doch wohl essen, oder? »Na«, sagte er und winkte so mit der Hand und drehte sich wieder um. Und dann sagte der Junge uns, seine Eltern wären ganz entsetzt. Ich hab' ihm auch erzählt, daß die meisten von uns 25 Jahre hätten. Und er sagte uns, wenn wir entlassen werden würden, sollten wir sofort zu seinen Eltern kommen, die hielten uns allen den Daumen. Und sie guckten auch häufig nach Hoheneck rauf, aber sie sähen ja niemals jemanden, denn vor den Zellen waren ja Blenden. Er hat mir auch noch versprochen, am nächsten Tag Bonbons zu bringen. Aber am nächsten Tag wurden wir dann alle wieder reingeschickt.

Ab 1952 mußten wir zum Schneidern, Uniformen für die KVP (Kasernierte Volkspolizei) produzieren. Ich war da zusammen mit Karin Klinger, der späteren Frau des Ministerpräsidenten Dietrichs von Niedersachsen. Wir haben zuerst dagesessen und uns über vieles unterhalten. Wir haben uns beinahe alles aus unserem Leben erzählt, alles. Und manchmal haben wir uns auch fürchterlich gestritten. Aber sobald eine Wachtmeisterin kam, und die Oberwachtmeisterin war das widerlichste Vieh, was wir da hatten, die auch besonders gern schnauzte, dann waren wir uns so einig und haben zusammen dagegenangeschrien. Wir haben viel gemacht, zum Beispiel Englischunterricht, Lateinunterricht und bestimmte Berichte über Romane und Filme verfaßt. Da waren dann die Kameradinnen immer ganz begeistert, saßen alle im Kreis, und einer erzählte. Und diese Verbundenheit, die da entstand, ist geblieben. Wenn wir uns heute treffen, egal, wie hoch jemand gekommen oder wie intelligent er ist, wenn wir uns unterhalten, unterhalten wir uns wie Schwestern. Keiner kann angeben oder so, weil jeder jeden kennt durch diese intensiven Gespräche. Dabei war das alles gar nicht vordergründig politisch damals, da war eher kaum etwas dabei. Wir haben über andere Sachen gesprochen. Natürlich gab es einige, mit denen man mal über Politik sprechen konnte, aber politisch wußten wir relativ wenig, denn wir wurden ja acht Tage, glaube ich, nachdem die DDR gegründet worden ist, überhaupt erst verhaftet, und man wußte gar nichts von dieser DDR, bis dann ab 1952 Verhaftete kamen, die von der DDR-Justiz verurteilt worden waren. Und die erzählten uns dann sagenhafte Geschichten, und wir lachten bloß darüber und sagten, das haben wir uns gedacht, daß das so ungefähr werden würde. Nein, also politische Auseinandersetzungen gab's wenig. Aber zu Weihnachten war es wunderbar.

Zunächst einmal bekamen wir 1950 alle eine Spritze, weil plötzlich unsere Menstruation völlig weggeblieben war bei der Verhaftung; danach hatten wir wieder unsere Menstruation und bekamen Camelia-Binden. Und aus diesen Binden haben wir zu jedem Weihnachtsfest Engel gebastelt. Aber dann wurde fast jedes Mal am Heiligabend bei uns alles durchsucht und weggeworfen, was wir da hatten. Wir bekamen dann, ab 1951 glaube ich, jeden Monat ein Paket. Da machten wir dann so kleine Weihnachtsgeschenke aus dem Geschickten, und das brachten sie dann auch alles durcheinander. Und wenn wir wieder reingelassen wurden in die Zellen, war alles dreckig, und sie hatten viel weggenommen, runtergeworfen, eben gehaust. Aber Sie glauben gar nicht, das dauerte bei uns nicht mal eine Stunde, dann hatten wir alles wieder, und es stand alles wieder ganz sauber da.

Wir hatten auch einen sehr guten Chor, geleitet von der Sängerin Ilse Rose, und da ich ja damals schon eine sehr tiefe Stimme hatte, mußte ich dann immer mit einer Kameradin Baß singen. Später bekamen wir das erste Mal einen Gottesdienst, nur einen evangelischen, niemals einen katholischen. Aber alle unsere katholischen Kameradinnen kamen mit uns. Wir gingen nach oben in die Kirche, das muß auch kurz vor Weihnachten 1951 gewesen sein. Es kam ein Pastor aus Chemnitz, ein älterer Herr. Man hatte ihm gesagt, in Hoheneck wären lauter Mörderinnen. Und wir hatten ja diese Anzüge bekommen, richtige Männeranzüge, blaugrau mit grünen Streifen, die haben wir uns enger genäht; dazu Männerhemden mit einem Kragen, den drehten wir uns um und machten ihn hinten zu. Sahen für diese Verhältnisse ganz schick aus damit. Unsere Haare haben wir jeden Abend mit Bettlackenfetzen und Spucke eingedreht. So sahen wir schick aus am nächsten Tag. Für diesen ersten Kirchgang haben wir uns also auch toll angezogen. Und als der Pastor kam und uns sah, vor allen Dingen auch die älteren Damen, die da saßen und auch wirklich wie Damen aussahen, zum Beispiel die Mutter von Walter Kempowski, da guckte er ganz fassungslos, und er hielt seine Predigt, aber er stotterte so ein bißchen, weil er uns immer wieder ansah, und dann hörte er den Chor, wie der sang, und er war also ganz platt, und dann brachte er sein »Vater unser«. Und da sind wir alle niedergekniet. Und als er merkte, daß wir alle knieten, hat er sich auch hingekniet und ihm liefen so die Tränen runter. Das war also ganz wunderbar bestärkend. Aber wir haben bestimmte Lieder auch so laut gesungen, daß den Wachtmeisterinnen ganz schlecht wurde. Es gibt ja passende Strophen, wo es heißt: Gott straft die, die andere schlecht behandeln oder so. Und das haben wir so laut gesungen, daß die dann auch so 'n bißchen zitterten, wenn sie dahinten standen.

Ja, und dann die tragische Geschichte mit der Jutta Erbstößer. Die hatte eine Freundschaft mit einer Wachtmeisterin begonnen, die wohl sehr skeptisch geworden war. Eines Tages wurde die Wachtmeisterin verhaftet, und dann wurde unsere Kameradin verhört und ihr wurde angedroht, wenn sie nicht alles über die Wachtmeisterin sagen würde, dann würde man ihre Eltern verhaften. Daraufhin hat sie sich in der Nacht am Fenster aufgehängt. Das war der einzige Selbstmord, von dem ich weiß. Aber verschiedene Leute, die sich also mal gegen die Wachtmeisterinnen wandten und so, die kamen dann da unten in den Keller. Und dann hatten wir eine Kameradin dabei, die war herrlich. Eine Kommunistin aus dem Erzgebirge. Die hatte, soviel ich mich erinnere, Stalin geschrieben, daß die Russen sich bei uns anders benehmen sollten oder so etwas, und war daraufhin verhaftet worden und gab sich nun in Hoheneck als Verrückte aus. Wir haben es sogar eine Weile geglaubt. Aber dann, als wir den Hungerstreik machten, lief sie alleine draußen rum und sang dieses Lied: »Brüder zur Sonne, zur Freiheit . . .« ganz laut. Und dann kam sie nachher oben in unsere Gemeinschaft, da saß sie neben mir, und ich fragte sie: »Warum hast du das gesungen?« Und da sagte sie: »Och, ich wollte die anderen mal auf den Arm nehmen.« Und da sagte ich wieder zu ihr: »Du tust doch immer nur so, als ob du verrückt bist. Aber das bist du doch gar nicht.« Ihre Antwort war: »Pst, die anderen dürfen's nicht hören. Dir sag ich das. Ich denke gar nicht daran; aber wenn ich als verrückt gelte, werde ich natürlich ganz prächtig behandelt.« Und das wurde sie auch. Sie mußte nämlich zum Beispiel die Schweine betreuen. Und manchmal kamen auch verschiedene Leute aus Berlin, Kommissionen, die hatten goldene Sachen auf den Schulterklappen, und einer von denen wollte nun zu den Schweinen rein, und Rosa hatte gerade eine Mistgabel in der Hand. Mit der ging sie auf ihn zu und sagte: »Raus mit dir, raus mit dir!« und wurde dafür nicht in den Bunker gesteckt, denn sie war ja eine Verrückte, während wir natürlich gleich in den Arrest gekommen wären.

Wir bekamen dann eines Tages, das war so 1952, Bücher zu lesen. Und da haben wir gelesen und gelesen. Bestimmt einhundert Titel. Aber eine Freundin von mir, die auch Gedichte schrieb, las erst einmal Schiller. Und dann haben wir unter ihrer Leitung »Kabale und Liebe« gelesen, vorgelesen, und da war unsere Gemeinschaft so begeistert davon, daß alle sagten, jetzt müssen wir aber irgendwas aufführen, was natürlich verboten war. Und da haben wir den »Faust« aufgeführt. Die Freundin inszenierte das Stück. Inge Schulze war »Faust«, ich spielte den »Mephisto«. Oh, das hat mir Spaß gemacht. Und wir hatten eine, die hat so wunderbar die Margarete gespielt, das glauben Sie gar nicht. Doch acht Tage vorher haben die Wachtmeisterinnen erfahren, daß wir das aufführen wollten, und nahmen uns daraufhin alle Bücher weg. Aber wir, die wir das gelernt hatten, konnten alles auswendig, den ganzen Faust, alles. Und dann haben wir ihn doch aufgeführt. Wir konnten uns nicht so richtig kostümieren, aber so 'n bißchen haben wir es dann doch gemacht. Sie können mal die fragen, die damals in der Gemeinschaft waren. Die waren so begeistert. Wenn die jetzt hier mal den Faust irgendwann sehen, dann sagen sie, der Hohenecker war doch zehnmal besser. Kurz vor der Aufführung kamen drei Wachtmeisterinnen rein. Ob sie es verbieten wollten, weiß ich nicht. Aber wir hatten schon angefangen, und da waren die so interessiert, und zum Schluß, als die Margarete also wirklich wie wahnsinnig den letzten Teil spielte, da haben die so geweint und hinterher so geklatscht mit uns Häftlingen zusammen. Die waren ganz begeistert und haben das offenbar den anderen erzählt. Und es wurde uns nun erlaubt, Theater zu spielen. Da habe ich dann den »Don Carlos« inszeniert und im Stück den König Philipp gespielt. Natürlich wollten wir ganz besonders laut dieses »Sir, geben sie Gedankenfreiheit!« sagen. Aber der Kommandeur erfuhr das, holte mich und sagte, das müßte ich streichen, oder es dürfte überhaupt nicht aufgeführt werden. Und da ich wußte, wieviel Mühe sich alle gegeben hatten, wollte ich das nicht, kam wieder in die Gemeinschaft zurück und sagte: »Kinnings, das müssen wir streichen. Aber das will ich euch sagen, sagt bitte allen Leutchen, die da hinkommen, wir machen dann eine Pause, sagen kein Wort, bleiben ganz still stehen, und dann fangt ihr an zu klatschen, dann wißt ihr ja, was das ist.« Und das haben sie gemacht. Als Marquis Posa das sagen sollte, knieten die Schauspieler vor mir, und wir guckten uns an und standen wie die Puppen da und sagten kein Wort. Und da klatschten alle ganz begeistert. Ev Müthel hat ein russisches Theaterstück inszeniert – »Schafe und Wölfe«. Auch sehr gut. Und dann eines von einem Spanier. Das durften wir dann oben im Kirchenraum aufführen. Wir durften uns sogar kostümieren. Sie gaben uns Taftstücke und ähnliches, und einige von uns haben daraus ganz fabelhafte Sachen geschneidert ... Es war wirklich richtiges Theater, wunderbar. Nur nach dem Hungerstreik, das haben mir später die erzählt, die noch dablieben, da war natürlich alles aus. Das gab's dann nicht mehr. Dann bekamen wir eine Zeitung, die hieß »Tägliche Rundschau«. Wir sagten dazu immer »Die Schändliche Schundschau«, und eines Tages kam eine alte Kameradin, die holte immer von unten die Zeitungen, hielt die Zeitung hoch und sagte: »Kinder, Stalin ist tot, Stalin ist tot!« Wir haben so geschrien, das glauben Sie gar nicht. O Gott, waren wir begeistert, das der tot war! Dann haben wir getanzt und gesungen, also herrlich.

Juni 1953. Wir hatten keine Ahnung vom 17. Juni, hatten natürlich auch von den Wachtmeisterinnen nichts erfahren. Nur, die Wachtmeisterinnen kamen so gut wie gar nicht mehr zu uns; höchstens, wenn wir etwas zu essen bekamen. Flüsterten immer miteinander. Und da sagten wir, na, was wird denn da los sein? Und am 17. Juni, morgens um 10 Uhr, kam mein Vater zu Besuch. Neben mir saß eine junge Wachtmeisterin, die also nicht schrecklich war oder so. Und sie saß ganz zurückhaltend und guckte immer vor sich hin, und mein Vater erzählte mir alles, was am 17. Juni draußen passiert war. Und auch, daß die Arbeiter in Parchim zum Landrat gesagt hatten, wir haben uns schon eine Laterne ausgesucht, an der wir dich aufhängen werden. Ich war ganz entsetzt und dachte, o Gott, jetzt verhaften sie meinen Vater auch noch. Fragte deshalb nach meiner Tante und sagte, erzähl doch irgend etwas anderes. Aber er winkte einfach ab und sagte: »Nein, ich muß euch auch sagen, ich bin im Zug hierher gefahren, und die Arbeiter, die da in der Wismut das Uran abbauen, die saßen bei uns im Zug und fragten mich, wohin ich führe, und ich hab ihnen erzählt – nach Hoheneck. Ich soll euch bestellen, die kommen und holen euch hier raus.« Mir blieb das Herz fast stehen. Ich guckte zu der Wachtmeisterin, aber die saß ganz einfach so da. Und ich durfte zum erstenmal an diesem Tag meinen Vater umarmen. Hab es getan, denn ich glaubte selbstverständlich, daß mein Vater jetzt sofort verhaftet werden würde, raste nach oben, als unser Treffen vorbei war, und wir hatten oben in der Gemeinschaft ja Fenster, von denen aus man den Weg, der nach Stollberg führte, sehen konnte. Wir hatten ja keine Gitter davor, weil es ja ziemlich hoch war, und ich sagte: »Kinnings, guckt mal, ob mein Vater überhaupt rauskommt. Das und das und das hat er mir erzählt.« Das wurde natürlich sofort verbreitet. Und alle guckten raus. Aber mein Vater ging ganz ruhig da unten lang, ist dann nach Berlin gekommen und konnte von da aus nicht mehr nach Parchim fahren. Ist auf einen Soldaten zugegangen und hat ihn gebeten, ihn zu verhaften. Da hat der gesagt: »Was, ich soll Sie verhaften? Warum denn?« »Ja«, sagte mein Vater, »ich weiß nicht, wo ich heute Nacht übernachten soll. Ich komm' nicht weiter, nach Parchim gehts nicht mehr. Dann stecken Sie mich mal in eine Zelle, da kann ich ja dann schlafen.« »Nein, nein«, sagte der Soldat, »die

Leute, die also hier nicht übernachten können, die kommen in irgendeine Schule oder so etwas.« Und da hat er dann übernachtet.

Am nächsten Morgen wurde ganz leise der Schlüssel gedreht, drei Wachtmeisterinnen kamen rein und sagten: »Guten Morgen, würden Sie bitte aufstehen!« Daraufhin haben wir uns hingesetzt, haben die angeguckt und gesagt: »O Gott, sagen Sie das doch noch mal. Das haben wir noch nie gehört.« Und da wurden die ganz rot und sagten, bitte, stehen Sie auf. Also, wir waren vollkommen platt. Und dann um die Mittagszeit kam merkwürdigerweise ein Wachtmeister rein, das ist sonst nie passiert bei uns, und wir sagten zu ihm: »Was wollen Sie denn bei uns?« Da guckte er uns an und sagte: »Es kommen jetzt Leute aus Aue, die wollen was.« Dann ging er wieder. Ob der hinterher verhaftet worden ist, weiß ich nicht. Wir kannten den gar nicht, aber er kam zu uns und sagte das. Die Wismut-Arbeiter waren offenbar gemeint. Ja, sie sind also ganz bestimmt auch eine gewisse Strecke zu uns hingekommen, aber dann sind entweder die Russen oder Polizei gekommen – es wurde jedenfalls nichts aus der Befreiung. Ja, und einen Tag später wurden wir gleich wieder angeschrien. Da war dann alles vorbei, und wir erfuhren überhaupt nichts von den weiteren Vorgängen draußen. Erst in Brandenburg hab' ich 'ne ganze Menge Männer kennengelernt, die in Berlin verhaftet worden waren am 17. Juni. Aber Hoheneck war, wie gesagt, fast total isoliert. Wenn nicht mein Vater dagewesen wäre und mir das alles erzählt hätte, hätten wir überhaupt nichts erfahren.

Eines schönen Tages standen in der »Täglichen Rundschau« immer Namen von Leuten, die aus Rußland entlassen worden waren. Und dann merkten etliche Frauen, daß das meistens ihre Chefs waren, die verurteilt waren genau wie sie und wir und die seinerzeit nach Rußland gekommen waren. Jetzt kamen sie zurück. Da waren die empört und sagten, da müssen wir mal nachfragen, warum die entlassen werden und wir nicht. Wir versuchten über die Wachtmeisterinnen mit dem Kommandeur zu sprechen, aber die sagten, der läßt doch nicht mit sich sprechen, nun laßt das mal. Und dann kam eines Tages eine Gruppe auf mich zu und sagte: »Wir machen Hungerstreik, anfangen soll's morgen, und du organisierst es. Machst du das?« »Ist doch klar«, sagte ich, »mach ich selbstverständlich.« Fürs Organisieren war ich. Aber wir hatten hinten lauter Leutchen mit Tbc, ungefähr vierzig oder fünfzig, und die wollten auch mitmachen. Denen ließ ich sagen, ihr macht nicht mit, denn wenn ihr Hungerstreik macht, dann könnt ihr sterben, ich will das nicht. Und die ließen mir wieder sagen, du kannst sagen, was du willst, wir machen natürlich mit. Daraufhin sagte ich zu einigen Freundinnen: Jetzt spreche ich aber mit der Oberwachtmeisterin, diesem fiesen Schwein, das wir alle so haßten. Ich sagte, mit der muß ich sprechen, ich muß mit dem Kommandeur sprechen, daß wir die Russen fragen können, warum die Leutchen aus Rußland entlassen werden und wir hier nicht. Wir gingen also am Abend, es war schon dunkel und überall leuchtete das Licht, unten auf den Hof, und da stand die Oberwachtmeisterin. Ich trat auf sie zu und sagte zu ihr: »Frau Wachtmeisterin, ich muß unbedingt mit dem Kommandeur sprechen.« Da schrie sie mich an und trieb sofort alle, die da waren, zurück in die Zellen und Gemeinschaften. Damit war unser Entschluß gefaßt. Ich hätte mit dem Kommandeur gerne sprechen wollen, damit die Kameradinnen mit Tbc nicht mitmachten. Aber es ging eben nicht. Und dann fing es den nächsten Tag an. Da brachten sie uns morgens Kaffee, schwarzes Gesöff, das nannten sie immer Kaffee, Brot und ein bißchen Marmelade und Margarine. Aber wir ließen die Dinge stehen und brachten alles wieder runter. Nur getrunken haben wir natürlich. Da waren die vollkommen platt. Genau dasselbe passierte in den Zellen, genau dasselbe passierte bei den Tbcern. Da waren die also ganz außer sich. Dann gab es Mittagessen, und da kamen in jede Gemeinschaft sechs oder sieben Wachtmeisterinnen rein. Unsere Leutchen trugen von unten die Kessel hoch, und dann sagten die Wachtmeisterinnen: »So, jetzt kommen Sie her und nehmen das Essen!« Und haben uns dann selber unsere Schüsseln gefüllt. Haben wir gemacht. Ich hatte denen gesagt: »Kinnings, geht hin, füllt euch alles ein, aber eßt natürlich nichts.« Und dann saßen wir davor. Dann schrien die: »Essen Sie!« Und daraufhin schrien wir: »Nein, wir essen nicht!« Und drüben hörten sie's und oben hörten sie's. Und jedesmal, wenn sie dann woanders waren, hörten wir, wie die anderen schrien: »Nein, wir essen nicht!« Ach ja, dann hatte ich ihnen noch gesagt, daß sie ohne weiteres zur Arbeit gehen sollten. Und das ließen sie uns den ersten Tag machen. Am zweiten Tag wurde es uns verboten, und an diesem Tag gab es auch ein wunderbares Essen, herrrlichen Goulasch mit guten Kartoffeln. So etwas hatten wir sonst nie gekriegt. Aber an dem Tag kriegten wir's. Keiner aß was – nichts. Am dritten Tag durften wir nicht mehr in unsere Gemeinschaften, sondern mußten in unseren Schlafsälen bleiben. Wir sahen bereits am Tag vorher, daß zwei Leutchen von uns, die als Spitzel galten, daß die abgeholt und offenbar zum Kommandeur hingebracht wurden. Am dritten Tag kam ein ganz goldverzierter Mann aus Berlin mit mindestens sechs oder sieben verschiedenen anderen »Gestapoleuten«. Und ich wurde am Abend hingeholt und verhört von einem, na ja, Gestapomann, verrückter Kerl. Er nannte mich nicht etwa Strafgefangene, sondern sagte »Fräulein Wiese« zu mir. Da guckte ich ihn an und sagte: »Wieso sagen Sie denn Frl. Wiese zu mir? Ich bin die Strafgefangene Wiese hier!« »Nein«, sagte er, »für mich nicht.« Er war also zunächst sehr liebenswürdig und fragte, wer auf die Idee gekommen wäre. Daraufhin sagte ich zu ihm: »Wir alle!« Da war er so empört und fing an, mir zu drohen, wenn ich ihm nicht bestimmte Namen nennen würde von Leutchen, die das inszeniert hätten, dann würde die DDR mich verurteilen. Da hab' ich gelacht, das glauben Sie gar nicht. Ich konnte vor lauter Lachen gar nicht antworten. »Warum lachen Sie denn?« schrie er mich an. Ich sagte: »Das kann ich Ihnen sagen: Ich bin zu dreimal 25 Jahren verurteilt, wenn Sie mich jetzt noch mal zu 15 oder 25 Jahren verurteilen, das ist doch völlig Wurscht. Wenn Sie mir mit so was drohen, kann ich nur über Sie lachen.« Da wurde er knallrot, ärgerte sich wahnsinnig und schickte mich raus. Und meine Wachtmeisterinnen brachten mich wieder in den Schlafsaal. Die waren idiotisch, ich sollte ja eigentlich sofort in eine andere Zelle kommen. Als ich also wieder da war, begrüßten mich alle ganz doll und sagten: »So, erzähl sofort alles, wonach er dich gefragt hat und was du geantwortet hast.« Hab' ich ihnen alles hundertprozentig erzählt. Und alle, die hinterher noch mal verhört wurden, haben haargenau dasselbe gesagt wie ich. War wunderbar. Aber dann, als ich Gott sei Dank fertig war, kamen Wachtmeisterinnen, die waren ganz rot und holten mich ab und steckten mich in eine andere Zelle. Am nächsten Morgen bekam keiner von uns etwas zu trinken. Sie hatten alle Wasserleitungen abgedreht, und dadurch ging dann unser Hungerstreik natürlich futsch. Denn trinken muß man ja. Und dann sind wir ein paar Tage später alle in einen Bus gebracht worden, die dreißig sogenannten Rädelsführerinnen. Da war auch Karin Klinger dabei und Jutta Kubowski. Außer dieser einen Vernehmung war nichts mehr. Anfang November war es, als wir von Hoheneck wegkamen. Drei Tage hat der Hungerstreik gedauert. In Brandenburg war ich dann noch bis Mai und in Halle bis November 1956.

Wendelgard Trampota

Wendelgard Trampota, geb. Schacht, wurde am 9. September 1927 in Wismar/Ostsee als viertes Kind eines Steuermanns und einer Putzmacherin geboren. Von 1934 bis 1938 besuchte sie die Grundschule und wechselte dann über zur Mädchen-Mittelschule, die sie aufgrund familiärer Verhältnisse (der Vater verstarb) 1942 vorzeitig verließ. Der Schulzeit schloß sich bis 1943 das sog. »Pflichtjahr« an, das sie auf einem Gutshof auf der Insel Poel absolvierte. Anschließend wurde sie bei der Triebwagen- und Waggonfabrik Wismar zur Bürogehilfin ausgebildet. Durch das Kriegsende und die damit verbundenen Wirren war die Beschäftigungslage so schlecht geworden, daß sie sich zunächst mit verschiedenen Aushilfsarbeiten durchschlug. Später nahm sie dann zeitweilig Arbeit in einem russischen Offiziershaushalt an. Ab Januar 1948 begann sie eine Tätigkeit als Stenokontoristin bei der örtlichen Handwerkskammer. In dieser Zeit lernte sie auch den Vater ihrer späteren Kinder – einen russischen Offizier – kennen. Ende Oktober 1948 wurde ihre Tochter Dolores geboren. Wegen des anschließenden schlechten Gesundheitszustandes gab sie ihre Arbeit bei der Handwerkskammer auf. Ein Heiratsgesuch wurde von der Sowjetischen Militäradministration abgelehnt. Aus diesem Grund – und weil ein zweites Kind unterwegs war – entschloß sich das Paar 1950, in die Bundesrepublik Deutschland zu fliehen, um sich dort ein gemeinsames Leben aufbauen zu können. Dieses Vorhaben wurde jedoch von einem »Freund« verraten und endete mit der Verhaftung der beiden am 14. und 15. August 1950. Wendelgard Trampota verblieb vier Wochen in Wismar und wurde dann in eine sowjetische U-Haftanstalt in Magdeburg verlegt. Am 19. November 1950 wurde sie – schwanger im fünften Monat – von einem Sowjetischen Militär-Tribunal wegen »Verleitung zum Landeshochverrat« zu »10 Jahren Arbeitslager« verurteilt. Ihr

Verlobter, der Leutnant Wladimir Jegorowitsch Fedotow, hatte in einem abgetrennten Verfahren 25 Jahre Arbeitslager erhalten und befand sich mit einem Gefangenentransport auf dem Wege in die Sowjetunion. Nach ihrer Verurteilung brachte man Wendelgard Trampota – über Potsdam, Bautzen und Waldheim – nach Hoheneck. Am 9. März 1951 kam dort ihr Sohn Ulrich zur Welt. Im Rahmen einer Amnestie nach Stalins Tod wurde sie am 18. Januar 1954 aus Hoheneck entlassen und kehrte – schwer erkrankt – nach Wismar zu ihrer Familie zurück. Ab März 1954 arbeitete sie als Sekretärin an der Betriebsberufsschule der Matthias-Thesen-Werft Wismar. Im November 1962 wechselte sie über in den Werft-Bereich Elektrotechnik und arbeitete dort bis 1978 als Abteilungssekretärin. Im März desselben Jahres heiratete sie und verließ zusammen mit ihrem Mann im Rahmen einer Familienzusammenführung am 15. Dezember 1979 die DDR. Seitdem lebt sie als Hausfrau in Hamburg.

Ich wurde am 15. August 1950 in Wismar verhaftet. Man sagte mir, ich solle nur mal für 10 Minuten wegen einer Aussage mitkommen. Aber das waren, wie ich später merkte, »russische« 10 Minuten, denn sie dauerten dann immerhin dreieinhalb Jahre. Der Verhaftung schloß sich ein erstes Verhör an, das »nur« acht Stunden dauerte. Nachdem knapp vier Wochen vergangen waren, wurde ich am 11. September 1950 aus der Zelle geholt, so gegen 21.30 Uhr, und mußte meine paar Sachen mitnehmen. Ins Vernehmungszimmer geführt, erklärte mir einer der anwesenden sowjetischen Offiziere, daß ich jetzt zurück nach Hause käme. Wie ich nun glaubte losgehen zu können, sagte man mir, daß ich nach Hause gefahren werden würde. Also wir stiegen dann in einen PKW ein und fuhren durch Wismar – zunächst bis zur sowjetischen Ortskommandantur. Besagter Offizier stieg dort aus, kam aber nach verhältnismäßig kurzer Zeit wieder zurück, und der Wagen fuhr nun stadteinwärts, wir bogen auch in die Straße ein, in der ich wohnte, und stoppten vor unserer Haustür – aber nur für Sekunden, dann gab der Fahrer wie wild Gas, der Wagen preschte ab – was in mir damals vorging, ist auch heute noch nicht beschreibbar. Ich wurde nach Schwerin gefahren, und am nächsten Tag gings dann mit der grünen Minna weiter nach Magdeburg. Daß ich in Magdeburg gelandet war, erfuhr ich vom Vernehmer. Die Unterkunft in diesem Haus war »grandios«: eine Zelle im Keller, kaum zwei Meter breit und vielleicht knapp vier Meter lang. Das kleine Fenster, das mit dem Erdboden abschloß, war noch mit einer Schute verstellt, so daß man weder etwas sehen noch frische Luft hinein konnte. Die ganze »Inneneinrichtung« bestand aus einem zwölf bis fünfzehn Zentimeter hohen Podest, das die Hälfte der Zelle ausmachte, sowie einem verrosteten Kübel für die Notdurft. Am Abend gab es um 23.00 Uhr zwei Matratzenstücke, die früh um 6.00 Uhr wieder rausgeholt wurden. Ansonsten weder Decke noch etwas anderes zum Wärmen, so daß man diese ganze Zeit, die bis Ende November dauerte, Tag und Nacht nicht aus den Kleidern kam, die auch ansonsten nicht gewechselt werden konnten. Der Morgen bescherte uns nach dem Wecken 1 Becher Wasser, 1 Stück Sandseife sowie ein Handtuch, welches alles von Zelle zu Zelle gereicht wurde. Ich war zum Glück die erste. Aber dennoch: Wie gut, daß es keinen Spiegel gab, in dem man sich mit seinem ganzen ekelhaften Äußeren hätte sehen können. Das Frühstück bestand Morgen für Morgen aus 1 Stück trockenem Brot, einem halben Salzhering, 4 Stückchen Würfelzucker und 1 Becher Tee. Es waren die gleichen Becher, die wir vorher zum Waschen bekommen hatten. Die Mittagsmahlzeit bestand aus dem berühmten »Kascha«, in regelmäßiger Reihenfolge aus Haferflocken, Sago, Grütze mit Salz und Wasser – eine Pampe, in der der Löffel stand und die ich kaum runterbrachte. Lediglich am »Grützetag« fiel mir das Essen leichter. Der Abend bescherte uns dann eine mehr oder weniger dünne Kohlsuppe. Verhöre fanden abwechselnd am Tag oder in der

Nacht statt, wenn man glaubte, endlich Ruhe zu finden. Nach zehn Wochen Haft gab es noch eine Gegenüberstellung wegen einer nicht übereinstimmenden Aussage, an der sich dann zwar nichts änderte – aber Wolodja und ich sahen uns so das letzte Mal. Am 19. November 1950 wurde ich vom SMT wegen »Verleitung zum Landeshochverrat« zu »10 Jahren Arbeitslager« verurteilt. Mein Vernehmer teilte mir so ganz nebenbei mit, daß Wolodja 25 Jahre erhalten hatte und auf dem Wege nach Sibirien war. Nach einer mehrwöchigen Odyssee, die mich nach Potsdam, Bautzen und Waldheim brachte, landete ich schließlich am 19. Dezember 1950 in Hoheneck. Zuerst wurden die üblichen Formalitäten erledigt, dann kleidete man uns ein, also wir bekamen 2 x Unterwäsche, 2 Paar Strümpfe, 2 BH, 1 Hüftgürtel und 1 Kleid, da wir ja schwanger waren, während die anderen Häftlinge in dunkelblauen Anzügen umherliefen, die an jeder Außenseite der Hose, der Ärmel sowie auf dem Rücken einen breiten grünen Streifen hatten. Das war das Zeichen für politische Häftlinge, während die Lebenslänglichen rote Streifen trugen – zumeist ehemalige KZ-Aufseherinnen. Die kriminellen Häftlinge, die später auch kamen, trugen gelbe Streifen. Also wir bekamen nun noch eine Jacke mit grünen Streifen, einen dunkelblauen Schal und ein gleichfarbiges Kopftuch, dazu zwei Decken und 1 x Bettwäsche. Dann ging es ab in die Unterkunft. Uns wurde ein Bett und ein Schrankregal im sog. »Altersheim« zugewiesen. Das war ein Raum, in welchem ca. 40 bis 50 Frauen untergebracht waren, die aus irgendeinem Grunde bettlägerig, teilweise Pflegefälle oder Rekonvaleszenten waren. Ein großer Teil von ihnen hatte schon die 60 Jahre überschritten. Hier nun sollten wir unsere Zeit bis zur Entbindung verbringen. Die Wachtmeisterin hatte die Tür knapp hinter uns abgeschlossen, da waren wir umringt von einem großen Teil der Frauen, die von nun ab unsere Kameradinnen waren. Sie wollten Neuigkeiten von draußen hören, obwohl diese Neuigkeiten ja auch schon wieder einige Monate alt waren. Uns hingegen interessierte sehr, was uns nun so im Lager bevorstand.

Neben diesem Altersheim befand sich der Kalfaktorenraum für die Jugendgemeinschaft, die größte in Hoheneck. Sie umfaßte rund 260 Mädchen und jugendliche Frauen bis zu 25 Jahren. Eine der beiden Kalfaktorinnen war aus meiner Heimatstadt. Ihr konnte ich wirklich viel Neues erzählen, denn sie war ca. 17 Monate vor mir verhaftet und hatte wegen einer absoluten Bagatelle 25 Jahre erhalten. Das war ein Fragen und Erzählen. Wir waren froh, als wir uns endlich ins Bett legen konnten, um uns ein wenig zu erholen von all dem Neuen, das wieder auf uns eingestürzt war.

Am nächsten Tag, also am 20. Dezember 1950, konnten wir endlich unsere Angehörigen benachrichtigen – darüber, wo wir uns überhaupt befanden und daß wir von nun an einen regelmäßigen Schriftverkehr haben konnten. Diese Briefe waren vorgedruckte Formulare DIN A 5, die 15 Zeilen hatten. Da mußte man schon ganz klein und eng schreiben, um soviel wie möglich mitzuteilen und fragen zu können. Meine Mutter erhielt die erste Post genau am Heiligabend, und es war wohl das schönste Weihnachtsgeschenk für sie und meine kleine Tochter, die sich bei ihr befand. Außerdem durften wir jeden Monat ein Paket von 3 kg Inhalt geschickt bekommen. Was geschickt werden durfte, darüber gab es natürlich ganz bestimmte Vorschriften, die sich im Laufe der Jahre immer wieder änderten.

Da wir am Heiligabend ohne Post und Paket von unseren Angehörigen waren, erwiesen sich einige Frauen als das, was wir für die nächsten Jahre füreinander sein sollten: als Kameradinnen. Mütter, deren Babys inzwischen schon nicht mehr in Hoheneck waren, schenkten uns Babyzeug, und andere Frauen wieder etwas aus ihren Paketen, die sie von zu Hause bekommen hatten. Von der Anstalt gab es für jeden einen Stollen, und wir bekamen auch noch etwas Babywäsche. So verliefen nun die nächsten Wochen ohne besondere Höhen und Tiefen, wenn man die Gedanken nicht mitrechnet, die doch immer wieder bei den Lieben zu Hause waren. Im »Altersheim« wurde hauptsächlich von den älteren Frauen Bett- und andere

Wäsche geflickt und gestopft. So schnorrte ich mir von den Frauen immer Flicken und Garn, eine Nadel hatte ich inzwischen auch schon ergattert, und nähte aus den geschenkten Flicken Zeug fürs Baby, also für dich. Weiterhin hatte ich mir einen schönen festen Karton erbettelt; da hinein wurde nun sorgsam alles gelegt, was ich inzwischen gesammelt hatte an Dingen. Am 9. März 1951 war es dann soweit, daß du zur Welt kamst. Terminlich gesehen war es eigentlich noch gar nicht soweit, aber du hattest es wohl so eilig, deinen Protest schon mit acht Monaten in die Welt zu schreien. Ich war froh, daß ich alles gut überstanden und wieder etwas zum Liebhaben hatte, obwohl auch gleich die Sorgen begannen. Durch die Frühgeburt warst du herz- und kreislaufgestört, aber du wurdest mit Spritzen am Leben erhalten. Der damalige Kommandant war anscheinend ein guter Mensch, der dich selbst ansah und anordnete, daß alles getan werden sollte, um dich am Leben zu erhalten. Ich selbst bekam in diesen dreieinhalb Wochen Revieraufenthalt doppelte Verpflegung und mittags das bessere Essen für die Tbc-Kranken. Nach dieser Zeit ging es ins »Mütterzimmer«. Es befand sich im selben Gebäude wie das »Altersheim« und auch in derselben Etage. Das Kuriose am »Mütterzimmer« – dieser Raum hatte keine Gitter vor dem Fenster, da sich ja »Freiheitsmenschen« darin aufhielten. Aber da sich dieser Raum sowieso im zweiten Stock mit Fenster zum Innenhof befand, war es gleichgültig, ob er mit oder ohne Gitter war.

Und dann kam ein Tag, wo wir drei Mütter in die Verwaltung geholt wurden, um die entsprechenden Personalien für die Papiere der Kinder anzugeben. Ich kam als letzte dran. In meinem Kopf hatte es in diesen Minuten fieberhaft gearbeitet. Wenn ich deinen Vater angeben würde, konnte es passieren, daß man dich fortgenommen und nach Rußland gebracht hätte, da die Kinder von Angehörigen der sowjetischen Armee als »Kinder des Staates« bezeichnet wurden. Und somit antwortete ich auf die Frage nach dem Vater: »Weiß ich nicht!« Die Köpfe des Wachpersonals und auch meiner Kameradinnen flogen ruckartig hoch. Ich wurde noch einmal danach gefragt. Sie erhielten dieselbe Antwort, wenn auch mit einem roten Kopf. Aber lieber als Hure dastehen, als daß sie mir mein Kind wegnehmen, dachte ich. Ich wußte ja, wer dein Vater war – und das genügte. Denn später würdest du es schon von mir erfahren.

Am 13. März bekamen wir wieder unseren Briefbogen zugeteilt, und dieses Mal mußten wir unseren Angehörigen unser Urteil nach Hause schreiben. In meinem Fall hieß das, wie schon gesagt: »10 Jahre Arbeitslager wegen Verleitung zum Landeshochverrat«. Da ich bei meiner Verurteilung keine Ahnung von den üblichen Höhen der Urteile hatte (also einmal, zweimal, dreimal 25 Jahre zum Beispiel), bekam ich damals einen ganz schönen Schock. So mußte es jetzt wohl bei meiner Mutter sein. Aber sie verlor kein Wort darüber. Und ich hatte ja inzwischen erfahren, daß es weitaus höhere Urteile gab und daß meines – so grotesk es klingt – zu den niedrigsten zählte! Für Anfang Mai, den Tag weiß ich nicht mehr so genau, hatte meine Mutter Besuchserlaubnis erhalten. Der Morgen verlief für mich sehr aufregend: Wird sie kommen oder nicht? Es war eine weite Reise für sie: von der Ostsee runter bis ins Erzgebirge, und das Geld war zu Hause auch knapp. Aber voller Hoffnung hatte ich mich so gut wie es ging angezogen – ein weißes Männerhemd zurechtgemacht, damit es einigermaßen paßte, Bommelchen davor, die Hose abends feucht gemacht, auf Kniff gelegt und ins Bett damit, die ganze Nacht darauf gelegen, so daß die Bügelfalten am Morgen scharf waren. Erika Renne hatte mir meine langen Haare zu einer schönen Frisur gemacht. Ja, und dann hab ich auch dich fein angezogen und warm in eine Decke eingepackt und harrte nun der Dinge, die da kommen sollten und auch kamen. Die Hoffnung war also nicht umsonst gewesen. Kurz nach 10 Uhr holte mich die »dicke Alma Görschel«, Hauptwachtmeisterin, und führte mich mit entsprechenden Instruktionen in das Bürogebäude, wo die Besuche durchgeführt wurden. Ich wurde in einen Raum gebracht, der durch ein etwa taillenhohes Holzgitter sowie durch einen Tisch in zwei Hälften geteilt war. Weiterhin standen noch drei Stühle im Raum. Wir, meine Mutter und ich, saßen uns am Tisch gegenüber; den dritten Stuhl nahm die »Postmeisterin« ein, die uns beaufsichtigte. Auch von ihr kamen vorher noch Instruktionen, z.B. wurde jeder Körperkontakt wie Händegeben usw. untersagt. Da saßen wir uns nun gegenüber, ohne uns die Hand gegeben zu haben. Über das Lagerleben durfte ich nichts sagen, höchstens daß es mir »gut« ging. Meine Mutter wollte nun gerne mal ihr Enkelchen sehen bzw. in den Arm nehmen. Ich wollte dich rüberreichen. Aber da fegte gleich die Hauptwachtmeisterin dazwischen. Also auch das war verboten! So sprachen wir eben nur von zu Hause, worüber es natürlich genug zu erzählen gab; dann darüber, wie es mit dir weitergehen sollte, und zwischendurch konnte ich ihr durch die Blume erklären, daß ich so lange in Magdeburg gesessen hätte. Keiner wußte damals ja, wo ich abgeblieben war. Meine Mutter war abgespannt, man sah ihr die lange Bahnfahrt an, zumal sie die Nacht durchgefahren war und am Tag vorher gearbeitet hatte. Auch hatte sie anstelle eines Koffers einen Rucksack mit Sachen für dich und mich den Berg zur Burg hochgeschleppt. Von den mitgebrachten Sachen mußte sie außer einem Paket mit Lebensmitteln alles wieder mit zurücknehmen. Meine Mutter hatte für diese eine halbe Stunde, die wir uns sprechen durften, viel auf sich genommen. Dann hieß es Abschied nehmen. Ohne daß die Hauptwachtmeisterin es verhindern konnte, legte ich dich ganz vorsichtig auf den Tisch und sprang so schnell auf denselben, so daß ich ihr zum Abschied doch noch einen Kuß geben und sie umarmen konnte. Der Anschnauzer kam postwendend und »ordnungsgemäß«, aber er konnte mich nicht mehr erschüttern. Ich hatte meine Mutter umarmt, das war für mich wichtiger. Sie trat die lange Heimreise wieder an, nachdem sie im Ort vergebens versucht hatte, von unserer »Burg« eine Ansichtskarte zu erhalten. Du warst übrigens während des Besuchs – ganz gegen deine Art – ziemlich ruhig. Hast wohl gespürt, daß das eine besondere Stunde war.

Im Mai hatten wir, soweit ich mich erinnern kann, das erste Mal Kirche. Es muß Pfingsten gewesen sein. Dieser Kirchgang hat sich unauslöschlich bei mir eingeprägt. Eingeleitet wurde der Gottesdienst von unserem Chor und der Solosängerin Soja Heiko. Dann trat der Pfarrer in Erscheinung. Ein älterer Herr mit grauen Haaren, der seine Predigt mit den Worten begann, daß er Dorfpfarrer in einer Gemeinde bei Chemnitz sei und jetzt fassungslos dastände, weil er vor so einer großen Gemeinde noch nie gestanden hätte. Es war einigen Kameradinnen, die zu Handreichungen eingeteilt waren, gelungen, ihn vorher schnell darüber aufzuklären, daß wir politische Gefangene seien, während ihm durch die Anstaltsleitung vorher mitgeteilt worden war, daß es sich bei uns um Schwer- und Schwerstverbrecher handeln würde. Aber bei unserem Gesang rollten dem Mann die Tränen übers Gesicht. Er hatte begriffen. Ich hab' da auch noch zwei weitere Gottesdiensterinnerungen . . . Es war der 31. Oktober 1951, Reformationstag. Der alte Pfarrer war wieder zu uns gekommen, und der Gottesdienst nahm seinen Verlauf. Aber was nicht eingeplant war und dennoch geschah: Das Hauptlied dieses besonderen Tages – »Ein feste Burg ist unser Gott« – war nicht gesungen worden. Der Gottesdienst ging dem Ende entgegen, da ging es wie ein Lauffeuer durch die vielen Reihen: Wenn der Gottesdienst zu Ende ist, alles aufstehen – aber nicht hinausgehen, sondern dieses Lied singen. Und so geschah es. Die Orgel schwieg, der Segen war gesprochen, der Gottesdienst zu Ende. Wir erhoben uns, das Wachpersonal schloß bereits die Türen auf – aber wir gingen nicht! Statt dessen erscholl, ohne Orgel, aus gut eintausend Kehlen: »Ein feste Burg ist unser Gott, / ein gute Wehr und Waffen. / Er hilft uns frei aus aller Not, / die uns jetzt hat betroffen . . .« Das Wachpersonal war so schockiert, daß es nicht mal eingriff. Und die dritte Strophe – »Und wenn die Welt voll Teufel wär / und wollt uns gar verschlingen, / so fürchten wir uns nicht zu sehr, / es soll uns doch gelingen . . .« – wurde mit so einer elementaren Kraft gesungen, daß die Aufseherinnen zum Teil regelrecht erblaßten, sich umdrehten und aus dem Fenster starrten. Das Lied wurde bis zum letzten Vers gesungen, und dann ging alles diszipliniert in die Zellen zurück. Der gute alte Pfarrer kam von da an nicht mehr. Aber ein Vorfall, der später geschah, läßt mich und andere heute noch, und das nach dreißig Jahren, schmunzeln. Wieder war ein Sonntag, an dem Gottesdienst stattfinden sollte. Gleichzeitig erwarteten aber auch einige Kameradinnen von zu Hause Besuch. Und da geschah es – eine Verwechslung. Man hielt Herrn von Glasenap, der seine Frau besuchen wollte, für den Pfarrer und brachte ihn zur Kirche. Erst dort wurde der Irrtum dann bemerkt, und man versuchte, alles so schnell wie möglich in die richtige Bahn zu bringen. Aber der vermeintliche Pfarrer hatte trotzdem genug gesehen, und wir die nächste Zeit wieder was zum Lachen. Von nun ab kam ein Pfarrer in den besten Jahren, mit Stiefeln unterm Talar, der sich sogar zwischen die Gefangenen mischen durfte mit Händedruck usw. Nun, mehr oder weniger wußten alle, woran sie waren.

Am 6. Juni 1951 dann kam ein schlimmer Tag für uns drei Mütter. Unsere Kinder wurden uns weggenommen und mit dem Auto fortgebracht. Wohin? Wir wußten es nicht! In meiner Ohnmacht, nichts dagegen tun zu können, konnte ich nur immer wieder schreien: Ihr Schweine! Ihr nehmt uns unsere Kinder weg! Ich schrie, bis ich zusammenbrach und du mir fast aus den Armen fielst. Die Hebamme konnte noch schnell zugreifen. Der Fahrer ließ später durch die Hebamme bestellen, daß dieses für ihn sein erster Kindertransport sei – jedoch auch der letzte. Er wolle so etwas nie wieder machen. Doch Glück im Unglück. Alle Mütter, deren Kinder schon lange weg waren, wußten bis zu dem Tag nicht, wo sich ihre Kinder befanden. Es gab weder Berichte noch Fotos für sie. Das änderte sich jedoch schlagartig, denn Margret Boots, eine von uns drei Müttern, wurde ein oder zwei Tage später, nachdem man uns die Kinder fortgenommen hatte, zu einem nochmaligen Verhör betreffs ihres Falles geholt. Dieses Verhör wurde von sowjetischen Offizieren geleitet, da wir ja alle von den

SMT verurteilt worden waren. Sie aber sagte, daß man unsere Kinder fortgeholt hätte und sie nicht eher Fragen beantworten würde, bis sie wüßte, wohin die Kinder gekommen seien. Nun, da wurde die Sache dann sehr schnell geregelt. Und so erfuhren wir, daß die Kinder in einem Leipziger VP-Kinderheim untergebracht waren. Auch unsere Angehörigen erhielten jetzt Nachricht sowie die Berechtigung, die Kinder zu sich nach Hause zu holen. Wir Mütter bekamen nach dieser schrecklichen Zeit endlich Kurzberichte sowie Fotos unserer Kinder. Mir fiel ein Stein vom Herzen, wußte ich doch nun endlich, wo du warst und daß du nun ja auch zur Familie nach Wismar kommen würdest.

Wir drei Mütter wurden jetzt in die Jugendgemeinschaft verlegt und einem Arbeitskommando zugeteilt. Die zwei anderen kamen in die Schneiderei, ich ins »Stoffputzerkommando«. Abgesehen vom Drei-Schicht-System ging diese Arbeit auch ganz schön über die Augen. Jeweils an einem Tisch, der eine Giebelform hatte, saßen wir zu viert. Wir mußten Stoffballen, die aus der Weberei kamen, verputzen, d. h. Fadenknoten ausziehen, ausgelassene Fäden stoff- bzw. mustergerecht einziehen. Besonders schlimm war es bei den Plüschstoffen, die wie Teppiche aussahen. Da mußten wir oftmals ganze Blumenstücke kunstgerecht einziehen. Und für acht Stunden Arbeit dieser Art bekamen wir sage und schreibe 25 Pfennig Lohn, der uns gutgeschrieben wurde. Es war wie bei Hitlers Arbeitsdienst, wo man auch pro Tag ein paar Pfennige erhielt. Es gab nun auch Wachpersonal, bei dem wir während der Arbeit singen durften, und zum Schluß der Schicht sangen wir dann meistens unser »Lieblingslied«: »Haut se, haut se, haut se in die Schnauze, / haut se mit vergnügtem Sinn / immer in de Schnauze rin. / Haut se, haut se, haut se vor'n Ballon.« Danach wurde das Singen dann regelmäßig verboten. Aber es war ja auch sozusagen Schichtschluß.

Außer der Arbeit gab es den täglichen Rundgang zwischen 10 bis 25 Minuten, je nach dem, wer vom Wachpersonal Aufsicht hatte. Von ihren Launen hing es auch ab, ob wir einzeln, zu zweit oder zu dritt mit Händen auf dem Rücken oder in normaler Haltung gehen und weiterhin auch erzählen durften. Bei einem dieser Rundgänge ärgerte sich die Hauptwachtmeisterin, die wir immer »einsfünfzig mit Hut« nannten, über das zum Teil sehr schöne lange Haar vieler Gefangener und veranlaßte deshalb, daß den Häftlingen die Haare geschnitten werden sollten. Aber diese boshafte Anordnung sickerte durch, wurde uns mitgeteilt von anderen Angehörigen des Wachpersonals, die zu uns hielten, und so kamen wir der Aktion zuvor, indem wir uns selber, also gegenseitig die Haare schnitten. Soweit es möglich war, wurden bei den Rundgängen auch Kassiber bzw. Nachrichten und Neuigkeiten ausgetauscht. Nicht zu vergessen im Tagesablauf sind die Zählappelle, die uns teilweise belustigten, weil das 1 × 1 oftmals wohl gar zu schwer war. Andererseits konnten sie uns aber auch zur Raserei bringen, wenn es nur um Schikane ging. Inzwischen hatte ich aus mir unbekannten Gründen die Gemeinschaft wechseln müssen. Ich landete in der »G 1«, die eine Stärke von ca. 60 Kameradinnen hatte. Unser Essens- und Aufenthaltsraum war im selben Haus wie bisher. Geschlafen haben wir im Zellenhaus unterm Dach. An dem mir jetzt zugeteilten Tisch saßen wir mit 12 Kameradinnen aus den verschiedensten Arbeitskommandos wie Gemüsekeller, Maurer, Schlosser, Stoffputzer. Das 2. Weihnachtsfest hatten wir wieder mal mit mehr oder weniger Tränen überstanden. Kleine Geschenke wurden ausgetauscht. Es wurde sozusagen aus »nichts« etwas gemacht: aus Zahnbürstenstielen kleine Anhänger, die von Kameradinnen aus der Schlosserei gelocht wurden, und versehen mit einem kleinen Wollfaden ergab das ganze ein Kettchen; aus aufgeräufelten Wollresten wurde gestrickt, aus Zuckersackstückchen die wunderschönsten Hardanger-Handarbeiten gefertigt. In der Schneiderei wurden aus Stoffresten BHs genäht und gegen irgend etwas eingetauscht oder andere kleine Dinge wie Beutel usw., die zu Geburtstagen oder anderen Feiertagen verschenkt wurden. Jeder versuchte, den befreundeten Kameradinnen eine Überraschung und Freude zu bereiten. So ist bis zum heutigen Tage ein kleines gesticktes Büchlein mit Sprüchen in meinem Besitz, welches ich von Erika Renne bekam. Das und 1 Paar auf 2 Nadeln gestrickte Ringelsocken konnte ich bei meiner späteren Entlassung mit aus dem Lager schmuggeln. Die Socken sind leider hinüber, aber das Büchlein, wie bereits gesagt, existiert noch. Silvester haben wir es uns so gemütlich wie möglich gemacht, bis wieder die Schlüssel rasselten und wir alles in Eile verschwinden lassen mußten.

Das erste größere Donnerwetter kam dann gleich im Januar des neuen Jahres 1952. Unsere Gemeinschaft hatte eine Faschingsfeier geplant, um das Leben erträglicher zu machen. Hierzu mußte nun fleißig geübt werden, damit alles klappte. Der Chor probte auf der Toilette. Ich hatte insofern damit zu tun, daß ich für meine Tischnachbarin Ursula Koslik ein Kostüm nähte. Das geschah nun aus Bettlaken, Schals, Kopftüchern - aber wohlgemerkt, es wurde nichts zerschnitten, sondern mehr oder weniger alles nur drapiert und zusammengenäht. Bei der Anprobe im Vorraum der Toilette (Bretterverschlag) jubelte nun meine Kameradin so laut vor Freude, daß die Hauptwachtmeisterin Margot Liebig, die an sich das Gemüsekommando unter sich hatte, dieses im Vorbeigehen bei dem Bretterverschlag hörte und sofort hereinkam. Es gelang uns nicht mehr, die Sachen verschwinden zu lassen. So wurden dieselben beschlagnahmt und der Vorgang sofort weitergemeldet. Es geschah wohl hauptsächlich aus dem Grund, daß Ursula in dem besagten Kommando tätig war und die Hauptwachtmeisterin sie ohnehin nicht leiden konnte. Nun, wir harrten der Dinge und rechneten mit höchstens sechs Tagen Arrest. Erstaunt waren wir, als während des Abendbrotes die Schlüssel wieder rasselten und Ursula Koslik und ich zum Arzt geholt wurden. Das hieß mindestens 10 Tage Arrest! Eine Empörung machte sich breit unter allen. Es erfolgte eine kurze Untersuchung auf Arresttauglichkeit, und mit einigen verschriebenen Medikamenten waren wir es dann auch. Beim sofortigen Sachenpacken fragte ich nach der abzusitzenden

Zeit – es waren weder 6 noch 10 Tage, es war die Höchstrafe von 21 Tagen Dunkelarrest. Das war ein Hammer, aber es half nichts. Hinzu kamen noch zwei Monate Paketsperre. Also, das Nötigste an Wäsche und Waschzeug wurde in eine Decke gepackt, und ab ging es, von den besten Wünschen unserer Kameradinnen begleitet. Die Arrestzelle enthielt nur eine Pritsche mit Strohsack und zwei Decken sowie ein kleines Regal für Wäsche. Was ich jetzt wiedergebe, klingt so nach Klischee, dennoch war es so, das Arrestmäuschen durfte nicht fehlen, es war wirklich vorhanden. Gottlob hatte ich keine Angst vor Mäusen, hatte im Gegenteil meinen Spaß daran. Nun gab es 3 x am Tag Kaffee mit Brot, »belegt mit Daumen und Zeigefinger«, wovon das Mäuslein immer etwas abbekam. Jeden dritten Tag erhielten wir eine warme Mahlzeit. Rundgang jeden Tag die übliche Zeit, einzeln und mit den Händen auf dem Rücken, von den häßlichen Blicken mancher (nicht aller) Wachtmeisterinnen verfolgt. Dazu entsprechender Abstand, damit auch ja nicht gesprochen werden konnte. Trotzdem konnten wir es nicht verhindern, daß unsere Kameradinnen uns durch Zeichensprache an den Fenstern manches mitteilten oder uns auf etwas aufmerksam machten. Auch durch einige Kalfaktorinnen war es möglich, Kassiber zu schmuggeln oder frische Wäsche in Empfang zu nehmen. Die Tage vergingen, wir näherten uns am 11. 2. 52 der letzten Nacht im Arrest. Die Tage vorher hatten wir schon durch Klopfzeichen an den Rohren und die bewußten Kassiber erfahren, daß ein Komplott zwischen einigen Wachtmeisterinnen, die auf der Seite der Gefangenen waren, und einigen Gefangenen aufgeflogen war. Die bewußten Wachtmeisterinnen waren schon verhaftet, die Gefangenen saßen in den Arrestzellen über uns. In dieser nun für uns letzten Arrestnacht war plötzlich ein Gelaufe und Türengeschließe über uns, sehr viel Aufregung, die noch größer wurde, nachdem man erfahren hatte, daß sich unsere Mitgefangene Jutta Erbstößer, die ebenfalls in den vorgenannten Fall verwickelt war, aufgehängt hatte. Man hatte ihr gedroht, wenn sie keine Aussagen machen würde, würden ihre Eltern ebenfalls inhaftiert werden. In ihrer großen seelischen Not, keinen zu verraten, hatte sie sich lieber das Leben genommen. Es waren schlimme Tage. Diejenige, die den Stein ins Rollen gebracht hatte, wurde später mörderisch verdroschen und kam in eine Einzelzelle, weil kein Mensch sie haben wollte. Aufgrund dieser Angelegenheit und vieler anderer Dinge hat eine Wachtmeisterin im Zellenhaus ins Gebälk geritzt: »Hoheneck – das Grab der Jugend«.

Am Tag nach dieser fürchterlich deprimierenden Nacht kamen wir pünktlich zum Abendbrot in unsere Gemeinschaft zurück. Unsere 21 Tage Arrest hatten wir überstanden. Wir wurden von unseren Kameradinnen mit so großem Jubel begrüßt, daß die Wachtmeisterin die Tür so schnell wie möglich hinter uns abschloß. Und unsere Plätze in der Gemeinschaft waren für die Verhältnisse festlich geschmückt. Irgend jemand hatte sein frisches Laken als Decke geopfert, was natürlich anschließend zurückgegeben wurde. Auch ein paar grüne Zweiglein aus dem Gemüsekeller lagen darauf. Außer anderen kleinen Geschenken (selbstgemacht oder aus Paketen) fanden wir je eine »Klitschtorte« vor. Wer Hoheneck aus der damaligen Zeit kennt, weiß auch, was eine »Klitschtorte« ist. Es hatten fast alle etwas dazu gestiftet. Das bedeutete, daß fast alle von den geringen Rationen dazu beigesteuert hatten. So ließ uns diese Begrüßung die letzten 21 Tage vergessen. Die zwei Monate Paketsperre gingen auch vorüber.

Die Zeit lief unaufhaltsam weiter. Inzwischen waren auch einige Kameradinnen durch Amnestie entlassen worden. Das waren immer zermürbende Tage, denn jeder von uns hoffte auf ein Wunder. Aber dieses Wunder ließ noch eine Zeit auf sich warten. Und in dieser Zwischenzeit geschah noch so manches. Ende März zog ich mir eine Gehirnerschütterung zu im Schlafsaal, der im Zellenhaus unterm Giebel war und viele Querbalken hatte. Es war durch einen Zwischenruf einer Kameradin geschehen, denn beim Antwortgeben lief ich weiter und beim Zurückdrehen des Kopfes dann mit voller Wucht gegen einen Balken, so daß ich gleich liegenblieb. Elf Tage lag ich dann tagsüber ganz alleine in dem Schlafsaal, außer daß mir das Essen gebracht wurde und die Ärztin sich hin und wieder sehen ließ. Dann durfte ich wieder aufstehen. An meinen Arbeitsplatz als Stoffputzer kam ich aber nicht mehr zurück, denn nach einer Woche erlitt ich einen Zusammenbruch und mußte für 5½ Wochen ins Krankenrevier. Danach habe ich dann verschiedene Arbeiten durchgeführt; doch zunächst war ich dem Waschraumdienst zugeteilt. Von der Gehirnerschütterung hatte ich eine undefinierbare Augenerkrankung zurückbehalten, die sich durch ein ständig rotes Auge bemerkbar machte. Keine Medikamente halfen. Dann sollte ich eine dunkle Brille tragen. Um diese Brille ging ein monatelanger Hick-Hack. Meine Mutter durfte keine schicken, da ich inzwischen eine von der Anstalt bekommen hatte, nachdem ich diesbezüglich mit dem Anstaltsleiter gesprochen hatte. Ja, es stimmt, nach diesem ewigen Hin und Her hatte ich um eine Aussprache gebeten mit dem Anstaltsleiter, die, wie gesagt, auch stattfand. Ich bekam auch eine Brille, ein tolles Stück, denn sie war verrostet und Grünspan war auch daran. Sie gehörte eher ins Museum als auf meine Nase. Da es zudem noch eine Kinderbrille war, beschwerte ich mich und verlangte eine andere Brille, wenn meine Mutter mir schon keine schicken durfte. Ich bekam auch erneut eine. Sie war soweit in Ordnung, bis auf die Bügel, die fehlten. Ich habe mir dann Bänder rangemacht und es ging bzw. mußte gehen. Inzwischen war ich ins Zellenhaus verlegt worden, ins Erdgeschoß als Kalfaktorin. Ich kam mit G.M. zusammen, die als Spitzel bekannt war. Da ich es wußte und auch genug gewarnt worden war, habe ich gleich vom ersten Moment an klare Fronten geschaffen, so daß sich dann wirklich ein vernünftiges Miteinanderleben zwischen uns entspann. Als Kalfaktorin hatten wir zweimal am Tag zu kübeln, das bedeutete, aus jeder Zelle im Erdgeschoß (wie viele es in den einzelnen Etagen eigentlich waren, weiß ich nicht mehr genau) die zu deutsch genannten »Scheißeimer« zu entleeren, säubern und mit etwas Chlor darin wieder in die Zellen zurückzubringen. Toiletten gab es nicht in den Zellen. Überhaupt war es betreffs der sanitären Anlagen nicht gerade bestens bestellt. Wie gesagt, im Zellenhaus existierten die Kübel, in den Gemeinschaften waren »Plumpsklos«, wo durch die Rohre gleich alles rutschte bis in die Tonnen; später wurde eine Klärgrube gebaut, wo es dann dort gleich reinlief. Wenn der Wind gut stand, hatten wir unsere vier Buchstaben noch dreckiger, bevor wir überhaupt fertig waren. Das bereits benutzte Papier von anderen wurde durch Windstöße die Rohre wieder hochgejagt. Auch die Wasserverhältnisse waren teilweise sehr schlecht, aber das war mehr ortsbedingt. In den Sommermonaten kam es häufiger vor, daß der Wasserwagen kommen mußte und wir dankbar waren, wenn es eine Blechschüssel (ca. 1½ Liter) voll Wasser gab pro Tag. Was wir damit alles machen mußten, ist kaum zu beschreiben. Kein Mensch kann sich das vorstellen, der es nicht erlebt hat. Außer dieser Kübelei mußten wir 3 x täglich von der Küche Essen holen und es verteilen. Später das Geschirr, d.h. Kannen und Töpfe, Zucker- und Marmeladenschälchen wieder einsammeln und zurückbringen. Becher, Schüssel und Löffel hatte jede Gefangene in der Zelle. Wir haben Schmutzwäsche eingesammelt, gegen saubere Wäsche ausgetauscht und wieder verteilt. Diese Rolle habe ich jedoch nicht allzu lange gespielt. Mein Auge wollte absolut nicht besser werden, und somit ging ich Anfang Dezember 1952 mit einem Krankentransport nach Waldheim, wo mir leider auch nicht geholfen werden konnte. Es war besonders schlimm und trostlos, weil man gerade vor Weihnachten aus dem vertrauten Kreis herausgerissen worden war. Aber Lamentieren half nichts, und die Gesundheit ging vor. Die Sorgen wegen zu Hause wurden auch immer größer, denn ihr kränkeltet auch viel rum; meiner Mutter ging es nicht gut. Da sie deine Schwester von ihrem wenigen Verdienst auch noch ernährte, ging sie Blut spenden, um mir Pakete schicken und mich während der Haftzeit noch ein weiteres Mal besuchen zu können. Normalerweise hätte sie jedes Vierteljahr kommen dürfen, aber das war kostenmäßig absolut nicht drin. Meine Freundin, bei der du in Pflege warst, besuchte mich auch einmal im Lager und bat immer wieder, daß sie dich adoptieren dürfe. Aber auch das hatte ich von vornherein geklärt, daß das niemals in Frage käme, und wenn ich alle 10 Jahre absitzen müßte.

Aber zwei Dinge erinnern mich noch besonders an die Zeit in Waldheim. Einmal mein Weihnachtspaket: In Hoheneck wurde schon vieles zerschnitten beim Auspacken durch das Wachpersonal, besonders die Postmeisterin war streng, während der Postmeister doch großzügiger war. Aber hier in Waldheim war es noch toller. Meine Mutter hatte u. a. einen Königskuchen mit in das Paket gelegt. Der wurde beim Auspacken in sage und schreibe 24 Scheiben geschnitten. Doch nicht genug damit; in der Nacht fand noch eine Razzia statt, deren Ausführende es dann für gut befanden, den Kuchen noch einmal der Länge nach durchzuschneiden, so daß ich am nächsten Morgen 48 Stücke vorfand. Vorgekaut haben sie es mir dann aber doch nicht. Die andere Sache war die, daß ich dort eine ehemalige Wachtmeisterin als Gefangene wiedertraf, die in die bereits erwähnte Sache in Hoheneck zwischen Wachpersonal und Gefangene verwickelt war. Das tat mir sehr leid, denn sie gehörte zu den Menschen, die in Hoheneck gut zu uns waren. Sie und ihr Vater hatten nur in Hoheneck als Wachpersonal gearbeitet, weil es dort im Ort schlecht bestellt war mit etwas besser bezahlter Arbeit, die Mutter schwer krank und eine Reihe von Geschwistern zur Versorgung vorhanden waren. Sie war nicht allein verhaftet, ihr Vater war es ebenfalls. Da sie überhaupt keine Pakete bekam, war ich dank meiner Mutter in der Lage, ihr aus meinem Paket etwas abzugeben, so daß sie nicht mit vollkommen leeren Händen zum Weihnachtsfest dastand. Sie weinte vor Rührung. Leider sah ich sie nicht mehr wieder, da unser Transport im Januar nach Hoheneck zurückging.

Inzwischen war das Jahr 1953 angebrochen, und wir fragten uns, würde unsere Sehnsucht bezüglich des Nachhausekommens in Erfüllung gehen? Aber die Zeit war immer noch nicht dran. Zunächst gab es erst einmal seit April Posterleichterung, d. h., wir konnten statt der 15 Zeilen auf dem DIN-A-5-Blatt jetzt 20 Zeilen auf einem DIN-A-4-Bogen an zu Hause schreiben und in gleichem Maße Post zurückerhalten. Die Kinder durften auf die Rückseite noch zusätzlich 5 Zeilen schreiben. Ich hatte noch nicht erwähnt, daß der gute Kommandeur schon längst gegen einen strengeren ausgetauscht war; dazu die »Opeuse« als Stellvertreterin. Es herrschte seit der Zeit ein noch strengerer Wind.

Aber die Dinge des Lebens kommen und gehen. Ich lag wieder einmal im Krankenrevier von Ende April bis zum 3. 7. 1953 wegen einer Herzmuskelschwäche und Nervenversagen. In dieser Zeit fand am 17. Juni der Aufstand in der DDR statt. Was sich an dem Tag im Lager abgespielt hat, weiß ich nur vom Hörensagen, da ich ja im Lazarett war zu der Zeit. Laut Bericht der Kameradinnen spielte sich der Tag so ab, daß zunächst erst mal keiner aus seiner Zelle bzw. Gemeinschaft geschlossen wurde: weder zum Essenholen noch zur Arbeit. Die Kameradinnen, die ihre Blicke durch das vergitterte Fenster außerhalb des Lagers schicken konnten, sahen, wie Wachtmeisterinnen gebückt durch die Gegend gingen und Zettel aufhoben, die sie dem hinter ihnen gehenden höheren Wachpersonal geben mußten. Es waren Flugblätter, die zum Aufstand aufriefen. Auch wurde bekannt, daß die Wismutarbeiter auf dem Wege waren, uns aus dem Lager zu befreien. Wie weit dieses der Wahrheit entspricht und wodurch es verhindert wurde, ist mir nicht bekannt. Tatsache war aber, daß selbst die giftigsten »Wachteln« jetzt scheißfreundlich wurden und uns immer wieder darauf ansprachen, daß sie doch immer »gut« zu uns gewesen seien. Wir hatten plötzlich etwas mehr Freiheit, die Zellen wurden aufgeschlossen, so daß wir uns gegenseitig besuchen konnten, auch konnten wir unsere Zellen nach unserem Geschmack und nach entsprechenden Möglichkeiten freundlicher gestalten; wir konnten auf den Hof gehen, hatten Kinovorführungen und bunte Veranstaltungen, die von den Gefangenen durchgeführt wurden. Meine Mutter durfte mir plötzlich auch Schuhe schicken, nachdem meine Schuhe längst hinüber und wir unsere Füße in Holzschuhen verramponiert hatten. Ja, und endlich, endlich bekam ich auch Bilder von zu Hause, die bisher immer verboten waren. Nach 3 Jahren konnte ich euch wenigstens auf dem Bild sehen, ebenso meine Mutter, meine Schwester mit Mann sowie meine Freundin mit Mann, die dich ja in Pflege hatten. Drei Tage durfte ich die Bilder behalten, später wurden einige davon gegen andere Bilder ausgetauscht. Ich konnte mich nicht satt sehen. Jedoch nahmen viele Vergünstigungen ein rapides Ende. Die Sicherheit im Lande war wiederhergestellt. Zu Anfang des Jahres hatte ich noch als Hilfspflegerin im Zellenhaus zusammen mit Elfi Görlitz, die als Schwester tätig war, gearbeitet. Da gab es auch noch spaßige Erlebnisse. Nachdem wieder mal ein Fest für das Wachpersonal bevorstand, fanden zunächst wieder einige Razzien statt, bei denen am meisten Handarbeiten weggenommen wurden. Dieselben fand man dann bei den erwähnten Festen bei der Tombola wieder. Elfi Görlitz und ich hatten unsere Zelle mit Blick zum Kulturhaus. Das Fest war dort beendet, und wir wurden durch den Lärm der Betrunkenen wach. Wir schnell unsere Hocker geholt und raufgeklettert, um das Spiel zu beobachten. Dabei mußten wir sehr aufpassen, daß wir nicht vom Turmposten gesehen wurden. Wir hatten unseren Spaß, denn die »dicke Alma Görschel« torkelte ihrem Verehrer hinterher und rief dauernd in ihrem sächsischen Dialekt: Erisch, mei Erisch, nu watte doch, bin ich denn nicht mehr deine süße Zuckerpuppe? Wir bogen uns vor Lachen, da diese Zuckerpuppe mindestens 2 Zentner wog. Und als das mit der Zuckerpuppe gar kein Ende nahm, schrie Elfi aus dem Fenster: »Nee, Zuckersack!«

Ich wurde dann wieder mal verlegt, wie viele andere auch, und landete bei Karla Beyer-Neumann und Maria König in der Zelle. Es waren zwei nette Mädchen. Wir verstanden uns nicht nur gut, auch die Kameradschaft mit ihnen haute hin. Dieses Zusammenhalten zeigte sich besonders in den Tagen, als der Hungerstreik am 18. Oktober 1953 begann. Väterchen Stalin war inzwischen verstorben, und es drang in unserem

Lager nach und nach durch, daß politische Gefangene aus Rußland zurückkämen. Eine Abordnung von uns wollte nun mit führenden Persönlichkeiten sprechen wegen einer Amnestie auch für uns, schließlich waren wir ja alle vom SMT verurteilt worden. Da eine Aussprache verweigert wurde, kam es dann zu dem bewußten Hungerstreik, der drei Tage dauerte. Für die Kameradinnen in den Gemeinschaften war es insofern leichter, weil sie eine Masse darstellten, während man in der Zelle zu zweit, dritt oder viert mehr abgeschlossen war und nicht alles mitbekam, wie es richtig weiterlief. Es war für viele schwer, das Essen abzulehnen, denn es gab genügend Kranke, die aufgrund von Herzanfällen, Tetanie- und anderen Erkrankungen dringend Hilfe benötigten. Diese Hilfe wurde anfangs verweigert, wenn kein Essen angenommen wurde. Für die Frauen, die mit solchen Erkrankten in einer Zelle waren, war es fürchterlich. Wie sollten sie sich entscheiden? Sie wollten einesteils der ganzen Sache nicht in den Rücken fallen, wollten aber auch nicht die Gefahr auf ihr Gewissen nehmen, daß diesen kranken Kameradinnen etwas passierte. Die Angelegenheit löste sich dann doch insofern, daß auch die Kranken eisern blieben und im Endeffekt ihre Medikamente dann doch bekommen haben. Aus unserer Zelle hatte man Karla Beyer-Neumann herausgeholt und sie in Einzelhaft gesteckt. Doch vorher hatten wir uns noch restliche Pellkartoffeln und Kleie redlich geteilt. Der ganze Spuk war nach drei Tagen beendet. Dann wurde seitens der VP gründlich aufgeräumt im Lager. Alle Rädelsführer wurden rausgesucht und auf die Reise geschickt in andere Lager. Das war ein Trennungsschmerz für viele. Auch unter uns viele Verlegungen. Ich wanderte wieder in eine Gemeinschaft, wo ich auch fast bis zum Schluß blieb. Durch die Arbeit und dieses ewige Umgeziehe, mit sehnsüchtigem Warten auf Post steuerten wir schnell auf das nächste Weihnachtsfest zu. Die Stimmung wurde immer bedrückter. Die Gedanken kreisten nur noch um all die Lieben zu Hause und ob wir es noch schaffen würden, jemals hier wieder herauszukommen. Unser Wille war stark, aber die zermürbten

Nerven machten uns allen doch ganz schön zu schaffen. Wir überstanden auch dieses Weihnachtsfest, für mich war es das vierte.

Silvester kam heran. Wir hatten ein kleines Fest geplant. Dazu hatten wir uns Kerzenstummel aus den Notbeleuchtungen gemaust, jemand hatte Streichhölzer organisiert. Da unsere Gemeinschaft durch zwei Türen zu erreichen war, mußten jeweils zwei Kameradinnen Wache schieben, um ja kein Schließen zu überhören. Wir hatten uns auch alle ein bißchen ausstaffiert, und um 24 Uhr (wir hörten die Glocke von Stollberg läuten) stießen wir mit Selbstgebrautem, dem sogenannten Kwass, an. Margot Ebert oder Ewert (den Namen weiß ich nicht mehr genau) erschien als russischer Offizier ausgeputzt und verkündete uns mit großem Trara für das neue Jahr eine Amnestie. Obwohl dieses alles ja an dem Abend oder in dieser Nacht nur Scherz bzw. Galgenhumor war, weinten doch viele, besonders die älteren Mütterchen.

Aber dann, der erste Tag im neuen Jahr sollte für uns eine große entscheidende Nachricht bringen, die alle Lagerinsassen aufs neue hoffen ließen. Eine Kameradin von uns wurde in das Verwaltungsgebäude geholt. Sie war über eine Stunde fort, dann kam sie tränenüberströmt zurück. Ein Telegramm ihrer Mutter hatte sie erreicht, in welchem ihre Mutter mitteilte, daß sie aus Rußland zurück sei. Sie war in den Fall ihrer Tochter insofern verstrickt gewesen, daß sie wußte, ihre Tochter, die ein Kind erwartete, wollte mit ihrem russischen Freund ebenfalls in den Westen fliehen, und sie hatte es nicht gemeldet. Das war das ganze Vergehen der Mutter, dafür mußte sie nach Rußland. Diese telegrafische Nachricht löste einen Tumult unter den Gefangenen aus – Hoffen, Bangen, Nervenversagen und wieder Hoffen. Aber etwas wurde unsere Geduld noch auf die Probe gestellt. Doch zunächst ließ uns an diesem Vormittag noch erst einmal Blasmusik aufhorchen. Da wir nun alle Doppelstockbetten hatten, mußten wir alle auf die oberen Betten klettern, um aus den kleinen Fenstern, die ziemlich oberhalb des Raumes waren, gucken zu können. Wir winkten mit Handtüchern und Bettlaken den Bläsern zu, die eigens für uns bis fast an die Mauer gekommen waren und für uns Trostlieder kirchlicher Art bliesen. Sie wurden nach einer Weile verjagt, und wir hatten überhört, daß es bei uns geschlossen hatte. Es war eine wilde Jagd los, und bei diesem Getobe brachen etliche Kameradinnen mit den Betten zusammen, so daß die Beine hoch in der Luft waren. Wir mußten uns das Lachen verkneifen. Das erwartete Donnerwetter kam nicht. Wir wurden nur darauf hingewiesen, daß wir das zu unterlassen hätten. Kaum war die Wachtmeisterin fort, ging es weiter. Jeder wollte seine Beine einmal durch die Gitter nach draußen hängen als Symbol dafür, daß uns dieses Jahr endlich die Freiheit bringt. Ein Kartenlegen, Pendeln und was es mehr dieser mystischen Dinge gab und gibt, setzte wie wild ein. Jeder wollte wissen, ob er dabei sei, falls es für uns doch noch zur Amnestie käme. Diese Tage vergingen nicht wie im Flug, sondern sie schlichen dahin.

Am Abend des 9. Januar wollten wir nochmals eine kleine Fete veranstalten, um von den ganzen Grübeleien loszukommen, denn diese fürchterliche Ungewißheit zerrte an unseren Nerven. Die Fete fand auch statt mit allem möglichen Improvisieren. Die Musik machten eine Kameradin und ich, indem wir auf unseren Kämmen bliesen. Aber am nächsten Morgen landete ich wieder einmal im Krankenrevier mit 40.3 Temperatur. Nachdem ich noch einer Magenspülung unterzogen wurde wegen einer evtl. Wurstvergiftung, stellte sich dann einen Tag später eine sehr heftige eitrige Angina ein.

Gleichzeitig ging es im Lager los. Die Kommandos blieben alle in ihrer Unterkunft bis auf diejenigen, die für die Verpflegung der Menschen und für die Fütterung der Schweine zuständig waren. Nachts kamen Lastzüge mit entsprechender Bekleidung an zum Ausladen. Jede kleinste Neuigkeit ging wie ein Lauffeuer durch das Lager. Am 15. Januar wurde dann mit den Entlassungen begonnen. Ich mußte wohl sehr krank gewesen sein, denn um mich aus meiner Apathie herauszuholen, sagte mir die Ärztin beim Spritzengeben, daß ich auch auf der Entlassungsliste stände. Was diese nächsten drei Tage an seelischer Belastung bedeuteten, kann nur der verstehen, der so eine Situation miterlebt hat. Denn immer quälte mich die Angst, sollte es ein Trost sein, würde es im letzten Moment geändert? Man kann sie nicht schildern, diese Tage. Noch heute packt mich das kalte Grausen, wenn ich an dieselben zurückdenke.

Am 18. Januar, dem letzten Tag der Entlassungsaktion, war ich dann wirklich dabei. Es hieß Sachen packen und ab in den Krankenwagen für die, die nicht reisefähig waren. Dazu gehörte auch ich, wir kamen in das Stollberger Krankenhaus, wo eine Station für uns geräumt war. Wir konnten vom Fenster aus auf die Zwingburg sehen und uns doch nicht unserer wiedergewonnenen Freiheit freuen. Die Aktion war beendet und zu viele Kameradinnen waren zurückgeblieben. Sie hingen wie die Kletten an den Gittern und schrien, weinten, winkten. Wir hörten anschließend von diversen Selbstmordversuchen. Es gibt für alles nur ein Wort: *Grausam!*

Ein paar Tage später wurde ein Teil von uns Kranken vom Wachpersonal abgeholt und bis nach Chemnitz an den Zug gebracht. Sie überboten sich darin, unsere paar Habseligkeiten zu tragen. Mit Freifahrtschein und 10.– Mark in der Tasche fuhren wir unserem Daheim entgegen, so gekleidet, daß alle, die entsprechende Nachrichten gehört hatten, uns daran erkennen konnten.

Noch jahrelange Alpträume ließen uns das, was man mit uns gemacht hatte, nicht vergessen.

Anne Niendorf

Anne Niendorf wurde am 29. August 1942 in Dresden geboren. Von 1949 bis 1956 besuchte sie die Grundschule, anschließend bis 1961 die Kreuzschule, wo sie ihr Abitur ablegte. Danach folgte ein sog. »praktisches Jahr« im Braunkohlentagebau »Phoenix« in Meuselwitz. 1962 nahm Anne Niendorf das Studium der Germanistik, Geographie und Pädagogik an der Karl-Marx-Universität Leipzig auf, das sie 1966 mit dem Staatsexamen erfolgreich abschloß. Von 1966 bis 1968 arbeitete sie an einer Schule in Wurzen als Lehrerin. 1968 gab sie ihren Beruf auf und nahm eine Stellung als Oberreferentin beim Rat der Stadt Leipzig / Abt. Stadtplankommission an. Nach der Geburt von Zwillingen im Jahre 1969 lebte sie als Hausfrau. Am 16. April 1970 wurden sie und ihr Mann wegen »staatsfeindlicher Verbindungsaufnahme«, »staatsfeindlicher Gruppenbildung«, »staatsfeindlicher Hetze« und »staatsfeindlichen Menschenhandels« verhaftet. Fast zwei Jahre verbrachte Anne Niendorf beim Staatssicherheitsdienst in Untersuchungshaft. Ende 1971 fand in Leipzig der Prozeß gegen sie und andere statt. Anne Niendorf und ihr Mann wurden zu jeweils 5 Jahren Freiheitsentzug verurteilt. Anfang 1972 kam Anne Niendorf ins Frauengefängnis Hoheneck, wo sie bis Dezember 1972 blieb. Im selben Monat wurde sie im Rahmen einer Amnestie vorzeitig aus der Haft in die DDR entlassen. Von 1973 bis zum 20. Dezember 1974 arbeitete sie beim ev. Kirchensteueramt in Leipzig. Am 20. Dezember 1974 durfte sie aus der DDR ausreisen. Anne Niendorf lebt seit Februar 1975 in Hamburg und arbeitet dort seit August desselben Jahres als Lehrerin an einem Gymnasium.

Im Grunde genommen hat das alles auf der Oberschule angefangen, auf der Kreuzschule in Dresden – besonders im Staatsbürgerkundeunterricht: Immer diese Spaltung! Man hatte ständig das Gefühl, daß da vieles weggelassen wird, und parallel dazu natürlich das permanente Lobhudeln des Systems. Aber das war eben nur der Anfang: mehr instinktiv als bewußt. Dann das Studium. Da konnte ich einmal nicht das studieren, was ich wollte, obwohl ich mich sehr eingesetzt hatte. Statt dessen mußte ich erst mal im Bergbau hart arbeiten. 3-Schicht-System: 4 Tage arbeiten, 1 Tag frei. Kein Sonntag. Nichts. Als achtzehnjähriges Mädchen – das ist hart! Auf so einem Bagger, und im Winter natürlich auch bei 20 Grad minus. Das war eine ganz harte Zeit. Aber die Arbeiterklasse an der Basis – das war allerdings eine heiße Erfahrung! Die haben mir erzählt, daß es ihnen unter den Kapitalisten im Grunde besser gegangen war als jetzt. Viel bessere soziale Bedingungen in ihrem Tagebau, keine 3 Schichten, unter denen sie sehr litten – wie ich, denn die Nachtschicht war wirklich furchtbar. Ja, das alles führte dazu, daß ich gar nicht erst in die Partei eintrat, obwohl meine Eltern das furchtbar gerne wollten, möglichst schon mit siebzehneinhalb. Aber das war mir irgendwie immer mehr zuwider geworden. Ich war da sehr abwartend, skeptisch. Obwohl ich ja eigentlich durchgängig im Sinne der DDR erzogen worden bin. Bei uns zu Hause hing die rote Fahne immer zum Fenster raus, viele Plakate – unser Haus war in diesem Stadtteil bekannt. Nun, schließlich wurde ich dann doch zum Studium zugelassen – studierte Germanistik, was in der DDR natürlich mit großen Einschränkungen verbunden ist. Viele Literatur, die angegeben wird, sogar als Pflichtliteratur, die bekommst du eben nicht, weil es nur 1 Exemplar in der Uni gibt und das Studienjahr vielleicht 200 Studenten hat. Das war alles sehr ärgerlich und sehr lästig. Und dann: 13. August 1961 – da konntest du schon nicht einmal mehr auf den Brocken, aber unsere Professoren erzählten uns immer was vom Rhein und von den Alpen im Fach Geographie. Die waren ja auch gerade noch dort gewesen. Doch für uns war damit Schluß, bevor es überhaupt angefangen hatte. Es war unter diesem Gesichtspunkt jedenfalls ungeheuer frustierend, dieses Geographiestudium. Wir waren praktisch der 1. Jahrgang, der nicht mehr in die Alpen oder an den Rhein fahren konnte zur Exkursion. Und die Germanistik war später nach dem Weggang von Mayer dann sowieso tot. Zum Beispiel entsinne ich mich solcher grotesken Sachen, wie man Brecht zu interpretieren versuchte, seine »Buckower Elegien«. Da sagte doch Prof. Schumann, damals war er noch nicht Professor: Ja, der Brecht, der hätte also nach dem 17. Juni 1953 zum ersten Mal in seinem Leben überhaupt Gelegenheit und Zeit gehabt, sich um solche Themen zu kümmern, also auch Naturlyrik zu machen. Daß der resigniert hatte, die Gedichte mithin etwas ganz anderes meinten, war einfach nicht wahr! So wurde Unliebsames einfach um- und weginterpretiert, und das kotzte mich schon an. Dennoch: Irgendwie war ich immer noch auf Grundlinie – nach dem Motto: Im Prinzip ist alles in Ordnung. Aber wir müssen dieses und jenes noch verbessern. Doch gegen Ende des Studiums ging es los, daß wir so einen Kreis von Studenten bildeten und der sich immer mal traf. Das haben sie später dann auch angelastet. Einfach so abends trafen wir uns. Aber in der DDR ist ja fast alles verboten, was vom Staat nicht erlaubt ist. Das ist ja bekannt. Wir trafen uns in Privatwohnungen, kamen zusammen und hatten jeweils ein bestimmtes Thema – und darüber wurde dann gesprochen und diskutiert. FDJ-Themen interessierten uns natürlich nicht, und deshalb machten wir eben unsere eigenen Sachen. 10–15 Stundenten kamen jeweils, und dann wurde immer heiß diskutiert. Nicht nur über Politik, weiß Gott nicht! Auch literarische Themen, philosophische: über den Tod zum Beispiel. Aber natürlich war auch Politik dabei. Das haben sie uns später hart angekreidet. Weil einige Leute so blöde waren, das alles beim Staatssicherheitsdienst zu erzählen. Was heißt so blöde – man sollte nicht so hart sein. Aus verschiedenen Gründen haben da manche zu viel erzählt. Nun gut, schließlich wurde ich fertig mit dem Studium und mußte aufhören, obwohl ich liebend gerne noch mein Diplom gemacht hätte. Aber ich mußte aufhören! Doch dem nächsten Jahrgang – es lebe die Planwirtschaft! –, dem wurde das Diplom praktisch hinterhergeschmissen, auch schlechten Studenten. Das macht einen schon maßlos wütend! Du erkennst überhaupt keinen Sinn darin, daß du nur vom Geburtsjahr abhängig bist. Wir haben uns wirklich die Hacken abgerannt, und den nächsten Jahrgang haben sie gefragt, wollen sie nicht noch ein Diplom machen? Aber bei uns war eben nichts drin! Und so wurde ich dann also Lehrerin. Hatte erst einmal einen fürchterlichen Kampf, in der Nähe von zu Hause eine Stelle zu kriegen: in Leipzig selber war natürlich gar nichts drin, aber dann wenigstens in Wurzen. Früh um 5 Uhr aufstehen – nach dem Motto: »Vor Wurzen wurds dir schlecht und hinter Wurzen wurds dir wieder besser!« Die übelste Provinz. Ziemlich faschistisch übrigens, dieses Wurzen. Nach wie vor. Dort fing ich nun an, und mein Grundproblem wuchs: Ständig hast du Kinder vor dir, die noch in der Entwicklung sind, also abhängig, und von dir etwas lernen wollen. Denen mußtest du wider besseres Wissen was erzählen! Nein, das habe ich 2 Jahre mitgemacht – und dann konnte ich nicht mehr. Ein Beispiel vielleicht: Die Schulklassen wurden im Rahmen der Jugendweihestunden ja alle durch Buchenwald geschleust, durch das ehemalige KZ gescheucht. Und ich mußte mit meiner damaligen 8. Klasse gleichfalls nach Weimar fahren. Wir hatten Glück: Es war ein nebliger Tag und das triste Wetter drückte ein wenig auf die Stimmung. Die Kinder waren also leise. Und ich hatte denen auch gesagt: »Kein lautes Wort! Ihr wißt, wo wir sind.« Und dann wurden wir da eben durchgeschleust, ein ehemaliger Häftling führte uns, erzählte seine Geschichte. Aber es ist trotzdem alles so touristenmäßig aufgezogen. Dann der Blick in den Verbrennungsofen – es macht einen fertig! Und angesichts solcher Sachen halb Tourismus, halb sonstwas. Ich empfand das als furchtbar. Und plötzlich sagt so ein Schüler zu mir, ich weiß noch, wie der hieß, das werde ich nie vergessen: »Wie ist das eigentlich, ich muß Sie jetzt doch was fragen. Dieser Mann da hat vorhin zu uns gesagt, 1945 wurde das Lager aufgelöst – aber mein Großvater war 1948 hier?!« Mir wurde heiß, und ich hab' nur gesagt: »Davon weiß ich nichts!« Ich wäre ja sonst vom Dienst suspendiert worden. Solche Erlebnisse schafften mich. Wenn du Lehrer bist, den Beruf ernst nimmst, ihn also verantwortlich ausführst, kannst du ihn in der DDR einfach nicht ausführen. Oder du mußt immer nur lügen und nicht wissen, was du doch weißt! Das fängt in der DDR bei ganz kleinen Sachen an und hört nie auf. Ich habe zum Beispiel im Geographieunterricht immer Bundesrepublik Deutschland gesagt, obwohl wir damals noch Westdeutschland sagen mußten. Damit fiel ich bereits auf und bekam einen Vermerk. Ich fiel sowieso immer auf, obwohl ich wirklich nicht besonders mutig bin. Aber ich bin eben auch nicht ohne weiteres gleichzuschalten! Der Lehrplan ist drüben ja absolutes Gesetz. Jede Stunde ist verplant. Du bist praktisch nur ein Sprachrohr. Nur eine einzige Stunde im Schuljahr steht zur freien Verfügung. *Eine* Stunde! Das geben die auch noch an, das mußt du dir mal vorstellen! Drei Stunden mußt du zum Beispiel für die Nationalhymne verwenden. Heute mußt du das natürlich nicht mehr, weil der Text politisch nicht mehr up to date ist. Das mache ich heute nur in Hamburg: Nationalhymne der DDR und warum die nicht mehr gesungen werden darf! Aber damals mußten wir das eben noch machen. Dann weitere Reimereien von Johannes R. Becher, von Kuba und all diesen unterbelichteten Parteidichtern. Max Zimmering fällt mir noch ein. Alles solche Leutchen – das war damals der Literaturunterricht. Ein Ausverkauf der deutschen Sprache! In Erdkunde ging das etwas besser. Aber da ärgerte mich die Diskrepanz zwischen einem ganzen Jahr Behandlung der DDR und 15 Stunden für die Bundesrepublik. Kein Dia, kein Foto – nichts hast du da in der Hand! Ja, und da habe ich eben nach zwei Jahren gesagt: Nee, Schluß! Und wurde Oberreferentin bei der Stadtplankommission. Dort hatte ich mit erwachsenen Leuten zu tun, mit eigenverantwortlichen Menschen. Denen mußtest du nicht dauernd etwas vorlügen. Obwohl die Schüler drüben ein unglaublich feines Gespür dafür haben. Die wußten dann also sehr bald Bescheid über mich. Ich meinerseits aber auch. Du hast ja dein Klassenbuch. Da steht von jedem der Name drin und der Beruf der Eltern. Du kommst also sehr schnell dahinter, wenn so merkwürdige Berufe auftauchen wie: Behördenangestellter oder andere Scheinberufsbezeichnungen. Das ist dann eben Armee oder Staatssicherheit usw. Und davon gabs in meiner ersten Klasse einige. Da mußte ich vorsichtig sein und bekam auch manchmal Schwierigkeiten. Einmal in Weimar – das war auch so ein Ding –, da waren wir in der Herder-Kirche. Und danach wurde mir dann von einigen Eltern angelastet, daß ich Geld in einen Opferstock geworfen hätte. So was darf man natürlich als DDR-Lehrer nicht. Nie darf man das tun – zumal, wenn man schon mit der Klasse überhaupt in eine Kirche geht. Doch das konnte ich damals noch mit Herder legitimieren und mit dem Altar von Cranach. Aber das war wirklich das Äußerste! Und deshalb war das mit dem Opferstock schlicht und einfach gelogen. Das wollten die mir nur anhängen. Ich hatte damals auch noch eine Parallel-Klasse. In der waren Kinder, die nicht solche Eltern hatten. Da konnte ich machen, was ich wollte. Konnte sagen, heute schreiben wir mal folgendes in Grammatik: »Ich bin heute früh mit einem Auto der sowjetischen Armee nach Wurzen getrampt.« Das habe ich diktiert und die haben sich darüber amüsiert, denn ich habe weiter diktiert: »Der Zug hatte gerade wieder Verspätung, und wenn ich nicht getrampt wäre, dann wäre ich nicht pünktlich angekommen.« So was konnte ich in der anderen Klasse nicht machen! Nun war ich also in der Stadtplanung, und da war ich ganz gut aufgehoben. Da mußte man zwar wie alle Leute – ob Genosse oder nicht – das Parteilehrjahr mitmachen, im Grunde genommen ist das ja ein unglaublicher Vorgang. Aber da habe ich mich nicht weiter aufgeregt, sondern während der öden Veranstaltungen gestrickt oder geträumt oder einen Brief geschrieben und mir den jeweiligen Sermon einfach nicht angehört. Obwohl es andererseits fatal ist, daß man das widerspruchslos mitmacht. Ich habe zwar gesagt: »Ich will das nicht! Ich bin nicht in der Partei.« Aber die sagten, das sei für alle, Parteilehrjahr sei das eben! Der Ausstieg aus der Schule war übrigens wahnsinnig! Die haben kopfgestanden, denn ich hatte ja aus Gewissensgründen gekündigt! Wie willst du denn auch sonst kündigen? Und einen Kündigungsgrund *mußt* du angeben! Und es muß ein plausibler sein. Und da schrieb ich eben: Aus Gewissensgründen! Das war natürlich stark. Aber es ging, und dann kamen auch bald die Kinder, und so verlief das im Sande. Oberflächlich natürlich nur. Und in dieser Zeit entwickelte sich unser Freundeskreis. Und der Anlaß, warum wir überhaupt so konzentriert ins Visier der Staatssicherheit gerieten, war dann die Sprengung der Leipziger Universitätskirche im Jahre 1968. In diese Sache waren wir stark verwickelt. Zudem: Es war die Zeit des »Prager Frühlings«, und so gab es in Leipzig eine Menge Unruhe. Die Leute standen vor der Kirche in stummem Protest. Standen Tag und Nacht und guckten sich die Kirche an. Weinten. Sagten kein Wort. Aber standen. Ich mit. Viele andere auch. Und dann wurde die gesprengt: gegen jedes Versprechen! Die haben ja öffentlich versprochen, daß sie sie nicht sprengen würden. Die Architekten haben sich ein Bein ausgerupft, entwarfen Modelle, wie man sie u. a. verkleiden könnte, damit der Ulbricht sie nicht mehr sieht. Denn die Kirche war ja sein Haßobjekt. Der wollte sie weghaben. Und dann wurde sie weggedonnert! Heute bereuen sie das natürlich. Aber weg ist weg. Und dazu mußte sie noch unbedingt vor dem Bachfestival gesprengt werden. Denn wenn die internationalen Künstler kamen, sollte möglichst reiner Tisch sein. Und so haben sie es eben gemacht. Barbarisch. Aber wahnsinnige Angst haben sie dabei gehabt. Haben eine Wagenburg um die Uni gezogen und befürchtet, daß jemand in der Kirche bleibt und sich mit in die Luft sprengen läßt. Und dann war sie weg: ein Trümmerhaufen. Schließlich wurde die Straße, auf der die LKW die Trümmer abfuhren, noch kontrolliert. Überall Streifen. Und dann wurde der Müllberg bewacht, damit die Leipziger sich die Steine nicht holten. In wenigen Tagen war die Kirche also weg – 700 Jahre spurlos verschwunden. Sie hatte den Krieg überstanden, aber den Ulbricht nicht. Und dann haben Freunde von mir dagegen protestiert, was ich aber nicht wußte. Ich wußte nur, daß was passiert war, und zwar während des Bachfestivals. Es geschah während der Preisverleihung, als es ganz still war im Saal, keine Musik, nichts. Alle Augen aufmerksam auf die Bühne gerichtet, wo es Medaillen und was weiß ich für Preise gab. Und in diesem Moment ging hinten still und leise ein großes Plakat runter! Und in der ersten Reihe saßen der Kulturminister und der Oberbürgermeister, die ganze Prominenz. Jedenfalls rollte still und leise ein großes Plakat in den Leipziger Stadtfarben – gelb und schwarz – runter, und da war die Universitätskirche draufgemalt und dazu das Datum ihrer Gründung. Da sprangen die in der ersten Reihe wie hypnotisiert auf – aber die Mehrheit in der Kongreßhalle fing zu klatschen an. Nach ca. zwei Minuten, mein Mann saß mit im Saal, nicht ahnend, daß das seine engsten Freunde gemacht hatten, versuchten sie dann, das Plakat von der Bühne zu holen. Und die Leute haben getrampelt vor Begeisterung. Da die Bühne hoch war, hatten die wahnsinnig zu tun, es runter zu bekommen. Mein Vernehmer hat das später mit hochrotem Gesicht geschildert, wie sie sich abgemüht hätten, um auf den Schnürboden zu kommen und was weiß ich noch alles. Die das gemacht hatten, hatten es sehr geschickt gemacht: keine Fingerabdrücke, nichts. Und die Staatssicherheit hat gesucht und gesucht. Aber zwei Jahre später hatten sie sie dann. In der Staatssicherheit wächst kein Gras auf dem Beton, sagte mein Anwalt immer. 15 Leute sind da eingefahren, obwohl nie ganz klar wurde, wer es denn wirklich zum Schluß gewesen war. Jedenfalls sprach ganz Leipzig davon. Noch heute wissen die Leute das. Denn solche mutigen Sachen passieren in der DDR ja relativ selten. Und dann erschien wenige Tage später an der Thomaskirche ein anderes Plakat: »Auch sprengen!« Das hat ein Freund von mir gemacht. Der ist dann – im Juni oder Juli – mit einem anderen, beide waren Physiker, weg aus Leipzig – über das Schwarze Meer in die Türkei. Und da hat die Staasi wohl schlicht und einfach kombiniert und sich gesagt: Also die beiden sind weg, das Plakat – die Flucht von denen könnte die Folge davon sein. Aber da sie nun weg waren, haben sie natürlich den Freundeskreis untersucht. Und damit waren wir im Visier. Und irgendwann kamen sie auf uns, denn da wollten noch mehr Leute weg, und ich hab' immer Kurierdienste geleistet – so jedenfalls der Sprachgebrauch der Staasi. Ich habe damit also zum sog. »staatsfeindlichen Menschenhandel« beigetragen, weil ich mir sagte: Was du selber willst und denkst, kannst du nicht immer nur denken, du mußt auch mal was tun, was machen! Menschen helfen, die in Not sind und raus wollen. Also: Kurierdienste. Aber da wurden zwei Leute von uns verhaftet, und die haben alle beide bis ins letzte Detail erzählt. Und dann haben sie uns und auch noch andere abgeholt. Im Grunde genommen suchten sie aber immer auch noch nach den Plakatleuten. Das war eine Sache, die sie ungeheuer ärgerte. Nach den üblichen Vernehmungen dann die Verurteilung vor dem Bezirksgericht Leipzig zu 5 Jahren – mein Mann und ich. Jeder 5 Jahre Freiheitsentzug. Die Prozesse wurden natürlich alle einzeln geführt, das ist ja klar. Nur keine Massenprozesse! Nur keine Gruppen! Im übrigen: Die U-Haftanstalt war fürchterlich. Ganz schwere Eichentüren vor den Zellen. Wenn die hinter dir zugeht, hast du auch schon halb abgeschlossen. Das war schon sehr deprimierend. Und dann die Schließer sowie der Läufer, der da immer kam und pausenlos sagte: »Rein! Kommse! Gehnse!« Man hatte ja keinen Namen, war eine Nummer.

Anfang 1972 bin ich dann nach Hoheneck gekommen. Da ist einmal schon der sog. Grotewohl-Expreß sehr eindrucksvoll, mit dem man durch die halbe DDR gekarrt wird. Erst in den Margarineautos zum Zug und dann über den Bahnhof – ohne Handschellen. Ich habe komischerweise nie Handschellen angelegt bekommen, andere Frauen aber manchmal doch. Die Männer alle. Weiter gings dann immer so auf den Nebenwegen und Nebengleisen, damit die Leute das nicht so mitkriegten. Und dann in diesen Waggon, wo du also zu viert in einer Zelle stecktest, wie Heringe geschichtet, bei Hitze, und wer sich da bloß rührte, der wurde gleich verdroschen – insonderheit die Männer. Während solcher Transporte hatte das Bewachungspersonal natürlich auch Angst und war besonders nervös. Schließlich kamen wir »glücklich« an! Ein Schock, diese Burg! Schlicht unglaublich! Da kommst du in eine feuchte Eingangszelle, wo du erst einmal die Nacht lang bleibst und ununterbrochen von einem Häftling durch einen Spion beobachtet wirst. Die Lesben und alle gucken, wer da nun wieder gekommen ist. Es ist naß, es ist kalt, du bist völlig schockiert! Du hast aber noch deine Privatsachen an. Dann aber mußt du deine Privatsachen ausziehen. In Leipzig durftest du ja Privatsachen anziehen. Aber nicht in allen U-Haften. Obwohl das ja auch ein verbrieftes Recht ist. Das ist ein tiefer Schock, wenn du deine eigenen Sachen ausziehen mußt. Das ist ja so ein Stück Identität, das du hergibst. Und dann diese widerlichen Lumpen. Doch später war ich stolz darauf, daß ich sie anhatte. Ich fand, das gehört dazu. Das muß so und nicht anders sein! Ich mußte zu sieben oder acht Prozessen, glaub' ich, nach Leipzig fahren: als Zeugin. Das war jedesmal eine wahnsinnige nervliche Strapaze. Denn ich wollte eigentlich nicht raus, aus diesem Hoheneck. Ich wollte das draußen lieber nicht sehen. Mußte dann aber immer wieder! Und das erste Mal bin ich noch in Privatsachen gefahren, später dann aber in dieser Uniform. Ich hab' gesagt, ich will mich nicht umziehen. Und die haben das in ihrer grenzenlosen Dummheit oder Faulheit auch gestattet. Hoheneck ist ja ein besonderes Gefängnis – nicht unbedingt typisch für die DDR. Eine besondere Mischung aus erzgebirgischer Dummheit und Inzucht. Die haben mich so fahren lassen, weil es für sie leichter war. Die haben es in Hoheneck ja nicht einmal geschafft, ihre eigenen Verwaltungsgebäude sauberzuhalten, waren nicht in der Lage, das zu organisieren, obwohl sie 800 bis 1000 Häftlinge zur Verfügung hatten. Die ließen Essen vergammeln, betrieben auch offensichtlich keine richtige Vorratshaltung für Lebensmittel. Das brachten die nicht, rein vom Intelligenzquotienten her, diese uniformierten Frauen. Die waren einfach dumm. Als ich während so einer Reise mal nach Brandenburg kam, da war dort alles blitzsauber. In Hoheneck dagegen immer dreckig. *Einmal* im Monat durften wir uns duschen. In so einem Keller. Aus irgendeinem Loch in der Decke kam Wasser und der ganze Keller war voller Dampf. Verstehst du, das sind unglaubliche Zustände gewesen. Kaum zu beschreiben. Und da hab' ich damals gedacht: Das darf doch nicht wahr sein! Das ist doch nicht mehr die DDR! Das dachte ich – das dachte ich immer noch, obwohl ich mich längst von diesem Staat und seinen Ideen verabschiedet hatte. Trotzdem hätte ich der DDR dieses Hoheneck, so wie es war, damals nicht zugetraut. Eine phänomenale Schweinerei! Dann kam ich zu den Langstrafern – ich hatte ja 5 Jahre! War also eine der wenigen Frauen, die gleich zu den Lebenslänglichen kamen. Saß mit Mörderinnen zusammen, die z. B. ihre Kinder auf die grausigste Weise umgebracht hatten oder einen Eifersuchtsmord hinter sich hatten. Ach Gott, ja, die kommen schon bei Shakespeare vor. Diese Frauen konnte ich irgendwo noch verstehen, wenn es stimmte, was sie erzählten. Das konnte ich ab! Aber diese Kindesmörderinnen! Das war schwierig für mich. Dazu dann: Zwischen 40 Frauen solchen Kalibers 2 Politische. Ich mußte mit ihnen zusammen im Nähkommando arbeiten – für den VEB »Planet« Bettwäsche nähen. Wir – also mehr die Kriminellen – arbeiteten wie die Tiere. Draußen wären wir fünffache Aktivisten geworden . . . Ich habe nie wieder so eine Ausbeutung erlebt wie im Zuchthaus! Ich kriegte, glaub' ich, für 7,– Mark Einkauf im Monat. Das war der ganze Lohn! Und davon mußten wir uns auch noch Zahnpasta kaufen, obwohl im Strafvollzugsgesetz angeblich steht, daß so was die Haftanstalt stellen muß. Aber in Hoheneck wurden wir um das Allerselbstverständlichste beschissen! Natürlich war es im Endeffekt angenehmer, Bettwäsche zu nähen, als Elektromotoren zu wickeln, wie das andere mußten. Bei uns sahst du immer mal schöne Stoffe, was fürs Auge. Übrigens: Wenn wir für den Westen nähten – natürlich ohne den Einnäher »VEB Planet«. Für die DDR mit Einnäher. Da wußten wir also immer, wofür wir gerade nähten. Wir arbeiteten in zwei Schichten. Früh um halb vier gings, glaube ich, los. Zuerst Wecken, dann das Kaffeeholen. Dann waschen: 40 Frauen und ca. 8 Wasserhähne. Da mußten wir bei Zeiten anfangen. Verpflegungsmäßig war die Lage damals katastrophal: viel Kohlehydrate, so gut wie kein Eiweiß. Und da die Frauen bis hin zu Matratze und Zeitungs- bzw. Toilettenpapier mit Zahnpasta alles rauchten, gaben sie für Zigaretten auch noch ihr letztes Eiweiß weg: den Quark also, den wir manchmal bekamen. Es war wirklich ganz miserabel. Zudem: Die ließen, ich sagte das ja schon, im Lager vieles verfaulen. Da haben wir das eben nicht mehr bekommen. Dann wurde natürlich auch geschoben. Denn alle Vorarbeiter waren ja Kriminelle. Wir Politischen waren die eigentlichen »Schwerverbrecher« und von daher für solche »Vertrauensposten« nicht geeignet. Ständig wurde den Kriminellen eingehämmert, jemanden umzubringen sei nicht so schlimm, wie gegen diesen Staat zu sein. Ich habe dann bald gesagt, wenn sie noch weiter so gegen uns hetzen würden, hörte ich auch zu arbeiten auf. Aber so eine Äußerung grenzte schon wieder an Arbeitsverweigerung, und damit war ich nahe am Arrest. Das war aber das einzige Mal, denn ich hatte keine Lust auf Arrest. Alles hatte ich überstanden: jahrelange U-Haft und monatelanges Alleinsein! Aber dieses Hoheneck – dort habe ich gedacht: Hier kannst du auch sterben. Hier gibst du auch auf! – Wir froren damals auch. Jämmerlich. Es war eisig. Ich kam ja im Winter hin. Da gab mir dann so eine Mörderin ihren Mantel. Das fand ich unglaublich stark und habe es nie vergessen. In der ersten Nacht war es. Ich fror wirklich jämmerlich: von innen und von außen. Das waren ja so feuchte Räume, eine uralte Burg. Das war furchtbar. Dort habe ich auch gehört, daß sich Leute aufgehängt hätten. Das passiert immer wieder, daß sich eine Frau in Hoheneck mit einem Strumpf oder was weiß ich erhängt.

Während beim Staatssicherheitsdienst fast jede Suizidmöglichkeit aus der Welt geschafft ist, weil du pausenlos beobachtet wirst, ist das dort nicht so. Aber das Schlimmste in Hoheneck, das mir an die Seele ging, war die Jugendabteilung – also für junge Mädchen. Unvorstellbar! Während eines Transports – ich kam wieder einmal von einem Prozeß – lernte ich ein fünfzehnjähriges Mädchen kennen, die war wegen eines Fluchtversuchs in Haft. Ein sonniges, wunderschönes kleines Mädchen. Und der habe ich nun versucht klarzumachen, was in dieser Jugendabteilung auf Hoheneck los ist, damit sie ein wenig vorbereitet war. Das ist nämlich viel grausamer gewesen als bei uns. Die waren dort brutaler zueinander als Erwachsene: brüllten sich wahnsinnig an, prügelten sich. Ich versuchte also, das Mädchen auf Hoheneck »einzustimmen«, ihr zu sagen, was sie erwartete und daß sie sich trotzdem nicht unterkriegen lassen soll. Wir waren dann noch in der Eingangszelle zusammen, und dann wurde die natürlich ganz schnell weggerissen von uns: weinend – und kam in diese Jugendabteilung. Vielleicht vierzehn Tage oder drei Wochen später rief es mich plötzlich. Und da hab' ich diese jungen Mädchen gesehen: völlig verwahrloste Gesichter. Und da rief es mich noch mal – aber ich sah nichts, erkannte niemanden. Doch dann war es dieses Mädchen! Die hatte sich innerhalb dieser kurzen Zeit so verändert, daß ich sie nicht mehr wiedererkannt habe. Man hatte sie – wie alle dort – bis zur Unkenntlichkeit geschliffen. Es war grausig.

Aber zurück zu uns: Man durfte natürlich nie auf seinem Bett liegen. Das war verboten. Im Prinzip mußte man immer neben dem Bett stehen. Man durfte auch nicht darauf sitzen. Man mußte früh eben dieses Bett »bauen« – wie bei der Armee. Aber ich kriegte das nie hin. Das war für mich ein Alptraum. Mein Bett sah natürlich immer furchtbar aus. Ich gab mir zwar redlich Mühe, aber mehr war nicht drin. Dann mußte man von den Pantoffeln auch noch die Unterseiten waschen. Die Lebenslänglichen hatten einen fanatischen Reinlichkeitstick an den verkehrten Stellen. Zum Essen wurden wir geführt. Dann Freistunde. Die dauerte im Durchschnitt ganze 20 Minuten, und zwar im Hof und im Gleichschritt: eins, zwo, drei, das Übliche. Ohne Sprechen, ohne alles! Obwohl man sich ja doch leise unterhielt. Das ging schon. Aber im Prinzip war es verboten. Auch von anderen Zellen rief mal jemand herunter oder guckte, und die Politischen winkten sich immer zu. Aber ansonsten lief man da stur im Kreis rum. Und dann wurde man wieder auf Zelle eingeschlossen. Wir haben bis zuletzt zum Beispiel vergeblich um einen Gottesdienstbesuch gekämpft bzw. um Bibeln, obwohl es die en masse gab – es war ja ein altes Gefängnis. Aber wir wurden nicht zugelassen und bekamen auch keine Bibeln. Es gab damals kein Kino, kein Fernsehen, nichts! War alles gestrichen worden, obwohl zuvor – wie die Lebenslänglichen erzählten – all diese Dinge erlaubt gewesen waren. Doch zu meiner Zeit wurde alles verschärft und damit schlimmer. Für die LLer war das natürlich viel härter als für uns. Ich meine, wir hatten eine Zeitstrafe. Wir wußten, wir gehen wieder. Aber für die war das brutal. Die hatten noch bis vor kurzem Illustrierte gehabt, wo sie wenigstens ab und zu mal ein Stück Farbe sahen, wenn auch im DDR-Druck. Aber immerhin. Nun war alles gestrichen. Keine Farbe, nichts sahst du mehr. Und das Ungeheuerlichste: In dem Nähsaal, in dem wir arbeiteten, da konnte man während der Arbeit Blicke aus den Fenstern werfen – herrlich, diese sanften Berge des Erzgebirges, grüne Wälder, Wiesen, Häuser, auch mal Menschen. Wirklich ein Labsal für die Augen. Aber eines Tages kamen wir in den Saal, und da standen da welche mit Eimern, in denen weiße Farbe war, und pinselten die Fenster zu. Aus war's. Wir sind bald wahnsinnig geworden. Eine pure Schikane, nichts weiter. Es war zum Heulen. Was machte man also, wenn man nicht gerade schuftete? Man bekam da irgend etwas: ein oder anderthalb Kilo Buch. Ich entsinne mich gar nicht mehr genau, was ich in Hoheneck gelesen habe. Ich entsinne mich eigentlich nur (komisch, daß ich das vergessen habe!), daß ich in der U-Haft unglaublich viel las: bis zum Kolchos-Buch, alles, stalinistische

Romane, und dazwischen dann immer wieder ganz ungewöhnlich gute. Das hatten sie gar nicht mitgekriegt, daß sie auch so was hatten. In Hoheneck gab es jedenfalls kaum Abwechslung. An eine außergewöhnliche entsinne ich mich aber noch genau: Ich hatte zu der Zeit so ein Fenster-Bett, und die andere Politische und ich, wir lagen also in unserem Fensterbett – durften natürlich nicht drin liegen, lagen aber trotzdem – und an einem Sonntagnachmittag guckten wir da so schön über das Erzgebirge – hast ja einen schönen Blick von der Burg, konntest eine Straße sehen, ein paar Häuser und Leute, wie sie im Garten saßen, also ganz normales Leben – und plötzlich fuhr auf dieser Straße ein schönes Westauto entlang. Dann hielt es plötzlich an, jemand stieg aus und winkte zu uns hoch und fuhr dann ganz schnell wieder weiter. Davon haben wir tagelang gezehrt, daß der uns gewinkt hatte. Das war unglaublich! Ansonsten haben wir wirklich nicht viel gemacht. Denn meistens waren wir auch furchtbar kaputt. Die Arbeit strengte ja wahnsinnig an. Wir haben viel geschlafen, versucht zu schlafen, viel erzählt. Hin und wieder mal Besuch. Das waren damals doch ewige Abstände. Und Pakete gab's überhaupt keine, höchstens einen Brief im Monat, und dann nur von einer Person. Im Vierteljahr einmal Besuch für eine halbe Stunde. Das war alles. Meine Kinder habe ich in Hoheneck natürlich nie gesehen. Die ganze Zeit nicht. Ich habe das natürlich versucht, denn ich hatte schon in der U-Haft erfahren, daß eine andere Frau es geschafft hatte, ihrem Großvater das Enkelkind zu zeigen. Von zwei Frauen erfuhr ich das durch Klopfen. Und dann habe ich meinen Vernehmer gelöchert, ob ich meine Kinder nicht sehen könne. Aber das wurde abgelehnt. In Hoheneck erst recht! In Hoheneck war es ganz schlimm. Da bekam ich – ich habe ja Zwillinge – nur noch ein einziges Foto von ihnen. Beim Staatssicherheitsdienst war das anders. Die geben einem ja gewisse Dinge, die wichtig für einen sind, wenn sie was wollen. Sie mußten mich ja auch noch haftfähig halten für das, was sie noch mit mir machen wollten. Die Kinder waren, als ich verhaftet wurde, gerade 14 Monate alt, und da haben die mich, damit ich nicht durchdrehe, nicht in Einzelhaft gesteckt, was sie sonst ja immer machen. Ich kam also gleich mit einer Frau zusammen. Das war für den Anfang sicher leichter. Denn zuerst habe ich wirklich gedacht: Einen Tag hältst du es aus. Der Staasi-Mann hatte ja gesagt: Heute abend sind Sie wieder zu Hause. Dann, als der Tag herum war, in der Nacht, da hab' ich gedacht: Eine Woche vielleicht, nee, nee, zwei Tage bloß. Ich war ja nie von meinen Kindern getrennt. Da hab' ich gedacht, also höchstens zwei, drei Tage. Dann denkst du: eine Woche. Dann kannst du dir schon vorstellen, daß es auch ein paar Wochen sein können, aber noch nicht Monate. Und so allmählich drehst du dann irgendwann einmal durch. Da hab' ich gesagt, ich will nicht mehr, ich kann nicht mehr und es geht nicht mehr! Und danach kommst du dann auf den Punkt, da denkst du, das mußt du jetzt irgendwie durchhalten! Die haben mich natürlich nicht geschlagen oder so was, obwohl die das auch machen. Aber: Ich halte die psychologische Folter für ganz schlimm, und die haben mich mit meinen Kindern erpreßt, das ist klar. Wenn sie nicht mehr weiterkamen, und da kamen sie am Anfang bei mir eben überhaupt nicht weit, gar nicht, dann haben sie eben angefangen mit den Kindern: »Sie sehen die erst wieder, wenn die zur Schule gehen! Und Ihr Mann, der ist schon viel weiter als Sie. Der hat gelernt!« Das hältst du nicht sehr lange aus, und da habe ich dann gedacht: Der Preis ist einfach zu hoch. Das haben die Kinder nicht verdient. Das ist einfach hundsgemein. Na ja, die konnten eben nicht anders ran an mich als mit diesem Thema. Und so haben sie es gemacht! Aber, und darauf will ich jetzt hinaus, bei der Staasi hatte ich eben – weil sie was von mir wollten – meistens zwanzig oder gar dreißig Fotos von den Kindern. Da durften zwar immer nur die Kinder drauf sein und auch nicht die Hand von einem anderen. Aber immerhin. Doch in Hoheneck bekam ich *ein* Foto. *Eins!* Ich war völlig fassungslos und sagte: »Aber ich habe doch zwei Kinder!« »Ja«, sagten die in den Effekten von Hoheneck, »dann überlegen Sie, welches Sie mitnehmen wollen!« »Nee«, hab' ich gesagt, »das können Sie doch nicht mit mir machen, das sind doch alle beide meine Kinder.« Doch die ließen sich nicht erweichen, und da hab' ich dann voller Verzweiflung erst einmal nur eins genommen. Und sobald ich schreiben konnte, schrieb ich nach draußen – das dauerte natürlich Wochen –, knipst doch um Gottes Willen ein bißchen größer, damit beide drauf sind – ich darf jetzt nur noch ein Foto haben. Nun, das haben die natürlich auch ganz schnell gemacht, und so nach acht bis zehn Wochen hatte ich dann mein Foto mit zwei Kindern.

Wir haben damals in Hoheneck hauptsächlich nur gearbeitet und geschlafen. Die Kriminellen, daran erinnere ich mich auch noch, buken hin und wieder solche abenteuerlichen Torten. Die sparten sich immer was vom Essen auf. Manchmal habe ich wirklich gestaunt über diese Frauen, die sich sogar ihre Uniformen verschönten. Diese häßlichen Dinge haben sie bestickt und Kanten drangehäkelt und alles umgenäht. Daran hatte ich überhaupt kein Interesse. Es war mir, ehrlich, egal, wie ich in Hoheneck herumlief. Die Kriminellen sahen zum Teil ganz enorm aus in diesen Uniformen. Das war natürlich auch alles verboten, aber oft ließ es das Wachpersonal eine Zeitlang durchgehen. Aber dann haben sie alles wieder kaputtgemacht. Und diese Frauen sparten sich auch unermüdlich was von ihren Rationen ab: also von der Margarine und der Marmelade. Und daraus buken sie dann ihre Knasttorte. Dennoch: Die Gesamtatmosphäre war für mich furchtbar. Ich hatte zu tun, daß ich nicht daran zerbreche. Ich hab' die U-Haft viel besser überstanden als dieses Hoheneck. Das hat mich mehr geschlaucht, sehr viel mehr. Ich bin mit den Leuten dort nie so ganz zurande gekommen. Das war mir einfach zuviel: diese Intrigen, Gemeinheiten und Boshaftigkeiten. Ich empfand da manchen vom Wachpersonal als viel angenehmer.

Wir hatten auch Zeitungen. Aber nur Tageszeitungen, keine Illustrierten. Dann hatten manche Wolle. Das war natürlich auch verboten. Ich habe heute noch so ein Haarband aus

Hoheneck. Wolle, so Reste, wir arbeiteten ja in der Schneiderei, und diese Schneiderei hat nicht immer nur Bettwäsche produziert. Die hatte auch mal Bekleidung genäht, und da haben die sich natürlich immer mal so einige Kleinigkeiten mitgenommen. Und zu meiner Zeit gab's eben noch ein paar Vorräte davon. Die durften früher auch stricken. Aber das war mittlerweile eben alles verboten. Ansonsten, ich sagte das ja schon, waren wir viel zu müde, um noch groß etwas zu machen. Da war nichts drin. Zum Fernsehen wurden wir Politischen grundsätzlich nicht zugelassen. Außerdem gab's Fernsehen in unserer Zeit so gut wie gar nicht. Es wurde ja gerade eine »Haftreform« durchgeführt: eine Haftverschärfung in Wirklichkeit. Da wurde zum Beispiel der dreistufige Arrest eingeführt: dieser unmenschliche Arrest. Es hieß dann: nur noch jeden zweiten Tag warmes Essen und nur 100 g Brot usw. Als ich das hörte, hatte ich auf Arrest natürlich keinen Bock mehr. Ich hatte in Hoheneck auch das Gefühl, ich würde dort ganz dünn. Ich aß nur noch ganz wenig. Also, ich hatte das Gefühl, ich könnte sterben. So ein existentielles Bedrohungsgefühl, nur schwer zu beschreiben. Ich habe jedenfalls nach draußen Briefe geschrieben, daß die auch Angst bekamen. Es war mir einfach zuviel. Dieses Hoheneck kam mir vor wie ein Konzentrationslager vor dem Krieg. Schon der Speisesaal! Eine Art Keller, in dem saßen wir an langen Holztischen, saßen in diesen eingefärbten, ehemaligen Polizeiuniformen – abgehärmte, bleiche Gesichter. KZ – das war wirklich meine erste Assoziation. Hier bist du im KZ! Und dann mußten wir ungeheuer schnell essen, ganz heiß, damit du noch einmal was bekommst. Man wurde ständig gehetzt: Fertig werden! Beeilen Sie sich! Machen Sie zu! Auf dem Weg zu dem Speisesaal war dann auch der mysteriöse Briefkasten der Staatssicherheit, der immer wie so ein Wunderkasten bestaunt wurde. Die Staasi bekam, es ist verrückt, von Hoheneck aus gesehen wieder eine positive Wertung, und die machte ja die »Wunder«, die ließ »Wunder« geschehen! Immer wenn am Fenster des Staasibüros die Gardinen wehten, hatten wir schon das Gefühl, es wird wieder ein Transport zusammengestellt. Die Gerüchteküche war unglaublich. Aber wenn das Fenster auf war und die Gardine wehte, wußten wir wenigstens, daß jemand da war. Das war auch schon eine Hoffnung. Und wir haben uns – über den Briefkasten – auch mehrfach über die Zustände in Hoheneck beschwert. Zum Beispiel hieß es eines Tages: Freistunde nicht mehr im äußeren, sondern im inneren Freihof! Wir liebten aber den äußeren Freihof heiß und innig, weil wir da weit übers Erzgebirge gucken konnten. Das genossen wir natürlich. Das war das einzige Schöne am ganzen Tag. Und dann durften wir wegen angeblicher Fluchtgefahr eben diesen Freihof nicht mehr betreten. Da haben sich einige von uns beim Staatssicherheitsdienst beschwert, und da kriegten wir wieder Freistunde im Freihof außen. Solche »Wunder« konnte die Staatssicherheit geschehen lassen. Wobei ich andererseits immer wieder betonen muß, daß die Gefängnisse, die dem Ministerium des Innern unterstehen, im Grunde menschlicher sind, denn da bist du unter Leuten. Bist nicht total isoliert. Hast deine Freistunde – so, wie du es im Roman liest. Aber beim Staatssicherheitsdienst – als ich da ankam und fragte, wann haben wir denn jetzt mal Freistunde, damit man mal jemanden sieht? Ja, sagte meine Zellenkameradin, mich siehst du da unten! Da habe ich gefragt, wieso? Ja, sagte sie, das ist so ein Kaninchenstall. Nein, da war nichts mit Fallada und so . . . Die Staatssicherheit ist ein Staat im Staate. Die können machen, was sie wollen. Und insofern ist das natürlich eine dubiose Sache, daß man einerseits im Gefängnis auf die Staatssicherheit hofft und andererseits natürlich froh ist, deren Isolation hinter sich zu haben. Nein, sie sind im Grunde die Unmenschlicheren. Ein Beispiel, an das ich mich entsinne und das klarmacht, was ich meine: Ich wurde wieder einmal als Zeuge nach Leipzig gekarrt. Saß also erneut mit meiner blauen Bewacherin vor einem Saal im Bezirksgericht. Und dann hat die mich lange angeguckt und hat sich wohl zuerst einmal gewundert, wie brav ich war gegen ihre Kriminellen, aber dann sagte sie zu mir: »Sie sitzen also wegen Spionage?!«

Ich sagte: »Was?! Nee, deswegen sitze ich nicht!« Und: »Ich darf Ihnen ja nichts sagen über meinen Fall und meinen Prozeß.« Ich war wirklich sehr vorsichtig, denn ich hatte ja fast ein zweites Verfahren in der Haft an den Hals gekriegt. Wollte also nicht in ein Fettnäpfchen treten. Ich hatte die Schnauze voll. Und dann sagte ich nur noch: »Sie haben ja die Akte!« Die wußte natürlich gar nichts und die hatte auch keine Akte. Das war so ein kleines Mäuschen. Aber immerhin: sie bewachte mich und führte mich ständig herum. Ich habe ihr dann noch gesagt, daß wir wirklich keine bedeutenden Leute seien und was wir gemacht hätten, sei weit unter Spionage. Und da guckte die wieder so eine Weile, diese einfache Frau, und es arbeitete in ihrem Kopf; und dann sagte sie: »Wie viele sind sie denn? Sind da noch mehr Frauen verhaftet worden?« »Nein«, sagte ich, »ich bin die einzige Frau.« Da sagte sie: »Sie haben aber doch Kinder?!« »Ja, ja!« sagte ich; und du mußt wissen, dieses Bezirksgericht war von meinem Zuhause nur fünf Minuten weg. Ich hatte immer das Gefühl, ich könne zu meinen Kindern gehen. Ich bin bald verrückt geworden in diesem Flur des Gerichtsgebäudes. Da sitzt man ja auch so ziemlich frei herum, zwar in Handschellen, aber da laufen Leute herum, und du sitzt Stunde um Stunde und wartest, bis du da mal in den Saal geführt wirst. Jedenfalls guckte die eine Weile, und dann sagte sie plötzlich: »Wissen Sie, wenigstens die Frauen hätten sie ja draußen lassen können.« Ich habe gesagt: »Wie meinen Sie denn das?« »Na ja«, sagte sie, »Sie haben doch kleine Kinder! Das hätte man doch auch anders . . .« Also Blaue gegen Staatssicherheit! Diese Frau habe ich – als ich wieder frei war, zwangsfrei in Leipzig – auf der Straße getroffen und gegrüßt, die hab' ich gegrüßt und mir gedacht, die war anständig zu dir, die hat dich nie schlecht behandelt!

Bevor ich's vergesse: Die medizinische Versorgung in Hoheneck: katastrophal! Ich hab' dort mehrere Zähne verloren, weil einfach keine Behandlung stattfand, obwohl ich mich verzweifelt gemeldet hatte. Natürlich gab's ein Krankenrevier, und als ich dann endlich einmal dran kam, da war's natürlich zu spät, die Zähne bereits hinüber. Dann hatte ich es auch immer mit den Nieren zu tun, schon in der U-Haft. Während der U-Haft bin ich deswegen auch mal in das zentrale Haftkrankenhaus Moisdorf gefahren worden. Da geht's ja auch skandalös zu: Röntgen? Nackt ausziehn vor drei Männern! Das spielt alles keine Rolle. Also vor den Bewachern. Und in einem Ton! Die Ärztin kam mir vor wie eine von der SS. Ich hatte so den Eindruck: SS-Ärztin. Die schrie nur: Machen Sie! Kommen Sie! Verstehst du? Nur in diesem Ton. Als ich wieder weggefahren wurde in dem Margarine-Barkas, da hab' ich geweint. Und in Hoheneck waren sie nicht besser. Die Ärzte kamen von draußen. Völlig abgebrühte Leute, die dich da so durchschleiften. Eingangs wurdest du ja untersucht – das heißt: die guckten dich mal von weitem an. Und dann durftest du wieder abtreten. Am besten, du wurdest nicht krank. Und am schlimmsten für mich das Gefühl: Mensch, deine Energien gehen zu Ende! Und: Wenn neben dir einer tot umfällt, du gehst weiter, weil du selber noch gerade so gehen kannst. Ich kam ja auch mit Beinen raus, ganz dünn waren die. Wir liefen ja auch kaum, saßen nur an der Nähmaschine, die sog. Freistunde dauerte doch höchstens eine Viertelstunde.

Ende 1972 gab's dann die Amnestie – natürlich als Wahlgeschenk: die SED schenkte der SPD eine Amnestie vor der Wahl. Und dann stand auch zu lesen: politische Häftlinge seien darunter. Zum ersten Mal stand das zu lesen. Im »Neuen Deutschland« stand das, und damit gingen wir jubelnd durchs Gefängnis. Wir waren also Politische und keine Kriminellen, als die wir ja immer hingestellt wurden. Das hatte ja schon Hitler gemacht, die Politischen zu den Kriminellen gesperrt. Aber es war auch eine Tortur: Denn nun wartest du jeden Tag, und immer mehr Transporte gingen. In dieser Zeit kam ich noch mit einer sehr netten Politischen zusammen, mit der Ursi. Wir zwei hielten zusammen wie Pech und Schwefel. Die hatte auch Kraft, und wir konnten wirklich gut miteinander. Aber ehe die kam, war's wirklich bitter. Doch die letzte Zeit war's dann besser durch sie. Zuerst war die ganze Atmosphäre in Hoheneck unmenschlich. Die Frauen sprachen sich mit »Sie« an. Frauen sind über Jahrhunderte hin zur Unsolidarität erzogen worden, davon bin ich überzeugt. Furchtbar. Jedenfalls spürte man von dieser Unsolidarität in Hoheneck viel. Das war schlimm, und es drückte sich äußerlich eben auch darin aus, daß man sich mit »Sie« ansprach. Unter den Politischen nicht immer. Aber zwischen den Politischen und Kriminellen von der ersten bis zur letzten Stunde.

Schließlich mußte auch ich meine Sachen packen, kam in die Effekten, sah meine Sachen wieder. Und da sehe ich mich nur noch in diesem Lkw: ein Transport von Frauen – es war gerade ein Unwetter im Erzgebirge: die Straßen waren zum Teil nicht passierbar, umgestürzte Bäume, Sturm usw. –, denn zu Fuß ging überhaupt niemand aus der Burg. Wir wurden in den Lkw gepackt und nach Karl-Marx-Stadt auf den Kasberg in das ehemalige Gestapo-Gefängnis gefahren. Dort sitzt jetzt die Staatssicherheit, und dort ist auch die Abschiebehaft in den Westen. Da saß ich von November bis Dezember drei oder vier Wochen – und war schon im Westen, verstehst du! Da haben wir uns schon die Karte der Bundesrepublik aufgemalt und uns gefragt, wo liegt denn Gießen und wo der Rhein ... Fünf Frauen waren in der Zelle. Alle von Hoheneck. Wir schliefen die erste Woche fast nur, und wenn die Posten kamen und die Klappe aufmachten, dann sagten die: »Die schlafen ja immer noch!« Aber die ließen uns in Ruhe. Dort wirst du ja schon etwas anständiger behandelt, es gibt auch besseres Essen. Dort haben wir uns so langsam wieder erholt. Konnten – durch das ausgeschöpfte Klo – mit den Männern sprechen, mußten nicht mehr zwangsarbeiten. Und dann kam ich auch zu so einem Staasi-Menschen, der fragte mich: »Sie wollen in die Bundesrepublik Deutschland?« »Ja!« sagte ich. »Meine Kinder und mein Mann kommen mit!« »Unterschreiben Sie hier bitte!« Ich fragte nach: »Kommen meine Kinder und mein Mann auch?« »Ja, ja!« sagt der. Also gut, ich unterschrieb alles. Und dann haben wir wieder gewartet. Im Hof hörten wir die Busse, die uns in den Westen fuhren. Aber wir waren nicht dabei. Und dann lasen wir in der Zeitung, daß die Wahl hier nun gelaufen und der Brandt gewählt worden war, und da entwickelten wir so einen 7. Sinn, den bekommt man ja im Knast, weil man mit den Augen kaum etwas anfangen kann, und haben uns gefühlsmäßig gesagt: dieses Wahlergebnis, das kann für uns nicht gut sein! Wir saßen da und waren ganz betroffen. Und dann ging die Tür auf und der Spruch kam: Sachen packen! Und wir wurden über den Hof geführt – alle fünf – und zwar nicht in den Bus, sondern in die Kriminellen-U-Haft: mit Kübel wieder und unter »blauen« Bedingungen. Denn wir sollten in die DDR entlassen werden. Da haben wir Rabatz gemacht, drehten zunehmend durch, trommelten an die Tür, verlangten Schreibzeug, um erneut Ausreiseanträge stellen zu können. Die Blauen waren völlig überfordert mit uns. Die wußten gar nicht, wie ihnen geschah, weil sie gar nicht genau wußten, wer wir eigentlich waren. Nun hatten wir wieder Freistunde mit den Krimis, und nebenan war das Paradiesgefängnis, wo es ins »Paradies« geht, verstehst du! Da bin ich bald verrückt geworden. Wir haben jeden Tag gesagt: »Lieber Gott, das kannst du uns nicht antun. Das darf nicht sein!« Aber es war dann doch so: Am 20. Dezember hieß es endgültig: »Packen Sie Ihre Sachen! Sie kommen unter die Dusche! Sie werden entlassen!« Und dann durftest du also noch einmal duschen und kriegtest deine Privatsachen, und dann stand ich auf dem Kasberg in Karl-Marx-Stadt und hab' gedacht: Das war's wohl nun! Wir trafen uns dann noch alle in der MITROPA, hatten uns verabredet, waren ja getrennt entlassen worden, und da war dann was los: Herr Ober, ein Kaffee, wir kommen nämlich von . . . Später habe ich dann von der Post aus nach Leipzig telefoniert – nach immerhin knapp drei Jahren tauchte ich also wieder auf. Ja, und dann ging ich also diesen Kasberg hinunter, und da kam mir ein Mann entgegen, das weiß ich noch, den fragte ich, wie denn der Fluß hieße, der da fließt, denn ich wußte eigentlich gar nicht richtig, wo ich war. In Karl-Marx-Stadt ja, das schon. Aber wo genau in der Stadt, die ich auch gar nicht so gut kannte. Der war jedenfalls ganz irritiert, hat mir dann aber den Namen des Flusses gesagt: es war die Chemnitz. Die heißt immer noch so – nicht Karl-Marx-Fluß! Und dann bin ich spornstreichs zum Bahnhof, hatte gerade noch so viel Geld, um mir eine Fahrkarte nach Hause zu kaufen. Und dann bin ich nach Leipzig gefahren und sah meine Kinder am Fenster stehen und meine Schwiegermutter, die sie die ganze Zeit über versorgt hatte. Abends kam dann mein Mann, und dann durften wir noch zwei Jahre im »Gelobten Land« leben, bis es endlich soweit war, daß wir rauskonnten.

Gunhild Gerth

Gunhild Gerth wurde am 11. Juli 1937 in Leinefelde im Eichsfeld geboren. Von 1943 bis 1949 besuchte sie die Grundschule. Aufgrund der familiären Herkunft (der Vater war selbständig) verweigerte man ihr die Aufnahme an der Erweiterten Oberschule (Gymnasium). Deshalb verließ sie die DDR und ging ins niedersächsische Duderstadt, wo sie an der Internatsschule des Ursulinerinnenklosters ihren Bildungsweg von 1949 bis 1951 fortsetzte. 1951 wechselte sie ans Pädagogikum nach Bad Sachsa und blieb dort bis 1955. Aus familiären Gründen kehrte sie im selben Jahr in die DDR zu ihren Eltern zurück. Bis 1958 besuchte sie in Nordhausen die Volkshochschule sowie eine Handelsschule. Angesichts zunehmender Repressalien gegen private Unternehmer floh ihr Vater 1958 in die Bundesrepublik Deutschland. Gunhild Gerth selber war 1957 nach Leipzig gegangen und absolvierte dort eine Ausbildung als Fotografin. In Leipzig lernte sie ihren späteren Mann, Bodo Gerth, kennen – 1958 heirateten sie. 1964 – inzwischen waren ein Sohn und eine Tochter geboren – ging die Familie nach Rostock, wo Bodo Gerth als Arzt arbeitete. Anfang der siebziger Jahre entschloß sich die Familie zur Flucht in den Westen. Ein gescheitertes Fluchtunternehmen bei Berlin führte am 25. Februar 1973 zur Verhaftung von Gunhild und Bodo Gerth. Im anschließenden Prozeß wurde Gunhild Gerth zu dreineinhalb Jahren Freiheitsentzug verurteilt, ihr Mann erhielt vier Jahre. Im Falle Gunhild Gerths war das Gericht über den Antrag der Staatsanwaltschaft um ein halbes Jahr Freiheitsentzug hinausgegangen, weil es als erwiesen ansah, daß sie die geistige Rädelsführerin des Fluchtunternehmens sei. Ende November 1973 wurde Gunhild Gerth in die Strafvollzugseinrichtung »Hoheneck« in Stollberg/Erzgebirge eingeliefert. Dort verblieb sie bis zum 10. September 1975 und ging am selben Tag auf Transport in die Haftanstalt des

Ministeriums für Staatssicherheit in Karl-Marx-Stadt. Vierzehn Tage später – am 24. September 1975 – konnte sie zusammen mit anderen von der Bundesregierung freigekauften ehemaligen politischen Häftlingen die DDR verlassen. Vier Wochen später wurde ihr Mann freigelassen. Seitdem lebt die Familie in München.

Ende November 1973 kam ich in Hoheneck an. Ich saß in der »grünen Minna« und hatte acht Tage Transport hinter mir. Ich war acht Tage auf Transport! Das ist ein Begriff im Knast. Er bedeutet den Weg von der U-Haft ins Gefängnis per »Grotewohlexpreß«. Letzterer ist ein Eisenbahnwagen mit Minizellen und fünf kleinen Wandklappstühlen, in die man sechs bis sieben Personen hineinpferchte. Lüftung nur mit großen Schwierigkeiten, Essen keins, außer Bonbons, die man für die Fahrt mitbekam. Dieser Wagen darf nur an Personenzüge angehängt werden, nicht an D-Züge. Ringtransport durch die DDR! Man kann nicht hinausschauen, hat kein Zeitgefühl mehr und steht oft unendlich lange auf Abstellgleisen herum. In Karl-Marx-Stadt wurden wir ausgeladen: immer zwei Frauen an einer Handschelle, Schäferhunde, Maschinenpistolen. Die Reisenden auf den Bahnsteigen verhielten kurz. Meine Handschellenpartnerin ging nicht zum ersten Mal diesen Weg. Diesmal wegen schwerer Körperverletzung. Sie sah aus wie ein Mann: klein, stämmig, konnte Karate, wie sie sagte. In der »grünen Minna« waren zwei lange Bänke mit Frauen besetzt. Ich genoß den Anblick von vielen Frauen. In der Stasi-U-Haft herrschte die totale Isolation. Die ersten fünf und die letzten drei Wochen war ich ganz allein von den acht Monaten, sonst zu zweit. Während der Wagen ins Ungewisse mit uns holperte, machten wir uns bekannt. Mir gegenüber zwei Studentinnen, Edeltraut und Uschi: bei der Flucht in Ungarn erwischt. Zweieinhalb Jahre! Und der junge Mann daneben? – Erst später, in Hoheneck, als wir uns – wie auf dem

Transport mehrmals bei Übernachtungen in U-Haftanstalten – nackt ausziehen und nach Filzläusen und Tätowierungen absuchen lassen mußten, merkte ich, daß es sich um eine Frau handelte. Sie nannte sich Dave und wurde später von anderen Kriminellen sehr verehrt. Sie war offensichtlich lesbisch. Dave war wegen Arbeitsbummelei da. Meine eine Transportbegleiterin aus Rostock ebenfalls. Sie war als Jugendliche im Jugendwerkhof gewesen, weil sie Schuhe geklaut hatte; das zweite Mal dann wegen Arbeitsbummelei, und nach der Entlassung bekam sie einen Zwangsarbeitsplatz, das nennt man »Arbeitsplatzbindung«. Sie mußte nachts Busse waschen. Es dauerte nicht lange, und sie war wieder fällig wegen Arbeitsbummelei. Mit einundzwanzig Jahren das dritte Mal vorbestraft. Große Tätowierungen am Oberkörper. Meine andere Begleiterin war auch schon vorbestraft. Ihr Leben hatten sie sich verpfuscht. Sie mochten mich, denn ich erzählte ihnen viele Filme und Geschichten, und dann hingen sie an meinen Lippen wie zwei kleine Kinder. Sie freuten sich auf Hoheneck, denn im Arbeitslager in Halle bekommt man die Haare abgeschnitten, hieß es. In Hoheneck hofften sie auf alte Bekannte. Es saß noch eine Frau in der »grünen Minna«, in meinem Alter, Mitte Dreißig. Ein Ausdruck von Hoffnung lag auf ihrem Gesicht. »Ich hab auch RF!« sagte sie. »Aber ich bin nicht lange hier. Wenn die Bundesrepublik erfährt, daß hier so viele wegen RF sitzen, unternimmt sie was! Schließlich gibt es das Swingabkommen!« Die Minna hielt. Draußen waren Stimmen zu hören. Swing? Keine Ahnung! Ich mußte mehr davon erfahren, vielleicht ein Hoffnungsschimmer. Leider bekam diese Frau ein Jahr darauf einen Nervenzusammenbruch. Zu viel Hoffnung war gefährlich. Endlich konnten wir aussteigen. Wie immer folgte ewiges Warten. Das muß man lernen dort, sonst geht man kaputt. Wir standen im Außenhof, und ich ließ die Befestigung auf mich wirken: Vor mir Stacheldraht wie auf einer alten Kuhweide, dann ein geackerter Landstreifen, zwei bis drei Meter breit, eine weiße, etwa fünf Meter hohe Mauer mit Scherben und noch vier Mal gezogener Elektrodraht – dahinter Hundegebell. Letzteres hat mich in den zwei folgenden Jahren oft nicht schlafen lassen, vor allem nachts im Winter, wenn sie heulten. Plötzlich Schuhgeklapper, schwarze blasse Gestalten, zu zweit, begleitet von zwei weiblichen Wachposten, die wurden »Wachteln« genannt. Sie betrachteten uns neugierig, wir sahen wohl recht bunt aus in unseren Privatsachen. Das änderte sich bald, noch bevor wir in die Zugangszelle kamen. Wieder nackt ausziehen, ein Bündel mit Sachen, überreicht von einer Strafgefangenen, die genauso streng tat wie die »Wachteln«. Es hatte alles zu passen! »Kann ich meine Schuhe behalten? Ich habe schlechte Füße«, fragte ich. »Da brauchen Sie eine Extragenehmigung. Vielleicht bekommen Sie eine, wenn Sie hier gut arbeiten.« Wie entstellt sahen wir aus! Waren nun Strafgefangene. Jetzt sahen wir so aus. Menschen dritter Klasse und schlimmer. Unter »schlimmer« kann man die Politischen einstufen. Die Lebenslänglichen hatten einen gehobeneren Status. Aber statt zu weinen, lachten wir über uns. Unsere Bündel enthielten je drei Wolldecken, weil es Winterzeit war, sonst gab's nur zwei, drei Handtücher, drei Mal Unterwäsche, drei Paar dünne und dicke Strümpfe, die häufig gestopft worden waren, zwei Still-BH, entsetzliche Dinger, eine Arbeitsschürze, drei FDJ-Blusen, ein schwarzes Dreiecktuch für den Kopf, Filzhandschuhe, ungefähr wie Topflappen, ein Haarnetz für die Arbeit, einen feldgrünen Pullover sowie Messer, Gabel, Löffel. Am Körper hatte ich einen Filzrock und eine schwarzgefärbte, alte Uniformjacke. In der Zugangszelle freute man sich nicht über uns, denn die Frauen schliefen schon, aber sie erbarmten sich dann doch noch unser, die wir übernächtigt und hungrig aussahen. Die nächsten vierzehn Tage verbrachten wir mit Nichtstun, voller ängstlicher Erwartungen, wann immer die Tür aufgeschlossen wurde, wen man rausrufen würde und wohin. Man erzählte sich, daß es rein politische Zellen gäbe, aber auch gemischte – Kriminelle und Politische zusammen. Die Jugendstation war nur gemischt. Die armen Mädchen, die dort vielleicht wegen eines Fluchtversuchs hineinkamen. Von dort erzählte man sich Horrorgeschichten. Sie wurden mit besonders militärischer Strenge behandelt. Ich habe es mal im Eßraum erlebt, wie da mit ihnen gebrüllt wurde. Sie mußten mehr stehen, als sie Zeit zum Essen hatten. Als ich dann in der W II. 6 (Westflügel, II. Etage, Zelle 6) schlief, hörte ich das Jugendkommando nachts mal stundenlang die vielen Treppen in dem hohen Burggebäude hoch und runter laufen, eine Strafe wie Spießrutenlaufen. Außer der Arbeitszeit – sie hatten bloß eine Tagesschicht – waren sie sich in ihren Zellen selbst überlassen, und hier waren die Hackordnung und der Gruppenzwang besonders grausam.

Wer in diesen vierzehn Tagen sein Bündel packen und hinaustreten mußte, den sah man so schnell nicht wieder oder nie. Ab und zu kümmerte man sich um uns. Wir wurden zum Beispiel unterwiesen, wie wir das Bett zu bauen hätten, nämlich auf Kante und die Wolldecken nicht in den dunkelblaukarierten Bezug. Später mußten sie hinein. Das bestimmte ein Hautarzt, weil in der 44 einige Krätzefälle auftraten. Oder der Briefwechsel mit der Außenwelt: Jeden Monat durfte ein Brief auf einem Blatt DIN A 4 geschrieben werden, ebenso konnte man einen empfangen. Wenn ich einen Monat meinem Mann schrieb, konnte ich erst im nächsten Monat meiner Tante, die unsere Kinder versorgte, schreiben. Einen Kinderbrief mußte die sog. »Erzieherin« genehmigen. Vorbedingung: möglichst 100%ige Normerfüllung bei der Arbeit. Grauenhaft lange acht Wochen, um die für mich lebensnotwendigen Zeilen jeweils von meinem Mann oder von den Kindern – dann über meine Tante – zu erhalten. Man durfte natürlich nichts über die Haftbedingungen und über den Ausbürgerungsantrag schreiben. Auch ich wurde einmal darüber informiert, daß mein Monatsbrief nicht abgeschickt worden war, sondern in meine Akte gewandert sei. Das bedeutete für meine Angehörigen, daß sie vier Wochen auf ein Lebenszeichen von mir warten mußten, statt wie sonst nur zwei. Ich durfte auch keinen neuen Brief schreiben, was mit etwas gutem Willen der »Erzieherin« möglich gewesen wäre. Nein, man bestrafte die Angehörigen, indem sie sich wieder ängstigen mußten. Dabei hatte ich diesen Brief so vorsichtig und optimistisch abgefaßt, hatte aber einen politischen DDR-Begriff unbewußt in einem ganz anderen, ganz persönlichen Sinne benutzt, und zwar schrieb ich etwa folgendes: »Macht Euch keine Sorgen, ich werde alles durchstehen und lebe für den Tag X, der mir die Freiheit schenkt.« Damit wollte ich sagen, daß ich nicht an meinen Entlassungstag nach dreieinhalb Jahren dachte, sondern an die Möglichkeit eines früheren Termins glaubte. Denn man bekommt in Hoheneck bald mit, daß es für Politische Transporte in die Bundesrepublik gibt. Irrtümlicherweise hatte meine »Erzieherin«, die Leutnant Suttinger, meinen »Tag X« anders gedeutet, und zwar als den Tag, an dem die Bundesrepublik die DDR überfallen wird und ich sozusagen durch einen Überfall befreit werde. Ich bekam einen großen Schreck durch diese Auslegung, spürte ich doch wieder einmal, wie schnell man auf dem Glatteis war. Aber nur nicht noch hier ausrutschen und einbrechen.

Die Frage der Besuchsmöglichkeiten wurde auch geklärt: Einmal im Vierteljahr durfte ein Angehöriger für dreißig Minuten kommen, in meinem Fall entweder meine Tante oder mein Schwiegervater. Meine Tante kam für diese halbe Stunde fünfhundert Kilometer von Rostock her angereist, fünfundsiebzigjährig, eine halbe Stunde Aufregung, Beherrschung, Oberflächengeplätscher. Man sprach über die Kinder. Ich hatte aber kaum noch Einfluß, war ja aus dem Verkehr gezogen. Andreas mußte nach der 10. Klasse mit sehr gutem Zeugnis die Schule verlassen. Er solle sich in der Produktion bewähren, hieß es. Das war natürlich ein rein politischer Grund. Eine Lehre konnte er sich nicht aussuchen. Im Fach Anlagentechnik gab es die einzige Möglichkeit für ihn. Aber die theoretische Ausbildung war in Riesa, fünfhundert Kilometer von Rostock entfernt, also Lehrlingsinternat. Ich hatte große Sorge und hoffte nur eins: auf baldigen Transport, damit Andreas nicht noch anderen Einflüssen ausgesetzt wird. Von Wichtigkeit waren für mich auch neue Fotos von den Kindern. Nicht immer gelang es, neue zu machen – draußen gingen halt die Uhren anders, die Tante war überfordert und die Kinder auf den Fotos nicht mehr meine: sie machten Riesensprünge im Wachsen, waren längst nicht mehr zehn und vierzehn, ihre Kleidung fremd für mich, aus dem Westen, sie sahen gut darin aus – die guten Verwandten und treuen Freunde, hier muß ich sie mal voller Dank erwähnen! Ein Foto durfte man mit in die Zelle nehmen, immer nur eins. Aber nicht immer waren beide Kinder auf einem zusammen. Und meinen geliebten Mann hätte ich auch gerne gehabt, sein Gesicht für schwere Stunden. Einmal in diesen zwei Jahren durfte er mich besuchen. Das war so: Er schrieb mir, daß er einen Besuch bei mir beantragt hätte. Ich glaubte wenig daran, aber es kam zustande. Er wurde zusammen mit einem Lebenslänglichen in der »Minna« nach Hoheneck gefahren. Der andere wollte auch seine Frau wiedersehen, die von ihm aber gar nichts mehr wissen wollte, weil sie längst lesbisch geworden war. Sie waren beide wegen Kindesmord verurteilt. Die Frau war in meinem Arbeitskommando bei der Firma »Planet«, Schicht I in der Schneiderei. Ich sah, wie die Leutnant Suttinger sie von der Arbeit abholte, und ahnte nicht, daß Bodo darum bangte, mich sehen zu können, denn die Suttinger erklärte den Stasi-Begleitern meines Mannes, daß ich bei der Arbeit wäre und sie da nicht stören könne. Die Stasi-Beamten, die den langen Weg wohl nicht halb umsonst gemacht haben wollten, warteten – und so wurde ich dann nach der Arbeit geholt und stand plötzlich unvorbereitet vor meinem Mann, der Tisch war dazwischen, und: »Geküßt wird nicht!« sagte die Suttinger. Es war eine halbe Stunde auf Wolken: ihn ansehen, das Bild festhalten, ihn sprechen hören. Wir waren uns einig: Komme, was da wolle, nie mehr ein Leben unter dieser Herrschaft. Es mußte bald was geschehen. Transport. Jeder Tag zehrte schwer an der Substanz. Mein Dasein war zu dieser Zeit besondes unerträglich geworden, denn wir waren nun achtundvierzig Frauen in der Zelle W II. 6, davon sechsunddreißig Kriminelle, Delikte wie Kindesmord, Raubüberfall mit schwerer Körperverletzung, Totschlag und Unterschlagung. Es waren teilweise ehemalige Genossinnen, die Gelder unterschlagen hatten, und sie betrogen uns auch noch in der Zelle, zum Beispiel mit der Kaltverpflegung oder mit unserem Einkauf – war ja bloß eine in der Zelle, die dies in der Hand hatte. Wir konnten bloß bestellen, sie schrieb auf und holte es. Wir hatten Angst vor ihnen, denn sie denunzierten uns gern, bekamen dafür Pluspunkte für »gute Führung« und hofften auf vorzeitige Entlassung. Außerdem »bereuten« sie ihre Straftat, wir ja nicht einmal das und wollten sogar immer noch nach dem Westen . . . Das warfen sie uns vor, vor allem denen, die auf »Arbeiter- und Bauern-Kosten« studiert hatten.

Mein Mann hatte mir Geschenke mitgebracht. Er konnte sich mehr leisten als ich mit meinem lächerlichen Monatslohn von vier Mark bei sechzig bis siebzig Prozent Arbeitssollerfüllung. Die Hälfte vom Mitgebrachten mußte er aber wieder mitnehmen. Er war so enttäuscht, kämpfte, aber er kannte die Suttinger schlecht. Sogar die Stasibegleiter staunten, denn schließlich hatten sie die Mitbringsel für mich ja genehmigt. Aber über mich bestimmte sie und setzte sich durch. Nur mit einem wurde sie überrumpelt: mit der Größe meines Mannes, denn am Ende der dreißig Minuten stand er auf, beugte sich über den Tisch, ergriff meinen Kopf und küßte mich. Alles Dazwischenfahren kam zu spät. Ich pflegte das Gefühl dieser Wolkenminuten, damit es noch lange anhielte. Danach saß ich mit meinen Freundinnen Lalla und Marianne auf dem Bett im dritten Stock. Wir tranken den halben Liter Milch, den er mir mitgebracht hatte, und stellten fest: »Ja, so schmeckt Milch!« Wir wußten es nicht mehr. Ein halber Liter Milch, ein kleines Glas Honig, Kekse, eine kleine Dose Creme – welch ein Reichtum! Ein Glas Pfirsiche, einen Becher Quark, sechs Eier mußte er wieder mitnehmen. Aber ich wußte nun, daß er sich wichtigere Lebensmittel kaufen konnte als ich. In Hoheneck gab es nur Süßigkeiten, Zigaretten – Obstkonserven waren sehr knapp, Knäckebrot ebenfalls.

Aber zurück in die Zugangszelle. Eines Tages ging die Tür

auf, und es hieß: »Strafgefangene Gerth, Sachen packen, raustreten, vorwärts!« Nach langem Warten und Herzklopfen kam ich in eine Art Büro zu zwei weiblichen Offizieren – bekam nun beigebracht, Meldung zu machen: »Strafgefangene Gerth meldet sich . . . meldet sich ab . . .« Wie entwürdigend! Aber Zähne zusammenbeißen. Ich hatte in diesem Haus Angst vor so viel Ungewissem, vor so viel Macht. Die eine, Hauptmann Schmidt, sagte, ich würde nun einem Kommando zur Arbeit zugeteilt, was ich denn draußen gearbeitet hätte? Ich sagte: »Ich war nicht berufstätig.« Antwort: »So, Sie haben ihre Arbeitskraft unserem Staat nicht zur Verfügung gestellt. Aber das Geld von Ihrem Mann, das haben Sie genommen.« Plötzlich hörte ich mich sagen: »Was wollen Sie denn? Was habe ich getan? Doch wohl nichts anderes als Karl Marx, der nach England flüchtete. Ich wollte auch bloß weg!« Oh, großes Geschrei . . . Was mir einfiele, mich mit Karl Marx zu vergleichen . . . Ich zurück: »Ja, doch nicht mit der Persönlichkeit, nur mit dem Menschen, der die Möglichkeit hatte, sein Land zu verlassen.« »Raus! Melden Sie sich ab!« Später erfuhr ich, daß von diesem sog. Eingangsgespräch abhängt, wieviel man bei 100%iger Normerfüllung im Monat verdient. Mich hatten sie mit sieben Mark und fünfzig Pfennigen eingestuft. Das habe ich aber nie erreicht, denn unsere Bandleiterin und alle anderen Vorarbeiterinnen waren Lebenslängliche, und die verteilten die leichteren Arbeitsgänge natürlich an ihresgleichen und gaben uns die komplizierteren, bei denen es mehr auf Sorgfalt ankam und man sich nicht so schnell steigern konnte, und außerdem wechselten unsere Arbeitsgänge viel zu häufig, so daß wir immer wieder Eingewöhnungsschwierigkeiten hatten. Mir war es im großen und ganzen aber so lieber, denn wenn schon nähen, dann wollte ich nicht nur eine Naht lernen, auch wenn bei aller Mühe der Lohn am Monatsende mehr als deprimierend war. Einmal habe ich von der Firma »Planet« zu Weihnachten zehn Mark Prämie bekommen. Also waren sie doch mit meiner Arbeit zufrieden. Aber für die Suttinger zählte nur, daß ich die 100% nicht schaffte, und damit begründete sie ihre Repressalien. Sie hat mir in zwei Jahren Hoheneck nicht ein Päckchen bewilligt, und meine alten Verwandten mußten immer die Hälfte von ihren genau errechneten Fünf-Mark-Geschenkchen, die laut Hausordnung erlaubt waren, wieder mitnehmen. Bei Einwänden dagegen sagte sie: »Hier bestimme ich!«

Da ich im strengen Vollzug war, war ich in meinem Arbeitskommando vorwiegend mit Langstrafern bzw. Lebenslänglichen zusammen. Wir waren etwa dreißig »RFler« und fünfzig Kriminelle, die Strafen von acht Jahren an aufwärts zu verbüßen hatten. Als ich noch in Freiheit war, hatte mich die Gefängnisproblematik nicht sehr interessiert. Ich hielt es für gerechtfertigt, daß man Verbrecher von der Gesellschaft isoliert, und sehe es immer noch so – meine jedoch, daß ihnen in der Isolation ein einigermaßen menschenwürdiges Dasein zusteht. Manche wollen vielleicht auch büßen, es hart haben, weil sie mit der Tat nicht fertig werden, mag auch sein, denn mich fragte einmal Frau B., unsere Mechanikerin, was ich meine, ob sie nach einer eventuellen Amnestie das Recht habe, wieder frei unter den Menschen zu leben? Sie hatte zusammen mit ihrem Geliebten ihren Mann umgebracht. Sie stand also auch ganz anders zu ihrer Schuld als wir »RFler«. Doch was ich hier an sozialer und menschlicher Not erlebte, erdrückte mich fast. Die Frauen sahen aus wie Schattenwesen, sie kamen ja nie so richtig in die Sonne, und die mangelnde Ernährung: kein Eiweiß, keine Vitamine . . . Wenn ich davon spreche, habe ich ein starkes Ohnmachtsgefühl, empfinde das Unvermögen, diese Verhältnisse in einem Gesamtbild zu schildern. Ich empfand jedenfalls Mitleid mit ihnen und nahm mir vor – ungeachtet ihrer Straftat –, freundlich zu ihnen zu sein. Ich war ohnehin überfordert mit dieser Konfrontation von Greueltaten. Freundlich sein, das war leicht gedacht von mir . . . Zu Menschen, die größtenteils keine mehr waren: Wenn man zehn, fünfzehn oder zwanzig Jahre diesen miesen Verhältnissen ausgesetzt wird, ist die Persönlichkeit zerstört. Und wenn nicht von oben, dann machten sie sich gegenseitig fertig, denn ihr Lebensraum war nur ihr Bett, keine Intimsphäre, nicht einmal auf der Toilette. Für ihre Nöte gab es weder einen Geistlichen noch Sozialarbeiter noch Psychologen. Ein Suizidversuch unterlag der härtesten Bestrafung: einundzwanzig Tage Arrest in Ketten. Arrest bedeutete immer die absolute Absonderung und nur alle drei Tage eine kleine warme Mahlzeit, ansonsten drei Mal täglich drei Scheiben trockenes Brot, im Sommer wie im Winter eine einzige Wolldecke. Einundzwanzig Tage ist das Höchstmaß, aber dies läßt sich beliebig verlängern: Wenn man nämlich einen Tag unterbricht, dem Haftarzt vorgestellt wird, kann es wieder weitergehen. In der W II. 6 lag unter mir im mittleren Bett eine Zeitlang eine Martha P., eine einfache, etwas debile Frau, die zu leiten war, wenn man freundlich mit ihr umging. Auf schroffe Befehle jedoch reagierte sie bockig und – wenn Mitgefangene sie reizten – auch jähzornig. Sie schüttete mal einer anderen ihre Suppe ins Gesicht, weil die zu ihr »Du alte Schlampe!« gesagt hatte. Martha mußte dafür in den Arrest, ich sah sie erst nach einem Vierteljahr wieder: mit rotblauen Blutergüssen vom Knie bis zum Po, auf beiden Seiten. So was hatte ich noch nie gesehen. Sie hatte ihre malträtierten Körperteile der Suttinger gezeigt, die nur geantwortet haben soll: »Ja, wenn Sie nicht folgen können!«

Die meisten Lebenslänglichen waren zu Arbeitsmaschinen degeneriert, schamlos ausgebeutet. Man akzeptierte es, wenn sie lesbisch wurden – das machte sie weniger aggressiv.

Als ich vom Südflügel 44 in die W II. 6 verlegt wurde, war vier Wochen lang gar kein Bett für mich frei. Ich schob mir zur Schlafenszeit im Gang – anderswo war kein Platz – drei Matratzenteile zusammen und packte mich mit meinen drei Wolldecken darauf und fror jämmerlich. Die Zelle lag zur Nordseite, und in dieser Zeit wurde mir ausgerechnet auch noch mein einziger Pullover gestohlen. Bei nächster Gelegenheit sagte ich es der Leutnant Schmidt und bat gleichzeitig um einen anderen Pullover oder eine Wolldecke mehr. Ihre Antwort werde ich nie vergessen: »Nehmen Sie sich doch eine

Freundin mit Hitzewellen, dann brauchen Sie nicht zu frieren.« Ich habe die vier Wochen überstanden, wenn auch mit schwerer Erkältung. Ich stand immer während der Schlafenszeit, wenn ich vor Kälte nicht mehr schlafen konnte, auf – oder weil sowieso ständig Frauen an meinem Kopf vorbeigingen: zur Toilette, oder um sich mal in Ruhe zu waschen. Ich machte dann Gymnastik, Bürstenmassage und wusch mich in dem kleinen Waschraum – etwa zwei mal vier Meter, mit vier Waschbecken ca. dreiundzwanzig mal fünfunddreißig Zentimeter groß, dann zwei Toiletten, aber nur eine mit Brille – und dies alles für achtundvierzig Frauen! Diese Zelle hatte ihre Fenster zum Innenhof, wo die Freistunden absolviert wurden, d. h., hier wurde jedes Kommando einmal am Tag für zehn bis fünfzehn Minuten im Kreis und im Gleichschritt herumgeschickt, zellenweise, im gleichen Abstand voneinander ausgerichtet, in Viererreihen, Hände an der Seitennaht. Ich hatte sie im Winter mal in die Ärmel geschoben, mußte deswegen heraustreten und mit dem Gesicht zur Wand stehen, bis die Freistunde vorbei war. Wir »RFler« waren »undisziplinierter« im Gleichschrittlaufen als die Kriminellen. Wenn die Suttinger deshalb die Aushändigung des Monatsbriefes verzögerte, gingen wir wieder ganz brav im Kreis umher. Schlimm war für die Gefangenen in den Zellen zum Innenhof, den ganzen Vormittag über das Links-Kommando in den Raum geschrien zu bekommen – und das nach der anstrengenden Nachtschicht. Jedes Kommando hatte seine Schreierin, die die Freistunde verschönte, indem sie ununterbrochen schrie: »Links, links, links zwo, drei, vier!« usw. Kurzum: Man hatte wenig Schlaf, litt unter den achttägigen Umstellungen zwischen Früh-, Spät- und Nachtschicht und unter dem Nichtalleinseinkönnen. An den täglichen Toilettengang vor allen anderen konnte ich mich nicht gewöhnen. Meistens hatten sich schon zwei, drei Frauen vorangemeldet oder standen bereits vor einem. Während der Arbeitszeit bei »Planet« schloß uns Frau Metzger – eine der leitenden Frauen dieser Firma, die für unsere Schicht verantwortlich war – für eine halbe Stunde die Toilettentür auf: vier

Toiletten für einen Saal von vierzig Frauen. Diese Methode war erbarmungslos. Ich habe Frauen mit Durchfall erlebt – es war entwürdigend!

Aber noch einmal zurück zur Freistunde: So schrecklich das »Links zwo, drei, vier« auch war, so günstig wiederum die Möglichkeit, die bekannten Frauen aus anderen Kommandos zu sehen, ihnen ein heimliches Lächeln, ein Winken hinunterzuschicken. Dieser bescheidene Zusammenhalt war lebensnotwendig, aber streng verboten! Auf Kontaktaufnahme mit anderen Kommandos stand Arrest. Man hatte der W II. 6 mal alle Fenster zugenagelt – als Strafe fürs Hinausschauen. Lalla war immer am Fenster, wenn ihre kleine Schwester Jutta Freistunde hatte. Lalla hatte auf Jutta gewartet, bis sie das Abitur hatte, um sie dann mitnehmen zu können und um ihr in der DDR nicht die Zukunft zu zerstören, und nun mußten sie für ihren gemeinsamen Fluchtversuch zwei Jahre büßen. Kurzum, wenn Jutta auf dem Hof war, machte sich Lalla für die wenigen Minuten hellblaue Schleifchen in ihre wunderschönen langen Haare und lächelte Jutta zu. Das war auch eine Sprache. Nach dieser Geste, nach diesem einzigen Sichsehenkönnen, kamen die Schleifchen wieder unters Kopfkissen. Zierde war verboten. Lalla hatte sie von den Stoffen bei »Planet«. Außerdem waren wir nicht in der Stimmung für Zierde. Hauptsache, die sieben Jahre jüngere Schwester hatte ein lebensbejahendes Bild für diesen Tag und für den nächsten.

Die Toiletten wurden abgeschlossen, weil die Lebenslänglichen, die 100%igen Arbeiterinnen – die ein und denselben Arbeitsgang seit Jahren machten – sich ärgerten, wenn sie von uns nicht schnell genug zugearbeitet bekamen, denn natürlich war man in den Arbeitsgangfolgen voneinander abhängig an einem Band. So knifflige Arbeiten wie Spitze auf Nachthemden aufnähen, mit besonderen Ecken legen, das konnte ich nicht acht Stunden lang ohne aufzusehen, die zwanzig Minuten Pause waren zu wenig. In der Tat gingen wir, wenn wir nicht mehr konnten – vor allem in der Nachtschicht – auf die Toilette: machten einige Kniebeugen, Liegestütze am Fensterbrett, tiefes Durchatmen, um in der verbrauchten Luft im Arbeitsraum wieder weiterarbeiten zu können. Wir haben während der Nachtschicht auch den Sonnenaufgang abgepaßt und sind dann einzeln wenige Minuten ans Toilettenfenster gegangen und haben andächtig zugesehen, wie schön der Tag begann. Ich habe selten so zauberhaft schöne Sonnenaufgänge gesehen wie hier durchs vergitterte Fenster oder in der 44 durch den feinen Maschendraht, wo man gerade ein Streichholz durchstecken konnte.

Jeden Sonntag wurden wir zum Duschen geführt, immer etwa zwanzig Frauen, zwölf Duschen waren vorhanden. Der Raum lag im Keller des Heizungsgebäudes und hatte keine Entlüftung. Das Wasser mußten die »Wachteln« von draußen anstellen und regulieren. Dann gingen sie fort und holten die nächsten zwanzig Frauen. Wir mußten die Temperatur des Wassers hinnehmen ohne eine Möglichkeit zur Korrektur. Manchmal war das Wasser so heiß, daß wir vor Dampf nichts mehr sehen konnten und Kreislaufschwache in Ohnmacht fielen. Oder aber das Wasser war ganz kalt. In beiden Fällen gingen wir unverrichteter Dinge wieder zurück. Aber es gab auch »Wachteln«, bei denen war das Wasser immer optimal eingestellt, so daß man eigentlich sagen könnte, daß es bei den anderen entweder Schikane oder Desinteresse gewesen war. Wenn es also optimal eingestellt war, dann tat es einem gut, sich reinigen zu können mit warmem Wasser, denn in den Zellen hatten wir solchen Luxus ja nicht. Während des Duschens herrschte dann gute Stimmung und es wurde gesungen. Ich habe das Bild noch gut in Erinnerung: Diese allgemeine Geschäftigkeit der vielen nackten Gestalten, und durch das monotone Rauschen des Wassers drang zweistimmiger Gesang: Verdis Lied der Freiheit aus »Nabucco« oder Beethovens Freiheitschor aus »Fidelio«. Singen war in Hoheneck eigentlich verboten, es spielte dennoch eine große Rolle und war nicht ganz auszuschalten. Es war immer ein Genuß, wenn gute Sängerinnen in der Zelle waren. In der 44 hatten wir anfangs Zeiten, wo wir mit Honda viel gesungen haben, besonders wenn wir ewig stehen mußten und der Zählappell mehrmals durchgeführt wurde, weil man sich verzählt hatte. Als wir noch bei »Planet« zur Nachtschicht gingen und vorher – gegen einundzwanzig Uhr – auf dem Innenhof unsere Runden drehten, erscholl mal Gesang aus den Fenstern des leichten Vollzugs: »In München steht ein Hofbräuhaus . . .« oder »Oh, du wunderschöner deutscher Rhein . . .« Das war um die Neujahrszeit, da brauchte man mal wieder ein Ventil. Abrupt riß der Gesang dann aber ab.

Aber zurück zum Duschen. In diesem unhygienischen Raum hatte ich mir, wie viele andere auch, Fußpilz geholt. Ich meldete mich zum Arzt. Das war ein Problem für sich. Man konnte Glück haben und wurde ziemlich schnell ins »Gesundheitswesen« (GW) gebracht. Noch besser war es, wenn man eine Gefangene kannte, die einen auf die Patientenliste für den Major setzte. Der Major vom GW war der Chefarzt. Er war zugänglich, auch der HNO-Arzt. Die anderen waren unmöglich. Ich sagte ihm mal, er solle mir doch bitte in den Mund schauen, meine Schleimhaut wäre durch Vitaminmangel verändert, und dann fragte ich ihn noch, ob ich Ascorvit bekommen könnte. »Warum nicht?!« sagte er. Und ich bekam vier Wochen lang täglich ein Vitamindragée. Er hat sich bestimmt bemüht zu helfen, aber Hoheneck beherbergte normalerweise siebenhundert Strafgefangene, doch zu meiner Zeit waren es eintausendvierhundert, da ging man völlig unter und konnte verloren sein. Mit meinem Fußpilz lief es danach nicht gut. Mich holte keiner zum Arzt. Der Fuß entzündete sich, schwoll so an, daß mir der Schuh nicht mehr paßte. Ich bat jeden Tag, zum Arzt gebracht zu werden, zeigte auf meinen Fuß – aber es wurde nichts. Eines Morgens wachte ich auf und wunderte mich, daß die anderen über mich lachten, mußte allerdings den Kopf etwas anheben, wenn ich etwas sehen wollte: Ich war im Gesicht so verschwollen, daß meine Augen nur noch zwei Hautfalten waren wie bei hundertjährigen Chinesinnen, und am Körper hatte ich Ausschlag. Toxische Allergie durch den Fußpilz, sagte mir Bärbel, eine Ärztin bei »Elmo«, dem

Elektromotorenbetrieb in Hoheneck, wo auch Frauen arbeiteten, Anker wickeln mußten. Zuerst bekamen sie Blasen, dann Hornhaut an den Fingern. Aber das wäre nur ein Schönheitsfehler gewesen, wenn nicht die unerträglichen Schmerzen in Armen und Schultern dazugekommen wären. Ja, sie verdienten mehr. Aber es war auch schwere Männerarbeit. Bärbel, Almut, Karin und Ellen unterstützten mich, indem sie mir mal ein Stück Seife, oder Haarwäsche, oder mal ein kleines Döschen Creme, oder etwas Schreibpapier heimlich über die Kaffeeholer zukommen ließen.

Also, an dem Tag, an dem ich so verschwollen aussah, nahm mich eine »Wachtel« mit, und ich konnte im GW wenigstens mal ein heißes Fußbad mit Kaliumpermanganat nehmen. Zwei Tage später sah mich auch der Hautarzt. Er meinte, er müsse erst einmal ein Paßbild von mir sehen, denn er glaube mir nicht so ohne weiteres, daß ich verquollen wäre, und das bißchen Ausschlag wäre auch nicht so schlimm. Ich wurde entlassen, bekam aber doch wenigstens zwei bis drei Mal in der Woche eine Anwendung im GW, und zwar ein watteumwickeltes Stäbchen mit Castelani zum Betupfen der kranken Stellen. Eine Wachtmeisterin hatte soviel Vertrauen zu mir, daß ich das Wattestäbchen mit in die Zelle nehmen durfte und meinen Pilz länger betupfen konnte – mit Erfolg. Diese stark färbende Lösung wurde sonst nicht ausgehändigt, weil sich Kriminelle damit nicht nur die Haare, sondern auch die Unterwäsche gefärbt hatten. Diese Wachtmeisterin war eine der ganz wenigen korrekten. Sie fragte mich oft, ob wir am Sonntag Desinfektionslösung bekommen hätten zum Reinigen der Waschräume. Meistens mußte ich es verneinen, denn die diensthabenden »Wachteln« sparten sich gerne die Arbeit, Lösung auszuteilen. Jedenfalls bin ich froh, daß ich keine schwerwiegenderen Krankheiten in Hoheneck bekommen habe. Die Armen, die zum Beispiel leicht Blasenentzündungen oder Nierenkoliken oder anderes bekamen. Ehe die rausgeschlossen und ins GW gebracht wurden! War das belastend, die Hilflosigkeit und die Angst um Menschenleben in dem geschlossenen Raum, entsetzlich! Da muß ich besonders an Brigitte Klopfer denken. Sie war nach ihrem achtzehnten Geburtstag von der Jugendzelle zu uns Erwachsenen gekommen. Verhaftet hatte man sie wegen »Republikflucht«, aber zusätzlich müssen sie und ihr Freund ein Auto gestohlen haben, mit dem sie durch die Ostblockstaaten fahren und dann über die grüne Grenze in den Westen abhauen wollten. Der Jugendstreich ging böse aus. Brigitte hatte bei uns Schwierigkeiten, denn die Schichtarbeit war sie vom Jugendkommando her nicht gewöhnt. Aber wir nahmen sie unter unsere Fittiche. Eines Tages schlich sich eine häßliche Grippe bei uns ein. Brigitte erwischte es am stärksten. Sie lag schon zwei Tage apathisch im Bett und wollte nicht einmal zur Freistunde und zum Essen aufstehen. Wir meinten aber, ein wenig frische Luft und Bewegung täte ihrem Kreislauf gut. Doch merkten wir bald, daß es ihr wirklich nicht gutging und sagten es der »Wachtel«, die uns abends um neun Uhr zur Nachtschicht holte. Da Brigitte während des Herausschließens und Antretens ohnmächtig wurde, gab es keine Probleme – sie wurde auf eine Trage gelegt und ins GW getragen. Uns fiel ein Stein vom Herzen, daß es so schnell ging und Brigitte sich nun aus- bzw. gesundschlafen konnte. Wir trauten jedoch unseren Augen nicht, als sie eine halbe Stunde später von der kleinen Wachtmeisterin vom GW zurückgebracht wurde. Sie habe kein Fieber und wolle sich nur vor der Nachtschicht drücken, hieß es. Es verging keine Viertelstunde, da knallte ihr Kopf auf die Nähmaschine und sie rutschte auf den Fußboden. Die Medizinerinnen unter uns waren besorgt, wir zitterten vor Wut und Ohnmacht. Brigittes Gesicht war mehr als bleich – wächsern, der kalte Schweiß stand ihr auf der Stirn. Das GW wurde wieder benachrichtigt und selbige junge »Wachtel« im weißen Kittel, auf dem Achselklappen befestigt waren, kam und schrie Brigitte so lange an, bis sie sich – geistesabwesend vor sich hin weinend – mit unserer Unterstützung erhob und – von der Lebenslänglichen Mausi B. begleitet und gestützt – ins GW ging oder besser: kommandiert wurde. Wie uns Augenzeugen berichteten, mußte sie sich am nächsten Morgen mit den anderen Kranken zum Wiegen und Messen usw. anstellen, glitt aber von der Wand, an die sie sich lehnte, ab und fiel wieder ohnmächtig zu Boden. Unter Geschimpfe und Anschreien wurde sie dann weggeschleift. Dort ist sie das letzte Mal gesehen worden. Noch am selben Vormittag war ein Krankenwagen mit Blaulicht in Hoheneck. Da Brigitte nicht auf der Krankenstation im GW gelegen hat, ist zu vermuten, daß ein Arzt, dem sie wohl endlich vorgestellt worden war, sie ins Krankenhaus bringen ließ. Einige Tage später mußten wir ihre wenigen Halbseligkeiten zusammenpacken. Sie kam nie wieder. Wir fühlten uns elend vor Empörung, und jeder wollte den Vorgang schriftlich der Gefängnisleitung melden. Wir haben unsere Meldungen aber alle wieder zerrissen, weil uns eine Mitgefangene Angst machte, daß eine schriftliche Resolution als Meuterei ausgelegt werden könnte, woraus mit einer Strafverlängerung bis zu einem Jahr zu rechnen sei.

Nachdem ich bei der Firma »Planet« Bettwäsche und Nachthemden genäht hatte – vierhundert Kopfkissen oder einhundertfünfundneunzig Bettbezüge auf beiden Seiten schließen in acht Stunden bedeuteten 100%ige Sollerfüllung –, kam ich in ein anderes Kommando: ins ZW, das war das sog. »Lumpenkommando«. Ich war nicht die einzige, so daß sich in der Zelle 44 über viele Wochen hin folgende Situation ergab: manche blieben bei »Planet« und hatten Frühschicht, dann hatten wir vom »Lumpenkommando« – etwa sieben – Nachtschicht. Die Woche war erträglich, weil die anderen zur Arbeit gingen, wenn wir von der Arbeit kamen – aber in der Woche, in der die einen Spätschicht, die anderen Frühschicht hatten, mein Gott, war das eine Unruhe! Und dazu kam ja noch, daß wir einige Mitgefangene hatten, die bei der Firma »Synthetex« arbeiteten, wo Stoffe verputzt wurden, mit einer noch anderen Arbeitszeit. Da hatten wir also drei verschiedene Schichten und Arbeitszeiten. Nur mit größter Disziplin war es möglich, daß jeder von uns zu etwas Schlaf kam. Für das »Lumpenkommando« hatte man zu meiner Zeit – also

1974 – den Boden des Südflügels hergerichtet. In der Mitte des langen Dachbodens, auf einem ebenso langen Holzpodest mit Geländer und seitlichen Treppchen, arbeitete das Tageskommando mit allen Zuckerkranken des Hauses. Sie trennten alte Uniformen auf, die in mühevollen und deshalb gefürchteten Transporten vom Lastwagen im Hof bis auf den Dachboden getragen werden mußten. Die zertrennten Lumpen wurden von unserem Kommando, wo nun fast nur noch Politische zu finden waren, außer der Bandleiterin und der Kontrolle, neu zugeschnitten, und dann nähten wir daraus Kleidung für Strafgefangene. Die Norm war hier noch höher als bei »Planet«. Unsere Nähmaschinen standen in dem schmalen Gang zwischen dem Holzpodest und den dicken Außenmauern. Man muß sich Dachbodenbedingungen vorstellen: im Winter schrecklich kalt, im Sommer unerträglich heiß. Ich half mir bei großer Hitze, indem ich um die Handgelenke feuchte Lappen wickelte und mir auch einen aufs Herz legte. Die Luft war ja im ganzen Haus schlecht, weil wir immer die Fenster schließen mußten, wenn wir die Zellen verließen, anstatt richtig lüften zu dürfen. Aber hier oben auf dem Boden, zwischen Bergen von alten, schmutzigen Lumpen, wo rund um die Uhr etwa einhundert Frauen saßen und arbeiteten, hier oben war sie unerträglich. Die Dachluken konnte man nur halb öffnen, weil sie natürlich auch vergittert waren, und wenn ein erlösender Regen kam oder ein Gewitter, dann mußten wir sie schließen, weil es sonst auf unsere Nähmaschinen geregnet hätte. Wir hatten hier aber auch einen kleinen Vorteil: Während der Spät- und Nachtschicht waren wir unter uns. Wir konnten dann bei der Arbeit singen und verschafften uns allerhand spaßige Einlagen. Natürlich immer mit der gebührenden Vorsicht; falls Kontrolle kam. In einer ganz kleinen Kammer, die manchmal nicht verschlossen war, stand eine Leiter und war eine unvergitterte Dachluke. Jeder von uns durfte während der acht Stunden Arbeit dort mal hinausschauen. Wir suchten uns eine Offiziersmütze aus den Lumpen, setzten sie auf und verharrten auf der Leiter mit Andacht am unvergitterten Ausblick. Die Mütze war unsere Tarnkappe. Mit ihr fühlten wir uns vor den Blicken von draußen sicher. Die Landschaft, die sich uns bot, war hinreißend schön, sie tat fast weh: Menschen gingen spazieren – auf einem schmalen Feldweg, durch Wiesen und Felder hinauf zum Wald, der die sanften Hügel um Stollberg krönt. Andere mähten oder wendeten Heu. Man schloß die Augen und wußte, daß diese Heuernteluft das schönste Parfüm der Welt war. Man sah Kinder spielen und Frauen sich über Gartenzäune hinweg unterhalten. Aber wie weit war diese Welt von uns entfernt!

Das »Lumpenkommando« sollte meine letzte Station sein, die 44 aber noch nicht meine letzte Zelle. Lalla war nun schon entlassen. Sie hatte ihre zweieinhalb Jahre abgesessen und war in die DDR entlassen worden: eine Situation, vor der wir alle Angst hatten. Ein Jahr später hat sie es mit ihrer Schwester Jutta endlich geschafft, aus der Staatsbürgerschaft der DDR entlassen zu werden.Ich hatte mir vorgenommen, wenn die Tür aufgeht und eine »Wachtel« sagt: »Strafgefangene Gerth, Sachen packen!« nicht an Transport zu denken. Ich wollte mit meiner Nervenkraft haushalten. Außerdem ging es ein bis zwei Tage vorher immer wie ein Lauffeuer durch alle Zellen, die keinen Kontakt untereinander haben durften – und dennoch funktionierte es mit Informationen großartig, wenn ein Transport für Politische vorbereitet wurde. Da gab es immer typische Anzeichen. Also konnte es sich nur um Verlegungen innerhalb des Hauses handeln, als ich etwa im Mai 1975 wieder einmal mein Bündel packen mußte. Ich kam in die W II. 4 mit Ausblick aufs GW, seitlich ein kleiner Ausschnitt Landschaft – ansonsten aber nur Gitterstäbe und nicht auch noch das feine Drahtsieb wie in der 44. Hier waren sechzehn Frauen in Dreistockbetten untergebracht, dazu ein winziger Waschraum ohne jede Lüftung. Für mich erholsam und wichtig war aber die menschliche Atmosphäre in dieser Gemeinschaft. In den vorherigen Zellen wurden die Anständigen unterdrückt und zeitweise auch terrorisiert. Die menschlichen Schwächen waren in den überfüllten Räumen, in denen man sich ja nicht aus dem Weg gehen konnte, oft unerträglich. Man weiß heute viel durch die vergleichende Verhaltensforschung aus der Tierwelt, daß die sanftmütigsten Rassen aggressiv werden können, wenn ihr Territorium aus irgendwelchen Gründen zu klein geworden ist. Bei uns Frauen kam es mir manchmal auch so vor. Manche bissen um sich aus Angst. Andere wollten nicht ein Opfer des Klatsches werden oder sich isolieren lassen, deshalb fingen sie selber zu intrigieren an oder machten sich in Grüppchen stark.

In der W II. 4 habe ich bis zum 10. September 1975 Höhepunkte weiblicher Kameradschaft erleben dürfen. Ich hatte von allen die längste Knasterfahrung und konnte u. a. mit Rezepten aufwarten, also wie man zum Beispiel seine Sirup-Portion verdoppelt (ein halbes Marmeladenglas voll): indem man ihn mit Zucker schaumig schlägt: Meinen und Elkes gemeinsamen Geburtstag werde ich nie vergessen, so köstlich war die Fete nach der Spätschicht im Dunkeln in unseren weißen Nachthemden – mit belegten Schnitten und »Angria« nach Madjas Rezept aus heimlich angesetztem Brotwein. Sicher würde uns das jetzt nicht mehr schmecken, aber in der Erinnerung und in dieser Zeit der Entbehrungen war es köstlich. Ich war so reich beschenkt worden, daß ich sehr glücklich war. Von Christa von der »Elmo« und von Peasy von »Esda« kamen auf heimlichen Pfaden zwei zu unserer Situation passende Gedichte auf meinen Gabentisch, dann lagen da noch ein braunes Band mit bunten Tupfen für meinen Pferdeschwanz, ein Lesezeichen, Buchhülle und andere liebe kleine Dinge, kunstvoll Gebasteltes. Ich staunte und wunderte mich, wo bloß das Material herkam. Ich hütete meinen kleinen Privatbesitz, doch leider fiel dann alles einer der in Hoheneck von Zeit zu Zeit üblichen Razzien zum Opfer: Wir kamen gerade von der Spätschicht und wurden in unsere Zelle geschlossen. Die letzte bekam die Tür noch an die Fersen geknallt, weil es den »Wachteln« nicht schnell genug ging. Das war nicht sehr ungewöhnlich. Aber der Anblick der Zelle schon: Alle Betten waren durchwühlt, die Matratzen, Decken, Bettwäsche,

Unterwäsche, Schreibzeug, das kostbare Foto, die Kaltverpflegung, all das war durcheinander und lag größtenteils im Gang herum. Meine drei Schulhefte fehlten. Das traf mich ins Mark, denn sie waren mein erarbeiteter geistiger Besitz und deshalb ein großer Verlust. In dem einen Heft standen Zitate aus Büchern, die ich in Hoheneck gelesen hatte, sowie Gedichte und Lieder. Im zweiten waren englische Vokabeln und Idiome notiert. Im dritten Heft schließlich von Karin und mir erarbeitete Kunstgeschichtserinnerungen von der Gotik bis zum Expressionismus: Malerei, Baukunst und Möbelstile. Von Beate war noch eine Musikgeschichte dazugekommen. Diese Ausführungen waren so gut und mit etlichen Beispielen versehen, daß sie von vielen abgeschrieben wurden und in andere Zellen abgewandert waren. Das war mein Glück, denn so konnte ich mir wieder neue Hefte anlegen. Es war nur wahnsinnig gefährlich, die Hefte von einem Kommando ins andere zu schmuggeln. Mit einem Transport im Sommer 1975, wo zum ersten Mal auch Frauen dabei waren, die draußen im medizinischen Bereich gearbeitet hatten, schöpfte ich wieder Mut, daß ich auch bald dabeisein könnte. Mit Almut, die dabei war, hatte ich ein Vierteljahr in Untersuchungshaft bei der Staatssicherheit in Rostock verbracht.

Am 10. September 1975 war es dann endlich auch mit mir soweit, und es lief so ab: Ich hatte eine sehr schlechte Nacht hinter mir. Über meinem Bett waren Risse in der Zellendecke, und ich ahnte nicht, daß bei starkem Regen Regenwasser hindurchtropfen könnte. Es begann harmlos an einer Stelle. Ich wich mit dem Kopf aus, um weiterschlafen zu können. Bald saß ich am Fußende mit angezogenen Beinen und drei Schüsseln vor mir, in die ich Handtücher gelegt hatte, damit es nicht so laut tropfte und die anderen möglichst nicht gestört wurden. Wir hatten Frühschicht, und über die Kaffeeholer kamen die ersten Gerüchte von einem Transport. Ich sagte mir, um meine Hoffnung zu unterdrücken und mich abzulenken: »Die werden dich doch jetzt nicht auf Transport schicken, wo du doch jetzt fließend Wasser in deiner Wohnung hast!« Trotzdem beteten wir schnell alle Namen der verschiedenen Verwandten im Westen, ihre Wohnorte herunter, um zu trainieren, denn schriftliche Aufzeichnungen durfte man ja nicht mitnehmen, und über fünfzehn Namen und Adressen mußte man sich merken. Tatsächlich kam nach einigen Stunden unsere »Erzieherin«, zu dieser Zeit war es die Leutnant Härtel, um einiges weniger gehässig und fanatisch als die Suttinger, und sagte zu mir: »Kommen Sie mal mit. Sie können alles so liegenlassen. Sie kommen gleich wieder zurück.« Beim Vorbeigehen raunten die anderen mir zu: »Mach's gut!« Beim Abschließen der Zellentür sagte sie: »Hier kommen sie nicht wieder rein. Sie gehen auf Transport!« Ich hatte – auf diesen Satz hoffend – alle meine seelischen und körperlichen Abwehrkräfte mobilisiert, und nun war er ausgesprochen, der Satz, und ich nahm ihn ruhig auf, hatte gelernt, meine Gefühle nicht zu zeigen. Ich zog meine drei Decken vom Bett, wechselte sie schnell mit noch dünneren von anderen aus, warf meinen Kamm auf das Bett von Ulrike, sie hatte keinen, bekam Scherereien mit der Härtel, denn die hatte es eilig, und erst als ich auf die anderen stieß, die ich zum Teil noch aus dem Zugang kannte, kamen Umarmungen und Freudenausbrüche. Die Lytte, die jetzt auch dabei war, war damals auf der Zugangszelle beängstigend fertig mit den Nerven gewesen. Sie hatte auch viele Monate U-Haft bei der Staatssicherheit hinter sich, wo sie für ihre beiden Söhne mitgelitten hat. Ihr ältester Sohn, damals achtzehn Jahre, war zu zwei Jahren Haft verurteilt worden für den gemeinsamen Fluchtversuch der vierköpfigen Familie. Ihr damals vierzehnjähriger Peter saß auch sechs Wochen in Einzelhaft.

Wir holperten wieder in der »grünen Minna« auf dem Weg nach Karl-Marx-Stadt. Nur mit anderen Gesichtern. Manchen rollten Tränen über die blassen Wangen. Wir schwiegen und dachten an die Freiheit, die vor uns lag, an unsere Männer und Kinder.

Zehn mühselige, nichtendenwollende Tage bei der Staatssicherheit in Karl-Marx-Stadt folgten, und dann – mit der Entlassungsurkunde in der Hand – in einem Bus mit normalen Fenstern durch Dörfer und Städtchen des schönen sächsischen und thüringischen Landes fahrend, kaum fähig, die Wirklichkeit wahrzunehmen, ein Schlagbaum, »Einigkeit und Recht und Freiheit« auf den Lippen, erreichten wir um Mitternacht Gießen! Wie telefonierte man noch? Der Hausmeister half mir. »Liebe Schwägerin Ische, ich bin da!« Die Telefone liefen lange in dieser Nacht. Nicht nur in der Bundesrepublik, sondern zuerst in Rostock, bei Tante Adi. »Mami ist im Westen. Nicht möglich!« Ein neuer Anfang. Am 25. September 1975 schrieb meine Tante in ihrem Monatsbrief an meinen Mann nach Cottbus ins Gefängnis: »Ich soll dich herzlich von meiner Nichte grüßen, die endlich die Kur genehmigt bekommen hat.« So erfuhr er, daß ich im Westen war. Vier Wochen später konnte ich ihn in Gießen abholen.

Elke Lehmann

Elke Lehmann wurde am 11. Juli 1951 in Nebra als Tochter eines Lehrerehepaares geboren. 1956 ging die Familie in die VR China, wo der Vater Direktor der Schule der DDR-Botschaft in Peking wurde. Die Mutter arbeitete ebenfalls an der Botschaftsschule. Ende 1958 kehrte Elke Lehmann mit Eltern und Geschwistern in die DDR zurück und zog 1961 mit der Familie nach Querfurt, wo sie die Erweiterte Oberschule besuchte und 1970 ihr Abitur ablegte sowie gleichzeitig den Facharbeiterbrief für Schweinezucht erwarb. Im selben Jahr begann sie an der Friedrich-Schiller-Universität in Jena ein Lehrerstudium in der Fächerkombination Anglistik/Slawistik. Drei Jahre später, im November 1973, wurde sie bei einem gescheiterten Fluchtunternehmen verhaftet und in einem anschließenden Prozeß zu 5 Jahren Freiheitsentzug verurteilt. Gleichzeitig verhängte das Gericht ein unbefristetes »Auslands-, Berlin- und Grenzkreisverbot«. Bis Juli 1976 war Elke Lehmann in der StVE »Hoheneck« inhaftiert und wurde dann mit anderen freigekauften Häftlingen für drei Wochen in die Haftanstalt der Bezirksverwaltung Karl-Marx-Stadt des MfS verlegt. Aus in letzter Konsequenz nicht aufklärbaren Gründen entließen die zuständigen Behörden der DDR Elke Lehmann dann aber doch nicht vorzeitig in die Bundesrepublik Deutschland, sondern isolierten sie plötzlich und brachten sie anschließend unter den Bedingungen verschärfter psychologischer Folter zurück in die StVE »Hoheneck«, wo sie bis zum 25. Januar 1978 weiter in Haft blieb. Erst an diesem Tag gestattete man ihr schließlich die Ausreise. Von 1978 bis 1979 hielt sie sich bei Freunden in West-Berlin auf. Seit 1979 lebt sie in Hannover, arbeitete dort zeitweilig in einem Heim für geistig gestörte Jugendliche und studiert seit April 1979 an der Universität Hannover Sprachbehindertenpädagogik.

Eigentlich begann bei mir alles mit einem ganz privaten Grund. Ich hatte im Sommer 1972 in Bulgarien einen jungen westdeutschen Mann kennengelernt, mit dem ich mich dann regelmäßig in Ostberlin traf bzw. auch in der DDR. Albrecht, so hieß der junge Mann, schöpfte die dreißig Tage im Jahr voll aus, und ungefähr nach dem ersten Dreivierteljahr unserer Bekanntschaft wurde ich das erste Mal zur Polizei bestellt, wo man mich fragte, was denn das für eine Freundschaft wäre zu diesem Westdeutschen und ob wir vorhätten zu heiraten, woran wir damals natürlich überhaupt noch nicht gedacht hatten: Nach einem Dreivierteljahr sporadischen Treffens, da ist natürlich nichts mit Heiraten und schon gar nicht, wenn einer im Westen wohnt und der andere in der DDR. Jedenfalls wurde mir damals noch auf recht freundliche Art und Weise nahegelegt, wir möchten doch unsere Beziehung dahingehend überprüfen, ob wir heiraten wollen, und das ginge dann selbstverständlich nur, indem Herr Schumann in die DDR übersiedelt und wir in der DDR also die Ehe schließen. Ansonsten wäre das ein bißchen kompliziert. Man müßte dann überprüfen, ob dieser junge Mann weiterhin in die DDR einreisen könne. Und mir wurde damals auch gleich mitgeteilt, daß eventuell geplante Fluchtversuche oder etwas in dieser Richtung, daß das ganz sicher schiefgehen würde. Ich hab' damals noch gar nicht an Flucht gedacht. Etwa vier Monate später wurde ich dann noch einmal besucht, diesmal von der Staatssicherheit, und da wurde ich erneut befragt über diese Beziehung. Und dieser Herr damals informierte mich, wenn wir uns nicht endlich für oder gegen eine Heirat entscheiden würden (und wenn *gegen* eine Heirat, dann natürlich Trennung!), daß es dann passieren könne, daß Herr Schumann in der nächsten Zeit keine Einreise mehr in die DDR bekäme. Als ich gefragt habe, warum – da konnte man natürlich keine Gründe angeben! Also das verlief mehr oder minder im Sande. Und wir sollten mal, sagte der Herr von der Staatssicherheit noch, zusehen, daß wir unsere Beziehung dahingehend überprüfen, und er würde sich selbstverständlich persönlich dafür einsetzen, daß Albrecht so lange noch Einreisemöglichkeiten bekäme. Ja, das war der letzte Besuch. Dann wurde mir auch noch einmal indirekt gesagt – nicht von der Staatssicherheit –, daß ich damit rechnen müßte, daß man mir demnächst auch den Personalausweis wegnehmen würde. Und das hätte für mich bedeutet, nicht mehr nach Ostberlin fahren zu können und natürlich auch nicht mehr ins Ausland. Somit wäre ja die Beziehung zu Herrn Schumann ohnehin unterbrochen gewesen. Es lief aber weiter mit uns so bis Oktober '73, also ganz normal scheinbar. Ich reichte dann für Weihnachten '73 für Albrecht ein – wir wollten erstmalig Weihnachten richtig zusammen verbringen. Ja, und dann bekam ich eine Ablehnung. Er durfte nicht mehr rein in die DDR! Ohne Angabe von Gründen machten sie das. Daraufhin haben wir uns ganz hektisch in Ostberlin getroffen. Ich war natürlich aufgelöst, wußte überhaupt nicht, was ich machen sollte. Und da kam Albrecht mit der Nachricht, ich müsse mich sofort – noch am selben Tag – entscheiden, ob ich illegal, mit einer Fluchthelferorganisation in die Bundesrepublik ausreisen möchte oder nicht. Er hätte da ein bißchen was eingeleitet. Ja, ich mußte mich am gleichen Abend entscheiden – also das war eine Überrumpelungsaktion. Ich hatte mich damit wirklich noch nicht befaßt. Ich dachte immer, wenn, dann offiziell den Weg gehen. Und ich hatte auch bei einem Rechtsanwalt bestimmte Informationen eingeholt, der mir damals allerdings schon sagte, angesichts meines Familienhintergrundes wäre eine legale Übersiedlung sehr kompliziert, wahrscheinlich fast gar nicht machbar. In dieser Nacht hab' ich dann in Berlin gesagt, was soll ich anderes machen – du darfst nicht mehr rein, mir nehmen sie in nächster Zeit wahrscheinlich den Ausweis weg – gut, ich mach das mit dieser Fluchthelferorganisation! Wir haben uns am nächsten Tag noch einmal getroffen. Da bekam ich mitgeteilt, daß ich mich bereits drei Tage später in Prenzlau bei einem Dr. Gutschmidt melden sollte. Ich wußte gar nicht, was das für ein Mann war. Die Sache lief also. Ich bin nach Hause, total in Trance. Hab' eine kleine Tasche gepackt, einen Pullover zum Wechseln und ein bißchen Geld und habe mich bei meiner vorübergehenden Arbeitsstelle entschuldigt mit dem Grund, ich müsse zum Arzt. Bin dann aber nach Berlin und von Berlin in einer Wahnsinnstour, verrückt, nach Prenzlau, weil ich wieder einmal dank meiner schlechten geografischen Kenntnisse angenommen hatte, Prenzlau und Prenzlauer Berg wären das gleiche. Da ist der mit mir in einer Wahnsinnstaxifahrt nach Prenzlau gejagt – ich hatte dem Taxifahrer erzählt, ich hätte eine ganz unheilbare Krankheit und dort in Prenzlau würde irgendein Spezialist sein. Ich muß diesem armen Taxifahrer einen Irrsinn erzählt haben, daß der immer sagte: Rauchen Sie! Nehmen Sie! Machen Sie! In Prenzlau selbst, bei diesem Dr. Gutschmidt, bei dem ich mich mit einem Kennwort melden sollte, da hab' ich überhaupt erst einmal erfahren, wie die Sache passieren sollte – also ich wußte weder, ob ich mit dem Auto ausgeschleust werden sollte, mit dem Schiff oder mit dem Flugzeug. Er sagte mir dann, daß das mit dem Auto über den Transitweg abgewickelt werden sollte und daß es erst am nächsten Tag losgehen würde. Wir mußten dann verrückterweise von Prenzlau wieder zurück nach Berlin, denn die Aufnahme in dieses Fluchtfahrzeug sollte ungefähr dreißig Kilometer von meiner Heimatstadt entfernt passieren. Daran konnte man schon sehen, es war sehr schlecht durchorganisiert. Wir mußten im Prinzip wieder ganz zurück. Die ganze Aufregung diesbezüglich war umsonst gewesen. *Also das war das Motiv:* Ich wollte zu meinem Freund! Andere Möglichkeiten sah ich nicht mehr und nahm also diese Fluchtmöglichkeit an. Aber ich hätte sie ganz sicher *nicht* angenommen, wenn ich nicht auch noch andere Gründe gehabt hätte. Ich hatte zum Beispiel sehr schlechte Studienbedingungen. Ich studierte damals in Jena Englisch/Russisch. Wir hatten keine Möglichkeit, etwa in Großbritannien zu studieren, natürlich nicht. Das war ja vollkommen klar, hat ja auch keiner dran gedacht. Aber wir hatten uns sehr bemüht, ein bis zwei Semester in der Sowjetunion erhalten zu können. Doch da war überhaupt keine Möglichkeit, für unseren ganzen Fachbereich nicht, weil wir nämlich Erstfach Anglistik hatten und nicht Slawistik. Da wurden also auch noch solche komischen Unterschiede gemacht. Und natürlich mißfiel mir dieser ganze politische Kram, schon von der Schule her und dann an der Uni: Demonstrationen, 1. Mai und Politveranstaltungen – das hing mir wirklich zum Halse raus, noch begünstigt durch mein Elternhaus, wo ich von meinem Vater auch nur ewig solche Parolen hörte. Das war mir als Kind schon sehr stark verleidet. Und insofern gab es für mich eigentlich überhaupt keine Frage: Wenn ein Zusammenleben mit meinem Freund – dann auf *keinen* Fall in der DDR, sondern dann natürlich nur in der Bundesrepublik! Aber bevor ich ihn kennenlernte, sah ich überhaupt keine Möglichkeiten, in die Bundesrepublik zu gehen. Aus diesem Grund war das für mich bis dahin auch kein Thema gewesen. Der Anstoß kam durch meinen Freund.

Die Flucht ging natürlich schief, und die erste Station der U-Haft war Berlin-Hohenschönhausen. Ungefähr drei Monate, glaube ich. Es war wahnsinnig überfüllt zu der Zeit, als ich da war: 1973. Massenweise kamen jetzt die Leute in die U-Haft – vor allem die, die das mit den Fluchthelferorganisationen immer noch als sehr sicher empfunden hatten. Wegen dieser Überfüllung wurden dann verschiedene Leute von Hohenschönhausen wegtransportiert, um den Prozeß gegen sie dann in anderen Bezirken durchführen zu können. Ich kam nach Neustrelitz und war dort ungefähr zwei Monate. Hatte dann am Bezirksgericht Neubrandenburg den Prozeß mit dem Dr. Gutschmidt zusammen und kam, ich glaube, es war im Mai 1974, nach Hoheneck. Ich kam nicht sofort in ein Arbeitskommando, weil Hoheneck damals auch sehr überfüllt war – dreifach überbelegt, wie wir über andere erfahren haben. Wir kamen in eine Sammelzelle mit ungefähr 56 Leuten, die gerade in Hoheneck eingeliefert worden waren. Und das waren in Hoheneck, glaube ich, auch meine schlimmsten Tage, die ich so erlebte. Und zwar hinsichtlich des Zusammenlebens mit anderen Frauen: 56 – davon waren sechs Republikflüchtige, fünfzig Kriminelle. Das war also eine Wahnsinnszusammenstellung. Da ging das sofort los mit Prügeleien, mit übelsten Ausdrücken, die ich von zu Hause einfach nicht gewöhnt war, und ich konnte mich an diesen äußerst ordinären und rauhen Umgangston nur sehr schwer gewöhnen. Natürlich wurde ich auch gleich am ersten Tag angemacht: "Hallo, Püppi, siehst ja ganz süß aus!" Ich bin von einem Schreck in den anderen gefallen. Ich fühlte mich total verlassen. Ich meine, bei fünfzig Kriminellen, die das alle amüsiert beobachteten. Die kannten das ja schon, die meisten jedenfalls waren Rückfalltäter. Da hab' ich gedacht, vielleicht überfallen die dich nachts ... Na ja, Quatsch, da konnte man später ja ganz andere Erfahrungen machen. Aber das war für mich eigentlich sehr schlimm, diese ganzen ersten Tage. Diese Zusammenpennerei zwischen den Frauen! Davon hatte ich nicht einmal richtig etwas gehört, geschweige denn gesehen – und alles überfüllt in Dreistockbetten, und auf dem Fußboden lagen die noch auf Matratzen, man konnte überhaupt nicht ausweichen. Aus der Zelle sowieso nicht. Aber man wußte ja nicht einmal, wo man hintreten sollte. Und in diesen ersten Tagen hab' ich auch noch etwas erlebt, was dann Gott sei Dank später wirklich abgeschafft worden ist – aber ich habe diese *Wasserbunker* noch gesehen! Und zwar hatte mich eine Kriminelle, die ganz, ganz lieb zu mir war, die fühlte sich in den ersten Tagen gleich verpflichtet, mich ein bißchen abzuschirmen und zu beschützen – also die merkte, mit mir ist nichts mit lesbisch und so, und die dachte, das kleene Ding willst du mal unter deine Fittiche nehmen. Die hat es zuwege gebracht, daß ich mit Essen austeilen durfte – unter anderem im Arrest. Und da hab' ich eben auch einen Wasserbunker gesehen. Und zwar war das eine mit Metall ausgeschlagene Zelle, und da sah man ungefähr in Hüfthöhe noch einen relativ frischen Roststreifen, der war nicht uralt, und zwar wurde das dadurch bestätigt, daß dort vor nicht allzu langer Zeit noch Wasser gestanden haben mußte – als nämlich die Tür aufgemacht wurde, kam ein Riesenschwarm von winzigen, von diesen Obstfliegen heraus. Ich konnte überhaupt nichts sehen, so kamen diese Fliegen da raus. Und dann konnte ich eben ganz kurz diese Zelle sehen und dieses Mädchen, die in dieser Arrestzelle war – die war nur mit einem ganz dünnen – ja, Mantel kann man das gar nicht nennen – Kittel bekleidet und mußte auf einem Holzbrett schlafen, das nachts auf zwei Kübel gelegt wurde. Einer wurde ihr abends zusätzlich reingestellt und darauf lag so ein Brett, das sah aus wie eine alte, umfunktionierte Tür – und darauf hat sie dann geschlafen. Ich weiß gar nicht, *wie* die da eigentlich drauf geschlafen hat, auf dieser wackeligen Konstruktion. Es war widerlich! Ein unheimlicher Schock! Denn ich hab' das wirklich mit eigenen Augen gesehen. – Das waren die Anfangstage, so vier Wochen vielleicht. Ich kam dann in ein Arbeitskommando, welches in der »Zentralen Werkstatt« arbeitete, d.h.: dieses Arbeitskommando stellte Häftlingsbekleidung aus alten Armeeuniformen her, die erst einmal zertrennt werden mußten. Dann wurden die eingefärbt, neu zugeschnitten und dann genäht – auch für den Männerstrafvollzug. Ich hatte dabei anfänglich das große Glück, daß ich in eine Zelle kam, in der nur Republikflüchtige waren. Wir arbeiteten im 3-Schicht-System, und natürlich gab es da Eingewöhnungsschwierigkeiten, ist ja klar, das war ja nicht so einfach mit der Schlaferei in so einem Schicht-System. Wie gesagt, wir mußten uns hauptsächlich damit beschäftigen, diese *total verdreckten, stinkenden* Armeeuniformen zu zertrennen – das war eigentlich die ekligste Sache, die ich dort je gemacht habe! Gott sei Dank nahm das dann später ab. Das war unsere Hauptbeschäftigung in der Anfangszeit. Wirklich ekelhaft, und daß wir uns da nicht Krätze oder irgend so was geholt haben, das war fast ein Wunder. Wir mußten hier auch noch nicht im Akkord arbeiten. Das ging ja auch gar nicht, hing ja davon ab, was man da so angeliefert bekam. Und dafür erhielt man dann 2 Mark Entgelt im Monat! Und in dieser Zeit gab's auch noch keine Seife, die vom Vollzug gestellt wurde, keine Zahnpasta, keine Creme – nichts, überhaupt nichts, außer Waschpulver gab's nichts! Da kann man sich natürlich ausrechnen, was man für 2 Mark bekommen hat – Kosmetikartikel, gerade die wichtigsten, die man unbedingt brauchte. Und dann reichte es vielleicht noch für jeden für 5 Zigaretten, und dann war Schluß! In der Tag- und Spätschicht waren wir mit weiteren Strafgefangenen zusammen, also nicht nur unsere Zelle, nicht nur Republikflüchtige, sondern da gehörten zu unserem Arbeitskommando Strafgefangene, die ausschließlich kriminelle Delikte hatten und die da oben arbeiteten, weil sie krank waren. Das war also im Prinzip eine Krankenabteilung. Da waren schwere Diabetiker dabei, Leberkranke, Leute mit epileptischen Anfällen, einige Mörderinnen, die schon über 20 Jahre saßen, die wurden dort zugeteilt, weil sie nämlich so unter Beruhigungsmitteln standen, unter Tabletten, daß sie in einem anderen Kommando gar nicht mehr untergebracht werden konnten. Die bekamen zum Teil am Tag 20 Beruhigungstabletten und waren da natürlich im Tran, konnten nur noch leichtere Arbeit machen – eben solche Trennarbeiten oder Stopfen oder Flicken. Und wir hatten dann Arbeiten auszuführen, die »geistigen Anspruch« hatten – ein paar von uns mußten schon mal an die Maschine, mußten bestimmte Näharbeiten ausführen. Das konnten die anderen eben einfach nicht. Natürlich wurde die Arbeit dann eingeteilt von Mörderinnen, die dort die Hauptpositionen einnahmen: sie teilten die Arbeit ein und machten die Normabrechnung. Das Verhältnis in der Früh- und Spätschicht war, wenn ich mich recht erinnere, ungefähr ein Viertel Politische, drei Viertel Kriminelle. Was mir in den Jahren aufgefallen ist, daß sich gerade Langstrafer – eben Mörderinnen – sehr zur Verfügung stellten, bestimmte Dinge zu denunzieren. Also weniger, um uns anzutreiben, sondern möglichst die Ohren offenzuhalten, so 'n bißchen zu lauschen, was unter den Politischen gesprochen wurde. Diese Langstrafer wurden auch sehr oft zum Wachpersonal bestellt. Da wurde dann abgefragt, was sie gehört hatten. Aber die meldeten sich auch freiwillig. Solche Sachen waren natürlich an der Tagesordnung, und da wurde dann so mancher von uns in die Zange genommen, mußte antanzen und Rede und Antwort stehen. Man konnte sich anfänglich gar nicht erklären, wieso das

Wachpersonal das wissen konnte, denn die saßen doch den ganzen Tag in ihrem Kabuff und tranken da Kaffee und qualmten – also die ließen sich relativ selten sehen. Na ja, das machten eben die anderen, die Kriminellen, für sie: zu beobachten, ob jeder richtig arbeitete oder wie die Stimmung war oder worüber gesprochen wurde. – Einmal im Monat, um mal auf so was zu kommen, war Kino. Die meisten Filme waren kaum anzusehen. Waren eben immer wieder diese Filme, die man schon von vorher kannte, also meistens was aus der Sowjetunion, irgendwelche Kämpferfilme oder aus Polen, ja, meistens sehr stark politisch geprägte Filme – im Sinne der DDR natürlich. Sehr selten mal ein Film, der auch von uns als wirklich sehenswert eingestuft werden konnte. Lesen konnten wir auch. Nicht jede Woche. Ich glaube, nur einmal im Monat wurden die Bücher getauscht. Aber dadurch, daß wir zum Beispiel in unserer Zelle etwa 25 Frauen waren, war das nicht so schlimm, daß nur alle vier Wochen die Bücher ausgetauscht wurden. Im Gegenteil, so konnte man die Bücher untereinander gut weitergeben, konnte die anderen Bücher auch lesen – und für mich war da auch recht viel Lesenswertes dabei. Ich habe mich da beschäftigt mit Turgenjew, habe diese älteren Russen viel gelesen; Goethe haben wir uns auch noch bestellt und die übrigen Klassiker. War allerlei da, was wir mal »in Ruhe« lesen konnten. In Ruhe in Anführungsstrichen natürlich! An Lesestoff hat es wirklich nicht gemangelt, das muß man sagen. Es wurden wirklich nicht nur politische Bücher angeboten. Dann Gottesdienst. Den gab es, aber nur sehr bedingt, und zwar war es sehr, sehr schwierig, für den Gottesdienst zugelassen zu werden. Entweder man bekam die Erlaubnis zugeteilt oder man bekam sie nicht. Ich habe mich zum Beispiel eineinhalb Jahre darum bemühen müssen, bis ich endlich dem Gottesdienst beiwohnen durfte. Ich wurde immer mit der Begründung zurückgewiesen, ich hätte ja keine Konfirmation gehabt. Manche schafften das gleich, aber die Gruppen wurden sehr, sehr klein gehalten, die dem Gottesdienst beiwohnten. Und es war auch bemerkenswert, daß die meisten, die den Gottesdienst besuchten, Republikflüchtige waren. Es gab nur sehr wenig Kriminelle, die am Gottesdienst teilnahmen – und das waren dann meistens auch Langstrafer. Gegen Ende meiner Haftzeit, also ungefähr 1977/78 (nach dem Strafvollzugsänderungsgesetz), da durfte man dann – als große Auszeichnung für besondere Erfüllung der Arbeitsnorm – mal am Fernsehabend teilnehmen und den »Kessel Buntes« oder irgendeinen DDR-Fernsehfilm sehen. Ich hab' einmal daran teilgenommen und hab mich da schier kaputtgelacht – durfte natürlich nie wieder, weil die Langstrafer empört waren, daß da eine ständig im Hintergrund kicherte, weil so ein schrecklicher Film ablief. Sportliche Betätigung – ja nur, daß man im Freihof laufen durfte, daß man da so ein paar Kniebeugen machen konnte. Aber ein direktes sportliches Angebot gab's nicht! Nur, was man selbst gemacht hat. Was in den Anfangsjahren allerdings *strikt verboten* war! Da wurde noch in Dreierreihen gelaufen. Und nach Kommando marschiert. Das andere hauptsächlich alles erst nach dieser Strafvollzugserleichterung. Was das Essen betrifft, so änderte sich das Gott sei Dank im Laufe dieser 4 Jahre, die ich in Hoheneck war, zum Positiven hin – was auch sehr wichtig war, denn am Anfang bekamen wir im Prinzip keine ausreichende Eiweißverpflegung in Form von Milch oder Quark. Das war sehr schlecht. Hauptsächlich von Kartoffeln, Brot usw. hat man sich da ernährt. Kohlsuppen, Erbsen und lauter solches Zeug. Auch die Kalkversorgung war schlecht. Viele von uns hatten dann starken Haarausfall, Zahnverfallserscheinungen. Das wurde dann später etwas besser, daß man eben von dem Verdienst, der ja dann auch etwas mehr wurde, daß man sich davon zum Beispiel einen Viertelliter Milch kaufen konnte. Oder daß auch schon mal Quark angeboten wurde. Daß überhaupt ein direkter Einkauf möglich war. Da konnte man sich eben solche Sachen aussuchen – je nachdem, wo man den Schwerpunkt legte: ob ich eben meine Schokolade essen wollte oder ob ich mir dann auch mal Milch gekauft hab'. Wir haben uns oft zum Sprechertermin von unseren Verwandten ein bißchen

Gemüse, ein wenig Obst mitbringen lassen. In der Anfangszeit vor allen Dingen, wo die Versorgung so schlecht war. – Stichwort Krankenversorgung: Wenn man leichte Zahnschmerzen hatte oder andere normale Sachen, meldete man sich an und kam dann irgendwann mal zum Zahnarzt oder zum Arzt. Aber ich hab' da auch einige Fälle erlebt, wo wirklich akute Dinge vorlagen, wo es also sehr schnell gehen mußte mit der Behandlung. Und da habe ich zum Teil sehr schlechte Erfahrungen machen müssen. Gott sei Dank nicht bei mir selbst, sondern meine Freundin hatte damals wahnsinnige Schmerzen, und wir hatten eine Ärztin auf unserer Zelle, die außer sich war vor Sorge, weil ihr natürlich die Hände gebunden waren – und es konnte sein, daß es akute Blinddarmentzündung war. Die kamen also *Stunden* später! Nachdem sie sich vor Krämpfen und Schreien gewunden hatte, kamen sie dann endlich und brachten sie ins Krankenrevier. Da wurde sie ein bißchen behandelt – und wurde falsch behandelt. Denn als sie in den Westen kam – Gott sei Dank war das kurze Zeit später –, stellte man fest, daß sie einen sehr schlimm vereiterten Eierstock hatte, und das hätte natürlich zu sehr großen Komplikationen führen können. Die hat da Glück gehabt. Aber eben nur Glück! Insofern fand ich die ärztliche Betreuung schlecht. So was darf einfach nicht passieren! Oder beim Gynäkologen! Da liefen ja die ganzen vier Jahre Protestaktionen. In dieser Zeit war eine Gynäkologin dort fest angestellt, drei Mal in der Woche kam sie. Es war zum Beispiel einfach nicht möglich, daß die Dame sich auch nur ein einziges Mal ihre Finger wusch oder die Handschuhe wechselte. Das war eine bodenlose Schweinerei! Und daß sie jedem das gleiche erzählte – nämlich vor allem jungen Frauen, die noch nicht verheiratet waren, u. a. auch mir. Daß es also sehr schlimm um uns bzw. mich stünde. Ich würde wahrscheinlich keine Kinder mehr bekommen und solche kleinen Horrorgeschichten, die sich hier als vollkommen unwahr erwiesen. Aber sie sah wohl ihre Mission als Ärztin und Gynäkologin darin, junge Frauen in dieser Situation noch zusätzlich zu verunsichern. Das war furchtbar.

Ich weiß, ich hab' da fürchterlich geheult. Aber da sagten mir dann eben andere, daß sie das schon mehreren gesagt hätte und daß sie aus diesem Grunde annehmen würden, daß das nicht stimmt. Damit haben die mich dann trösten können. Gott sei Dank hat sich das hier auch wirklich bestätigt, daß die Dame damit »nur« so 'n bißchen Terror gemacht hatte.

Gerade die ersten zwei Jahre in Hoheneck, die ich fast ausschließlich mit einer bestimmten Stammgruppe von 25 Frauen verbrachte, das war für mich persönlich eine sehr wichtige Zeit, weil ich im nachhinein auch weiß, daß wir eine sehr, sehr positive Gruppe waren, sehr gut in der Zusammensetzung. Ich dachte damals, das wäre immer so, das wäre unter Politischen so, daß man sich so gut versteht. Diese Meinung mußte ich leider revidieren. Ich lernte da sehr interessante Frauen kennen, und die Zeit war – bis auf bestimmte Spannungen, die einfach notwendig sind – für mich eine recht harmonische; und vor allen Dingen auch: ich fühlte mich in diesen zwei Jahren in dieser Gruppe sehr geborgen. Ich war damals die Jüngste, war 22. Ich hab dort sehr viel lernen können. Wir haben uns mit vielen Dingen beschäftigt: Englisch und Französisch sehr intensiv, über Musik hab' ich viel gehört von Beate. Wir haben wirklich alles sehr intensiv betrieben. Haben auch sehr viel gesungen und haben fest zusammengehalten, woraus ich letztendlich wirklich Kraft geschöpft hab' für meine letzten zwei Jahre. Ohne diese Anfangszeit hätte ich das längst nicht so gut überstanden. Und von diesen Frauen, die ich damals kennengelernt hab', gehören drei jetzt nach wie vor zu meinen ganz festen Freunden, die ich hier hab'. Und ich weiß, daß sich das im Prinzip auch nie ändern wird. So komisch das klingt: Ich möchte diese Zeit einfach in meinem Leben nicht gestrichen haben, möchte die nicht missen. Und ich glaube, daß auch meine rein persönliche und studienmäßige Entwicklung hier mit diesen zwei Jahren sehr eng zusammenhängt. Ich habe mich da wohl auch sehr verändert, habe sehr viel über die politische Entwicklung der DDR in der Zeit erfahren. Ich war ja 22, da haben mich viele Sachen so intensiv gar nicht interessiert. Und da waren eben die Frauen einige Jahre älter als ich – mit denen konnte ich mich dann doch sehr viel auch über politische Dinge unterhalten. Das war sehr wichtig für mich. Da blieb das dann eben nicht nur an meinem Albrecht hängen, zu dem ich ja unbedingt wollte, sondern das war eben auch wichtig, um ein Fundament zu legen und meine Sache im nachhinein besser zu begreifen. Ja, ich hatte draußen auch so ein bißchen gemeckert: dies hatte mir nicht gefallen und jenes nicht. Aber das zu überdenken und zu hinterfragen – dazu war ich damals mit 21/22 nicht fähig, das zu begreifen, warum mir bestimmte Dinge nicht so gefallen. Das war eben doch mehr oberflächlich. Und die Gespräche halfen mir, alles zu vertiefen.– Ja, und dann kam ich nach Karl-Marx-Stadt! Drei Wochen war ich ungefähr dort. Das war auch die übliche Zeitspanne, die man dort blieb, um eben noch mal diese ganzen bürokratischen Sachen abzuwickeln. Man mußte noch mal einen Antrag stellen, daß man nun wirklich in die Bundesrepublik will. Privatsachen wurden anprobiert usw. Alle diese doch sehr angenehmen Stufen, die man so empfand, weil man wußte, man kommt ja jetzt in nächster Zeit in den Westen, die hatte ich durchlaufen. Mir fehlten *zwei* Tage bis zum Transport in die Bundesrepublik! Ja, und da wurde ich eines Tages aus der Zelle geholt und zu irgendeinem Major vom Staatssicherheitsdienst gebracht, und der sagte mir schlicht heraus, ohne Einleitung: Mein Antrag auf Übersiedlung in die Bundesrepublik wäre abgelehnt. *Ich konnte überhaupt nichts begreifen!* Ich wußte gar nicht, was der zu mir sagte. Hab' also noch mal nachgefragt, und der hat auch noch mal gesagt, das wäre abgelehnt! Und den Grund könne ich nicht erfahren. Ich hab' sofort gesagt, das könne ich nicht begreifen. Ich möchte meinen Anwalt sprechen! Da hat der sich halb kaputtgelacht, daß ich meinen Anwalt sprechen wollte. Ja, sagte er, den Anwalt können Sie sprechen, wenn Sie wieder von hier weggebracht wurden. Da hab' ich gefragt, wo ich denn überhaupt hin soll? Ja, hat der gesagt, wohin denn schon? Nach Hoheneck natürlich! Oh, hab' ich da gesagt, Sie haben doch vorher gewußt, daß ich nicht in den Westen komme. Warum haben Sie mich denn eigentlich hierhergebracht und mich drei Wochen lang glauben lassen, daß ich jetzt hier wegkomme? Und da meinte er ganz lakonisch: »Nur so.« Das hätten sie also »nur so« gemacht. Nun wäre es aber abgelehnt und nun solle ich mal keine Sperenzchen machen, nun ginge es eben wieder zurück. Ja, ich bin einfach sitzengeblieben. Ich konnte auch überhaupt nicht aufstehen. Ich war unfähig, einen Schritt zu gehen. Dann holten mich zwei Posten ab, die mich unterhakten und ein bißchen beruhigten und auf mich einsprachen. Ich solle doch nun hier kein Theater machen usw. und brachten mich gerade rüber in eine Zelle. Da war weder ein Stuhl drin, noch ein Tisch, noch ein Haken, noch sonstwas. Das war eine vollkommen nackte Zelle, weiß gestrichen. Also im nachhinein kommt's mir bald so vor, als ob sie dort immer Leute reingebracht haben, die kurz vorm Durchdrehen waren. Und nur oben, diese Ziegelbausteinklappe war geöffnet; und nachdem ich – ich weiß nicht, wie lange ich da drin war –, nachdem mir also klar wurde, was er mir gesagt hatte und was jetzt passieren würde, daß ich jetzt wirklich wieder zurück nach Hoheneck komme, da hab' ich mich dann erinnert, daß ungefähr zwei Stockwerke über mir eine dieser Freundinnen von mir war. Da hab' ich dann wohl fürchterlich angefangen zu schreien nach ihr und hab' ihr wohl gesagt, daß ich zurückkomme. Ich weiß nicht, wie lange ich da geschrien habe – jedenfalls kamen dann zwei wirklich besoffene, große Staatssicherheitskerle an, und der eine hat nur zu mir gesagt: »Schnauze!« Und da wußte ich, wenn du jetzt nicht deinen Mund hältst – soweit konnte ich noch denken –, dann passiert dir was. Ich war auch ganz still, und die brachten mich dann raus auf den Flur. Und da ging dann so eine Treppe nach oben, und meine letzte Rettung schien mir zu sein, mich also in dieses Gitter zu verkrallen. Ich bin dann losgerannt 'n Stück und hab' mich in dieses Geländer von diesem Aufgang verkrallt und hab' dann eben nur noch nach Beate und Renate gerufen, und hab' da wohl irgendwie leicht den

Film verloren. Ich weiß dann nur noch, daß ich wieder so richtig zu mir kam, weil mir alles so weh tat, denn die versuchten mich natürlich aus diesem Geländer herauszuziehen. Und ich hörte nun auch, daß überall die ganzen Zellen klopften und gegen die Türen trommelten, und ich weiß eben auch nur noch, daß Renate gerufen hat, ich soll ganz ruhig sein, das wird schon alles gut werden. Ja, und dann kam ich eben von Karl-Marx-Stadt weg, und da weiß ich, da war so eine Stasi-Frau, die mich in den Krimi-Knast von Karl-Marx-Stadt brachte, die schubste mich immer ein paar Stufen die Treppe runter und lachte immer zu einer anderen Frau und sagte: »Guck sie dir an! Guck sie dir doch an! Da hat se gedacht, sie kommt in goldnen Westen. Na, denen pfeifen wir was! Den pfeifen wir was!« Das weiß ich noch. Ich blieb aber nur ein paar Stunden in dieser Untersuchungshaft und wurde dann mit einem Auto nach Hoheneck zurückgebracht. – Das kann man sich überhaupt nicht vorstellen: Es waren ja *nur* drei Wochen – und doch war das, als ob Jahre vergangen waren! Die drei Wochen haben eben wirklich gereicht, um sich gänzlich abzuwenden von der Haftzeit und sich nur noch auf die Zukunft einzustellen. Als ich in Hoheneck wieder ankam, hab' ich gedacht, ich komme das zweite Mal gänzlich neu dahin, ganz anders. Ja, ich hatte nun ein paar Vergünstigungen. Ist ja eigentlich lächerlich, aber die schienen da doch ein bißchen Bammel zu haben und steckten mich zumindest in die Zelle, also in mein Arbeitskommando, wo ich vorher war. Darum hatte ich gebeten. Die wollten mich also irgendwo anders hinbringen, und ich hatte dann doch einfach gesagt, ich könne nur noch in das alte Arbeitskommando zurückgehen, weil da eben noch ein paar Leute waren, die ich kannte. Und diesem Wunsch zumindest wurde entsprochen. Und das war eigentlich auch so meine physische Rettung – und daß die anderen sich sehr, sehr lieb um mich kümmerten, u. a. auch Carola, so daß ich also in den ersten Wochen wieder ein bißchen Kraft bekam. Und ich wollte das dann auch wieder durchstehen. In den ersten Wochen war mir das eigentlich alles egal. Und wenn man da nämlich nicht jemanden hat, der einem wirklich Mut zuspricht und mal sagt: Mensch, los, nimm dich zusammen und so . . . Das hat mir eben sehr gutgetan. Und gerade in dieser Phase, in dieser schlimmen Phase, mußte ich doch auch sehr an diese eine Freundin denken, mit der ich eben auch jetzt noch eng verbunden bin, die nämlich sehr tapfer in der Zeit war, obwohl sie doch alte Eltern und ein kleines Kind zurückgelassen hatte. Da hab' ich mich dann oft gefragt, wie hätte sie jetzt reagiert? Und hab' mir gesagt: Die hätte das eben durchgestanden, die hätte das durchgehalten! Und so lief es dann. Von den Rahmenbedingungen hatte sich ja auch nichts geändert – allerdings wechselte dann doch sehr stark in den kommenden eineinhalb Jahren die Zusammensetzung der Republikflüchtigen. Es kamen sehr viele Kurzstrafer, die erzählten, es sei überhaupt nicht mehr schwer, du mußt bloß so 'n Freund haben oder so was . . . Es waren sehr viele junge Mädchen dabei, die sind bewußt ins Gefängnis gegangen. Haben sich gesagt: Ich bleib' hier überhaupt nicht lange, dann bin ich im Westen. Und so war das auch! Das war also ein Kommen und Gehen. Enorm! Und nur einige Langstrafer, politische Langstrafer, die mehr als zwei Jahre bekommen hatten, lernte ich da kennen. Und da habe ich dann eben doch andere Erfahrungen auch mit Politischen machen müssen, indem ich feststellte, daß bestimmte menschliche Dinge überhaupt nichts damit zu tun haben, ob jemand politischer Häftling ist oder nicht. Sondern da habe ich sehr intensiv gemerkt, daß der Überlebenstrieb, daß der eben auch bei Politischen genauso da ist wie bei anderen. Da wurde eben das größte Stück Wurscht gegrabscht, da wurde dann nach 'nem Apfel gegiert, da war das egal, wer nebenan saß, daß der auch nicht viel mehr hatte – und für mich kam noch erschwerend hinzu, daß ich von Karl-Marx-Stadt zurückkam und mich von der Vorzeit kaum noch jemand kannte und alles munkelte: Also mit der ist 'was! Wer weiß, was sie gemacht hat! Vielleicht arbeitet die für die Stasi! Ich hatte dann doch einen sehr schweren Stand. Kannte die ganzen Langstrafer von den Krimis ja nun ungefähr drei Jahre schon – und die letzten Leute, ganz zum Schluß, so makaber das klingt, die mir wirklich geholfen haben und die auf mich eingegangen sind, das waren nicht mehr die RFler, die hatten mich ja bereits von ihren angeblichen Listen gestrichen – die letzten, die dann wirklich zu mir kamen, dazu gehörte so eine kleine Mörderin, die ständig kam und mich getröstet hat, wenn Transport war. Kein RFler ist jemals mehr zum Schluß zu mir gekommen. Da wurde dann gesagt: Na, guck mal, die arbeitet wohl hier mit Krimis zusammen. Die Mörderin ist ja besonders freundlich zu ihr. Was eigentlich – wenn man überlegt hätte – logisch war, denn gerade solche Langstrafer, die mußten ja auch mit ansehen, daß Politische kamen, gingen, kamen, gingen. Das war für die ja auch eine Belastung, und wenn da mal einer länger blieb als üblich, da ergaben sich eben auch zwischen Kriminellen und Politischen bestimmte menschliche Bindungen, und da fragte man sich dann auch mal, was hat denn derjenige eigentlich gemacht? Wie kam es zum Beispiel zum Kindermord? Oder daß die dann auch mal dachten: Ach, eigentlich ist sie ja ganz nett, kannst sie ja mal fragen, warum sie in den Westen will. Kann ja auch nichts schaden. Daß sich da also bestimmte Beziehungen aufbauten – nicht zu allen, natürlich zu sehr wenigen, aber das wurde dann von sehr vielen Politischen total fehlgedeutet, was man mir aber oft persönlich nicht sagte, sondern das ging dann hintenrum, und ich doch sehr stark geschnitten wurde von vielen politischen Frauen, was für mich anfänglich eine unheimliche Enttäuschung war, eine menschliche Enttäuschung auch. Die ich heute aber anders betrachte und auch besser einschätzen kann, also daß die mich eben auch nicht richtig einschätzen *konnten* – wieso ich bestimmte Beziehungen zu Kriminellen haben konnte. Daß kann man eben nur, wenn man länger dort gewesen ist.

Vollkommen unerwartet – kurz vor Weihnachten 1977 – bekam ich dann mitgeteilt, daß ich demnächst entlassen werden würde. Damit konnte ich natürlich überhaupt nichts anfangen, denn ich hatte mich weder besonders gut geführt noch sonst irgendwas. Jedenfalls sollte ich in die DDR entlassen werden. Ich lehnte das jedoch ab, wollte das natürlich nicht, denn das Schrecklichste, was einem wirklich passieren konnte nach vier Jahren Haftzeit: *in die DDR entlassen zu werden!* Zumal ja so ein kleines Fünkchen Hoffnung noch geblieben war. Da brach das letzte, winzige Kartenhaus noch mal zusammen. Ich dachte, du schaffst es eben doch nicht. Und die ließen mich natürlich in dem Glauben, mußten mich in dem Glauben lassen, denn ich bin davon überzeugt, daß die Strafvollzugsleute von diesen direkten Listen des Transports gar nichts wissen. Da wurde mir also mitgeteilt, daß ich in irgendeinem Betrieb in der DDR im 3-Schicht-System arbeiten und mich ja bewähren könnte. Und irgendwann vielleicht dürfte ich ja doch noch mal studieren, meinte die leicht dümmliche Unterleutnant, die wohl dachte: Gott, die soll mir bloß nicht noch durchdrehen, vielleicht wird ja aus der in der DDR noch mal was, kann man ja nie wissen. So zog sich das also bis zum 20. Januar 1978 hin. Für den 25. Januar hatte ich meinen Entlassungstermin für die DDR, und es war auch schon fest ausgemacht, daß mein Schwager mich abholt, wo ich hinkomme usw. . . Und plötzlich – am 20. Januar – wurde ich ganz allein von der Arbeit weggeholt. Drei Leute kamen, um mich eine Person abzuholen. Ich weiß gar nicht, was die gedacht haben, was ich da mache. Das ging alles sehr schnell, und ich kam dann wieder nach Karl-Marx-Stadt. Und die hatten zum Schluß in Hoheneck, das muß ich auch noch sagen, so eine sehr, sehr nette Zivilkraft – die hat gewagt, mit mir von hinten ein bißchen zu flüstern und sich zu erkundigen, was Republikflucht heißt und wie so bestimmte Fälle zustande kommen. Das war sehr ungewöhnlich in Hoheneck. Und die tuschelte mir ganz zum Schluß mit knallrotem Kopf und ängstlichem Gesicht zu, sie wüßte, ich käme in den Westen, jetzt wär's durchgestanden! Das war sehr beeindruckend! Weil es eben in Hoheneck gar nicht üblich war, daß man zu irgendwelchen Angestellten dort auch nur das geringste positive Verhältnis aufbauen konnte. Ja, man brachte mich also erneut nach Karl-

Marx-Stadt, wo ich die kommenden fünf Tage wirklich in panischer Angst zubrachte. Irgendwie hatte ich doch das Gefühl, wer weiß, ob du überhaupt in den Westen kommst? Wer weiß, was sie mit dir in Karl-Marx-Stadt wieder machen? Nach fünf Tagen kam ich dann aber doch weg und wurde mit einem Bus voller Männer über die Grenze gebracht. Ich war die einzige Frau aus Hoheneck. Dazu kam allerdings noch ein junges Mädchen aus einer anderen Strafvollzugsanstalt. Ja, und dann lief das wohl wie bei allen – über die Grenze und nach Gießen, wo ich später abgeholt wurde.

Carola Schacht

Carola Schacht, geb. Gilek, kam am 27. Oktober 1954 in Riesa zur Welt. Ihre Mutter war Ballettänzerin am Landestheater in Dessau sowie am Zwickauer Theater und beim Staatlichen Volkskunstensemble der DDR, ihr Vater Dirigent am selben Ensemble und später Kapellmeister des Riesaer Symphonieorchesters. Von 1961 bis 1971 besuchte Carola Schacht die Polytechnische Oberschule »Theodor Neubauer« in Erfurt. Anschließend studierte sie an der Hochschule für Musik »Franz Liszt« in Weimar Viola. Am 8. August 1975 wurde sie wegen des Verdachts der Vorbereitung zur Republikflucht verhaftet und ins Untersuchungsgefängnis des Ministeriums für Staatssicherheit der DDR in Berlin-Hohenschönhausen eingeliefert. Am 16. Februar 1976 erfolgte ihre Verurteilung zu zweieinhalb Jahren Freiheitsentzug (§§ 213 und 254 StGB/DDR) sowie anschließendem unbefristetem Berlin- und Grenzkreisverbot durch ein Militärobergericht in Ostberlin. Im März 1976 wurde Carola Schacht in die Strafvollzugseinrichtung Hoheneck eingeliefert, wo sie bis zum 16. November 1976 blieb. An diesem Tag wurde sie in das Gefängnis der Staatssicherheit in Karl-Marx-Stadt transportiert und von dort aus am 8. Dezember 1976 in die Bundesrepublik Deutschland entlassen. Im Sommer 1977 setzte sie ihr Musikstudium an der Hochschule für Musik in Würzburg fort, heiratete im März 1978 Ulrich Schacht und lebt seitdem in Hamburg. Dort studiert sie an der Hochschule für Musik und darstellende Kunst Viola und Diplommusiklehrer. Im Oktober 1978 wurde ihre Tochter Constanze geboren.

Ich glaube, daß mein Fall nicht einer von vielen ist, aber doch wohl typisch für die DDR. Ich gehörte nicht zu denen, die auf der Flucht oder bei einer Fluchtvorbereitung ertappt wurden. Meine Verhaftung kam für mich buchstäblich aus heiterem Himmel. Damals befand ich mich während der letzten Semesterferienwochen in Ostberlin. Mein ehemaliger Verlobter hatte sich für 10 Jahre zur NVA verpflichtet und war in Berlin-Straußberg bei der Luftverteidigung stationiert. Wir wollten meine Semesterferien nutzen, um jeden Tag gemeinsam zu verbringen. Ich wohnte in der Wohnung eines Freundes von ihm, denn es war ja nicht leicht, in Berlin eine Unterkunft zu finden. Die Wohnung war ein Loch. Aber was hätte ich darum gegeben, auch so ein Loch in Berlin zu besitzen! Die Wohnung war im 2. oder 3. Hinterhof eines Hauskomplexes unterm Dach. Abschließen konnte man sie nur von draußen, d. h., wenn man sich in ihr befand, konnte jeder reingehen, wenn er wollte. Eines Morgens, es war der 8. August 1975, so gegen 7.30 Uhr, stand auf einmal ein Mann in der Wohnung und klopfte an den Türrahmen meiner Kammer, die zur Wohnung gehörte und in der ich auf einer Luftmatratze schlief. Im ersten Moment dachte ich, er wollte zum Freund meines Verlobten. Aber dann nannte er meinen Namen und fragte, ob ich wohl mal mitkommen könnte, um auf dem Ministerium für Staatssicherheit einige Fragen zu beantworten. Das Wort Polizei, geschweige denn Staatssicherheit flößte mir immer einen Schrecken ein – und so sagte ich unheimlich höflich und entgegenkommend: »Natürlich! Selbstverständlich.« Es wäre mir auch gar nichts anderes übriggeblieben. Ich bat ihn nur, vor die Wohnungstür zu gehen, damit ich mich anziehen könne. Ich sprang in eine Hose und zog hastig ein T-Shirt über. Innerlich fragte ich mich blitzschnell, ob ich mir was zuschulden hatte kommen lassen. Und dann stand der Mann auch schon wieder in der Wohnung. Ich konnte mich nicht mehr waschen, ging nicht auf die Toilette, kämmte nur meine Haare kurz durch, und dann gings schon ab. Ich beeilte mich selber. Eigentlich trieb mich keiner. Nur das Wort »Staatssicherheit«, das nichts Gutes für mich ahnen ließ! So wollte ich Gelassenheit zeigen, um gleich von Anfang an nicht negativ aufzufallen. Ich wußte ja gar nicht, was los war. Im Hausflur standen noch zwei Männer und einer im Hof. Wir gingen durch die Hinterhöfe zur Köpenicker Straße, wo ein Auto stand – ein Moskwitsch. Irgendwie kam mir das alles komisch vor. Ich hatte mir aber noch in der Wohnung den Dienstausweis zeigen lassen. Ich sah zwar hin, nahm ihn jedoch nur im Unterbewußtsein zur Kenntnis. Im Auto schaute ich dann die ganze Zeit aus dem Wagen und überlegte, warum die mich wohl holten. Es gab tausend und keine Gründe. Jedenfalls konnten sie nur mit meinem Verlobten zusammenhängen. Wir waren seit drei Monaten verlobt, und kurz nach der Verlobung mußte ich sofort einen doppelten Formbogen ausfüllen, auf dem ich mitteilen mußte, ob ich Verwandte oder Bekannte im kapitalistischen Ausland hätte, mußte deren Namen und Adressen angeben, wie ich im Verhältnis zu ihnen stand: also ob Tante, Großvater usw. und welchen Kontakt wir hätten – brieflichen, Besuche . . . Dieses Formular füllte ich damals aus, da ich meinem Verlobten keine Schwierigkeiten machen wollte. Aber ich sagte ihm auch ganz klar, wenn die mich mal holen, dann werde ich denen klipp und klar sagen, daß ich keinen einzigen Kontakt abbrechen werde. Das hätte ich nie gemacht! An diesen Zusammenhang dachte ich natürlich zuerst, und zweitens dachte ich daran, daß man meinen Verlobten in die Partei werben wollte. Er wußte nicht, wie er sich aus dieser Affäre ziehen sollte. Und ich bot ihm damals an, daß er ruhig sagen könne, daß ich es nicht will und daß ich mich sonst entloben würde. Ich muß dazu sagen, daß ich etwas gegen Parteibonzen hatte, denn ich kannte nur welche, die in der Partei waren, um viele Vorteile für das eigene Leben herauszuholen. Ich wäre nie eingetreten und hätte das auch gesagt. Aber ich wollte ihm sozusagen seine Ablehnung »abnehmen«! Damals war ich ganz schön naiv, dachte tatsächlich, was ich auf mich nehme, kann anderen nicht schaden. Das war noch so ein bißchen Märchenwelt. Nach langer Fahrt standen wir vor einem Tor, das aufging. Wir fuhren rein, ich stieg aus, ging in ein Haus und wurde in ein großes, fast leeres Zimmer gebracht. Die

Herren, die mich abgeholt hatten, waren in Zivil gewesen. Nun liefen alle in Uniform herum. Diese Uniformen, die ja genauso wie Armeeuniformen aussehen, überzeugten mich nochmals, daß es um meinen Verlobten und mich gehen mußte. An der einen Seite des Raumes standen ein Tisch, zwei Stühle und gegenüber hing ein Honecker-Bild. Auf dem einen Stuhl mußte ich Platz nehmen, auf dem anderen saß ein Uniformierter. Er saß da und sagte nichts. Ich auch nicht. Schließlich mußte ich auf die Toilette, und ich dachte schon, der kommt da auch noch mit rein. Jedenfalls fand ich das alles sehr sonderbar. Aber wie gesagt, ich war so naiv und redete mir ein, das müsse wohl so sein. Hinterher wurde mir klar, warum man das so und nicht anders machte. Ich wartete in diesem Raum übrigens fast anderthalb Stunden. Der Uniformierte paßte auf mich auf. Es fiel kein Wort. Dann kamen zwei uniformierte Frauen, und der Mann ging raus. Ich mußte mich nackt ausziehen. Sämtliche Nähte meiner Kleidung wurden kontrolliert, mein Umhängebeutel wurde umgestülpt und jeder noch so kleine Papierschnipsel wurde schriftlich registriert. Danach durfte ich mich wieder anziehen und bekam alle meine Sachen wieder zurück. Nun wurde ich in ein anderes, kleineres Zimmer gebracht, in dem ein Nichtuniformierter hinter einem Schreibtisch stand. Ich durfte vor dem Schreibtisch auf einer Couch Platz nehmen. Ich dachte, nun würde sich das Rätsel gleich lösen, und der Mann stellte mir recht freundlich seine erste Frage: »Können Sie mir sagen, warum Sie hier sind?« Darauf war ich nicht gefaßt! Und so sagte ich nur: »Ich dachte, daß Sie mir das jetzt sagen würden.« Aber das tat er nicht. Er fragte mich etwa eine Stunde lang nach dem Grund meines Dortseins. Ich wußte es nicht und sagte zunächst auch nichts über meine Vermutungen. Man fragte mich nach den derzeitigen Aufenthaltsorten meiner Angehörigen. Mein Bruder, der drei Jahre jünger ist als ich, befand sich damals gerade auf einer Reise durch die ČSSR und Polen. Das sagte ich dem Vernehmer auch, und er fragte mich, ob mein Bruder nicht vielleicht »abgebogen« sei. Damit meinte er natürlich, ob er nicht vielleicht in den Westen abgehauen wäre. Das könne ich mir nicht vorstellen, sagte ich – obwohl ich es mir schon sehr gut vorstellen konnte. Mit meinem Bruder hatte ich mich nämlich immer über im Radio oder Fernsehen bekanntgewordene Fluchtversuche unterhalten. Und waren es geglückte, dann waren auch wir wie von einer Euphorie ergriffen, entwickelten die irrsinnigsten Ideen, wie wir es auch schaffen könnten, in den Westen zu gelangen. Aber im Detail hatten wir natürlich nie was ausgemacht, nie etwas konkret geplant, denn uns schien dieser Gedanke nur ein nie zu verwirklichender Traum. Wie sollte man schon ohne Gefahr über diese gefährliche Grenze gelangen? Für uns war es Utopie, nichts weiter. Als nun dieser Vernehmer auf meinen Bruder anspielte, kam im ersten Moment auch gleich so eine innere Aufregung in mir hoch: Hatte er es gewagt und vielleicht geschafft? Aber auch das war nicht der Fall. Er war ganz munter mit seinem Freund auf Urlaubsreise und nicht »abgebogen«. Nach etwa einer Stunde sagte mir der Vernehmer dann ganz offen: »Sie wollten doch die DDR illegal verlassen! Nennen Sie uns die Namen Ihrer Fluchthelfer!« Ich war so erstaunt, daß ich lachen mußte und sagte: »Das soll wohl ein Witz sein?!« Das Lachen würde mir schon vergehen, sagte der Vernehmer daraufhin, und dann ging das stundenlange Verhör über alles Mögliche los. Vor allem sollte ich immer »die Wahrheit« sagen! »Die Wahrheit«, die die hören wollten, hieß aber für mich Unwahrheit! Denn ich sollte eine Fluchtvorbereitung zugeben, die ich gar nicht getroffen hatte. Um die Auslegung der Wahrheit wurde dann auch in den nächsten Wochen stundenlang debattiert. Im Laufe dieses ersten Tages kamen dann noch weitere Vernehmer in Zivil herein, die alle auf mich einredeten, ich solle doch die Wahrheit sagen, denn davon würde abhängen, durch welche Tür ich rausgehen würde: ins Gefängnis oder vors Gefängnis. Je mehr ich aber die Wahrheit erzählte, desto mehr stempelten sie mich als stur und hartnäckig ab. Ich mußte von meinen letzten Tagen in Berlin berichten. Da kam ich natürlich auch an der Mauer vorbei, die war ganz in der Nähe der Köpenicker Straße. Ich hatte schon den Wunsch, sie zu sehen. Man fühlte sich von der Mauer angezogen und abgestoßen zugleich. Auf jeden Fall mehr angezogen. Es war immer so unwirklich und doch kalte Wirklichkeit. So nah und doch so fern schien einem die Freiheit. Ein paar Tage vor meiner Verhaftung ging ich mit meinem Verlobten an der Mauerabgrenzung spazieren und ließ mir von ihm auch alle Einrichtungen innerhalb der Mauer erklären. Da kamen wir an einer Kirche vorbei, und er erzählte mir, daß es einen Tunnel von dieser Kirche auf der Ostseite zu einer Kirche, die sich auf der Westseite – nicht weit von der Mauer entfernt – befindet, gegeben hatte. 1972 wären da fast 1000 Menschen nach Westberlin geflüchtet. Ich fand das toll und freute mich für diese Menschen und darüber, daß man den Tunnel nicht gleich entdeckt hatte. Damals kam ich gar nicht auf die Idee, daß der Tunnel von Ost nach West unter der Mauer durchgegraben worden war. In meiner Naivität dachte ich, daß der Tunnel seit dem Bau der Kirchen existierte. Die Kirchen sahen sich auch sehr ähnlich. In meinem Kopf überlegte ich nun: Vielleicht kann man doch noch durchkommen? Aufgraben mit einem Gummispaten! Alles absurde Ideen aufgrund dieser phantastischen Fluchtmöglichkeit, die ja gar nicht mehr existierte. Das erzählte ich auch meinem Verlobten und sagte ihm, daß ich sofort durchgehen würde, wenn es den Tunnel noch gäbe. Aber er war da anderer Meinung. Das konnte ich nicht verstehen, denn ich kannte keinen Menschen, der nicht durchgegangen wäre. Ich dachte immer, daß er sich auch wie ich entscheiden würde. Nun hatte er vielleicht Angst, daß man ihn an der Mauer mit Richtmikrophonen abhören könnte oder so – zumal er gerade wieder ohne Ausgangsschein in der Gegend herumspazierte. Ich nahm ihm deshalb seine laut geäußerte Meinung nicht ab. Warum nicht? fragte ich ihn. Er: »Meinst du, daß ich eine Arbeit im Westen bekomme? Wovon würden wir beide denn leben? Und außerdem würden mich doch die westlichen Geheimdienste ausfragen über meinen Armeebereich!« Ich versuchte nun, alle seine Bedenken zu zerstreuen. Es ging mir schon lange nicht mehr um diese Einzelheiten, sondern nur noch um sein Ja. Das Ja, mit mir mitzugehen. Ich würde auch alleine gehen, sagte ich ihm. Aber wenn du mich liebst, dann gehst du doch mit, oder? Nein, er wollte nicht mitgehen! Ich konnte es einfach nicht verstehen. Die Frage: Gehst du mit mir durch die Mauer? war für mich auf einmal zur Frage: Wenn du mich liebst, dann gehst du doch für mich durchs Feuer? geworden. Ich wollte es einfach wissen. Mir war ja klar, daß ich nicht durch diesen Tunnel gehen konnte. Er existierte ja gar nicht mehr! Und überhaupt schien mir eine Überwindung dieser Grenze unmöglich. Aber er wollte es auch für mich nicht wagen, und ich war irgendwo enttäuscht von ihm. Und als er mich noch fragte, ob ich das alles ernst meine, was ich da gesagt hätte, und daß mir wohl klar sein dürfte, daß er das eigentlich melden müßte, da merkte ich, daß er mich ganz falsch verstanden hatte. Das Gespräch brach dann irgendwie ab, und in den nächsten Tagen hatte ich es fast vergessen. Zwei Tage später, als ich nach einem Einkauf in die Köpenicker Straße einbog, kam ich wieder an der Kirche vorbei. Ich drehte mich nach dem Haupteingang um, sah keine Bekanntmachungen dran und wurde bestätigt, daß die Kirche absolut dichtgemacht worden war. Jedenfalls erzählte ich am Nachmittag meinem Verlobten, daß die Kirche dicht sei. Er wiederum dachte, ich sei mit Absicht an der Kirche vorbeigegangen und würde mich immer noch mit dem Thema Flucht beschäftigen. Nun bekam er Angst, daß ich vielleicht eine Fluchtmöglichkeit hätte und ohne ihn weggehen würde. Und nun beschloß er, mit mir mitzugehen. Davon sagte er mir aber nichts! Er wollte nicht ohne Geld im Westen anfangen und nahm deshalb frisch gedruckte, geheime Militärdokumente mit. Er war in der Druckerei tätig, da er von Beruf Drucker war. Die Hefte nahm er aber nicht mit aus der Kaserne, sondern brachte sie erst einmal in sein Zimmer und legte sie in seinen Spind. Aber auch davon erzählte er mir nichts. Was hätte ich ihm daraufhin gesagt? Mensch, bring das Zeug wieder zurück, ich habe keine

Fluchtmöglichkeit! Wahrscheinlich wäre dann alles wieder in Ordnung gewesen. Aber er sagte mir keinen Ton davon. Und so kam alles, wie es wohl kommen mußte. Er wurde verhaftet. Mich holte man am nächsten Morgen, da man bei uns Spionage und Fluchtversuch vermutete. Ich saß nun also im Vernehmungszimmer und sagte alles, was ich für richtig hielt und was man nicht gegen mich verwenden kann! Ich erzählte natürlich von den Kirchen, da ich mir sicher war, daß ich es mit dem Gespräch nicht ernst gemeint hatte. Die Kirchen waren dann aber doch ein gefundenes Fressen für die Stasi. Ich war einfach zu naiv damals – in jeder Hinsicht. Mittags sagte man mir, daß man meinen Verlobten verhaftet hätte, und ich bekam – nachdem ich mehrere Stunden geheult hatte – einen Heulkrampf. Man wollte mich etwas beruhigen und mir was geben, aber das lehnte ich ab. Ich dachte, daß die mir vielleicht ein Mittel geben, und ich unterschreibe dann vielleicht ihre mir unterstellten »Wahrheiten«. Abends – gegen 20 Uhr – stellte der Haftrichter einen Haftbefehl gegen mich aus, Protokolle wurden aufgenommen und unterschrieben – und dann durfte ich durch die Tür gehen, durch die ich den ganzen Tag gehofft hatte, nicht durchgehen zu müssen: in die U-Haft. Mir wurden alle Gegenstände abgenommen – bis auf meine Kleidung. Der 8. August 1975 war ein heißer Tag in jenem heißen Sommer. Man brachte mich in ein kleines Auto, in dem sich sechs kleine Zellen befanden. Diese Karnickelbuchten waren so klein, daß man Platzangst bekam. Durch die Hitze war es da drinnen so heiß, daß ich auch schon vor Angst zu schwitzen begann. Meine Haare klebten am Oberkörper, und ich hatte das Gefühl, daß die Luft knapper wird, und dachte, die wollen mir wohl langsam die Luft abschalten, damit ich dann gestehe, was sie mir unterschieben wollen. Ich begann langsamer zu atmen. Aber ich verbrauchte mehr Luft, da ich durch die steigende Angst hastiger atmete. Mein Puls war auf 180. Ich versuchte, an den Türritzen Luft zu bekommen – aber alles vergebens. So wurde ich etwa 15 oder 20 Minuten durch die Gegend gefahren und schließlich in die Stasi-

U-Haft Hohenschönhausen gebracht. Dort mußte ich mich wieder ausziehen, wurde nach Läusen abgesucht, mußte breitbeinig Kniebeugen machen, bekam Anstaltskleidung an (u. a. einen dicken Trainingsanzug) und landete total verschwitzt in einer Zelle, in der schon zwei Frauen waren. Es war 21 Uhr und hatte gerade zur Nachtruhe geläutet. Ich glaube, ich sagte den beiden, die wissen wollten, warum ich denn dort sei, immer nur, daß es ein Versehen sein müsse. Ich dachte es auch wirklich. Jedenfalls die ersten drei Wochen. Danach hätte mein Studium wieder angefangen, und bis dahin müssen sie dich ja wieder rauslassen, sagte ich mir. Als das aber nicht passierte, war mir klar, daß die Stasi sich was ausdenken würde, um meine Verhaftung zu rechtfertigen. Die ersten Tage konnte ich überhaupt nichts essen, und die Stasi wollte mir fast einen Hungerstreik unterstellen. In den ersten drei Monaten hatte ich jeden Tag rund 8 Stunden Vernehmung. Nur am Wochenende nicht. Man hatte natürlich bei uns zu Hause sofort eine Hausdurchsuchung gemacht – nicht nur in meinem Zimmer wurden Briefe, die ja in Mengen da waren, Tagebuch usw. mitgenommen, nein, auch aus dem Zimmer meiner Mutter wurden Briefe meines verstorbenen Vaters sowie Dias und Schmalfilme vorerst beschlagnahmt, später aber zurückgegeben. Aus dem Zimmer meines Bruders wurden Orden aus dem 1. Weltkrieg und ein Seitengewehr, das sammelte er damals, für immer beschlagnahmt. Die Papiere wurden dann wochenlang durchgekaut. Besonders meine Beziehungen zu allen Menschen, die ich kannte: Was denken die politisch usw. Ich sagte immer nur, daß man einen Menschen nie genau kennen würde. Man sollte die Betreffenden doch selber nach ihrer Meinung fragen. In einigen Briefen, die ich nun leider aufgehoben hatte, fanden sie allerdings so manche politische Äußerung, die ich aber auch abzuschwächen versuchte. Doch die machten sich schon ihren eigenen Reim darauf. Alle Vernehmungen liefen darauf hinaus, mir eine Fluchtabsicht zu unterstellen. Ich weiß noch genau einen Traum, den ich die erste Zeit träumte: Man fand in meinem Zimmer in Erfurt einen kleinen, viereckigen Tisch mit abgerundeten Ecken, den ich wirklich besaß. Man wollte nun unentwegt wissen, wohin die Glasplatte gekommen sei, die zu dem Tisch gehörte. Es gab aber in Wirklichkeit gar keine Glasplatte zu diesem Tisch, was ich ihnen auch sagte. Aber man fragte nervtötend immer wieder, ich solle nun endlich sagen, wo die Glasplatte sei. Ich weiß genau, wie ich im Traum ganz verzweifelt antwortete, es gibt keine Glasplatte, es gibt keine Glasplatte! Vielleicht gab es vorher mal eine, aber da müssen Sie meine Mutter fragen! Dieser Traum spiegelt eigentlich meine ganze Lage wider, in der ich mich innerlich und äußerlich befand. Meine Mutter erfuhr von meiner Verhaftung übrigens im Urlaub an der Ostsee. Man ließ sie per Lautsprecher am Strand ausrufen und sagte ihr, daß ihre älteste Tochter ein »Verbrechen« begangen hätte und daß sie nach Berlin fahren müßte, um einige Aussagen zu machen. In ihrem ersten Brief an mich in die U-Haft schrieb sie mir, daß ihr keiner einreden könne, daß ich ein Verbrechen begangen hätte. Ich solle jetzt nicht unüberlegt denken und reden, mich aber energisch und klug verteidigen! Diesen letzten Satz bekam ich jedoch nicht zu hören: Man las mir den Brief meiner Mutter ohne die gestrichene Textpassage vor. Meine Mutter hätte eigentlich erst nach meiner Haftentlassung genau erfahren, warum ich verhaftet wurde, wenn ich nicht durch einen Kassiber alles mitgeteilt hätte. Ich ließ ihr eine Nachricht überbringen, indem ich meine für die Stasi verfaßte Stellungnahme abgeschrieben hatte und auch den Alltag in der U-Haft beschrieb. Ich glaube, danach waren sie zu Hause schon etwas beruhigter. Dieser Kassiber war damals unheimlich aufregend für mich. Wie ich es gemacht habe, kann ich leider hier nicht berichten. Aber noch heute bin ich irgendwie froh und stolz, daß ich den Kassiber trotz Überwachung durch mehrere Staatsicherheitsbeamte übergeben konnte. Den ersten Brief meiner Mutter erhielt ich erst über drei Wochen nach meiner Verhaftung. Besuchen durfte mich schließlich meine Schwester am 24. Oktober 1978 – also nach zweieinhalb Monaten U-Haft. Meine Mutter erhielt für diesen ersten Sprecher keine Genehmigung. Darüber habe ich mich sehr aufgeregt, da man mir für diese Entscheidung natürlich keine Begründung gab. Man wurde zu diesen Sprechern immer in private Kleidung gesteckt, damit man nicht so verunstaltet aussah. Unmittelbar vor dem jeweiligen Sprecher wurden mir manchmal noch bis zu drei Briefe von zu Hause zum Lesen gegeben. Die Stasi hatte die Briefe immer gut gesammelt, nur mir nicht gleich gegeben. Und nach einem Sprecher mußte ich sofort diese Briefe beantworten, was ich eigentlich gerade mündlich getan hatte. Somit wußte ich nie so richtig, was ich schreiben sollte. Man durfte ja so gut wie gar nichts schreiben: Nichts vom Stand der Dinge, nichts aus dem Anstaltsleben, nichts von Zellenkameraden. Da blieb eigentlich gar nichts mehr übrig. Man hat natürlich immer wieder geschrieben, daß es einem gutginge, damit sich die Angehörigen keine zu großen Sorgen machten. Ja, und dann fand vor dem ersten Sprecher eine große Belehrung statt, was ich alles nicht dürfte: eigentlich durfte ich alles nicht. Ich kam dann rein in einen Raum, in dem zwei Vernehmer und meine Schwester schon waren. Ich hätte sie gerne umarmen mögen, durfte sie aber nicht einmal berühren. Ich stand also einen halben Meter von ihr entfernt und habe sie nicht umarmen dürfen, und da habe ich wie so ein armes verlassenes Würmchen bitterlich geweint, und sie dann auch. Für mich ist der Gedanke daran heute noch fürchterlich und grausam. Wir versuchten, uns so einigermaßen zu unterhalten. Es war mehr einseitig, da ich ja nichts erzählen konnte. Ich hörte von meiner Familie, daß es allen gut ging. Das Allgemeine. Mein Bruder hatte ausgerechnet eine Woche nach meiner Verhaftung einen wahnsinnigen Mopedunfall, der ihn fast das Leben gekostet hat. Das mußte meine Mutter anfangs also auch noch verkraften. Nach diesem ersten Sprecher durfte mich dann auch meine Mutter besuchen. Zu Weihnachten wollte sie mir einen Stollen mitbringen. Aber auch über den Staatsanwalt, an den sie sich wenden sollte, bekam sie dafür keine Genehmigung. Das war natürlich reine Schikane, denn andere Frauen, mit denen ich zusammen war, bekamen taschenweise Lebensmittel in die Zelle. Mir tat es hauptsächlich um meine Mutter leid, die sich wegen der Stollen die Beine abgerannt hatte. Einmal brachte sie mir zwei kleine Tüten mit Kokosflocken mit. Die wollte ich gerne mit auf meine Zelle nehmen. Aber auch das wurde mir verboten. Es war sowieso schon ein Wunder, daß meine Mutter sie mir überhaupt geben durfte. Ich mußte die Kokosflocken aus beiden Tüten sofort aufessen, sonst hätte meine Mutter sie wieder mitnehmen müssen. Kein anderer, mit denen ich dort zusammen war, hat das so extrem erlebt wie ich. Bei den Vernehmungen wurde anderen Kaffee angeboten, sogar gebratene Hähnchen. Ich schien ihnen wohl ziemlich hartnäckig zu sein. Das wurde nicht belohnt. Zu Weihnachten bekamen alle Gefangenen einen bunten Teller. Immerhin war da auch Obst und eine Schachtel »Club«, gute Zigaretten, darauf. Ich bekam keinen bunten Teller. Über Weihnachten lag ich mit drei anderen Frauen in einer Zelle, die mir dann auch etwas abgaben. Nicht, daß ich unbedingt einen haben wollte. Aber ich wurde von solchen Sachen ausgeschlossen. Nach 6 Wochen U-Haft wurde ich plötzlich in Privatsachen gesteckt und in die Ostberliner Magdalenenstraße gefahren. Die Zelle, in die ich dort kam, war dunkelgrün gestrichen und so klein, daß die beiden Pritschen nur ca. 10 bis 15 cm auseinanderstanden. Das Fenster war ganz weit oben und bestand aus zwei Glasbausteinreihen, die in der Mitte durch einen Luftschacht getrennt waren. So konnte man nie hinaussehen und auch nie gesehen werden. Als ich in diese dunkle Zelle kam, dachte ich, jetzt wollen sie dich fertigmachen, in die Mangel nehmen. Diese Zelle erinnerte mich an Filme über die Nazizeit. Ich weiß noch, wie ich mir selber einredete, jetzt erst recht durchzuhalten und tapfer zu sein. Nach einer Weile wurde ich aus der Zelle geholt und in einen Raum mit mindestens vier Vernehmern gebracht. In der Mitte vor einem Schreibtisch saß – mit dem Rücken zu mir – mein Verlobter. Ich mußte hinter ihm am anderen Ende des großen Raumes Platz nehmen. Erst in dem Moment erfuhr ich, daß das eine Gegenüberstellung werden sollte. An diesem Tag erfuhr ich aus seinem Bericht, wie es zu unserer Verhaftung gekommen war. Und nun wurde mir auch klar, daß man mich mitverurteilen würde. Ich wußte jetzt, sie würden versuchen, seine sog. »Spionage« auch mir irgendwie mit anzuhängen. Auf jeden Fall schoben sie mir die geistige Schuld zu. Nach der Gegenüberstellung war ich völlig fertig. Ich konnte nicht glauben, was mein Verlobter alles erzählt hatte. Später nahm ich die Rolle, die mir die Stasi in unserem Fall zuteilte, sogar irgendwie an. Ich glaubte, damit meinem Verlobten einige Jahre abnehmen zu können. Zu diesem Zeitpunkt befand ich mich gerade in Einzelhaft. Dort war ich, glaube ich, 6 oder 7 Wochen. Mir war das dann auch ganz recht, ich hatte meine Ruhe. Aber besprechen konnte ich mich natürlich auch mit keinem anderen als mit mir selber. Erst danach kam Ulla zu mir, eine Dolmetscherin. Die klärte mich erst einmal über einige Dinge auf: z. B. daß es da einen Rechtsanwalt Dr. Vogel gab, den man als Verteidiger haben muß, um in die Bundesrepublik zu kommen; daß es überhaupt diesen Freikauf gibt und ich sowieso keine andere Möglichkeit hätte, wenn ich nicht in der DDR kaputtgehen wolle. So wurde mir klar, daß ich gar nicht anders konnte als einen Ausreiseantrag zu stellen. Mein Vernehmer log mir zwar vor, daß ich wieder weiterstudieren könnte. Aber das schien mir nun wirklich mehr als unlogisch. Ich, die diese U-Haft erlebt hatte, diese Menschen mit ihren Schicksalen, ich hätte ja nicht darüber geschwiegen. Einmal sagte ich das auch meinem Vernehmer, daß ich bei einer Entlassung in die DDR nichts unterschreiben würde. Was ich inzwischen gehört und erlebt hätte, würde ich anderen Menschen berichten, die auch nichts davon wüßten – und wenn ich wieder dafür verhaftet werden würde. Ich war mir auf einmal im klaren, daß ich in die Bundesrepublik *müsse*! Und wenn ich ginge, dann würde mein Verlobter es auch schaffen. Aber ich konnte damals noch nicht wissen, daß er sich schon längst – unter welchen Umständen auch immer – für die DDR entschieden hatte. Ich konnte mich mit ihm ja während der ganzen U-Haft nie darüber unterhalten, denn wir waren »nur« verlobt – und »verlobt« zählte überhaupt nicht, wie mein Vernehmer mir einmal sagte. Nur wer verheiratet war, konnte seinen Partner sprechen. Wir bekamen also nie einen Sprecher zusammen, lediglich zu meinem Geburtstag durfte ich ihm einmal schreiben. In diesem Brief schrieb ich etwas von der Angst, die der größte und einzig wirkliche Feind des Menschen sei! Er antwortete mir daraufhin, daß er meine Worte verstanden und deshalb aus seinen Fehlern gelernt hätte. Er war aber in Wirklichkeit schon längst auf dem Weg der »Wiedergutmachung« gegenüber der DDR, was ich damals allerdings nicht glauben konnte und wohl auch nicht wollte. Ich versuchte deshalb krampfhaft, noch eine Extrastellungnahme schreiben zu dürfen, in der stehen sollte, daß ich auf legalem Wege in die Bundesrepublik übersiedeln wolle. Aber das wurde mir nicht mehr gestattet. Rechtsanwalt Dr. Vogel könnte ich auch nicht bekommen, sagte mir mein Vernehmer. Als man mir am Anfang sagte, ich müsse mir einen Rechtsanwalt nehmen, wollte ich erst gar nicht, denn ich fand es idiotisch, einen Anwalt zu nehmen, wo ich mich doch völlig unschuldig fühlte. Später war es mir egal, welcher Anwalt da antrabte, denn – und ich sagte das auch – jeder Rechtsanwalt würde nur im Sinne der Staasi »verteidigen«, weil er in diesem Staat doch nicht gegen den Staat verteidigen könne. Und während der U-Haft durfte man mit seinem Rechtsanwalt sowieso nicht über seine eigene Sache reden. Erst als alles erledigt war, konnte man über sein Delikt sprechen. Diesen Ablauf konnte ich schon gar nicht verstehen, obwohl er mir heute natürlich einleuchtet. So war es bei allen! Dr. Vogel hatte viele Klienten, die er in 5-Minuten-Gesprächen abfertigte. Es kam also darauf gar nicht an. Man unterhielt sich kurz. Der Häftling lauerte schon Wochen auf diese 5 Minuten, in denen man sich – grotesk – dann eben nicht über seinen Fall unterhalten durfte. Ich war ganz froh, daß mir eine ganz unbekannte Anwältin zugeteilt wurde – für mich waren sie ohnehin alle gleich in der DDR. Jeder konnte es genausogut oder genausoschlecht machen. Ich hatte dabei noch den Vorteil, daß diese Rechtsanwältin, die einmal kam, nicht so überlastet war und ich mich vor meinem Prozeß nicht nur bloß 5 Minuten, sondern ganze eineinhalb Stunden mit ihr unterhalten konnte und sie mir über alles Auskunft gab, was mich interessierte. Sie versprach mir sogar, sich für einen Sprecher mit meinem Verlobten einzusetzen. In den 7 Monaten, die ich in U-Haft saß, hatte ich mich der neuen Situation doch recht gut angepaßt. Ich hatte mich daran gewöhnt, daß am Tage alle 5 Minuten durch den Spion geguckt wurde, daß man in der Nacht das Licht dabei an- und ausmachte, daß ich bei der Morgen- und Abendwäsche sowie beim Austreten von männlichen Posten beobachtet wurde. Das alles war in den ersten Tagen noch fürchterlich. Später habe ich mich daran gewöhnt. Es gab auch eine Zeit, in der ich einen unheimlichen Appetit auf bestimmte Speisen hatte. Ich lief dann in der Zelle sieben Schritte hin und zurück – den ganzen Tag – mit beispielsweise Pellkartoffeln und Butter im Kopf. Mir lief das Wasser im Mund zusammen, und ich bekam einen Hunger, der Magen knurrte – aber bis zum Essen war es jedesmal noch eine Zeit hin. Um 7.00 Uhr gab's Frühstück: zwei belegte Brote, durch die man durchspucken konnte, so dünn waren die. Die nächste Mahlzeit gab's um 13.00 Uhr. Da man eine Uhr nicht bei sich haben durfte, wußte ich also nie genau, wann Mittag war. Und so dachte ich immer: Lieber Gott, es muß doch bald Mittag sein. Ich weiß noch, wie ich in der Zelle vor der Klappe hin und her rannte – wie ein Tier mit einem bestimmt irren Blick. So weit haben sie dich schon geschafft, hab' ich mir dann manchmal gesagt. Gegen 17.00 Uhr gab es Abendbrot, und um 21.00 Uhr durfte man sich hinlegen. Man freute sich aufs Bett, das zwar völlig aus Holz und hart war, aber es war ein Bett, auf dem man die drei Matratzen und sich hinlegen durfte. Am Tag war es nur gestattet, sich auf einen harten Hocker zu setzen. Man durfte weder seinen Kopf auf die Matratzen noch auf die Tischplatte legen. Davon konnte man wirklich nur träumen. Weil ich oftmals nicht mehr sitzen konnte, bin ich dann die möglichen sieben Schritte auf und ab gegangen – stundenlang, manchmal den ganzen Tag über. Ich merkte es auch nicht mehr. Man konnte dabei so gut über alles nachdenken. Später, als ich endlich Bücher lesen durfte, las ich alle zwei Tage einen Wälzer. Die schlugen mir die Zeit tot. Drei Bücher die Woche bekam ich, und die schaffte ich auch! Ich bin zwar ein langsamer Leser, aber ich schaffte es. Es gab interessante, gute Bücher und auch schlechte. Die erste Zeit merkte ich mir alle Titel. In Hoheneck habe ich sie dann alle vergessen. Aber ein Buch ist mir in besonderer Erinnerung geblieben – es ging um den Dekabristen-Aufstand in Rußland. Ich habe mit diesen Menschen mitgelitten und mir gesagt, du hast es ja noch gut dagegen. Die größte Zumutung für mich waren die beiden Bücher von Inge von Wangenheim: »Einer Mutter Sohn« und »Professor Hudebrach«. So was Verlogenes ist mir vorher nie unter die Augen gekommen. »Die Geschichte der deutschen Arbeiterbewegung« habe ich gar nicht erst genommen. Nach ein paar Monaten merkte ich, daß ich überhaupt nicht mehr registrierte, was ich eigentlich las. Ich mußte oft Seiten zurückblättern, um mich an das Gelesene erinnern zu können. Es kam eine Zeit, da hörte ich nicht einmal mehr die mörderische Morgenglocke. Da muß ich nervlich wohl ziemlich kaputt gewesen sein. Aber es gab auch viel Lustiges und Interessantes. Als ich mit der Dolmetscherin zusammen war, lernte ich von ihr französische Lieder, die ich zum Teil heute noch kann. Sie klärte mich auch darüber auf, was das Klopfen im Zellenhaus bedeutete, und so konnte ich mich bald sehr gut mit anderen unterhalten, erfuhr eine Unmenge Neuigkeiten, auch daß wieder Leute in den Westen freigekauft worden waren. Und davon zehrte man dann wochenlang. Ulla brachte übrigens einen winzigen Bleistift mit, den sie auch schon geerbt hatte. Damit zeichneten wir immer ein Kreuzworträtsel aus der Zeitung auf Kekspapier vor, und wenn dann die Zeitung reinkam, wurde es in einer Affengeschwindigkeit gelöst. Denn nach 10 Minuten mußte die Zeitung wieder rausgegeben werden. Wir verglichen das Rätsel am nächsten Tag, vernichteten es und machten ein neues. Die Zeitung – das »Neue Deutschland« – bekam man übrigens in dieser Zeit oft mit herausgeschnittenen Beiträgen. Als Weihnachten kam, fragte ich meinen Vernehmer, ob ich das Fest nicht mit mir allein verbringen könnte. Der Wunsch wurde mir prompt »erfüllt«: Ich kam in eine Zelle mit drei Frauen. Zuerst war ich fertig, aber später habe ich es nicht bereut. In dieser Zeit habe ich wirklich viel Lustiges erlebt. Wir haben uns selber Spiele gebastelt, was ja verboten war – u.a. ein »Mensch ärgere dich nicht«-Spiel. Auf ein Tempotaschentuch klebten wir mit Zahnpasta buntes, zurechtgeschnittenes Papier von Lebensmittelverpackungen. Die Würfel wurden aus Brot geknetet. Aber dieses Spiel hatten wir nicht lange. Ein paar Tage später wurde es weggefilzt, während wir in unserer Freistunden-Zelle waren. Übrigens wurden die Zellen während jeder Freistunde durchsucht. Die Stasi wußte, daß man in der Not erfinderisch wird und noch aus nichts etwas macht. Das aber gönnte man uns auch nicht. Eine Frau sagte immer: »Nicht ärgern, nur wundern!« Gewundert habe ich mich bald aber auch nicht mehr, denn das alles paßte zum Staatssicherheitsdienst, diese Methoden und Schikanen waren Prinzip. Nur einmal passierte etwas, damit hatte ich überhaupt nicht gerechnet. Während eines Gangs aus der Zelle zur Freistunden-Zelle begegnete mir das Gesicht eines Bewachers in Uniform, welches ich von meinem Erfurter Musikschulorchester her kannte. Dieser kleine Trompeter, dachte ich mir, ist also bei der Stasi gelandet! Daß ich dort jemanden sah, der auf der anderen Seite stand und mich bewachte, hat mich damals irgendwie geschockt. Ein Mensch aus meiner Heimatstadt, aus meinem Bekanntenkreis, stand auf der Seite meiner Gegner oder Feinde!

Im Februar 1976 hatte ich dann meinen Prozeß. Vier Wochen vorher wurde ich dem Staatsanwalt, Rheinländer hieß er, glaub' ich, vorgeführt. Er ließ mich auf einem Stuhl in einem großen Zimmer Platz nehmen und las mir alle seine Anklagepunkte gegen mich vor. Ich sollte nun alles bestätigen, was ich aber nicht tat. Er unterstellte mir zusätzlich einige Dinge, die einfach nicht der Wahrheit entsprachen. Darüber kamen wir immer mehr ins Streiten, bis er nur noch schrie. Danach sagte ich immer nur noch, weil mir ohnehin alles egal war, ja, ja, ja ... Es ist sowieso aussichtslos, wenn die Stasi sich was zurechtgebastelt hat, damit der Prozeß gerechtfertigt aussieht. Der Prozeß fand dann Mitte Februar statt. Als ich in den Saal des Militär-Obergerichts der DDR in Ostberlin kam, saß mein Verlobter schon auf einem Stuhl – und zwar vor unseren Verteidigern. Ich mußte schräg hinter ihm Platz nehmen, damit wir uns nicht berühren oder gar etwas zuflüstern konnten. Während des ganzen Prozesses wurde fast nur mein Verlobter befragt. Ich durfte hauptsächlich schweigen. Zu Beginn »durfte« mein Verlobter sogleich seine ganzen militärischen Auszeichnungen aufzählen, deren Bezeichnungen er aber nicht mehr genau wußte, und so faßte er sich immer wieder nur verlegen auf die linke Brustseite, um klarzumachen, daß das Ding da und da saß und so und so aussah. Ich hatte große Mühe, ein Lachen zu unterdrücken, weil es mich mehr als amüsierte, daß die Soldaten der DDR nicht einmal ihre Abzeichen und Nadeln mit Namen kannten. Als eine große Schweinerei empfand ich es, daß mein Verlobter genau sagen mußte, wann wir das letzte Mal sexuellen Kontakt miteinander gehabt hätten. Was hatte das mit unserem Prozeß zu tun? Mir kam der Richter nur noch wie ein geiles Schwein vor. Die verblödeten Schöffen, von denen einer ständig einschlief, weil er scheinbar noch halb im Suff war, wachten bei dieser Frage zur Abwechslung wieder einmal auf. Aber danach sackte der Kopf immer wieder auf die Brust, und ich wartete ständig auf ein Schnarchen. Der Militärstaatsanwalt hatte natürlich Uniform an. Im Saal saßen die Vernehmer und bei der Urteilsverkündung noch mehrere Abgesandte aus der Diensteinheit meines Verlobten: zur Abschreckung. Ich wurde während des Prozesses fast nur angeschrien: Was mir einfallen würde, die Auszeichnung eines Studiums in den Wind zu schreiben, das mir doch alle Werktätigen der DDR finanziert hätten. Der Richter geriet fast außer sich. Ich ließ ihn schreien, er war für mich nur eine Witzfigur! Während des Prozesses wurden die Anklagepunkte gegen mich geändert: »Anstiftung zur Spionage« ließ man fallen und machte »Anstiftung zur Fahnenflucht« daraus; und aus einem Fluchtversuch »in schwerem Fall« wurde nun ein »leichter Fall«, weil mein Verlobter ja dazu seine Zustimmung nicht gegeben hätte. Der Verteidiger meines Verlobten führte als »mildernden Umstand« für seinen Mandanten an, daß ich aus einer Künstlerfamilie mit entsprechendem Milieu stammen würde, dem er erlegen sei. Es war so lächerlich, aber ich dachte: Von mir aus auch das – Hauptsache, er bekommt dadurch ein geringeres Strafmaß. Nach dem Prozeß ging es wieder zurück in die U-Haft. Als ich in die Minna einstieg, ertönte im Radio der Schlager: »Heute haun wir auf die Pauke, ja, wir machen durch bis morgen früh!« Es war Faschingszeit! Am nächsten Tag fand die Urteilsverkündung statt. Mein Verlobter erhielt 6 und ich 2½ Jahre Freiheitsentzug. Hinzu kam die Aberkennung der staatsbürgerlichen Rechte für einige Zeit, und außerdem sollten wir nach der Strafverbüßung Ost-Berlin und einige andere grenznahe Gebiete nicht mehr betreten dürfen! Meine Rechtsanwältin, die mir ja versprochen hatte, sich für einen Sprecher mit meinem Verlobten einzusetzen, und auch die Genehmigung dafür erhalten hatte, fragte den Richter beim Verlassen des Saals noch einmal danach. Der Richter sagte, daß wir den Sprecher jetzt gleich abhalten könnten. Ich stand – als wir unser Urteil per Unterschrift zur Kenntnis nehmen mußten – neben meinem Verlobten, sagte und machte aber nichts, weil ich den Sprecher nicht aufs Spiel setzen wollte. Dabei hatte ich das aber schon längst getan – als ich nämlich nach der Verteidigung meiner Anwältin das letzte Wort ergreifen konnte und sagte, daß ich auf legalem Wege in die Bundesrepublik gehen wolle! Was ich also meiner Stellungnahme nicht hatte hinzufügen dürfen, sagte ich jetzt dem Gericht. Die Gesichtszüge meines Verlobten entgleisten vollständig. Und der Sprecher fand natürlich nicht statt! Ich wurde vor die Stasi gebracht und angeschrien, was mir einfallen würde, mit meinem Verlobten sprechen zu wollen. Ob ich ihn wieder überreden und das ganze Spiel von vorne betreiben wolle?! Als ich wieder in meiner Zelle war, heulte ich stundenlang über diese Vernehmerschweine. Einen Tag später ging ich auf Transport, der aber schnell endete: Ich landete in der allgemeinen U-Haft in der Ostberliner Keibel-Straße. Das war eine U-Haft, wie man sie aus alten Filmen kannte. Von unten nach oben konnte ich sieben Stockwerke zählen. Eine Woche lang war ich dort. Zuerst kam ich in eine Zelle, in der saßen alles ziemlich junge, asoziale Frauen. Diese Frauen, die wie Schlote alles rauchten, was irgendwie rauchbar war – Matratze, mit Zahnpasta eingeschmierte Papierfetzen usw. –, waren so primitiv, daß man es nicht lange aushalten konnte in der Zelle. Zum Glück war noch eine Politische dabei. Sie erreichte, daß wir am nächsten Tag in eine Zwei-Mann-Zelle verlegt wurden. Nun hatte ich zwar wieder meine private Kleidung an, die aber noch aus dem zurückliegenden Sommer stammte. Daher fror ich ganz irre, denn die Zelle war nur leicht beheizt, und ab 16 Uhr wurde es ganz kalt. Auch mußte man sich mit kaltem Wasser waschen. So kam ich aus dem Frieren überhaupt nicht mehr heraus. Außerdem fand die Freistunde auf dem Dach des hohen Gebäudes statt. Man ging im Gänsemarsch im Kreis, bis ein Zeichen zum Andersherumgehen kam. Oft war das Dach verschneit, so daß ich es vor Kälte nicht mehr aushalten konnte und die Freistunde verweigerte. Nach einer Woche kam ich dann endlich auf Transport nach Hoheneck. Frauen und Männer wurden in einem Reichsbahnwagen transportiert, der in kleine Zellen von ca. 1 m × 1 m aufgeteilt war. In jeder dieser Karnickelbuchten mußten vier Leute Platz finden. Ein Notsitz konnte noch zusätzlich heruntergeklappt werden. In diesem Waggon wurden wir zweieinhalb Tage durch die DDR transportiert. Es ging über Ost-Berlin-Rummelsburg, Cottbus und Görlitz, wo auch Haftanstalten waren und Häftlinge ausgeladen wurden, nach Karl-Marx-Stadt. In Görlitz mußten wir in der Nacht noch für vier Stunden in eine Haftanstalt, die gespenstisch wirkte, als wir vor weißen Wänden in einem Hof standen, die mit Scheinwerfern angestrahlt wurden. Die geräumige Zelle wurde dürftig von einer Glühbirne erleuchtet, das Fensterglas war kaputt. In der kalten Zugluft saß ich im Sommerrock, einer dünnen Bluse und einer leichten Jacke – und fror jämmerlich. Ich versuchte auf einem Stuhl etwas zu schlafen, was natürlich nicht gelang. Meine warmen Sachen, die ich von zu Hause hatte anfordern dürfen, trafen zu spät in Ost-Berlin ein, da ich ja schon nach einer Woche nach Hoheneck verlegt wurde. In Dresden stand der abgekoppelte Waggon für Stunden in der Sonne – es wurde stickig, die Beine schwollen einem an. Auf die Toilette kam man nur in ganz großen Abständen. Als wir nach etwas Trinkbarem verlangten, stellte man uns eine Kanne mit Tee vor die Tür, in der zwei Plastetassen schwammen. Wollte man trinken, mußte man sich eine Tasse aus dem Tee herausfischen und sich damit etwas aus der Kanne schöpfen. Endlich kamen wir nach zweieinhalb Tagen abends auf dem Bahnhof in Karl-Marx-Stadt an. Immer zwei Frauen wurden mit einem Paar Handschellen zusammengebunden. Dann mußten wir – von Wachpersonal mit scharfen Hunden begleitet – unterirdische Gänge passieren, bis wir zu einem Auto kamen, mit dem wir nach Hoheneck gefahren wurden. Am 12. März 1976 kam ich endlich dort an. Es war zwischen 18 und 19 Uhr; und hinter den vergitterten Fenstern saßen einige junge Frauen und sangen. Mir wurde bei dem Anblick unheimlich zumute: Ob das wohl lesbische Frauen waren, über die ich so grausige Gerüchte gehört hatte? Wir Neuzugänge kamen zuerst ins Krankenrevier (GW). Auf dem Weg dorthin gingen wir über eine Brücke, die das GW-Gebäude mit dem Zellen- und Arbeitstrakt verband. Die Brücke war an den Seiten und oben vernagelt. Der hölzerne Boden war glitschig, daß ich darauf ausrutschte. Zwei dunkelgekleidete Frauen gingen an uns vorbei, die eine dritte stützten. Man brachte sie ins Krankenrevier. Diese ersten Eindrücke flößten mir Angst ein. Hier bist du verloren, dachte ich! Im GW wurden wir nach Ungeziefer abgesucht. Eine unangenehme Prozedur, bei der ich mir wie ein Stück Vieh vorkam. Ob ich gesundheitliche Beschwerden hätte, danach fragte mich keiner. Eine Routineuntersuchung fand auch nicht statt. Dann kamen wir in die Effekten und erhielten Anstaltskleidung: dicke Unterwäsche, einen Hüftgürtel, der mir viel zu eng war, zwei Paar warme Strümpfe, zwei Paar Perlonkniestrümpfe, einen dicken Kleiderrock, den man gar nicht tragen konnte, weil er so steif war, einen Baumwollrock, gestreifte Hemdblusen, einen Westover, eine Jacke, Nachthemden und zwei Paar Schuhe. Zu allem bekam ich Stoffvierecke, auf denen die Zahl 3 mit wasserfester Farbe eingestempelt war. In jedes Kleidungsstück mußte so ein Stoffstück eingenäht werden. Schließlich gab es noch drei Decken, Handtücher, Eßbesteck, zwei Waschlappen, Seife, Zahnbürste und Kamm. Mit diesem Bündel kam ich auf die Zugangszelle. Dort empfing uns eine Inhaftierte, die schon im Nachthemd war. Danach kam die Oberleutnant Dietrich, gab uns ein Blatt Papier und einen Kugelschreiber. Ich sollte meinen Angehörigen mitteilen, wie hoch meine Strafe ist, daß ich mich in der Strafvollzugseinrichtung Hoheneck befände und daß sie meinen ersten Brief abwarten sollten. Außerdem schrieb ich gleich mit dazu, daß die Stasi mir meinen vom Richter bewilligten Sprecher mit meinem Verlobten verweigert hätte. Daraufhin durfte ich gleich alles noch einmal schreiben. Die Oberleutnant Dietrich meinte nur schroff dazu, daß dies wohl seinen Grund gehabt hätte. Außerdem mußte ich erneut eine schriftliche Stellungnahme zu meinem Urteil abgeben. Zum Schluß schrieb ich, daß ich auf legale Weise in die Bundesrepublik wolle und daß ich bei eventueller Entlassung in die DDR keinerlei Arbeit annehmen würde. Für diesen Staat wolle ich nicht arbeiten! Am nächsten Tag hatte ich mein Eingangsgespräch mit der Oberleutnant Dietrich, die mich auch fragte, ob ich draußen regelmäßig zur Kirche gegangen wäre. Da ich das verneinte, durfte ich nicht zum Anstaltsgottesdienst gehen. Eine andere Frau bekam sogar die Genehmigung, die Bibel zu lesen. Sie wurde zu diesem Zweck jedoch jedesmal in eine Extrazelle gesperrt. Ich habe mich später mehrere Male bemüht, den Gottesdienst besuchen zu dürfen, aber es war aussichtslos. Dann fragte mich die Oberleutnant, ob ich mit der Nähmaschine nähen könnte. Ich sagte einfach ja, denn ich wollte wenigstens etwas für mich Nützliches lernen. Und so kam ich in die Zentrale Werkstatt (ZW). Mein Bündel brachte ich in eine Zelle, in der ich nun meine Jahre absitzen sollte. W I 4 – das stand für: Westflügel, 1. Etage, Verwahrraum 4. In der Zelle standen dicht an dicht 3-Stock-Betten. Auch hier herrschten dunkle Farben vor. Plötzlich bewegten sich zwei alte Frauen mit weißen Haaren. Mein erster Gedanke war: Das sind Mörderinnen! Ich grüßte zaghaft. Sie zeigten mir ein noch leeres Bett, und ich stellte fest, daß wir mit mir nun 16 Frauen in der ca. 4 m × 8 m großen Zelle waren. Die Frauen schwiegen. Ich legte meine Schürze, mein Kopftuch und das Besteck bereit, denn ich sollte gleich zur Arbeit abgeholt werden. Ich war dann auch froh, als die Zellentür aufging und ich rausgehen konnte. Wie sollte ich das alles nur aushalten?! Ich sah immer nur diese unheimlichen Frauengestalten vor mir. Nachdem ich mehrere Gänge entlang- und Treppen hochgeführt worden war, stand ich in einem großen Saal direkt unter dem Dach. Dort saßen viele Frauen zusammen und stopften Socken. Eine rannte immer umher und kommandierte. Sie zeigte mit großen Gesten, wie man die Löcher stopfen sollte. Einen Tag später stellte sich heraus, daß sie nur eine arme Irre war, die den Paragraphen 54 hatte. Man sollte ihr möglichst aus dem Weg gehen, hieß es, denn sie könnte gefährlich werden. Weil die alten Arbeitsplätze in einen anderen Teil des Gefängnisses verlegt wurden, mußten wir einige Zeit hier oben Strümpfe stopfen. Dafür gab es zwar keine Norm, aber kontrolliert wurde doch: wieviel man schaffte, aber vor allem: wie man stopfte. Einer Politischen hatte man Sabotage vorgeworfen, weil sie angeblich die kleinen Löcher vor dem Stopfen mit einer Schere vergrößert hatte. Das war natürlich reine Schikane. Die Polizei drohte immer gerne mit neuen Verurteilungen – mit »Nachschlag«, wie das so schön hieß. Am ersten Tag kamen auch gleich zwei Frauen auf mich zu, die wissen wollten, warum ich in Hoheneck sei. Als sie hörten, daß ich eine Politische sei, sagten sie mir, daß sie auch aus politischen Gründen hier seien. Die anderen Frauen betrachteten mich mit Distanz. Die beiden Politischen waren ganz freundlich, und ich war froh, ihre Gesichter zu sehen. Als ich abends wieder in der Zelle war, kamen zwei andere auf mich zu und klärten mich über alle Frauen auf. Die beiden alten Frauen, die ich ganz zu Anfang in der Zelle gesehen und für Mörderinnen gehalten hatte, waren auch Politische. Ich konnte es gar nicht fassen. Solche alten Menschen sperrte dieser Staat auch noch ein! Sie waren über 60 Jahre alt und brauchten »nur« noch 4 Stunden täglich zu arbeiten. Eine von ihnen war mit der eigenen Schwiegertochter in der Zelle zusammen. Für mich war das alles unfaßbar. Die anderen Frauen waren auch alles Politische, fast alle wegen versuchter Republikflucht. Zur Zelle gehörte ein Waschraum mit 5 winzigen Waschbecken und 2 Toiletten, der aber kein Fenster besaß. Wenn wir zur Arbeit gingen, wurde die Tür offen gelassen, damit der Waschraum etwas austrocknen konnte. Aber er blieb im Prinzip immer ein stinkender, nasser Raum. In der ersten Zeit arbeiteten wir in zwei Schichten. Die Spätschicht ging bis in die Nacht hinein. Morgens gegen 5.30 Uhr war täglich Zählappell. Wenn man Frühschicht hatte, fand er beim Raustreten aus der Zelle zur Arbeit statt. Hatte man jedoch Spätschicht, steckte man noch mitten im Schlaf. Das Polizeipersonal schloß die Zelle auf, alle mußten aus den Betten und sich in zwei Reihen aufstellen und Meldung abgeben. Die Zahl wurde aufgeschrieben, dann durfte man weiterschlafen. Es war natürlich keine Seltenheit, daß die Polizei sich verzählte. Also mußten sie alle Zuchthausinsassen noch einmal durchzählen. Dazu mußte man sich jedes Mal von neuem aufstellen und zählen lassen. In einer Nacht wurde bis 2 Uhr morgens gezählt. Ich war so fertig, daß ich bei der letzten, es war die vierte, Zählung gar nicht mehr das Aufschließen und das Gebrüll: »Raustreten zur Zählung!« hörte. Ich blieb in meinem Bett im 3. Stock liegen und schlief. Da kam die Wachtmeisterin Zart, unsere Kommandoaufsicht hatte gerade Nachtdienst, rein und brüllte mich aus dem

Schlaf. Ich stürzte völlig benebelt aus dem 3. Stock meines Bettes. Als ich unten landete, durfte ich wieder zurück. Später, als es nur noch eine Schicht gab, wurden wir um 4.30 Uhr geweckt. Um 5.30 Uhr gings zum Frühstück. Um 6.00 Uhr begann die Arbeit. Da wir keine Uhren hatten, wußten wir nie, wie spät es wirklich war, wenn man uns weckte. Und es passierter öfter, das man auch mal zwei Stunden früher – also gegen 2.30 Uhr – geweckt wurde. Das Bett wurde am Kopfende in Kastenform gebaut, und die restliche Bettfläche mußte glattgezogen werden. Unter dem Kopfende wurden sämtliche Kleidungsstücke und persönliche Dinge (Schreibzeug, Anstaltsgeld, Seife und Haarwaschmittel, die Fotos) deponiert. Einen Schrank hatten wir nicht. Auf einem leeren Bett wurden lediglich die Wintermäntel in Paketform gestapelt. Eines Tages konnte ich mir ein Brett organisieren. Das hängte ich mit zwei Stricken über mein Kopfende. Dort fanden nun meine Sachen besser Platz und behinderten mich nicht mehr beim Schlafen. Leider behielt ich das Brett nicht lange. Eines Tages, als wir alle zur Arbeit waren – es war auch noch der 1. April –, fand eine Razzia statt. Nur die beiden alten Frauen waren noch in der Zelle. Als wir an diesem Tag bei einem Lumpentransport an unserem Fenster vorbeikamen, erzählten sie uns, daß eine Razzia stattgefunden hatte. Na, wir alle vergnügt, dachten: Heute ist der 1. April! Die wollen uns auf den Arm nehmen. Als wir am Nachmittag in unsere Zelle kamen, traf uns fast der Schlag: alle Sachen lagen durcheinandergewürfelt auf der Erde. Was nicht erlaubt war, hatte man mitgenommen. Und auch mein Brett sowie Briefe von zu Hause, da man nur einen einzigen bei sich haben durfte. Bei einem neuen Brief mußte der alte immer abgegeben werden – aber manchmal wurde das vergessen. In anderen Zellen sah es noch schlimmer aus. Vor einer Zelle mußte jeder seine Wäsche vorzeigen. Alle geänderten Kleidungsstücke (gekürzte oder auf Taille umgearbeitete Röcke, abgeschnittene Schlüpferbeine, mit farbigen Stoffbändern verschönerte Wäsche) wurden weggenommen und auf einen Haufen geschmissen. Man konnte für solche

»Sabotageakte«, wie die Polizei sagte, Nachschlag bekommen. Für eingezogene Kleidung erhielt man neue, die man vom wenigen Einkaufsgeld auch noch selber bezahlen mußte. Aber gerade die Kriminellen und die Lebenslänglichen gingen danach mit einer Emsigkeit wieder ans Werk und verschönten die neue Kleidung oder machten sie wenigstens passend. Es war ein ewiger Kreislauf, weil die Polizei den Häftlingen keine Freude gönnte. Wir Politischen interessierten uns dagegen kaum für das Äußere. Später erhielten wir nach langem Hin und Her endlich einen Kleiderschrank (1 m × 1,80 m) für 16 Personen.

Zu meiner Zeit war es so, daß man nach dem Verlassen der Zelle nicht mehr mit seinen Nachbarn reden durfte. Erst wenn man nach der Arbeit wieder in seine Zelle eingeschlossen worden war, durfte man miteinander reden. Darauf wurde strengstens geachtet. Gleich am zweiten Tag bekam ich meine erste Abreibung weg. Es hatte sich herumgesprochen, daß ich in Weimar an der Hochschule für Musik studiert hatte. In unserem Kommando war aber noch eine Geigerin und sie hatte auch in Weimar studiert. Nun nahm sie mit mir Kontakt auf. Das wurde von unserer Bandleiterin, der Mörderin Tausche, die schon im 16. Jahr in Hoheneck saß, sofort bemerkt. Von ihr wurde ich gleich zusammengestaucht. Zu meiner Zeit mußte man zum Essen auch in einen Speiseraum (vorher gab es das Essen auf der Zelle). Es gab zwei Speiseräume. Ihr Boden war gekachelt. Sie sahen fürchterlich kalt aus. In dem Raum, in dem wir aßen, standen etwa 10 Tische, an deren Längsseiten je eine Bank stand. An jedem Tisch fanden 8 Frauen Platz. Die Portionen waren aufs Gramm genau abgewogen. Wurst, Margarine, Harzer Käse waren die üblichen Speisen zum Frühstück und Abendbrot. Zum ersten Frühstück um 5.30 Uhr gab es aber nur Margarine und Sirup oder Marmelade. Auf den Sirup habe ich mich regelrecht gestürzt, weil ich so lange nichts Süßes bekommen hatte. Es dauerte Wochen, bis ich endlich genug davon hatte. Das zweite Frühstück gab es gegen 9.30 Uhr. Zum Brot bekam man Margarine, Wurst oder Harzer Käse. Die Wurst war der »Abschaum vom Abschaum«, wie wir immer sagten – ein undefinierbares, fettiges Gemisch. Der Harzer Käse, anderen Käse gab es nie, war meistens von einer rötlichen Schmiere überzogen. Abends gab es das gleiche noch einmal – manchmal eine Zulage aus einem Klecks Quark, rohem Weißkohl oder einer Zwiebel. Wir waren froh, wenn wir überhaupt ein paar Vitamine erhielten. An Feiertagen gab es manchmal auch zwei Brötchen für jeden. In meiner Hohenecker Zeit erlebte ich das drei Mal. Meistens nahm man sich die Brötchen mit auf die Zelle, um sie dort gemütlich essen zu können. Aber das wußten die Wachteln, und deshalb erfolgte an solchen Tagen vor den Zellentüren oft eine Razzia, denn Essen durfte man nicht mit auf die Zelle nehmen. Gefundene Brötchen war man dann los! Das Mittagessen fand von 12.00 bis 12.30 Uhr statt. Ich kann mich nur an die besonderen Speisen erinnern: Eierkuchen waren ein Festessen und Milchreis auch! Bei Milchreis glaubte man fest daran, daß man endlich einmal Milch bekam. Ich weiß noch, daß ich beim ersten Mal den heißen Reis regelrecht in mich reinschlang und mir sogar noch zweimal Nachschlag holte. Auf dem anschließenden Hofgang wurde mir ganz übel. Als ich wieder in der Zelle war, mußte ich mich übergeben. Der Reis dampfte noch in der Toilette. Man aß oft ganz unmäßig. Gab es »Vitamine«, dann versuchte man soviel wie möglich in sich reinzustopfen. Wer wußte schon, wann es das nächste Mal etwas Gutes gab. Man achtete nicht darauf, ob man sich den Magen dabei verdarb. Obst gab es ganz selten zu kaufen. Am Ende des Speiseraums befand sich ein Kiosk. Er war nur bis 12.00 Uhr geöffnet. Da wir aber erst um 12.00 Uhr von der Arbeit kamen, konnten wir eigentlich nie einkaufen. Die besten Sachen – ab und zu gab es Äpfel – waren ohnehin schon weg. Außerdem mußten wir unsere kostbare Mittagspause für das Einkaufen opfern. Etwa 60 Frauen stellten sich am Kiosk an. Essen mußte man auch noch in diesen 30 Minuten. Ehe das Essen kam, verging auch noch seine Zeit. Meistens schlang man es dann in 10 Minuten runter, und dann rief die Polizei schon wieder: »Anstellen zur Freistunde!« Ich habe das Mittagessen oft verflucht und mich nach einer ruhigen Mahlzeit gesehnt. Die Freistunde danach dauerte in der Regel weniger als eine halbe Stunde. Von ihr ging immer das Ablaufen aus dem Speiseraum und das Hochlaufen zum Arbeitsplatz ab. Die Freistunde war die schönste Zeit am Tag. Zellenweise ging man zu dritt nebeneinander und in Kolonne im Kreis. Geredet werden durfte nicht. Die Bandleiterin Tausche ging in der Mitte in entgegengesetzter Richtung und sah jedem auf den Mund. Wir tuschelten trotzdem oder kratzten uns am Mund, damit man nicht sah, daß man sprach. Die Tausche aber sah fast alles! Ich habe sie immer mehr hassen gelernt. Als ich im März nach Hoheneck kam, lag noch lange Schnee. Mit den dünnen Schuhen stapfte man durch den Schnee und rutschte ständig aus. Aber das nahm man gerne in Kauf, um Luft mit allen Poren einzuatmen. Luft und Licht! Es war einfach herrlich. Rings um den Hof ragten die Zuchthauswände mit den vergitterten oder verblendeten Fenstern. Im Erdgeschoß hatten die Zellen zum Innenhof hin Blechblenden vor den vergitterten Fenstern, damit man nicht sehen konnte, wer in der Zelle lebte. Die Frauen, die dort drin hausen mußten, waren besonders zu bedauern, da kaum Tageslicht in die Räume kam. Trotzdem wagten es einige, Kontakt aufzunehmen. Meistens riefen die Frauen aus den Zellen etwas in den Freihof. Auch die Polizei konnte nicht ausfindig machen, wer da gerade gerufen hatte. Aber vom Zellenhof wagte kaum einer zu antworten, denn die Polizei hätte jeden Ertappten sofort in den Arrest gesteckt. Und das wollte keiner riskieren. Trotzdem erfuhr man hier oder von Zelle zu Zelle die neuesten Dinge. Wege gab es viele. Und Neuigkeiten gingen wie ein Lauffeuer herum – trotz der verschlossenen Zellen, Flügel und Etagen. Zum Innenhof hin befanden sich auch zwei Fenster des Personalgebäudes, die zu den Räumen des Staatssicherheitsdienstes gehörten. Einmal im Monat waren diese Fenster mehrere Tage lang geöffnet. Dann wußte jeder, die Stasi arbeitet, es geht bald wieder ein Transport. Ich freute mich auch, wenn ein Transport ging. Traurig war es nur, wenn Frauen immer noch nicht dabei waren, die schon längst die Hälfte ihrer Strafe abgesessen hatten. Manche hatten ihre Strafe fast ganz rum und wurden zum Schluß auch noch in die DDR entlassen. Das war das Bitterste, was man sich vorstellen konnte. Andere Frauen jedoch kamen trotz hoher Strafe schon nach wenigen Monaten auf Transport. So konnte man sich nie ausrechnen, wer das nächste Mal dabeisein würde. Das war der einzige Punkt, an dem die Staasi nicht zu durchschauen war. Darin waren sie meisterhaft. Die erste Zeit machte ich mir keine Hoffnungen, daß ich dabeisein könnte. Ich sagte mir, vor der Hälfte machst du dich auch nicht verrückt. Es gab Frauen, die fast jedes Wochenende Abschied gefeiert haben. Waren sie dann aber doch nicht dabei, stürzte jedesmal eine Welt für sie zusammen.

Arbeiten mußten wir achteinhalb Stunden. Als wir in der neuen Halle unterm Dach beschäftigt waren, gab es nur noch die Tagschicht, in der Politische, Kriminelle, »Arbeitsscheue« und Lebenslängliche arbeiteten. Außerdem war das auch gleichzeitig das »Krankenkommando«, in dem alle kranken Häftlinge beschäftigt wurden. Der größte Teil von ihnen waren Zuckerkranke, die zum Teil gespritzt werden mußten. In der Regel waren sie harmlos. Manche von ihnen waren aber auch mit anderen Krankheiten beladen: Epileptiker gab es, Spastiker oder ganz einfach Geisteskranke. Eigentlich gehörten sie alle in Krankenhäuser. Aber sie waren in Hoheneck und in unserem Kommando, und man konnte mit ihnen jeden Tag etwas anderes erleben: Entweder brach einer zusammen, und es dauerte ewig, bis das Personal sich entschließen konnte, den Häftling ins GW bringen zu lassen; oder es bekam eine von den Kranken einen epileptischen Anfall und fiel mit dem Gesicht beim Essen in die heiße Suppe (wie ich es gleich zu Anfang erlebte!). Andere wollten aber auch bloß nicht arbeiten. Meistens hatte man sie schon zur Arbeitserziehung verurteilt. Sie verschluckten nun Nahttrenner, schoben sich große Nadeln in die Arme oder schnitten sich mit der Schere die Pulsadern auf. Man selber wurde dabei fast irre, denn die eigenen Nerven wurden im Laufe der Zeit immer schwächer. Dazu kamen Arbeitsunfälle an den Zuschneidemaschinen, mit denen sich manche Frauen Finger oder Fingerglieder abschnitten, weil der Arbeitsschutz gleich Null war. Oft lag es auch am Licht. Ständig dieses kalte Neonlicht und die dunkelblauen Farben der Stoffe, die die Augen schmerzen ließen. Man mußte regelrecht auf den Stoff starren, damit man überhaupt eine Naht erkennen konnte. Die erste Zeit hatten wir nicht einmal Lampen an den Nähmaschinen. Einige von uns mußten nachher Brillen tragen, weil sich die Sehkraft ihrer Augen in der Haft rapide verschlechtert hatte. Hinzu kam noch, daß die Arbeitsnorm irrsinnig hoch war, man sie jedoch annähernd schaffen wollte, weil davon eine Menge abhing. Im ersten Monat wurde ich angelernt. Ich brauchte nicht nach Norm zu arbeiten und erhielt einen Lohn in Höhe des Banddurchschnitts: Das waren damals für einen ganzen Monat 8,50 Mark. Im zweiten Monat wurde ich auf Norm gesetzt und schaffte – nachdem ich wie eine Irre gearbeitet hatte – einen Monatsdurchschnitt von 32%. Das bedeutete für mich, daß ich einen Lohn von 3,50 Mark hatte. Ich überlegte mir, was ich mir davon kaufen könnte. Milchpulver war unerschwinglich für mich. Und so kaufte ich eine große Tüte Bruchzwieback für 2,— Mark. Für eine weitere Tüte reichte es nicht mehr, und ich kaufte mir noch kleine Zwiebackpäckchen, das Stück für 0,20 Mark. Ich weiß noch, wie ich mit der großen Tüte in meiner Zelle saß und ihren Inhalt in Gedanken für den ganzen Monat einteilte, wie ich bei dem Gedanken aber fast wahnsinnig wurde, wie ich deshalb langsam einen Zwieback nach dem anderen auf meiner Zunge zergehen ließ, wie ich dann immer mehr darauf schiß und den Zwieback nur so in mich reinstopfte – und wie ich dann vor der fast leeren Tüte saß und mir sagte, du Idiot, jetzt hast du nur noch einen kleinen Teil für den ganzen Monat! Und wie ich innerlich heulte vor Wut über mich, über den Knast und über den Staat. Der wenige Einkauf kam auch noch so zustande, weil man selbst bei 100%iger

Normerfüllung nur 21,– Mark Lohn pro Monat erhielt. Davon gingen jedoch noch 12,– Mark Lohn auf ein sog. »Rücklagekonto« ab, das dafür bestimmt war, daß man bei Haftentlassung Geld für die Heimreise zur Verfügung hatte. Für diejenigen, die in die Bundesrepublik entlassen werden wollten, war diese Rücklage völlig sinnlos. Außerdem hatten die meisten von zu Hause Geld bekommen, das bei den Effekten lag. Aber es mußte trotzdem für die Rücklage gespart werden, damit die Polizei mit dem Geld arbeiten konnte. So erhielt ich bei 100% nur einen Lohn von 9,– Mark im Monat. Von meinem anderen erarbeiteten Geld mußte ich – wie jeder – die Anstaltskleidung, das Essen und die Unterkunft bezahlen. Die meisten strengten sich deshalb auch gar nicht mehr an, obwohl die Politischen zu meiner Zeit noch am besten arbeiteten. Einige waren aber doch von ihrer Rücklage befreit und bekamen deshalb weit mehr ausbezahlt. Aber da herrschte keine große Solidarität, auch bei den Politischen nicht. Jeder saß auf seinem Geld! Das konnte ich nicht verstehen. Im letzten Monat vor meinem Transport schaffte auch ich es, eine Rücklagenbefreiung zu erhalten. Diesen letzten Lohn konnte ich jedoch nicht mehr verschenken. Ich ging auf Transport und bekam ihn erst in der Stasi-Haft in Karl-Marx-Stadt ausgezahlt, wo ich ihn gar nicht mehr brauchte. Das war auch so eine Schikane. Einer sollte dem anderen keine Freude machen können! Zu Anfang gab es nach der Arbeit oft noch Versammlungen, die uns natürlich überhaupt nicht interessierten. Aber wir wurden gezwungen, daran teilzunehmen. Auf einer Versammlung wurde bekanntgegeben, wer seine Norm um 60% erfülle, der bekäme einen Doppelsprecher (also zwei Personen durften zum Sprecher kommen) oder eine 2. Schreibadresse oder einen Paketschein. Aber auch das zog bei uns kaum. Ich selber schrieb mich mit meiner Mutter. Ab und zu schrieben auch mal meine Schwestern und mein Bruder. Und ich dachte, die zählen ja wohl zur Familie! Aber nicht im Zuchthaus! Da waren das alles verschiedene Adressen. Und so gab es oft Schwierigkeiten, diese Briefe in die Zelle zu bekommen. Nun wollte ich unbedingt Kontakt zu meinem Verlobten aufnehmen, der zu diesem Zeitpunkt schon in der Stasi-U-Haft Neustrelitz als Kalfaktor einsaß und dem es dort entsprechend gutging! Ich schrieb ihm zwei Briefe, erhielt aber nur eine Antwort von ihm – mit vielen Vorwürfen, die darauf hinausliefen, daß er aus seinen Fehlern gelernt hätte, ich jedoch wohl immer noch nicht! Und dann wurde der Briefwechsel verboten. Ich hatte mich arbeitsmäßig also umsonst abgerackert! Später wurden für die Leistungssteigerung Wimpel genäht und mit der Aufschrift versehen: »1. Bandarbeiter«, »2. Bandarbeiter«, »3. Bandarbeiter«. Diese Wimpel mußten wir Politischen bestikken, weil die anderen das nicht konnten. So jedenfalls sagte man es uns. Nun sollten wir angespornt werden, um den besten Wimpel zu kämpfen. Aber wir haben darüber nur gelacht! Ich glaube, diese Wimpel sind nie zum Einsatz gekommen – jedenfalls zu meiner Zeit nicht. Die Arbeitsbedingungen waren unter aller Würde. Den ganzen Tag starrte man auf die dunklen Stoffe, um die dunklen Nähte sehen zu können. Nach einiger Zeit schmerzten die Augen. Und so ging es für manch einen jahrelang. Umdrehen durfte man sich an seinem Arbeitsplatz auch nicht. Wer sich umdrehte, wurde verdächtigt, sich mit seinem Hintermann zu unterhalten. Später kümmerte ich mich um solche Verbote nicht mehr. Ich schaffte meine Norm, und so leistete ich mir derartige »Vergehen« einfach, auch wenn ich immer wieder dafür angemacht wurde. Als ich noch nach Normerfüllung strebte, hatte ich sowieso kaum Zeit, zwischendurch nur einmal auf die Toilette zu gehen. Da gingen mir mindestens 5 Minuten verloren, die nicht mehr eingeholt werden konnten. Und so saß ich die ganze Zeit an der Maschine, auf einem harten Drehstuhl, mit krummem Rücken, und meine langen Beine paßten nur ohne Schuhe unter die Maschine. Ich war nach der Arbeit immer völlig am Ende. Ich las in Hoheneck kaum noch. Meistens legte man sich sofort ins Bett, was ja auch verboten war, und war weg. Und mit dem Schlafen verging die Zeit auch am schnellsten. Unsere Schichtleiterin war die »Fleißigste« von allen! Sie saß den ganzen Tag auf einem Stuhl, den Arm über die Lehne gelegt, und sah ständig durch die Halle. Alle paar Minuten gab sie große Sprüche von sich: »Quatscht nicht so viel! Bewegt euch! Arbeitet!« Sie selber rührte keinen Finger und kam später (sie saß wegen Unterschlagung) wegen »guter Führung« vorzeitig raus – lediglich ein knappes Drittel ihrer Strafe hatte sie verbüßt! Die Hauptrolle spielte aber jene Tausche, die wegen Mordes schon 16 Jahre saß. Sie war der größte Tyrann! In Hoheneck wurde sie nur »Giftzwerg« genannt. Und sie war auch einer. Ich habe auf Hoheneck keinen so sehr gehaßt wie sie. Sie machte einem auf der Arbeit das Leben zur Hölle. Hetzte, stichelte, trieb zur Arbeit an, ließ die fertigen Kleidungsstücke wegen eines kaum zu sehenden schiefen Stichs wieder zurückgehen, so daß man seine Prozente nicht schaffte und wieder weniger Lohn bekam. Sie war diejenige, die man am Morgen als erste vor der Tür sah und hörte: »Verwahrraum WI4 zur Arbeit raustreten!« Diesen Satz und ihren Ton konnte ich bald nicht mehr hören. Oft habe ich mir die Ohren zugehalten. Sie selber war ein Arbeitstier. Saß zwar an keiner Maschine, machte aber und tat und brachte jedem pausenlos Arbeit an den Platz. Sie stand sich natürlich sehr gut mit der Polizei, war deren verlängerter Arm. Selbstverständlich bekam sie Pakete, ein Privileg, das kaum einer genoß. Aber wenn man dachte, daß sie sich Lebensmittel schicken ließ, dann war man auf dem Holzweg. Marx-, Engels- und Lenin-Bände ließ sie sich schicken. Sie trug diese Bücher immer sichtbar in einem Netz mit sich herum. Es war grotesk, wie sie so versuchte, sich als gebessert darzustellen. Ab und zu durfte sie sogar Handarbeiten auf Zelle verrichten und strickte Sachen für ihr Enkelkind. Ich gönnte ihr, ehrlich gesagt, nichts von allem, weil sie zu vielen so hundsgemein war. Eines Tages bekamen wir einen Mechaniker in unser Kommando. Ein Zivilist aus Stollberg. Da unsere Maschinen, die überaltet und überlastet waren, sehr oft kaputtgingen, mußte endlich den ganzen Tag über ein Mechaniker dasein. Er war freundlich zu uns, was wir vom anderen Personal nicht kannten. Ein Mädchen wurde seine Gehilfin. Das Mädchen, Roswita war ihr Name, kam aus einem anderen Kommando und war ein Segen für mich und vielleicht auch für uns alle. Sie war so freundlich und lustig, sang ab und zu ein Lied und war immer hilfsbereit. Eines Tages fühlte sie sich nicht wohl und wollte in der Mittagspause ins GW gebracht werden. Das verweigerten ihr aber diese Schichtleiterin und die Tausche. Sie bestimmten einfach selbstherrlich, ob es notwendig sei oder nicht, daß sie untersucht werden müßte. Und sie verweigerten es ihr! Aber es ging ihr wirklich nicht gut, und sie bestand darauf, ins GW gebracht zu werden. Das zog sich mehrere Tage hin, bis sie eines Tages auf die Tausche und die Schichtleiterin einschrie. Aber die beiden reizten sie so sehr und immer mehr, bis Roswita auch noch auf den Staat schimpfte und völlig durchdrehte. Daraufhin sah man sie eine Zeitlang nicht mehr. Es wurde schon gemunkelt, sie hätte Nachschlag wegen »Staatsverleumdung« bekommen. Doch nach einigen Wochen tauchte sie wieder auf. Sie war die ganze Zeit im Krankenrevier gewesen. Aber sie hatte sich völlig verändert. Sie sprach vor sich hin, wirkte geistesabwesend oder lachte unmotiviert auf. An der Freistunde konnte sie gar nicht mehr teilnehmen. Man brachte ihr einen Stuhl in den Hof, auf dem sie dann saß. Später wurde sie in ein anderes Kommando verlegt, weil wir alle wußten, was mit ihr passiert war. Sie war irre geworden, und das hatte sie der Mörderin Tausche zu verdanken, die im Auftrag der Polizei den Chef spielen durfte. An dem Tag, an dem ich Roswita in diesem Zustand sah, hatte ich eine Wut im Bauch, und ich habe auch geheult. Dieser Staat hat so viele auf dem Gewissen! Eine andere, sie hieß mit Nachnamen Samek, haben sie auch fertiggemacht. Sie lag mit zwei anderen Frauen auf einer Zelle, von denen die eine sexuellen Kontakt mit ihr aufzunehmen versuchte. Da sie das aber ablehnte, erzählte die andere überall herum, daß die Samek sich an sie ranmachen wollte. Daraufhin entbrannte ein Streit, der von der Oberwachtmeisterin in ihrem Kabuff gehört wurde. Der »schwarze Hengst«, so nannten wir das über 1,80 m große, drahtige

Weib mit dunklem Pferdeschwanz, rief die Samek zu sich rein. Danach hörte man ihr Gebrüll durch zwei Türen und den ganzen Maschinenlärm hindurch. Nach ein paar Minuten kam die Samek wieder raus: ohne Brille und mit blutverschmiertem Gesicht. Die Oberwachtmeisterin hatte wieder einmal sofort zugeschlagen. Der »schwarze Hengst« hatte nicht umsonst diesen Namen. Sie war bei allen gefürchtet. Meistens war sie aber nicht da oder kam erst am Nachmittag und brachte private Arbeit mit. So wurden dann von den Häftlingen für die Polizei privat Autoschonbezüge und Gardinen genäht, Badeanzüge und andere Kleidungsstücke umgeändert. Diese Arbeit bekam man so knapp, meistens eine halbe Stunde vor Feierabend, damit ja kein anderer vom Personal von diesen Privataufträgen erfuhr. Für den ausführenden Häftling bedeutete das besondere Arbeit unter wahnsinnigem Zeitdruck. Dann lieferte man die Sachen mit zitternden Knien ab – in der Hoffnung, daß kein Fehler entdeckt wurde. Solche Arbeiten wurden immer vom sog. »Springer« ausgeführt. Das war ein Posten, bei dem man nicht nach Norm arbeiten mußte. Statt dessen brachte man den anderen Häftlingen die Arbeit an die Maschine, mußte neue Häftlinge anlernen und überall mit Hand anlegen, wo man gerade gebraucht wurde – und eben diese privaten Aufträge erledigen. Diesen Posten bekam meistens ein Häftling, der gute und schnelle Normarbeit geleistet hatte. Ich kenne beides. Nachdem der Springerposten frei wurde, weil die Betreffende auf Transport gegangen war, wurde plötzlich ich der Springer. Ich lernte nun neue Häftlinge an, durfte aber auch einmal lauter Turnbeutel mit Motiven, die ich mir ausdenken konnte, aus farbigem Kunstleder benähen, die für einen Patenkindergarten des Polizeipersonals bestimmt waren. Ein anderes Mal mußten Geburtstagsschürzen mit toller farbiger Spitze genäht werden. Wenn man die Arbeit allein nicht schaffte, dann konnte man sich einen anderen Häftling mit dazunehmen. Das versuchte ich so oft wie möglich, damit andere Frauen auch mal helle Farben sehen und etwas anderes machen konnten. Makaber war, daß meine Vorgängerin sogar einmal Umhängetaschen für das Hohenecker Polizeipersonal nähen mußte. Umhängetaschen, die zwei Fächer hatten: eins für den Notizblock, eins für den Schlagstock! Unser Kommando, die Zentrale Werkstatt, das Häftlingsbekleidung herstellte oder reparierte, war mit Polizeipersonal mehr als gut bedient. Die Krönung unseres Kommandos aber war die Obermeisterin. Vor der hatten alle Angst. Wenn sie durch den Saal fegte, erstarrte innerlich alles. Sie drohte schon im voraus mit Arrest und Nachschlag, und keiner zweifelte daran, daß sie es ernst damit meinte. Die schlimmste Arbeit waren die Lumpentransporte. Die Lumpen bestanden aus Resten von alten Polizeiuniformen. Alles, was nicht mehr zu Häftlingsbekleidung umgearbeitet werden konnte, wurde in alten Mänteln zusammengebündelt und in einem Raum bis unter die Decke gestapelt. Zuvor befanden sich die Lumpen in einem riesigen Saal, in dem auch die Toiletten waren. Wenn man in der Spätschicht dort hingehen mußte, dann wurde mir immer unheimlich zumute. Die Lumpensäcke – prall vollgestopfte Mäntel – sahen aus wie aufgedunsene Leiber, die wie in einem Vernichtungslager zu einem riesigen Berg aufgestapelt worden waren. Mindestens einmal im Monat wurde ein Lumpentransport gemacht. Das heißt, daß die Säcke in ein Kellerverlies gezerrt werden mußten. Das ganze Kommando, ca. 60 Häftlinge, schleppte 8 Stunden lang die schweren Lumpenstücke vom Dachboden über Steintreppen – vier Etagen – in die Kellergewölbe: lange Gänge, von denen zu beiden Seiten Gewölbe abgingen. In diese kam man nur durch Gitter. Wir zerrten die Säcke hinein, und dabei wurde so sehr Staub aufgewirbelt, daß ich meine Nachbarn kaum noch sehen konnte. Diese Transporte habe ich verflucht. Sie waren für mich eine zusätzliche Strafe, eine, die man nicht mehr steigern konnte. 8 Stunden lang schleppte man treppauf und treppab, atmete die staubige Luft ein. Ich hörte, daß man in diesen Gewölben ganze Zellenbesatzungen in den Arrest gesteckt hatte. Unsere Zellenälteste, die schon einmal als Jugendliche im Hohenecker Jugendstrafvollzug gewesen war, berichtete darüber. In diesen finsteren, kalten und feuchten Mauern konnte man sich den Tod holen, und dann waren diese Jugendlichen bis zu 21 Tagen da unten. Mittags mußten sie an langen Eßtischen stehen, die Hände auf dem Rücken. Das Essen stand schon auf dem Tisch, aber sie durften sich erst auf Kommando hinsetzen und essen. Manchmal kam das Kommando aber so lange nicht, bis das Essen kalt war. Einmal, erzählte sie, hätten sie einen halben Aufstand gemacht und der Polizei Pellkartoffeln an den Kopf geworfen und gegen die unmenschlichen Verhältnisse protestiert. Dafür seien sie dann alle in den Arrest gewandert. So etwas gab es nur im Jugendstrafvollzug. Dort waren die Häftlinge doppelt rechtlos, da sie auch noch minderjährig waren. Wir hatten schon genug, wenn wir nach der Arbeit gefilzt wurden. Das hieß, daß wir einzeln aus dem Arbeitsraum in einen schmalen Flur ablaufen und uns dort nackt ausziehen mußten. Dann wurden alle unsere Sachen kontrolliert: nach Essen und Kassibern. Als sehr erniedrigend empfand ich es auch, als eines Tages Polizeischüler durch das Zuchthaus liefen und uns wie die fürchterlichsten Verbrecher ansahen. Wie ein Stück Arbeitsvieh kam ich mir vor. In solchen erniedrigenden Momenten kam mir sofort der Vergleich KZ hoch. Obwohl es im KZ natürlich noch viel, viel Schlimmeres gab! Aber ich fühlte mich wie ein KZ-Häftling. Und manchmal wollte ich schreien oder an die Wand schlagen, um wieder ruhiger sein zu können. Aber ich konnte den anderen nicht auch noch ein Ausflippen meinerseits zumuten. Und so fraß ich alles in mich rein und heulte manchmal stundenlang unter meiner ekelhaften Knastdecke.

Aber wie ich mich nach einiger Zeit an das U-Haft-Leben gewöhnt hatte, so gewöhnte ich mich auch an das Leben in Hoheneck. So kam es auch öfter vor, daß ich von »zu Hause« sprach und damit meine Zelle meinte. In der Zelle fühlte ich mich relativ wohl nach dem Arbeitsstreß. Hier hatte ich meine vier Bettkanten im 3. Stock eines Dreistockbettes. Hier konnte ich in Ruhe lesen, Briefe nach Hause schreiben oder auch nur einfach meine Haftzeit verschlafen. Spiele hatten wir zwar auch auf der Zelle, aber mit denen mochte keiner spielen. Kartenspiele dagegen waren verboten. Hatte sich irgendwer dennoch eins gebastelt und es wurde bei ihm entdeckt, mußte er mit Arrest rechnen. Ich weiß noch, wie wir einmal sogar Wein angesetzt haben: aus Brot, Marmelade und Wasser. Wenn der entdeckt worden wäre, wäre die ganze Zelle in den Arrest gewandert. Am 7. Oktober, an dem viele mit einer Amnestie rechneten, wollten wir uns einfach mal besaufen! Die Amnestie kam nicht und der Wein war fast ungenießbar!

Im Sommer 1976 gingen die ersten auf Transport. Ich freute mich auf der einen Seite für sie, und doch war es schwer, weil viele gute Freundinnen dabei waren. Bis August konnte ich diese Transporte innerlich ganz gut verkraften, denn dann hatte ich 1 Jahr herum. Vor einem Jahr, so sagte ich mir, wirst du sowieso nicht auf Transport gehen. Und da mein Verlobter 6 Jahre erhalten hatte, rechnete ich damit, fast alles absitzen zu müssen. Ich war immer sehr aufgeregt und heulte vor Freude für die, die dabeisein konnten, heulte aber auch zugleich vor Wut über diesen Scheißstaat DDR, der einem solche makaberen »Freuden« bescherte. Die letzten zwei oder drei Monate holte ich mir immer Beruhigungstabletten. Wenn ein Transport war, bekam man sie fast diskussionslos. Ich wollte einfach nicht mehr an Händen und Füßen fliegen. Natürlich kamen auch immer wieder neue Frauen. Aber ich wollte immer mehr nur meine Ruhe haben, und mit denen, die von der alten Garde da waren, wurde die Freundschaft von Tag zu Tag enger. Steffi Recknagel war die einzige neue, zu der ich noch eine enge Freundschaft aufgebaut habe. Ich mochte sie vor allem deshalb gerne, weil sie mit viel Witz und Leidenschaft erzählen konnte. Einmal erzählte sie abends allen die Geschichte vom »Herrn der Ringe«. Sie machte das so gut und spannend, daß ich fast vergaß, wo ich eigentlich war. Sie war von Beruf Dramaturgin, und einmal gab sie mir ein Buch von Konstantin Paustowski: »Lehr- und Wanderjahre«, aus einem Zyklus, den ich mir hier dann vollständig gekauft habe. Sie las einige Sachen daraus vor, so daß ich sehr neugierig auf dieses Buch wurde. Beim nächsten Büchertausch holte ich es mir sogleich. Es ist bis heute mein liebstes Buch geblieben. Aus diesem Werk strömte damals für mich eine tiefe Leidenschaft für die Kunst, für die Freundschaft und für das Leben ganz allgemein, daß ich es fast wie ein Lebenselexier in mich einsog. Aber eines Tages war auch Steffi – sie hatte eine relativ kurze Strafe weg, auf Transport gegangen. Die letzte der alten Garde, die vor mir ging, war Giesela Lindner. Sie hatte drei Kinder in der DDR und war in Haft, weil sie Adressen von Menschen, die in den Westen wollten, an ihren Bruder, der in Westberlin lebte, weitergab. Sie war eine einfache Frau und von ihrem Wesen her ein richtiger Kumpel. Trotz ihrer vielen Sorgen hatte sie viel trockenen Humor. Als wir eines Tages von der Arbeit kamen, hing an der Innenseite der Zellentür ein großer Zettel, auf dem stand: »Zellenordnungsplan« und darunter die Namen der Frauen, die in unserer Zelle lebten. Jeden Tag sollte nun unser Ordnungsverhalten darauf festgehalten werden, sollte es z.B. bei schlechtem Bettenbau einen roten Kreis geben usw. Seit dem Sommer dieses Jahres hatten wir nämlich eine Langstraferin, Anneliese, in unserer Zelle. Sie saß wegen Mordes schon im 16. Jahr und wurde sofort unsere Zellenälteste, bekam den silbernen Streifen auf ihre Kostümjacke, riß sofort alle Posten an sich und versuchte, uns auch noch in der Zelle herumzukommandieren. Doch das ließen wir uns nicht mehr gefallen. So kam es öfter zum Streit mit ihr, weil sie u. a. ständig herumschlich und putzte. Unsere Zelle war aber auch ohne sie sauber gewesen, doch sie trieb es auf die Spitze! Am Wochenende bohnerte sie den Parkettboden x-mal, also sofort, wenn einer mal kurz über den Boden lief. Wir hatten, wenn es nach ihr ging, möglichst den ganzen Tag über im Bett zu bleiben, nur damit der Zellenboden ewig glänzte. Sie holte sich von der Erzieherin ständig Vollmachten für Befehle, die sie in der Zelle zu geben gedachte. So wurden am Anfang gleich alle Wäschepakete mit Winterwäsche aufgerissen, um sie dann genau im rechten

Winkel neu zu packen. Zuerst ließen wir sie machen und sagten uns immer wieder: Keinen Ärger! Das ist eine kranke Frau! Wir ertrugen alle Schikanen, auch den Umstand, daß sie uns bestahl, bis das Maß mit diesem Zellenordnungsplan endlich voll war! Ich weiß noch, wie wir ihn sofort abrissen und uns über ihre Frechheit aufregten. Irgendwelche sozialistischen Wettbewerbe standen uns schon von draußen her bis oben hin! Es gab ein Geschrei, das uns fast die letzten Nerven kostete. Ich saß bei Giesela auf dem Bett, und wir beide zitterten mit Händen und Füßen. Ich wurde erst ruhiger, als Giesela mir eine Tüte mit Tabak drehte und ich – nach einem Jahr – wieder rauchte! Zwei Tage später wurden wir alle auseinandergerissen und auf mehrere kleine Zellen verteilt. Ich kam in eine Viermannzelle, die so klein war, daß man sich wirklich kaum darin bewegen konnte. An der einen Seite stand ein Drei-Stock-Bett und gleich anschließend ein einzelnes Bett. Hinter dem Einzelbett stand die Toilette, und neben den Betten war noch Platz für einen Tisch mit Stühlen. Einen Schrank gab es nicht, und so mußten alle Sachen wieder einmal unter dem Kopfende verstaut werden. Gleich in der ersten Nacht – es war genau am 27. Oktober, an meinem Geburtstag – fing es fürchterlich zu glucksen an in unserer Toilette. Zuerst dachten wir, daß es in den Abflußrohren sei, aber als eine von uns aus dem Bett stieg, weil sie auf die Toilette mußte, sahen wir die Bescherung: Das Abflußrohr unter uns war verstopft und so suchte sich die Brühe den kürzesten Weg, der bei uns in der Zelle endete. Wir schalteten sofort die Außenlampe vor unserer Zelle an. Aber nachts ließ sich keine Sau vom Wachpersonal sehen. Es gab Häftlinge, die in der Nacht Gallenkoliken oder andere Anfälle bekamen und um Hilfe schrien, an die Zellentür hämmerten, aber das hörten die Scheißwachteln nie! Die Lampen draußen vor den Zellentüren waren der reinste Witz. In dieser Nacht kam natürlich auch kein Schwein, und eine von uns versuchte, die ersten Anschwemmungen mit Hilfe eines Lappens und eines Eimers halbwegs aufzuwischen. Aber nachher gaben wir auf, denn es kam immer mehr hoch. Der Eimer war zudem schon voll. Am frühen Morgen wurde dann endlich unser Lichtsignal gesehen, und wir durften die Zelle räumen. Für zwei Tage kamen wir in den Neuzugang. Das waren Zellen mit Blick nach draußen – in die Natur. In der Viermannzelle konnten wir nicht einmal auf den Innenhof sehen, denn vor dem Fenster waren Metallblenden. In dieser Zelle war es so dunkel, daß man auch tagsüber das Licht brennen lassen mußte. Aber Licht konnte man grundsätzlich nur von draußen anknipsen. Entweder man machte es an, wenn man einlief, oder man mußte, wurde es dunkel, so lange warten, bis mal eine Wachtel vorbeilief, unsere Außenlampe leuchten sah und Licht machte. Doch meistens kam eben keiner vorbei. Im Neuzugang dagegen sah ich nach langen Monaten endlich wieder einmal ausgiebig Natur: sanfte Hügel, auf denen einzelne Bäume standen. Ich konnte mich gar nicht satt sehen daran. Außerdem konnte man auch auf die Zuchthausmauer sehen, die mit Glasscherben bestückt und mit mehreren Stacheldrahtreihen bespannt war. Nach den zwei Tagen ging es jedoch wieder ab in die kleine, ewig dunkle Zelle. Hier lag man im untersten Bett genau neben der Toilette. Wo im normalen Leben ein Nachttisch stand, stand hier ein Toilettenbecken, und daneben hing das Waschbecken. Beim Waschen wurde das unterste Bett denn auch regelmäßig naß, so daß wir es immer mit Handtüchern abdecken mußten. Beim täglichen Zählappell – morgens und abends – mußten wir uns immer hintereinander aufstellen, weil anders kein Platz da war. Zum Zählappell hatte man sich immer in voller Montur zu präsentieren. Das hieß auch, sich die Kostümjacke anzuziehen! Da wir in dieser Zelle der Enge wegen immer hintereinander standen, zogen sich die Hintersten nur noch die Jacken über. Es war ein Bild für die Götter: Wir standen in Jacke, Schlüpfer und Strapsen! Etwas hatte die kleine Zelle allerdings schon für sich: Wir konnten von ihr aus in den Innenhof sehen und damit endlich auch mal die Freunde und Bekannten aus den anderen Kommandos. Sonst wurden wir ja strengstens isoliert voneinander. In den Speisesaal oder auf den Hof durfte man erst einlaufen, wenn das vorangegangene Kommando vollständig abgelaufen war. Es kam aber auch schon mal vor, daß es damit nicht ganz so klappte. Einmal z. B. gingen wir zur Freistunde, und ein Kommando, in dem eine Freundin von mir war, war noch nicht ganz abgelaufen. Sofort stürzten wir aufeinander zu und tauschten kurz Neuigkeiten aus. Marita war gerade zwei Tage zuvor, so erzählte sie mir, ins Büro des Staatssicherheitsdienstes im Zuchthauskomplex geholt worden. Dort hatte man ihr angeboten, sie bald in den Westen zu entlassen, wenn sie zur Mitarbeit bereit wäre. Was sie genau machen sollte, hatte man ihr noch nicht gesagt – aber Marita hatte grundsätzlich Angst und sagte ab. Sie war nun froh, mich auf dem Hof zu treffen und mit mir über diese Geschichte sprechen zu können. In ihrer Zelle hätte sie sich damit keinem anvertrauen können. Ich sagte ihr, daß ich an ihrer Stelle ablehnen würde, denn sie würde sonst ihres Lebens nicht mehr froh werden. Sie wolle ja auch gar nicht, sagte sie mir, aber sie hätte solche Angst, denn die Stasi wolle sie in den nächsten Tagen noch einmal holen. Auf jeden Fall ablehnen, riet ich ihr erneut und sagte noch, daß bestimmt bald etwas mit ihr geschehen würde: entweder Verlegung in ein anderes Gefängnis oder Transport in den Westen. Eine halbe Woche später ging wieder ein Transport. Marita war mit dabei! Ich kannte sie übrigens schon aus der U-Haft. Sie war Weihnachten '75 mit in der Viermannzelle gewesen. Später, als die beiden anderen Frauen verurteilt woden waren, lebte ich mit ihr bis nach meinem Prozeß in einer Zwei-Mann-Zelle. Sie war von Beruf Kinderkrankenschwester und hatte zuletzt in Erfurt gearbeitet. Wir verstanden uns gut, weil wir im selben Alter waren, aus derselben Stadt kamen und dadurch sogar gemeinsame Bekannte hatten. In Hoheneck hielten wir deshalb engen Kontakt miteinander. Sie kam auch an unsere Zellentür und steckte mir ein paar Zeilen durch den Türspalt, oder ich gab ihr einen Brief oder ein Foto meiner Schwester, die gerade Mutter geworden war. Oder ich traf sie kurz beim Kommandowechsel im Speisesaal. Dabei gab ich ihr immer Handcreme, die unser Kommando umsonst bekam. Diese Creme sollte vor den schmutzigen oder gefärbten Stoffen schützen. Die anderen Kommandos aber erhielten keine Creme. Wir aber jeden Monat eine Tube, die ich gar nicht aufbrauchen konnte. Marita arbeitete jedoch im schlimmsten Kommando von Hoheneck: »VEB Elmo«. Dort wurden Elektromotore verschiedener Größe produziert. Dabei mußte man den ganzen Tag in hoher Norm Kupferdraht wickeln. Bis man eine dicke Hornhaut an den Händen hatte, vergingen Wochen, und bis dahin schnitt man sich die Finger wund und blutig. Dieses Kommando hatte keine Creme »nötig«! Die Frauen durften sie sich vom wenigen Verdienst selber kaufen. Ich fand das immer ungerecht, zumal sich das Zeug in unserem Kommando stapelte. So lief ich oft Tage mit Creme herum, um sie Marita zustecken zu können.

Ich glaube, daß wir in Hoheneck mehr wußten als unsere Angehörigen in der DDR. In Hoheneck liefen alle Nachrichten zusammen, die sofort ausgewertet wurden. Zeitungen gab es ja auch. Das »Neue Deutschland« zum Beispiel. Ich las dieses Wurstblatt kaum, und gab es Nachrichten, die wir nicht wissen durften, dann wurden die sowieso herausgeschnitten. Einmal berichtete das »Neue Deutschland« über die vollen Gefängnisse in den USA. Es wurde eine genaue Häftlingszahl angegeben. Wir wußten, daß in der DDR zu unserer Zeit allein rund 5000 politische Häftlinge einsaßen, von den Kriminellen ganz zu schweigen. Nun stellten wir große Rechnungen an und stellten fest, daß es in der DDR – auf die Bevölkerungszahl umgerechnet – mehr Häftlinge gab als in den USA. Das war typisch für die Berichterstattung in DDR-Zeitungen. Nach dem Lesen oder Nichtlesen der Zeitungen wurden alle in kleine Stücke zerschnitten und dienten uns als Toilettenpapier. Die Tatsache, daß wir das »Neue Deutschland« als Toilettenpapier zu benutzen hatten, brachte bei uns nur den Kommentar hervor: »Die wissen schon, wozu man das Scheißblatt verwenden soll!« Es gab auch noch zwei andere Möglichkeiten, um sich mit befreundeten Häftlingen zu treffen. Einmal im Kinoraum, zum anderen im Behandlungswartezimmer. Kino gab es 1 x pro Monat. Dann kamen mehrere Kommandos im großen Kultursaal zusammen, aber jedes Kommando mußte in einem Block zusammenbleiben. Dennoch versuchte man sofort beim Einlaufen den Saal zu überblicken: Welche Kommandos waren da und wo sitzt ein bekanntes Gesicht? Wenn man Glück hatte, konnte man sich auf einen anderen Platz mogeln. Meistens war das jedoch unmöglich, denn die Wachteln, die überall postiert waren, paßten höllisch auf. Lesbische gab es ja viele in Hoheneck, und hier im Kinosaal fand dann immer das große Küssen und Fummeln statt. Zu sehen gab es oft sowjetische Filme, die zum Teil schon uralt waren. An zwei gute Filme kann ich mich noch erinnern: »Ikarus«, einen DDR-Film, und »Sonnenblumen«, ein sowjetisch-italienischer Film mit Sophia Loren. An einen anderen Film, ich glaube, es war auch ein italienischer, erinnere ich mich deshalb noch, weil in ihm herrliche Landschaftsaufnahmen gezeigt wurden: schneebedeckte Berge usw. Aber solche Filme stimmten mich melancholisch, oder ich heulte sogar, denn beim Anblick von Natur – vor allem, wenn man Weite sah – kam ein großes Verlangen in mir hoch, diese Weite durchlaufen zu können. Natur bedeutete unheimlich viel für mich und fehlte dementsprechend. Das ging vielen so. Jeden Grashalm, den ich während meiner Haftzeit sah, liebte ich! Und einmal – ich kam gerade von einer Kurzwellenbehandlung, wurde noch nicht gleich in die Zelle geschlossen und stand im großen Zellenhaus an einem Fenster –, da sah ich auf die schneebedeckten Hügel des Erzgebirges. Alles sah so friedlich aus. Und mitten auf einem dieser sanften Hänge stand ein einsamer Baum mit dürren, blattlosen Ästen. In diesem Moment sah ich mich in diesem Baum wieder, und ich weiß noch, wie mir die Tränen kamen und ich sie zu unterdrücken versuchte, damit keiner sah, was mit mir los war. Die andere Möglichkeit eines Treffens war im Wartezimmer der Krankenstation gegeben. Dabei mußte man aber nicht ins GW, sondern wurde in einem Raum im Zellenhaus behandelt. Ich war dort ca. 6 x zur Kurzwellenbehandlung, weil ich Rückenschmerzen hatte. Als ich das erste Mal dort hinkam, wurde mir ganz anders. In einem kleinen Vorraum, dem Warteraum, saß und stand man eng zusammen und wartete darauf, daß man an die Reihe kam oder abgeholt wurde. Hier sah ich zum ersten Mal lesbische Frauen in voller Aktion. Verurteilt habe ich sie nicht. Aber es war mir peinlich, ihnen zusehen zu müssen. Hatte man Beschwerden, z. B. Zahnschmerzen, Gallenschmerzen usw., mußte man das der sog. Erzieherin melden – schriftlich! Die meldete das dann dem GW weiter. Oft dauerte es Wochen, bis man endlich ins GW abgeholt wurde. Einmal war ich dort, weil ich ein Loch im Zahn hatte. Nachdem genügend Zahnschmerzfälle zusammen waren, wurde der Zahnarzt aus Hoheneck bestellt. Im Warteraum saßen alles Frauen, denen man z. T. schon einen oder sogar mehrere Zähne gezogen hatte. Eine nach der anderen kam nun mit einem Wattebausch vor dem Gesicht heraus. Der Zahnarzt zog grundsätzlich bei jedem Loch, auch wenn es noch so klein war. Meinen Zahn wollte er auch ziehen, aber da habe ich mein Einverständnis verweigert. Lange würde ich ja sowieso nicht mehr in Hoheneck bleiben müssen, und bis dahin müßte ich das kleine Loch eben noch ertragen, sagte ich mir. Und so kam ich unverrichteter Dinge wieder in meine Zelle. Ein anderes Mal kam ich zum Gallentest ins GW. Da ich früher einmal Hepatitis gehabt hatte und nicht viel Fett essen durfte, meldete ich mich, um Diätessen zu bekommen. Nach einer Nacht in einer GW-Krankenzelle, zusammen mit lauter Asozialen, war ich froh, daß ich wieder in meine Zelle konnte und auch noch Diätessen bekam. So bekam ich endlich auch mal Butter statt immer nur Margarine. Dafür hatte sich meine Aktion schon gelohnt!

Ein einziges Mal durften wir auch in den Außenhof, der an der Mauer endete. Es muß im Sommer gewesen sein, denn es schien Sonne. Wir mußten alle unsere Decken mitnehmen: Freistunde mit Deckenschütteln. Die Langstrafer erzählten, daß die Decken zum letzten Mal etwa vor 6 Jahren ausgeschüttelt worden seien. Was da alles herauskam, kann ich gar nicht beschreiben! Es schüttelt mich noch heute, daß wir in solchen Decken schlafen mußten. Dann durften wir sogar noch Gymnastik machen und schließlich ganz einfach nur Sonne trinken. Wir empfanden das unter diesen Umständen fast als paradiesisch. Sogar die Wachtel, die uns beaufsichtigte, schien sich angesichts unserer Freude ebenfalls etwas zu freuen, denn sie gab keinerlei Gegenbefehle. Tagelang haben wir noch davon gezehrt, denn ganz selten sah man Wachteln mit menschlichem Gesicht. Meistens waren die jungen Wachteln die schärfsten. Sie kommandierten in einem Ton, als seien wir die schlimmsten Verbrecher! Ich weiß noch genau, wie eines Vormittags, natürlich an einem Wochenende, die Zellentür aufging und eine kleine, junge Wachtel im Unterwachtmeisterrang hereintrat. Sie teilte uns mit, daß ein Vortrag stattfinden würde und wir uns alle fertig zu machen hätten. Ich hatte absolut keine Lust, denn das Thema des Vortrags lautete: »Der IX. Parteitag der SED«. Steffi, die Dramaturgin, hatte auch keine Lust. Als die Wachtel nun kam, um uns zu holen, wir zwei aber nicht raustraten, bekam sie einen Schreianfall. Es ginge gar nicht darum, ob wir wollten oder nicht, denn die Teilnahme an allen kulturellen Veranstaltungen sei nicht freiwillig, sondern Pflicht – und deshalb hätten wir jetzt rauszutreten! Nachdem wir uns aber immer noch weigerten, wurde sie fast irre und drohte mit Arrest und anderen Geschichten. Steffi wollte keinen Ärger weiter, und so entschlossen wir uns, doch zum Vortrag zu gehen. Hinterher hätten wir es fast bereut, denn es war für uns ein großer Spaß geworden. Da erzählte uns eine Frau doch von den Beschlüssen des IX. Parteitages der SED ungefähr in folgender Art und Weise: Wenn jede Frau jetzt ein Kindlein haben wolle, dann bekäme sie jetzt 1000,–Mark, und wenn das Kindlein 1 Jahr alt wäre, könne sie wieder in ihren Beruf einsteigen, weil der Staat der Mutter den Arbeitsplatz freigehalten hätte! So der Originalton. Wir aber fragten uns lachend, was wir denn eigentlich davon hätten. Und dann kam's: »Auch die Frau im Strafvollzug soll schön sein!« Daß man diesen Satz ernst meinte, merkten wir ein paar Tage später. Im Knastkiosk verschwanden u. a. das Milchpulver und der Tee. Dafür gab es jetzt knallrote Lippenstifte und Augenbrauenstifte. Das war der absolute Gipfel! In den nächsten Tagen sah man schon die ersten Frauen herumlaufen, die diese knalligen Farben auf ihrer blassen Haut trugen. Übrigens gab es ab und zu auch andere kulturelle Veranstaltungen. So erlebte ich einmal ein Plattenkonzert, in dem Schostakowitschs 13. Symphonie gegeben wurde. Die Platte wurde auf einem fürchterlich alten Monoapparat abgespielt, was absolut kein Genuß war. Dazu fand diese Veranstaltung im 2. oder 3. Stock auf dem Flur des Westflügels statt. Zwischendurch liefen ab und zu Kommandos vorbei. Und wurde die Musik zu laut, wurde der Plattenspieler leiser gedreht oder umgekehrt. Es war wirklich ein »absoluter Kunstgenuß«! Ein anderes Mal wurde uns angeboten, selbst einen Plattennachmittag vorzubereiten. Es gab den Zyklus »Mein Vaterland« von Smetana. Da ich »Die Moldau« daraus schon selbst einmal im Weimarer Hochschulorchester mitgespielt hatte, konnte ich mich an viele Worte des Dirigenten bei der Einstudierung dieses Werkes erinnern, und so hielt ich eine Einführung mit Tonbeispielen. Das ganze fand in der Knastbibliothek statt, so daß es allen etwas gegeben hat. Zur Knastkultur gehörten auch die Fernsehabende. Es bedurfte aber einer Auszeichnung, um daran teilnehmen zu können. Von unserer Zelle gingen meistens immer nur dieselben: eine Kriminelle, später dann die Mörderin. Wurde wirklich einmal eine Politische zugelassen, dann lehnte sie ab. Jedenfalls war das in unserer Zelle so, denn wir sagten uns: Entweder alle oder keiner! Die absolute Krönung war der Jahrestag der DDR am 7. Oktober. Da fand im Kultursaal ein richtiges Programm statt. Da tanzten und sangen die Krimis und Mörderinnen auf der Bühne zu Schlagermusik herum. Dann wurde uns erzählt: »Was hat sich nicht alles in unserer Republik seit ihrer Gründung verändert?! Früher trug man Igelitschuhe und heute die schönsten Schuhe aus dem VEB »Paul Schäfer« in Erfurt!« Und dann wurden wieder die neuesten Beschlüsse des IX. Parteitages der SED runtergebetet. Wir saßen ziemlich hinten im Saal und amüsierten uns königlich. Ganz zu Anfang meiner Hoheneckzeit gab es einmal nach der Arbeit einen Diavortrag. Wir weigerten uns alle, denn wir waren von der Arbeit so fertig, daß wir dazu keine Lust mehr hatten. Man brachte uns dennoch in den Diaraum, und als ich sah, daß der Vortrag »Meine Heimat« hieß, rannte ich sofort raus und die anderen mit. Mit dieser Heimat, über die man uns was erzählen wollte, hatten wir nichts mehr am Hut! Alle träumten statt dessen schon lange von einer neuen Heimat! Als wir nun vor dem Raum standen und uns weigerten, drohte man uns mit Arrest, Postverbot und was weiß ich noch alles. Aber keiner wollte den Diavortrag sehen. Und so standen wir über eine Stunde in einem kleinen, fensterlosen Raum, mußten uns einer Taschenrazzia unterziehen und verpaßten auch noch unser Abendbrot, das wir dann am späten Abend einnehmen mußten – nachdem alle übrigen Kommandos damit fertig waren. Solche Schikanen waren wirklich keine Seltenheit! Wenn die Erzieherin in der Zelle Post austeilen wollte und uns in den Betten vorfand, weil wir uns von der Arbeit ausruhen wollten, dann zog sie mit dem Stapel Briefe wieder raus. Und wir, die wir jeden Tag auf Post von unseren Angehörigen lauerten, konnten in den nächsten Tagen in die Luft gucken, denn nun wurde mindestens eine Woche lang keine Post mehr ausgeteilt, obwohl welche auf dem Schreibtisch der Erzieherin lag. Zweimal im Monat durfte man einen Brief erhalten, aber nur von einer Person. War man verheiratet und der Mann auch inhaftiert, dann hatte man automatisch zwei Adressen. Aus dem Gefängnis durfte man auch nur zwei Briefe pro Monat schreiben: eine DIN-A-4-Seite mit normalem Zeilenabstand. Mit den Besuchen sah es noch schlimmer aus: Einmal im Vierteljahr einen Sprecher, der jedoch nur 30 Minuten lang war. Die Person, die kommen durfte, hatte meistens eine lange, umständliche Reise anzutreten. Meine Mutter, die aus Erfurt kam, brauchte zwei Tage bis nach Hoheneck und mußte in Karl-Marx-Stadt übernachten. Dann ging's wieder zwei Tage lang zurück. Manche Frauen stammten aus dem Ostseeraum, und da dauerte die Anreise noch länger. Geschenke durften die Angehörigen im Werte von 15,– Mark mitbringen. Raucher ließen sich meistens Zigaretten mitbringen. Schokolade war auch teuer, Obst ebenfalls und selten dazu, und wenn man was von westlicher Verwandtschaft mitgebracht bekam, dann waren die 15,– Mark mit zwei, drei Dingen schnell abgedeckt. Ein Stück Westseife wurde, natürlich *nicht* 1:1 wie sonst, mit ca. 5,– Mark berechnet, eine Tafel Westschokolade mit 4,– Mark, Nivea-Creme war gleich ganz teuer. Die Creme wurde dann auch noch durchgematscht, alle Schachteln mit Pulver (Kakao oder Tee) wurden in Tüten umgeschüttet. Manche Dinge waren ganz und gar verboten. Ich glaube, selbstgebakkener Kuchen und Kaffee. Mein erster Sprecher war furchtbar. Ich war so aufgeregt, daß ich wahnsinnig an den Händen zitterte und mich einfach nicht beruhigen konnte. Wochen vorher hatte ich mir aufgeschrieben, was ich fragen wollte, hatte die Fragen auswendig gelernt, damit ich in der Aufregung nichts vergaß. Als ich dann zum Sprecher ging, habe ich mich in meine besten Klamotten geschmissen, mir Zöpfe geflochten und sogar die Schuhe geputzt. Meine Mutter sollte nicht gleich einen Schreck bekommen. Als ich in den Besucherraum trat, war das erste, was meine Mutter sagte: »Mensch, du hast ja noch deine langen Haare!« Sie hatte wirklich gedacht, daß man mir im Zuchthaus die Haare abschneiden würde. Diese Zeiten waren aber Gott sei Dank vorbei! Dann saß ich mit ihr und der Erzieherin an einem quadratischen Tisch. Wir durften uns selbstverständlich nicht berühren. Meine Mutter sah mich zittern und dachte, ich sei krank. Ich konnte ihr nur schwer beibringen, daß ich nur vor Freude so aufgeregt war. Meine Tränen hielt ich mit Mühe zurück. Aber als sie mir erzählte, um mich zu trösten, daß ich bei guter Führung vorzeitig in die DDR entlassen werden könne, heulte ich los, weil ich gerade davor so eine Angst hatte! Meine Mutter wußte gar nicht, was los war. Ich konnte ihr ja nicht erklären, daß man auch gleich von Hoheneck aus in die

Bundesrepublik freigekauft werden kann und daß jeden Monat Frauen so den Weg in die Freiheit gingen. Ich sagte ihr nur, daß sie mit meiner Verwandtschaft Kontakt aufnehmen solle, was sie mir später schriftlich bestätigte. Es war wirklich ein schlimmer Sprecher, denn meine Mutter ging unglücklicher von mir weg als ich von ihr. Später besuchte mich noch einmal meine Schwester. Mein Bruder konnte seinen Termin bei mir nicht mehr wahrnehmen, da ich zu diesem Zeitpunkt bereits auf Transport gegangen war. Meine Verwandtschaft in der Bundesrepublik hatte natürlich keine Ahnung, was sie für mich alles einleiten konnten. Erst als eine damalige Freundin aus Hoheneck in den Westen entlassen wurde und ihr Versprechen mir gegenüber einlöste, nämlich meine Verwandtschaft in Bayern zu besuchen, ging alles seinen Gang. Endlich wurde bei Rechtsanwalt Stange in Berlin bekannt, daß es eine Carola Gilek gab, die in Hoheneck saß und 2½ Jahre Strafe erhalten hatte. Nun kam ich auch auf die Freikaufliste. Als ich hörte, daß diese Freundin bei meiner Verwandtschaft gewesen war, war ich endlich erleichtert. Jetzt würde alles gut werden, das war mir klar! Daß es aber auch anders kommen konnte, haben mehrere Frauen zu meiner Zeit erleben müssen. Allein zwei wurden in die DDR entlassen, nachdem sie ihre volle Strafe abgebüßt hatten. Renate Filzer saß über 4 Jahre im Gefängnis. Später wurde sie wieder inhaftiert und kam dann endlich in die Bundesrepublik. Elke Lehmann erging es ganz furchtbar. Sie war schon in Karl-Marx-Stadt, der absolut letzten Station vor der Ausreise in die Bundesrepublik. Wer Hoheneck verläßt, dachten wir damals, der ist schon frei! Aber eines Tages kamen wieder Neuzugänge. Aus der großen Zelle in WI4 konnte ich genau auf das GW-Gebäude, das direkt gegenüber lag, sehen. Unter den Neuzugängen entdeckte ich Elke. Zuerst dachte ich, ich hätte mich getäuscht, und erzählte den anderen, daß ich jemanden gesehen hätte, der Elke ähnlich sehen würde. Aber keiner wollte das glauben. Am nächsten Tag jedoch wurde Elke wieder in unser Kommando gebracht. Man kann sich nicht vorstellen, was da los war! Die aus politischen Gründen inhaftierten Frauen heulten und dachten nur noch: Lieber Gott, laß es nicht wahr sein! Es darf einfach nicht wahr sein! Mir wurde nun klar, daß es auch so gehen konnte! Elke erzählte mir in der Folgezeit alle ihre furchtbaren Erlebnisse, und ich bekam eine riesige Wut auf die Schweine, die ihr das angetan hatten. In der nächsten Zeit wurden wir gute Freunde, auch wenn wir nicht in einer Zelle zusammen lebten. Eines Tages wurde ich mitten aus der Arbeit abgeholt. Ich rechnete damit, daß ich zum Arzt gebracht werden würde, denn vor einiger Zeit hatte ich mich ins GW gemeldet. Aber der Weg ging um das Gebäude herum und durch den Besuchereingang ins Stasibüro. Dort wurde ich einer Stasibeamtin vorgestellt, die etwa um Mitte 30 war und sehr freundlich aussah. Als ich saß – sie ließ mich in einem weichen Sessel Platz nehmen –, fragte sie mich ohne Umschweife, ob ich wüßte, wann der nächste Transport ginge? Nein, sagte ich. Obwohl ich mir schon dachte, daß bald wieder einer fällig sein könnte. Jedenfalls, so sagte sie dann weiter, könne sie mir schon sagen, wann ich auf Transport gehen würde, aber nur, wenn ich was über einige Strafgefangene aussagen würde. Daraufhin sagte ich ihr, daß ich über Strafgefangene keinerlei Aussagen mache! Ihre freundlichen Gesichtszüge fielen sofort nach unten, sie stand energisch auf und brachte mich wieder runter in die Schleuse. Nachdem sie schon hinter mir zugeschlossen hatte, machte sie die Tür noch einmal für einen Spalt weit auf und fragte mich, ob das meine letzte Entscheidung sei. Ja, sagte ich, und damit knallten Tür und Riegel endgültig hinter mir zu. Ich lief mit einer inneren Spannung bis zum Zerreißen in der Schleuse hin und her und empfand es als eine ungeheure Unverschämtheit, so ein Anliegen gerade an mich heranzutragen! Lieber wollte ich bis zum letzten Tag meine Strafe absitzen, als andere der Stasi ausliefern – auch wenn sie ohnehin schon im Knast saßen. Nach der Arbeit am selben Tag wurden eine andere Strafgefangene, Elke Pohl, und ich zum Arzt gebracht. Als ich im GW war, wurde ich untersucht und dem Arzt-Major vorgeführt. Er war sehr beliebt, weil er jeden ernst nahm und sich wirklich um Beschwerden kümmerte. Nun begegnete ich ihm also auch. Meine Akte, in die immer alles eingetragen wurde, war schon nicht mehr da, und so schrieb die Krankenschwester auf ein loses Blatt. Der Major fragte mich, warum ich die DDR denn verlassen wolle – sie hätte doch gute Orchester und brauche auch Musiker. Ich glaube, ich antwortete ihm nur, daß es mir darum gar nicht ginge. Zum Schluß wünschte er mir dann noch alles Gute. Das war eben der Major. Mir war nun klar, daß ich Hoheneck bald verlassen würde. Während des Abendbrots ging ich sofort zu Elke Lehmann und erzählte ihr, was los war. So konnte sie mir noch einiges auftragen, was ich bei ihren Bekannten in der Bundesrepublik ausrichten wollte. Wieder wurden Adressen auswendig gelernt. Ich versprach ihr, zu den nächsten Mahlzeiten meine persönlichen Sachen zu bringen. Gerade ein paar Tage vorher hatte ich mein erstes Paket von zu Hause erhalten – ein reiner Glücksfall. Als ich nun auf Transport ging, verschenkte ich alles an Elke. Am nächsten Morgen übergab ich ihr einen Teil zum Frühstück. Als ich mit dem Essen fertig war, wurde u. a. auch mein Name aufgerufen: Transport! Ich rannte noch einmal zu Elke, umarmte sie und versprach ihr, alles auszurichten. Hoheneck war beendet. Die Etappe geschafft! Bevor wir 16 Frauen in die Schleuse kamen, um dort auf unseren Abtransport nach Karl-Marx-Stadt ins Stasi-Gefängnis zu warten, wurden wir noch einmal von Kopf bis Fuß gefilzt. Von meinen Privatbriefen, die bis dahin in den Effekten lagen, suchte man wahllos drei heraus, die ich mitnehmen durfte. Die anderen behielt man ein. In Karl-Marx-Stadt kamen vier Frauen in eine Minizelle, die normalerweise für zwei Häftlinge kaum Platz genug bot. In Karl-Marx-Stadt mußte oder durfte jeder noch einmal einen Ausreiseantrag stellen. Nach ca. drei Wochen, in denen ich fast die ganze Zeit geschlafen und mich von den Strapazen erholt habe, bekam ich wie alle meine Entlassungsurkunde aus der Staatsbürgerschaft der DDR und einen Entlassungsschein in die Hand, wurde in meine Privatsachen gesteckt, und ab ging der Bus. Wir mußten einzeln aus der Zelle treten, durch verwinkelte Gänge laufen, und am Ende stand der große Bus mit Westnummer im Hof. Und dann fuhren wir durch Thüringen, vorbei an Weimar, wo ich studiert hatte, nicht weit von Erfurt, meiner Heimatstadt, und ich war traurig, daß nun keiner wußte, daß nun endlich alles vorbei war für mich und ich der Freiheit entgegenfuhr. Es war der 8. Dezember 1976. Gegen 18 Uhr traf unser Bus mit rund 80 Frauen und Männern in Gießen ein. Da stand ich nun mit meinem kleinen Fransenbeutel, in dem meine wenigen Habseligkeiten steckten, und war doch glücklich wie nie zuvor in meinem Leben.

Regina Ebert

Regina Ebert wurde am 17. Oktober 1950 in Bitterfeld geboren. Von 1957 bis 1967 besuchte sie die zehnklassige allgemeinbildende polytechnische Oberschule. Anschließend absolvierte sie – von 1967 bis 1969 – eine Ausbildung bei der Betriebsverkehrseisenbahn Köthen. Ab 1969 arbeitete sie als Aufsichtsbeamtin bei der Deutschen Reichsbahn im Bahnhof Niemberg-Halle, danach im Bereich Güterabfertigung des Hauptbahnhofs Halle. Im April 1970 heiratete sie den Elektromonteur Helmut Ebert. Im selben Jahr kam ihre erste Tochter zur Welt, 1973 wurde die zweite geboren. Regina Ebert gab ihre Arbeit auf und wurde Hausfrau. Am 25. April 1976 stellten sie und ihr Mann den ersten Antrag auf Übersiedlung in die Bundesrepublik, der abgelehnt wurde. Vor diesem Hintergrund nahm das Ehepaar zum ZDF-Magazin Kontakt auf und bat um Hilfe. Am 10. Oktober 1976 wurden Regina Ebert und ihr Mann daraufhin verhaftet und im März 1977 vom Bezirksgericht Halle zu zweieinhalb bzw. dreieinhalb Jahren Freiheitsentzug verurteilt. Ihre Töchter wurden zeitweilig zwangsweise in einem staatlichen Kinderheim untergebracht. Ende März 1979 kam Regina Ebert in die Strafvollzugseinrichtung Hoheneck, ihr Mann zuerst nach Cottbus, dann in die StVE Brandenburg-Görden. Am 10. Mai 1979 wurde Regina Ebert von Hoheneck aus in die DDR entlassen. Ihr Mann kam im Dezember desselben Jahres im Rahmen der damaligen Amnestie frei. Ab Oktober 1979 lebte sie wieder in Halle. Zusammen mit ihrem Mann stellte sie erneut Ausreiseanträge, was im Januar 1980 zur zweiten Verhaftung und Verurteilung von Helmut Ebert führte. Im November 1981 wurde er dann in die Bundesrepublik entlassen, wohin ihm im März 1982 Regina Ebert mit den Töchtern folgen durfte. Seit dieser Zeit lebt die Familie in Waldshut-Tiengen.

Gründe gab es viele, warum uns das System da drüben nicht mehr behagte. Da war zum Beispiel die Presse – was sie uns da tagtäglich vorgelogen haben, das war ja nicht mehr zum Aushalten. Und dann durften wir natürlich nicht reisen, also hierüber fahren, obwohl doch mein Schwager hier wohnte. Aber auch schon früher gab's Dinge, in der Schule. Ich wollte eigentlich Lehrerin werden. Das hat nicht geklappt, denn ich sollte erst einmal ein Jahr in einer Fabrik arbeiten und dann eventuell studieren. Aber das sagte mir einfach nicht zu, das Jahr wäre ja weg gewesen. Und da haben sie eben die Leute genommen, die dazu bereit und zumeist auch noch in der Partei waren. Und ich war weder bereit noch in der Partei, weil ich eine andere Ansicht vom Staat hatte. Dann lernte ich meinen Mann kennen, und der und seine Eltern waren ebenfalls kritisch eingestellt, und als es uns allmählich wirklich reichte, da hab' ich eines Tages zu meinem Mann gesagt: »Komm, wir stellen einen Antrag!« Das mit dem Antrag-Schreiben hatte ich mal im ZDF-Magazin gesehen, wußte aber keine Adresse und so. Aber ich dachte mir, jetzt schreibste da einfach auch mal. Was wir dann, wie gesagt, auch taten – und zwar nach Berlin. Wenig später bekamen wir vom Staatsrat eine Antwort, in der nur stand, daß wir uns an den zuständigen Kreis wenden sollten. Also wandten wir uns dorthin, und die haben uns dann eines Tages zu sich bestellt und uns ins Gesicht gesagt, was wir da wollten, klappe sowieso nicht. Was wir uns also für Flausen in den Kopf gesetzt hätten?! Jedenfalls haben sie uns danach nach Hause geschickt. Und damit war der erste Antrag abgelehnt. Aber wir haben denen keine Ruhe gelassen und nach drei Wochen den nächsten gestellt, der nach kurzer Zeit ebenfalls abgelehnt wurde – nicht schriftlich: Das haben die alles mündlich gemacht! Dann haben wir wieder Anträge gestellt, die laufend abgelehnt wurden. Schließlich sahen wir im ZDF-Magazin »Hilferufe von drüben«, das hat der Löwenthal damals ja noch gemacht. Und an den haben wir dann, damit wir veröffentlicht werden, geschrieben, haben Bilder mitgeschickt und unseren Fall geschildert. Ich glaube, daß das dann auch der Grund gewesen ist, daß wir schließlich verhaftet wurden. Aber bis dahin wurden wir natürlich ziemlich bespitzelt. Mein Mann arbeitete damals als Elektriker in einer Privatfirma in Halle und machte noch viel nebenbei, weil wir das Geld gebraucht haben. Und eines Tages kam ein Mann zu uns, stellte sich vor und fragte meinen Mann, ob er ihm eine Heizung in irgendeinen Bungalow installieren könnte. Mein Mann sagte: »Na klar, das mache ich!« Aber dann kam uns das später doch ein wenig spanisch vor, denn der Fremde sagte, er hätte unsere Adresse von jemand anders, was nicht sein konnte, denn es wußte ja keiner weiter, daß mein Mann noch nebenbei arbeitete. Bloß bei einem Kumpel in Weißenfels hatte er mal etwas gemacht. Jedenfalls konnten wir uns nun denken, daß das ein Spitzel war – zumal das mit Löwenthal ja auch schon gelaufen war. Der Mann kam dann noch ein paarmal zu uns nach Röblingen, und eines Tages holte er meinen Mann ab und bat ihn, sich die Sache doch mal vor Ort anzusehen. Da ist mein Mann mitgefahren, und anschließend sind sie noch in eine Gaststätte gegangen – jedenfalls hat dann mein Mann dem Morgenstern, so hieß der Fremde – Günter Morgenstern – auf den Kopf zugesagt: »Du bist doch ein Spitzel von der Stasi! Ich mach das jetzt nicht mehr mit, daß du uns laufend bespitzelst.« Das hat den glatt umgehauen, und es dauerte gar nicht lange – eine Woche vielleicht –, da kam ein neuer Typ. Eines Abends klopfte es an der Haustür, mein Mann war, glaube ich, noch auf Arbeit, da meldete sich dieser Mann und sagte, der Morgenstern wäre kurzfristig krank geworden und er hätte die Sache jetzt übernommen. Er würde meinen Mann jetzt engagieren. Also frech! Er fragte dann noch, wann mein Mann heimkäme, und ich sagte, in einer Viertelstunde etwa, und er solle doch hereinkommen. Aber mein Mann kam erst gegen 19 Uhr. Doch ich wußte genau, was Fakt war, und als mein Mann dann endlich kam, da hat er sich kurz mit ihm unterhalten, und schließlich verabredeten sie einen Termin. Da wir davon ausgingen, daß das auch ein Spitzel war, hatten wir zu ihm gesagt, daß wir im Oktober nach Berlin fahren wollten, um uns dort mit dem Löwenthal zu treffen, obwohl das gar nicht stimmte. Wir haben das nur so gesagt, damit die Schiß kriegten. Jedenfalls am 16. Oktober – ein Freitag war das – kam der Neue wieder und fragte erneut, ob das klappen würde, ob er meinen Mann kurzfristig holen könne? Da habe ich ihm gesagt: »Das klappt doch nicht! Wir wollen doch nach Berlin am Samstag!« Aber der sagte, das dauere doch nicht lange, mein Mann wäre bald wieder zu Hause. Ich sagte: »Gut, ich richte es aus.« Und früh, vielleicht um 9 Uhr oder so, kam er dann am Samstag und holte meinen Mann ab und fuhr mit ihm nach Seeburg. Ich wollte an diesem Tag in Wirklichkeit aber zu meinen Eltern. Das hatten wir so ausgemacht, daß wir nicht zu Hause sind an diesem Tag. Wir wollten die irgendwie an der Nase herumführen. Aber am Nachmittag war mein Mann immer noch nicht zurück. Da hab' ich mir natürlich allmählich Gedanken gemacht. Ich dachte aber andererseits, der wird sich schon zu helfen wissen – du fährst nach Hause, wie besprochen. Hatte außerdem meinen Eltern geschrieben, daß ich komme, und also fuhr ich mit den Kindern los! Am nächsten Tag, so gegen 6 Uhr, kam mein Mann mit der Taxe von Halle direkt in den Ort, wo meine Eltern wohnen, und erzählte mir, was passiert war. Nachdem er mit dem Neuen also in Seeburg angekommen war, hatte der erst einmal ein paar Flaschen Bier geholt und anschließend etwas zu Essen. Und das ganze in so einem Bungalow, in dem er ja arbeiten sollte. Aber danach ist er eingeschlafen und hatte nichts mehr gemerkt. Spätabends wurde er wieder wach und sagte, ich wollte doch weg, nach Berlin . . . Aber da sagte der andere – Karl Schön nannte der sich –: »Ist doch nicht so schlimm! Deine Frau wird schon nicht schimpfen, sondern wird doch warten zu Hause. Ich komme mit und begleite dich zu ihr.« Jedenfalls ist mein Mann los, obwohl er noch ganz benommen war. Sie sind dann bis zu uns wohl gut eineinhalb Stunden zu Fuß gelaufen. Und der Schön blieb einfach, schlief bei uns und war am anderen Morgen weg! Am Sonntagabend kam ich mit den Kindern wieder zurück und merkte schon, wie wir ausstiegen, daß da zwei Männer vor uns herliefen. Ich sagte mir, paß auf, die haben was vor! Als wir dann ins Haus kamen, merkte ich, daß die ganze Wohnung durchsucht worden war. Die Fenster waren nur angelehnt, und ich merkte es auch an den Sachen, an der Wäsche in den Schränken. Es war zwar nicht viel durcheinander, aber eine Frau hat ja doch einen Blick dafür, für die eigene Ordnung. Am nächsten Tag, montags also, da kam doch der Schön plötzlich wieder – diesmal mit einem großen Blumenstrauß, wünschte mir nachträglich alles Gute zum Geburtstag und sagte dann, er wolle sich entschuldigen, daß er meinen Mann so lange aufgehalten habe und wir deshalb doch nicht nach Berlin gefahren seien. Ich sagte: »Wie bitte?! Ich *bin* in Berlin gewesen! Sie dachten wohl, ich hab' auf meinen Mann gewartet?! Das war doch abgesprochen, daß ich fahre.« Na, da war er aber platt und ist gleich wieder gegangen. Ein paar Tage später merkte ich, daß laufend unser Haus beschattet wurde – und zwar richtig auffällig. Auch im Nachbarhaus hatten sich welche einquartiert. Man bekommt einen Blick dafür, wenn man weiß, man hat so eine Sache gemacht . . . Und am 10. November war es dann schließlich soweit: Die Verhaftung kam. Wir hatten an diesem Morgen verschlafen. Sonst fuhr mein Mann immer um 5.30 Uhr, und an diesem Tag konnte er erst kurz vor 6 Uhr fahren. Aber da haben die schon draußen gewartet. Kurz vor 6 Uhr machte ich also die Haustür auf, um ihn rauszulassen, da rissen mir die Stasileute die Tür regelrecht aus der Hand. Ungefähr 10 Mann standen vor dem Haus und haben meinem Mann gleich Handschellen angelegt. Er konnte seine Tasche gerade noch ins Haus zurückschmeißen, die hinter den Kinderwagen flog – ein Durcheinander. Jedenfalls nahmen sie ihn mit, und ich schrie: »Ihr Schweine, was macht ihr denn?« und wollte unsere Haustür wieder zumachen, aber im selben Moment wurde sie wieder aufgerissen, und da haben sie mich reingedrängt, und einer sagte: »Gehn Sie erst mal rein!« Und ich: »Machen Sie nicht so laut, meine Kinder schlafen oben!« Ich hatte so einen kurzen Morgenmantel an und ein Flatterhemd darunter, da riß mir einer das Ding da runter und sagte, ich sollte mich anziehen. Und da waren wir schon in der Stube. Der riß mir das Ding einfach vom Leib, und da hab' ich geschrien, was ihm denn einfiele, er könne mich doch nicht so behandeln. Das solle er mit seiner Frau machen, aber nicht mit mir! Ich war vielleicht in Rage, hab' ihn als Schwein beschimpft – das weiß ich noch ganz genau, denn er verlangte nämlich, daß ich das Wort zurücknehme. Aber ich schrie: »Das nehme ich nicht zurück!« Und da hat er mich noch mit dem Handballen geschlagen, so daß ich mit dem Kopf an die Wand prallte. Schließlich kam eine Frau, die sagte zu mir, daß ich mich anziehen solle. Da hab' ich mir nur schnell was übergezogen, denn sie sagten weiter, daß es nur ein kurzes Gespräch werden würde – es ginge lediglich um die Aufklärung eines Sachverhalts. Es dauere also nicht lange. Aber ich sagte: »Was wird denn mit den Kindern?« Ja, versicherte man mir, es bliebe eine Frau da und die kümmere sich um meine Kinder. Außerdem käme ich ja gleich wieder zurück. In diesem Moment war ich tatsächlich so dumm und habe denen das geglaubt! Und bin mitgefahren! Sie brachten mich dann in den »Roten Ochsen« nach Halle, und da fragte mich die Staasi-Frau noch: »Wissen Sie, wo Sie sind? Im ›Roten Ochsen‹!« Aber ich sagte nur: »So?!« – tat also, als schockiere mich das gar nicht weiter. Ich kam dann in einen Raum, wo mir ein junger Stasi-Mann einen Kaffee anbot. Doch ich trank ihn nicht, weil ich dachte, daß die vielleicht in diesen Kaffee auch ein Mittel getan hätten. Ich mußte jedenfalls lange warten – bestimmt zwei Stunden –, ehe da mal einer kam und meine Personalien aufnahm. Mehr aber auch nicht! Und dann haben sie gesagt, ich solle mal mitkommen. Ich zurück: »Ich sage hier kein Wort, wenn ich nicht weiß, was mit meinen Kindern wird!« Gleich sagten sie mir: »Beruhigen Sie sich, Ihren Kindern geht es gut!« Na ja, da war ich dann tatsächlich erst einmal ein bißchen beruhigt. Man war ja sowieso wie besoffen, möchte ich sagen. Dann ging ich jedenfalls mit raus, und draußen stand die Minna, in der ich meinen Mann husten hörte. Ich da rein und sagte was wegen der Kinder und daß die Schweine mich auch mitgenommen hätten. Da hat mein Mann mich noch beruhigt und gesagt: »Du kannst bestimmt bald nach Hause gehen, Regina!« Aber die Stasileute schrien gleich: »Ruhe! Sie dürfen hier nicht sprechen!« Doch mein Mann sagte: »Halten Sie die Klappe!« – oder »das Maul« oder so was. In dem Moment riß mich ein Stasi-Mann von hinten an meinen langen Haaren dermaßen runter, daß ich mir noch das Bein ein wenig verstauchte und mir so übel wurde da drin, daß ich brechen mußte – ihm voll vor die Füße. Das war mir in dem Moment vollkommen egal. Nun sollte ich das wegmachen, habe mich aber geweigert und gesagt: »Das mache ich nicht. Sie sind ja schuld, daß ich hierher mußte.« Aber dann zwangen sie mich, einen Eimer mit Sand zu holen und eine Schaufel – und ich mußte alles wegmachen. In der Zwischenzeit haben sie dann meinen Mann weggefahren, ins Stasigebäude, wo wir dann direkt verhört wurden. Danach haben sie mich dann nicht mehr mit dem Auto gefahren. Ich mußte laufen: immer schön die Hände auf dem Rücken. Das sah vielleicht blöde aus. Dann kam ich zum Vernehmer, und der wollte dann auch meine Personalien. Aber da habe ich gesagt: »Jetzt sage ich nichts mehr!« Denn ich hatte große Sorge um meine älteste Tochter, die damals herzkrank war. Ich sagte: »Wenn ihr was passiert und Sie haben das Kind auf dem Gewissen, dann ist was los! Jedenfalls mache ich so lange keine Aussage, wie ich nicht weiß, daß ein Arzt zu dem Kind kommt und beide anschließend zu meinen Eltern können.« Da hat er gesagt: »Das geht in Ordnung!« Inzwischen war es Mittag geworden, und sie gaben mir etwas zu essen. Ansonsten rührte sich überhaupt nichts. Aber dieTür war auf, und ich hörte immer, daß sie meinen Mann vernahmen – ich hörte seine Stimme genau heraus. Ab und zu kam mein Vernehmer, fragte kurz etwas und einmal, ob ich einen Kaffee möchte? Da habe ich wieder abgelehnt, und da sagte der doch: »Wenn Sie einen Kaffee angeboten bekommen, dann ist das schon ein Zeichen für mildernde Umstände.« Na, da hab' ich fast einen Lachkrampf gekriegt – so ein Quatsch! Und dann gab es Mittagessen, und da habe ich auch nichts gegessen, weil ich wirklich Angst hatte – ich hatte zwar auch Hunger, ja – aber ich hatte Angst, daß sie mit mir irgend etwas machen, so wie es meinem Mann passiert war. Endlich durfte ich dann mit einem Arzt sprechen, den sie angeblich zu meinen Kindern geschickt hatten. Jedenfalls sagte der mir, der Großen fehle nichts weiter. Es ginge alles seinen Gang. Ich fragte: »Wann kommen sie denn zu meinen Eltern?« Ja, ja, sie kämen zu den Eltern, hieß es – sie sind aber nicht hingekommen! Die haben sie nach Bad Düben ins Heim gesteckt! Dort waren sie von November bis Februar, und erst dann konnten meine Eltern sie dort abholen, weil sie sich dafür eingesetzt hatten. Abends um 20 Uhr kam ich dann vor den Haftrichter, und dann durfte ich in meine Zelle gehen. Von früh um 6 Uhr bis abends um 20 Uhr – das war die »kurze Klärung eines Sachverhalts«, die sich dann insgesamt zweieinhalb Jahre hingezogen hat. Als ich erfuhr, daß meine Kinder in ein Heim gekommen waren – Anfang Dezember war das –, da habe ich acht Tage lang Hungerstreik gemacht. Mir ging es wirklich mies, aber ich wollte, daß die Kinder zu meinen Eltern kamen, was dann jedoch erst im Februar geschah. Dann wollte die Stasi auch noch meine Eltern und mich entzweien, indem sie mir sagten, daß das Heim sich beschwert hätte, weil meine Eltern den Kindern nichts zu Weihnachten geschenkt hätten. Aber wie konnten die denn überhaupt – die wußten doch gar nicht, wo die Kinder abgeblieben waren! So eine Sauerei! In dieser Zeit kam ich auch noch in den Arrest, weil ich zum Vernehmer gesagt hatte: »Du kannst mich mal tüchtig am Arsch lecken!« Ich war in dem Moment auch so außer mir, weil er mich immer wieder vertröstet hatte mit den Kindern, also belogen. Man brachte mich wieder zur Zelle hin, doch dann hieß es: Sachen packen! Ich dachte so, wo kommste denn jetzt hin? Und dann mußte ich eine Etage tiefer: in den Arrest. Zwar bloß für einen Tag. Aber als ich wieder hoch kam, habe ich den Hungerstreik begonnen. Bis zu diesem

Zeitpunkt war ich alleine auf der Zelle, nach dem Hungerstreik wurde dann jemand reingelegt zu mir. Ich bekam dann auch besseres Essen: Milchsuppen usw., damit ich wieder fit wurde. Ich habe ja geklappert. Ich mußte auch Faustan schlukken. Und dann kam ich mit einer Krankenschwester zusammen, die wegen Republikflucht verhaftet worden war, und die sagte zu mir: »Nimm ja nicht das Zeug! Nimm's in den Mund und schmeiß es nachher weg. Wenn du das Zeug immer nimmst, dann bist du bald nicht mehr von dieser Welt.« Das wollten die ja auch, denn ich sollte diese Pillen früh, mittags und abends nehmen. Und ich hab' doch das alles nicht gewußt. Von Faustan hatte ich noch nie was gehört, weil ich kein Freund von Tabletten bin. Da hab' ich die dann immer schön geschluckt und wunderte mich bloß, daß ich immer so im Tran war. Übrigens fällt mir noch ein, daß mir am ersten Tag noch gar nicht richtig klar war, daß ich verhaftet bin. Erst am nächsten Tag – da klopfte es nämlich von oben, und da hab' ich einfach zurückgeklopft – keine Zeichen, ich hatte ja noch gar keine Ahnung, was das war und wie das ging mit den Buchstaben und so ... Aber da schlossen sie schon die Zellentür auf und sagten: »Sie nehmen wohl gleich am ersten Tag Verbindung auf?!« Und da wurde mir bewußt, daß ich nicht wieder rauskommen würde – und da wollte ich auf einmal raus! Ich wurde irgendwie blöd, hämmerte gegen die Tür und alles mögliche ... Und dann mußte ich zum Vernehmer und wurde gefragt, ob ich Bücher lesen möchte. Und dadurch habe ich mich dann wieder etwas gefangen.

Am 7. oder 8. März war Prozeßtag. Meinen Mann brachten sie in Handschellen. Wir hatten zwar einen Anwalt – aber nicht den Dr. Vogel. Wir wollten zwar rüber, aber wir wußten überhaupt nicht, daß Dr. Vogel oder einer seiner Vertreter in dieser Sache günstig gewesen wäre. Unser Anwalt kam aus Eisleben. Ich schrieb ihn an, bekam aber lange keinen Bescheid. Ich war schon mit der anderen zusammen, als die erste Reaktion von ihm kam. Ein einziges Mal habe ich ihn vor dem Prozeß kurz sprechen können und ihm gesagt, daß ich rüber möchte. Aber da hat er gleich gesagt: »Sind Sie nicht so laut, Frau Ebert, leise! Sie dürfen das hier nicht sagen. Überlegen Sie sich das noch einmal. Hier haben Ihre Kinder eine Zukunft. Drüben haben sie keine!« Das hat der *Rechtsanwalt* gesagt! Na, jedenfalls habe ich ihm geantwortet: »Sie können mich nicht von meinem Vorhaben abbringen!« Und da ist er auch gleich gegangen. Das waren höchstens zehn Minuten, die er da war, wenn überhaupt. Und im Prozeß hat er überhaupt nichts zu unseren Gunsten gesagt, bloß immer auf mich eingeredet, ich möchte doch meinen Antrag zurücknehmen, damit ich rauskäme zu den Kindern. Vor dem Prozeß hatte er mir noch gesagt: »Also Sie müssen mit dreieinhalb und Ihr Mann mit viereinhalb Jahren Freiheitsentzug rechnen.« Staatsanwalt und Richter waren an sich nicht so scharf, wie ich dachte. Wir haben ein paarmal dazwischengerufen. Meinem Mann haben sie einen Verweis gegeben, weil er zum Staatsanwalt gesagt hatte, der solle den Mund halten. Und ich habe einmal gerufen: »Das stimmt doch nicht! Was lesen Sie denn da vor?!« Da haben sie mir eine Ordnungsstrafe von 50,– Mark oder so angedroht. Die wollten ansonsten nur unsere Tat wissen, vor allem über unsere Kontakte zum ZDF-Magazin. Fragten uns (obwohl sie alles vorliegen hatten, von der Hausdurchsuchung), ob wir da hingeschrieben hätten? Da haben wir gesagt: »Ja, natürlich!« Und dafür gabs dann zweieinhalb und dreieinhalb Jahre. Als das Urteil dann gesprochen wurde, haben wir uns alle beide nur angelächelt, und als mein Mann mir nach der Verhandlung noch eine Apfelsine geben wollte, wurde ihm das verboten. Am 14. März war das Urteil dann rechtskräftig, und Ende März ging ich auf Transport. Ich hatte während der U-Haft einen Sprecher mit meinem Mann beantragt, aber dem Antrag haben sie nicht stattgegeben, kam jedoch kurz vor dem Transport noch in eine andere Zelle. Und da ich inzwischen das Klopfen gelernt hatte, versuchte ich rauszukriegen, wo mein Mann steckte – klopfte also los – und der steckte doch tatsächlich in der Nebenzelle! Jedenfalls konnte ich mich so noch von meinem Mann verabschieden, konnte ihm mitteilen, daß ich auf Transport gehe, er solle den Kopf hochhalten und was man da alles so sagt. Dann kam ich für eine Woche in die Kripo-U-Haft. Dort war das Essen gut. Bei der Staasi war es mies gewesen! Schließlich kam der Tag, an dem es nach Hoheneck ging. Zuerst mit dem Auto bis zum Bahnhof in Halle und dort auf den Bahnsteig – in Handschellen. Ausgerechnet stand da noch ein Zug nach Röblingen und also viele, die ich kannte, weil ich dort ja mal bei der Bahn gearbeitet hatte. Die guckten mich ziemlich schief an. Aber man wird irgendwie eiskalt, denn man weiß ja, daß man kein Verbrecher ist. Also in Handschellen und links und rechts Hunde. Dann wurden wir in den Zug verfrachtet, der uns bis Chemnitz fuhr. Von dort sind wir dann mit einem Auto bis nach Hoheneck gebracht worden. Als wir oben ausstiegen, war alles so grell erleuchtet. Der Anblick der Burg – da habe ich Angst bekommen. Und trotzdem gabs auch noch einen Witz: Als wir aus dem Auto ausstiegen, da schallte uns aus der Burg Musik entgegen: Udo Jürgens' »Aber bitte mit Sahne . . .« – Das war mein Empfangslied. Im Gebäude hieß es dann: Privatsachen ausziehen und Knastklamotten an. Das fand ich alles so demütigend und schäbig, daß man sich nackt ausziehen mußte und die so zuguckten. Ich meine, ich schäme mich deswegen nicht, es waren ja alles Frauen. Aber *wie* sie einen da anstierten, taxierten, da haben wir schon ein bißchen Schiß gekriegt. Dann sind wir in die Zugangszelle gekommen. Da lagen ungefähr 15 oder 20 Frauen – die war mehr als voll. Nach vierzehn Tagen ging's aufs »ESDA«-Kommando – mußte ich Strumpfhosen nähen. Zuerst lag ich in einer Zelle, in der waren ca. 22–25 Frauen drin. Als ich da reinkam, hatte ich Schiß, ehrlich Schiß! Die guckten mich alle so an, und ich dachte, bist du hier mit Mördern zusammen? Und da kamen mir auf einmal die Tränen – obwohl ich nicht heulen wollte, aber da war ich fix und fertig. Nun kam eine – eine Ärztin war das –, die kam gleich zu mir und holte mich. Sie sagte: »Leg dich doch gleich hier hin, da sind wir alle zusammen.« Die haben mich also gleich ganz gut aufgenommen, die drei oder vier Politischen.

Die anderen waren alles Kriminelle. Im Mai hieß es dann, ein neues Gesetz sei rausgekommen, ein Strafvollzugsänderungsgesetz, und wir könnten nun in andere Zellen. Es gab eine Stunde Freistunde. Auch wurde das geändert mit der Einteilung in »allgemeinen« oder »schweren« Strafvollzug. Zuerst hatte ich ja »schweren Vollzug« bekommen. Nach der Änderung des Gesetzes gehörte ich zum »allgemeinen«, und da gab's dann eben auch eine ganze Stunde Freistunde – wir konnten im Freihof herumhopsen, wie wir wollten. Aber bevor das so war, gab's nur zwanzig Minuten Freistunde und Hände auf dem Rücken und im Gleichschritt, und wehe, man erzählte sich was. Da mußte man gleich aus der Reihe raus! Die erste Zeit, in der großen Zelle, war ich sehr zurückhaltend, weil ich Angst hatte – vor allem auch vor den lesbischen Frauen. Ich hab' doch vorher keine Ahnung davon gehabt, weil man sich draußen damit nicht befaßte. Aber schon in der Zugangshalle erzählten sie Schauermärchen, daß sie einen überfallen und lauter solche Geschichten. Und da hatte ich eben echt Angst. Jedenfalls fühlte ich mich hundsmiserabel in der ersten Zelle. Aber nachdem wir verlegt wurden, waren wir noch ca. 8 oder 9 und fast alle Politische. Ein paar Kriminelle hatten wir zwar noch in der Zelle. Die waren wegen Diebstahls oder anderer kleinerer Sachen in Hoheneck. Und in dieser Zelle war der Zusammenhalt ganz anders: viel intensiver. Kino gab's dann auch und Fernsehen. Fernsehen habe ich aber nicht gemocht. Nur Kino, weil ich mal jemanden treffen wollte. Man hat ja auch Bekanntschaften gemacht. Und in den Gottesdienst bin ich gegangen. Einmal gab's so einen Film über die DDR, der hieß wohl »Entstehung und Aufbau der DDR« oder so ähnlich. Das war ein Pflichtvortrag. Da habe ich gesagt: »Da gehe ich nicht mit hin, da könnt ihr euch auf den Kopf stellen.« In der Zelle sagte ich das, und die anderen meinten, ist gut, dann gehen wir auch nicht mit. Auf einmal schlossen sie auf: »Alles raustreten!« Aber wir weigerten uns. Da haben die Wachteln gesagt: »Wenn Sie nicht raustreten, kommt's Rollkommando!« Einen Tag vorher hatten wir gerade durch unseren Spion gesehen, wie sie eine Frau verprügelt hatten. Die hat so geschrien, daß wir davon wach wurden. Die haben sie verdroschen, mit den Füßen getreten – wir konnten das ganz genau sehen! Und das waren auch welche vom Rollkommando gewesen. Und wie die jetzt sagten: »Das Rollkommando kommt!«, da dachte ich, was machste? Wenn die dich auch so verdreschen? Davor hatte ich Angst. Ich dachte: Also gehste mit. Und dann sind wir alle mitgegangen zu dem Vortrag. Aber als der Film zu laufen begann, bin ich aufgestanden von meinem Platz und ging mit einer Nachbarin vor die Tür, und dort haben wir uns dann unterhalten. Schließlich kam eine Wachtel und sagte, wir sollten da wieder hineingehen. Aber wir sagten ihr, daß uns nicht interessiere, was in der DDR vor sich gehe. Wir hätten etwas anderes vor! Da hat sie gesagt, dann müßten wir in den Arrest, wenn wir uns weiterhin weigerten, uns den Vortrag anzuhören. Aber uns war das in dem Moment egal. Da ist man nachher so kaltblütig. Nur vor Schlägen hat man ja doch Angst. Die ist dann jedoch wieder gegangen, und nichts rührte sich.

In der Anfangszeit wurde ich auch oft von der Oberleutnant Demmler geholt, die die Neuen bearbeitete. Ich vertrage zwar sehr viel. Aber ich fange auch schnell zu heulen an . . . Und da haben die vielleicht angenommen, sie kriegten mich irgendwie herum. Aber das war nicht der Fall. Jedenfalls wollte die Demmler mich überreden, daß ich meinen Antrag zurücknehme, dann könnte ich meine Kinder wiedersehen, und ich hätte sowieso keine Existenzmöglichkeiten im Westen, wo es so viele Arbeitslose geben würde . . . Das wäre doch keine Zukunft für mich! Außerdem müßte ich doch bedenken, daß meine Eltern viel zu alt seien, um unsere Kinder noch bei sich haben zu können. Aber ich habe mich davon nicht rumkriegen lassen. Später bekam ich eine andere Erzieherin – Leutnant Strauß. Die Strauß war an und für sich nett zu mir, was man so nennt. Sie hat nicht gebrüllt. Man konnte sich mit ihr unterhalten. Sie hat sich die Belange angehört. Aber sie hat mich auch gefragt, was ich für Vorstellungen hätte, wenn ich wirklich rüber käme ... Wie ich mir mein Leben weiter vorstellte ... Und ob ich nicht Angst hätte, die Arbeitslosenzahlen und was da so sei ... Da hab' ich ihr gesagt, daß ich davor keine Angst hätte! Mir sei es wichtig, rüberzukommen, denn: »Da drüben habe ich meine Freiheit, die ich hier nicht habe!« Kurz danach ging sie jedoch von Hoheneck weg, sagte aber noch in einem letzten Gespräch zu mir: »Ich wünsch' Ihnen viel Glück!« Und dann bekamen wir wieder eine andere Erzieherin – Leutnant Kaiser. Das war dann auch wieder so ein grantiges Biest, ein Drachen – genau wie die Demmler. Die wühlte die Pakete durch wie eine Verrückte. Aber dann wurde sie schwanger und ging ebenfalls. Schließlich bekamen wir eine ganz Junge – und das war ja auch nun die Spitze, die wir hatten! Die jungen Wachteln, das waren die Karrieristinnen! Sie war vorher beim Rollkommando gewesen. Da hatten wir sie gesehen – immer mit dem Knüppel in der Tasche. Da bekamen wir schon einen Schreck, als die Tür aufging und die sich als die neue Erzieherin vorstellte – zumal die auch noch bedeutend jünger war als wir. Die haben wir jedenfalls nicht akzeptiert. Unser Verwahrraum nicht. Wir haben sowieso gemacht, was wir wollten. Ab und zu gab's dann Sprecher mit meinem Mann. In Brandenburg war's gut: Da konnten wir Kaffee trinken, haben sogar Torte gegessen. Dort habe ich das erste Mal nach so langer Zeit wieder ein Stück Torte gegessen, obwohl ich mir früher gar nichts daraus gemacht hatte. Aber da hab' ich's gegessen. Die Polizisten in Brandenburg waren höflich. Die haben sogar »bitte« gesagt: »Bitte, gehen Sie hier lang!« und so. Und überhaupt: In Brandenburg, da war das auch viel sauberer als in Hoheneck. Und unsere Geschenke für die Männer, die konnten wir denen überreichen. In Hoheneck dagegen war der Sprecher noch mit Scheibe. In Brandenburg nicht mehr. Und als die Männer mal in Hoheneck waren, da haben sogar die Begleitpolizisten gesagt, die sollen die Scheiben wegmachen, sonst würden die Männer zurück nach Brandenburg fahren, und da haben sie dann die Scheiben weggenommen. Wir durften uns in Hoheneck auch nicht mit

Handschlag begrüßen. Man hat es dann zwar doch gemacht – zum Abschluß. Jedenfalls an meinem letzten Sprecher, den ich mit meinem Mann hatte, das weiß ich noch, da habe ich das doch gemacht – habe ihm einfach die Hände hingehalten und mir gesagt, das ist sowieso der letzte Sprecher, da kann nichts mehr schiefgehen. Aber zuvor gab's immer wieder mal schwierige Dinge. Einmal hatte ich Grippe. Ich fühlte mich schlapp, konnte nichts mehr richtig bewegen, und da wollte ich ins GW, zur Krankenstation. Doch man hat mich nicht rübergelassen. Die Wachteln sagten, sie hätten keine Zeit. Da hab' ich gesagt, ich müsse wohl erst durch eine Scheibe hüpfen wie die Verrückten – die machten das doch: hüpften durch die Scheibe, schluckten Löffelstiele und was weiß ich –, und nach dieser Ankündigung klappte das aber immer noch nicht. Ich kam einfach nicht rüber ins Krankenhaus. Das dauerte so lange, bis ich umfiel – und da kam ich dann rüber! Im Krankenhaus haben sie sich allerdings sehr Mühe gegeben. Einmal, da hatte ich eine Sehnenscheidenentzündung vom Nähen, und da wollten die mich auch nicht rüberlassen. Ich konnte den Arm schon nicht mehr bewegen – es ging einfach nicht mehr. Aber man ließ mich wieder nicht zur Krankenstation. Doch eines Tages, da machte der Hauptmann mit einem Stab eine Besichtigung, und ich dachte, das ist die beste Gelegenheit, die Sache anzubringen: Du gehst da hin! Eine andere Politische riet mir ab, sagte, das kannst du doch nicht machen Aber ich: »Ich kann noch viel mehr!« Und dann bin ich einfach zu dem hingegangen, habe mich vorgestellt, wie man das so machen muß im DDR-Knast, und habe gesagt: »Ich kann nicht mehr arbeiten!« – Und dabei habe ich ihm meinen Arm gezeigt. Daraufhin hat der die Wachteln zusammengeschissen und gefragt, warum die Strafgefangene nicht ins GW gebracht worden sei usw. Und dann wurde mein Arm endlich behandelt.

Die letzten Tage in Hoheneck, die waren dann ziemlich grausam. Wenn die Transporte so gehen, rechnet man doch immer damit, daß man dabei ist. Und einmal, da holten sie mich zum Gericht, und da habe ich gedacht, ich gehe auf Transport – habe mein Kleingeld noch schnell jemandem zugeschmissen. Aber dann gings nur nach Stollberg runter, weil meine Eltern unser Haus verkauft hatten, und anschließend wieder hoch auf die Burg.

Jedenfalls am allerletzten Tag, das war für mich eben grausam: Da mußte ich runter in die Abgangszelle, die anderen gingen zur Arbeit. Außerdem gabs noch ein Abgangsgespräch. Ich sollte zurück nach Röblingen. Da bekam ich den Schein nach Röblingen ausgestellt, und ich fragte: »Was soll ich in Röblingen? Mein Haus ist verkauft! Wo soll ich denn hin?« »Na, da machen wir uns keine Gedanken«, sagte die Wachtel. »Sie fahren erst einmal hin, da werden Sie dann ja sehen, was wird.« Dann mußte ich zu den Effekten und dort noch zehn Mal bitten und betteln, daß sie mir die Briefe meines Mannes mitgaben. Normalerweise durfte man bloß drei Briefe besitzen. Zum Glück klappte es auch. Ich ging danach noch mit zum Essen und hab' mich einfach rausgeschlichen auf den Hof, um mich von den anderen zu verabschieden, die da waren. Ich sagte ihnen, daß ich morgen ginge. Aber das hatte sich ja auch herumgesprochen, und die verstanden das eben alle nicht, daß ich nun in die DDR entlassen werden sollte – nach zweieinhalb Jahren! Da bin ich so herumgegeistert und hab' mich immer vor der Polizei versteckt, weil das ja verboten war. Aber mir war alles egal, ich wollte das noch einmal sehen. Bis sie mich dann doch entdeckt haben und ich in die Abgangszelle mußte. Am nächsten Morgen bin ich dann erneut zu den Effekten rüber, denn ich sollte für jemanden noch etwas mit rausnehmen – und das hab' ich auch geschafft: in einem Tampon versteckt. Von einer politischen Gefangenen. Die hatte Gedichte geschrieben, die ich ihrem Freund übergeben sollte. Da habe ich mir einfach ein Tampon gemacht und mir das reingesteckt – obwohl ich natürlich Angst hatte. Ich mußte ja Kniebeugen machen und alles . . . Aber die haben nichts gesehen, ich konnte mich anziehen und in einen anderen Raum gehen. Das war mein Glück. Denn normal war das nicht. Da habe ich den Kassiber schnell wieder rausgezogen, meine Jacke am Saum ein wenig aufgerissen und ihn da reingesteckt – und so mit rausgekriegt. Die Gedichte sind dann später per Post da angekommen, wo sie hin sollten! Das zog sich alles bis gegen Mittag hin. Dann bekam ich die Papiere und das Geld. Ich ging alleine raus. Vor dem Tor standen meine Mutter und mein Vater, um mich abzuholen. Ich habe mich noch einmal umgedreht, obwohl ich es eigentlich nicht tun wollte – aus Aberglauben, wenn man sich noch einmal umdreht und so . . . Hab' aber nicht gewinkt und nichts . . . Ich konnte das alles noch gar nicht fassen und hab' nur geheult, als ich die Eltern sah. Meine Eltern sagten mir dann, daß sie mit mir etwas essen wollten, weil sie schon so lange auf mich gewartet hätten. Und da sagte mein Onkel, der sie hingefahren hatte: »Ach, da ist eine schöne Gaststätte in Stollberg!« Und da sind wir dann rein und ich sehe – Polizei: Da bin ich durchgedreht, habe nur noch ein rotes Tuch gesehen und wollte immerzu was sagen. Aber mein Vater hat nur gesagt: »Biste still!« und mir eine Zigarette gegeben. Ich habe die angezündet, ausgemacht und wieder angezündet. Ich wußte einfach nicht, was ich machte, nur weil ich die Polizisten da vor mir sah. Es war vielleicht unvernünftig von mir. Aber ich konnte nichts dagegen machen . . . Und dann sind wir nach Hause gefahren. Und da habe ich nun die Westautos gesehen. Und da kamen die Gedanken wieder: Du mußt hier sein, und die können wieder rüber fahren! Dann waren wir zu Hause, und da sah ich die Kinder das erste Mal wieder. Das war furchtbar: die Kleine, die hat mich erst gar nicht erkannt, die war ja damals, als wir verhaftet wurden, erst drei Jahre alt gewesen . . . Es kam eine harte Zeit auf uns zu, und für mich und meine Töchter lag die DDR erst im März 1982 hinter uns.

Helgard Krumm

Helgard Krumm wurde im Jahre 1954 in Sömmerda/Thüringen geboren. Kindheit und Schulzeit verbrachte sie in Benndorf/Kreis Eisleben. Von 1970 bis 1973 absolvierte sie eine Berufsausbildung als Programmiererin und legte gleichzeitig das Abitur ab. Von 1974 bis 1976 arbeitete sie als Sachbearbeiterin beim Rat der Luther-Stadt Eisleben, Abteilung Kultur. Wegen gesellschaftskritischer Äußerungen geriet sie immer mehr in den Observationskreis des Ministeriums für Staatssicherheit. Im Zusammenhang damit gab es Konflikte auf der Arbeitsstelle sowie Eingriffe in ihr Privatleben. Daraufhin stellte Helgard Krumm 1976 mehrere Anträge auf Übersiedlung in die Bundesrepublik Deutschland, was zu ihrer Entlassung aus dem Arbeitsverhältnis beim Rat der Stadt führte. Ab 1977 arbeitete sie als Hilfspflegerin in einem ev. Heim für hirngeschädigte Kinder. Im Oktober 1977 wurde Helgard Krumm wegen der Veröffentlichung eines kritischen Artikels in einer westdeutschen Zeitschrift verhaftet, acht Monate lang in Untersuchungshaft gehalten und dann in einem Prozeß vor dem Bezirksgericht Halle zu 4 Jahren Freiheitsentzug wegen »staatsfeindlicher Hetze«, »Nachrichtenübermittlung« und »staatsfeindlicher Verbindungsaufnahme« verurteilt. Im Juni 1978 brachte man Helgard Krumm in die Strafvollzugseinrichtung Hoheneck, wo sie bis April 1979 verblieb und dann im Rahmen der »besonderen Bemühungen der Bundesregierung der Bundesrepublik Deutschland« nach Westdeutschland entlassen wurde. Seit Oktober 1979 wohnt sie in Konstanz am Bodensee und studiert dort Psychologie.

»Bleiben Sie stehen!« herrscht mich der Wachposten an, »sonst schließ ich Sie an der Bank an, da könnense von mir aus aufm Bahnsteig knien, bis der Zug kommt.« Ich hatte mich zwei Schritte von meinem Standort entfernt in der Hoffnung, einen etwas besseren Blick auf die Stadt zu haben, den die Bahnhofsüberdachung mir verwehrte. Ein paar Fensterreihen vom Interhotel »Stadt Halle« kann ich sehen. Dort habe ich mit ein paar Freunden meinen 18. Geburtstag gefeiert. Ich hatte sie zu einem pompösen Essen eingeladen, und wir hatten mit süßem Tokayer auf die Zukunft angestoßen. Gleich neben dem Haupteingang fuhr die Straßenbahn ab, mit der man bis zur Autobahn gelangte. Von dort waren wir oft losgetrampt – meistens nach Norden, nach Berlin oder an die See. In dieser Stadt hatte ich drei Jahre gelebt, einen Beruf erlernt und das Abitur gemacht. Auf diesem Bahnhof hatte ich auf den Mann gewartet, den ich liebte.

Nur eine halbe Autostunde von hier ist das Kinderpflegeheim, in dem ich bis zuletzt gearbeitet hatte. »Tante Helgard, wo fährst'n du hin?« hatte mich eines der Mädchen gefragt, das, an das Eingangstor gelehnt, beobachtete, wie ich zu der Frau und dem Mann ins Auto gestiegen war. »Ich komme bald wieder«, hatte ich lächelnd erwidert, da ich wußte, wie sehr sie an mir hing. Aber ich glaubte nicht daran. Es war alles zu offensichtlich gewesen, der auffällig unauffällige graue Wartburg, die undurchsichtige Geschichte, daß ich mir nur einige Fotos anschauen sollte, um Leute zu identifizieren.

»Stellen Sie das Essen warm«, hatten sie zu meiner Chefin gesagt, »es dauert nicht lange, wir bringen sie bald zurück.« Früher wurde man noch »anständig« verhaftet. Da hieß es noch: »Packen Sie Ihre Zahnbürste ein, es liegt ein Haftbefehl gegen Sie vor wegen . . .«

Acht Monate war das her. Acht Monate, die ich im »Roten Ochsen« in Halle verbrachte. Unter diesem – inoffiziellen – Namen könnte man sich eher ein kleines Landgasthaus mit blühenden Geranien in den Fenstern vorstellen ... Die Untersuchungshaftanstalt des Ministeriums für Staatssicherheit hat ihren Namen aus früheren Zeiten. Schon im 3. Reich oder noch davor sollen dort die Politischen eingesessen haben. In gewissen Dingen hält man auf Tradition.

Jetzt steh' ich hier, auf einem entlegenen Bahnsteig, zwei schwere Eisen um die Handgelenke. Mit mir etwa 20 Frauen aus der »normalen« U-Haftanstalt, in der alle nicht politischen Fälle untersucht werden.

Der Zug, auf den wir warten, wird über keinen Lautsprecher angekündigt – der Gefangenentransport nach Hoheneck. Er sammelt vom Norden bis Süden der Republik die weiblichen Häftlinge ein und ist mehrere Tage unterwegs. Eine »grüne Minna« – einer von diesen fensterlosen Kübelwagen, die denen glichen, mit denen wir als Kinder zum Kartoffellesen oder Rübenverziehen auf die Felder gefahren wurden, hatte uns am Bahnhof abgeladen, in einer großen Halle, in der wohl das Stückgut verladen wird. Von dort aus hatten uns bewaffnete Posten durch lange unterirdische Gänge geführt, die tief unter den Bahngleisen liegen. Auf diesem Bahnsteig waren wir wieder ans Tageslicht gekommen. Die Reisenden auf den gegenüberliegenden Bahngleisen ahnen nichts von den Katakomben unter ihren Füßen, sie fahren wohl zu ihren Familien, in Urlaub oder warten auf die Ankunft von Menschen, die sie lieben. Neugierig blicken einige zu uns herüber oder auf uns hinab – was machte das schon für einen Unterschied.

Mir wäre dieser Transportzug früher auch nicht aufgefallen, weißgetünchte Fensterscheiben, vergittert, ein speziell präparierter Personenzug. Wahrscheinlich hätte ich ihn für einen Paketwagen oder einen Geldtransport gehalten. In diesem Sinn hätte ich auch die bewaffneten Polizisten gedeutet.

In winzigen Kabinen sitzen jeweils vier Frauen. Sie stoßen fast mit den Knien aneinander, so eng ist es. Eine fünfte steht noch dazwischen – in diesem Falle ich. Es ist heiß und stickig. Die hochgekrempelten Ärmel geben den Blick auf tätowierte

Frauenarme frei. Diese hier haben alle einschlägige Knasterfahrung und reden darüber, als sei es die selbstverständlichste Sache der Welt, daß man mal wieder »eingefahren« ist. Sie scheinen voller Wiedersehensfreude auf Hoheneck. Ich krieg' Angst.

»Nun haben Sie das Schlimmste doch hinter sich. Jetzt kommen Sie erst mal nach Hoheneck, da wird's Ihnen bessergehen. Sie werden dort alle ihre Zellengefährten wiedertreffen, dort können Sie auch an drei verschiedene Adressen schreiben. Ein Kino gibt es auch. Na, und eines Tages werden Sie dann Bundesbürgerin sein.«

Aber ich hab' doch noch fast 3½ Jahre!

»Nur Geduld, es besteht dort auch die Möglichkeit auf eine vorzeitige Entlassung. Sie kriegen das schon mit, wenn Sie erst mal dort sind. Also hören Sie, man bemüht sich sehr um Sie von der anderen Seite, aber die Türen werden von innen aufgetan. Von außen kann man nur anklopfen. Erfahrungswert ist: die Hälfte der Haftzeit! So gesehen haben Sie doch schon fast die Hälfte abgesessen. Sie werden sehen, die Zeit vergeht dort schnell . . . Tun Sie Ihre Arbeit und versuchen Sie, nicht zu sehr aufzufallen, das könnte unsere Verhandlungen erschweren . . . Schreiben Sie mir, wenn Sie Ärger kriegen. Wir werden uns wohl nicht wiedersehen. Alles Gute, viel Glück!«

Abschiedsrede meines Anwalts in der U-Haft.

»Gewicht . . . Größe . . . Blutdruck . . . Röntgenbild . . ., na, ist soweit alles in Ordnung. Jetzt krempeln Sie mal den Ärmel hoch, keine Angst, bloß eine Tetanus-Injektion. Was haben Sie denn ausgefressen? Hetze, aha, vier Jahre? Hm, na ja, die Zeit vergeht hier schnell. Is was, fühlen Sie sich nicht wohl? Legen Sie sich nen Augenblick hier her. – So, fertig, – war's denn so schlimm?«

Merkwürdige Vorstellung, da hat dieser Mann jahrelang studiert, müßte soviel gehört und gesehen haben . . . und führt dann seine Arztpraxis in einem Gefängnis, wo so viele seiner Berufskolleginnen aus politischen Gründen einsitzen. Er ist etwas undurchsichtig, aber man spürt fast so etwas wie Sympathie für unsereinen durch.

»Strafgefangene Krumm! Haben Sie Ihre Sachen alle zusammengepackt? In jedes Stück Ihren Namen eingestickt? Unterschreiben Sie!«

6 Hemden, 10 Schlüpfer, 4 Paar Strümpfe, 2 Strumpfhalter, 2 Hosen, 1 Rock, 1 Jacke, 1 Pullover, 1 Paar Schuhe. Mit meiner Unterschrift bürge ich dafür, daß ich das Eigentum der Haftanstalt sorgsam behandeln und es bei meiner Entlassung vollständig zurückgeben werde. Die ersten Tage Hoheneck sind schon rum. Hier in der Eingangszelle waren wir noch von den anderen Gefangenen separiert, waren außer beim Arzt bei den Effekten gewesen, hatten den Eltern mit wenigen Zeilen mitteilen müssen, daß sich die Anschrift geändert hat. Nun wurden wir unserem Arbeitskommando zugeteilt.

»Kommse mit.« Mit meinem Bündel auf dem Rücken stolpere ich hinter einer »Wachtel« her, deren Uniform sie als Unterleutnant ausweist. Über eiserne Treppen, die engen Gänge entlang an zig Zellentüren vorbei. »Hier rein.«

Vor mir sitzt Frau Oberleutnant K. in all ihrer körperlichen Fülle und wirft mir beim Eintritt einen kritischen Blick zu. Meine Akten liegen vor ihr. Sie ist über mich im Bilde. Sie wirkt gehemmt, kann mir nicht in die Augen gucken. »Strafgefangene Krumm, wie stehen Sie zu Ihrer Straftat?« Sie wird meine »Erzieherin« sein, und ich will ihr vergebliche Resozialisierungsbemühungen ersparen. Ich wußte, daß es auch hier politische Seminare gibt, die das sozialistische Bewußtsein stärken sollen. »Ich hab' keine begangen.« »Na, na –«, sie wird barsch, »der gesellschaftliche Schaden, den Sie angerichtet haben, wiegt schwerer als wenn einer nur geklaut hat, das kann man wenigstens wieder gutmachen.« So gesehen hat sie recht. Wir haben einander nichts zu sagen.

»He, ein Zugang«, ruft eine Stimme aus, noch bevor die Oberleutnant die Zellentür hinter mir zugeschlossen hat. »Kannst dich neben mich legen, ich bin Assi ... lesbisch bin ich auch.« Das ist Rappel. Ihren richtigen Namen habe ich nie erfahren. Ich glaube, sie hatte ihn selbst schon vergessen. Von alleine wäre ich auch nie drauf gekommen, daß sie eine Frau ist. Klein, formlos (brustlos), kurzhaarig, sehr tiefe Stimme. Sie ist eines der Hohenecker Originale. 17 Jahre hat sie hier verbracht. Fast die Hälfte ihres Lebens. Immer kleckerweise. Wegen Arbeitsbummelei (sprich »asoziale Lebensführung«, im Fachjargon »Assi«) und kleineren Diebereien. Mit ihr legt man sich besser nicht an, werde ich gewarnt, sie kann einem das Leben sonst zur Hölle machen. Läßt man sie in Ruhe, ist sie Kumpel. Die Zelle ist ein großer Raum mit weißgetünchten Wänden, die Decke ein wenig gewölbt, dunkle Holzdielen, zwei vergitterte Fenster, die zu ebener Erde auf den Freihof (Innenhof) führen. Sechs eiserne Doppelstockbetten, zwei Tische, für jede einen Stuhl, das ist das ganze Mobiliar. Je zwei teilen sich einen Schrank. Durch eine Tür gelangt man in den Waschraum – Steinfußboden, an zwei Wänden entlang durchgehende rotbraune Waschbecken, die wie riesige Futtertröge aussehen.

»Nun rauch erst mal eine.« Ute bietet mir eine Zigarette an. Sie hatte sich mit einem Plakat vor der Berliner Mauer aufgebaut, auf dem sie ihre Übersiedlung in die BRD forderte – mit Verweis auf die Helsinki-Konferenz und die Charter der Vereinten Nationen, die auch die DDR ratifiziert hat – 4½ Jahre wegen Hetze ... Zwei andere sitzen wegen Republikflucht.

Auch ich erzähle meine Geschichte, deren Konsequenz mich in diese Haftanstalt geführt hat. Wo fing sie eigentlich an? Vielleicht in der 8. Klasse mit meiner Weigerung, der Gesellschaft für Deutsch-Sowjetische Freundschaft beizutreten. Ich wollte mich doch bloß nicht zu etwas zwingen lassen, das erklärtermaßen freiwillig war. Um mehr ging es doch nicht. Daß dann später in der Berufsschule daraus der Vorwurf des Antisowjetismus abgeleitet wurde, war doch absurd. In den nunmehr mißtrauischen Augen der Lehrer wurden kritische Fragen zur Provokation und zum Beweis meines »mangelnden Klassenstandpunktes«. Drei nervenaufreibende Jahre! Mit ständigen Angriffen, heftigen Diskussionen immer »Alle gegen einen«; fast der Rausschmiß aus der Schule kurz vor dem Abitur wegen eines Aufsatzes mit pazifistischen Ideen! Und als Höhepunkt – ich erfuhr es erst Jahre später – eine Kaderakte (die einen überall hin begleitet), in der potentielle Arbeitgeber eindrücklich vor meinem Renegatentum gewarnt wurden. Damit waren die Weichen für mein weiteres Leben gestellt. Nach neun Monaten Arbeitslosigkeit bekam ich endlich eine Stelle als Sachbearbeiterin (da war meine Kaderakte zu spät gekommen), aber – mit einem Chef, der mir private Briefe aus dem Schreibtisch stahl und sie zum MfS brachte. Da hatten sie es schwarz auf weiß, daß ich mich mit einem französischen Brieffreund in Bulgarien treffen wollte. Es folgten Verhöre, stundenlange ... mit Drohungen und Unterstellungen, ich wolle »abhauen«. Der Personalausweis wurde mir abgenommen. Und immer die ständige Überwachung, die Hausbewohnerin mit dem offensichtlichen Auftrag, mich auszufragen. Als dann immer mehr Freunde bei Nacht und Nebel zu mir geschlichen kamen, um mir anzuvertrauen, daß »man« sie aufgefordert hätte, den Kontakt zu mir abzubrechen – unter Androhung von Sanktionen – und ich dann die Arbeit wieder verlor, reichte es mir. Ich fing an, Anträge auf Übersiedlung nach Westdeutschland zu stellen. Bei der ev. Kirche bekam ich eine Arbeit als Hilfskinderpflegerin und war dort weitgehend sicher vor staatlichen Repressionen. Meine Ausreiseanträge wurden abgelehnt. In meiner Verzweiflung schrieb ich alles, was ich erlebt hatte, auf und schickte den Bericht an eine Stelle in Westdeutschland, die ich fälschlicherweise für eine Unterorganisation der UNO hielt. Dieser ausführliche Bericht war gewissermaßen als Begründung für mein Anliegen gedacht, denn ich hoffte, daß diese Organisation mir bei meinen Bemühungen um eine Übersiedlung in die BRD helfen könnte. – Kurze Zeit danach wurde ich verhaftet und erfuhr erst dann, daß dieser Bericht in einer westdeutschen Zeitung abgedruckt worden war – ohne mein Wissen und Wollen. So paradox es auch klingt, ich empfand fast Erleichterung nach der Verhaftung.

Insgesamt sind wir acht Frauen in der Zelle. Außer Rappel und uns vier Politischen noch ein lesbisches Pärchen, die beide wegen Diebstahls und Prostitution hier sind, und Reni, die Zellenälteste, die gleichzeitig Bandleiterin (Vorabeiterin) auf Arbeit ist. Reni ist schon viele Jahre hier. Sie ist eine von den »Langstrafern«. Angeblich hat sie ihren Verlobten erschlagen. Neben ihr schlage ich schließlich mein Bett auf, d. h. ich »baue« es, wie das hier heißt. Von jetzt an gehöre ich zum Kommando ELMO II.

»Achtung, die Spätschichten fertig machen zur Freistunde und Arbeit«, tönt es aus dem Lautsprecher. In der Zelle wird es geschäftig, denn das Kommando betrifft auch uns.

Jacken (ausgediente Uniformjacken, aller Rangabzeichen entledigt) werden angezogen und vorschriftsmäßig zugeknöpft, obwohl es Hochsommer ist. Zigarettenpäckchen verschwinden in Hosentaschen. Eine von uns schnappt eine große Blechkanne, in die man uns in der Küche Malzkaffee einfüllen wird, den wir mit auf die Arbeit nehmen werden. Die Tür wird aufgeschlossen, eine nach der anderen trotten wir raus und stellen uns in Zweierreihen genau an einer imaginären Linie auf. Reni macht die Meldung: »Frau Unterleutnant, ich melde, Kommando ELMO II mit acht Strafgefangenen zur Freistunde, Essen und Arbeit angetreten.« »Danke, ablaufen!« Dann werden wir auf den Freistundenhof »rausgeschlossen«.

Der Hof ist von den dreistöckigen Gebäuden U-förmig umgeben. Eine ganze Länge nehmen die Arbeitsstätten, die Küche und der Speisesaal ein. Die sprichwörtlichen Tüpfelchen auf diesem U bilden die Bürogebäude. Hier tritt ungebeten niemand ein. Und wer es doch tut oder gebeten wird, vor dem hütet man seine Zunge. Das Auge des Gesetzes blickt auch hier noch auf uns, und die staatlichen Organe honorieren Entgegenkommen mit Pluspunkten, die zu vorzeitiger Entlassung führen können.

Andererseits hat selbst hier noch mancher für ketzerische Reden mit »Nachschlag« gebüßt.

Von der Küche her breiten sich penetrante Gerüche über den Hof aus. »Heute gibts wieder tote Oma«, meint Rappel – und die kennt sich aus. Das Gericht ist tatsächlich so delikat, wie sein Name es verspricht: gekochtes Blut – eine Hoheneker Delikatesse! Zum Glück sind auch hier Delikatessen eine Seltenheit. Als wir nach einer Stunde auf dem Hof in den Speisesaal »einlaufen«, haben wir Gelegenheit, die Delikatesse zu verschmähen.

Pünktlich 15 Minuten vor Arbeitsbeginn holt uns eine »Wachtel« vom Tisch weg und schließt uns zur Arbeit runter. Hier wird in alle Richtungen geschlossen: rein, raus, hoch und dieses Mal runter.

Im Keller unter dem Speisesaal befindet sich der Betriebsteil des VEB Elektromotoren Grünhain, dem auch ich fortan in neunstündigem Arbeitseinsatz bei der Planerfüllung helfen werde. Ich werde das im Drei-Schichten-System tun und mindestens an zwei Samstagen im Monat eine Sonderschicht »fahren«. Diese ist zwar freiwillig, aber wem es an Freiwilligkeit mangelt, der muß mit empfindlichen Strafen rechnen. Wir steigen eine steile, nur notdürftig beleuchtete Treppe hinunter. Es stinkt nach Öl, Schmutz und Moder. Wir gelangen in einen kleinen Vorraum, in dem mit Werkzeugteilen gefüllte Container herumstehen und der sich als unser Umkleideraum erweist. An den schmuddeligen Wänden befinden sich rostige Haken, an denen die Arbeitskleidung hängt. Jedes Stück wird vor dem Anziehen gründlich ausgeschüttelt, um möglichen Kakerlaken den Garaus zu machen. In meiner neuen Kluft sehe ich aus wie ein Storch im Salat, aber auf Paßform kommt es hier nicht an. Einige fingern Geräuschschutzwatte aus den Hosentaschen und stopfen sie sich in die Ohren. Noch ein

Käppi auf den Kopf und die Haare drunter gesteckt – wegen des Unfallschutzes, fertig.

Die eigentliche Werkhalle gleicht einem größeren Luftschutzbunker, kein Fenster, keine Entlüftung, abgestandene Luft; im Sommer ist es hier stickig, im Winter eiskalt.

Bohrmaschinen aller Größen und Drehmaschinen sind über den ganzen Raum verteilt. Besonders an der alten russischen will keiner arbeiten. »Wenn du mal so alt wirst, wie diese Maschine ist, kannste froh sein. Und gefährlich ist sie auch. Schon ein paarmal hat sich ein Werkstück beim Drehen gelöst und ist wie ein Geschoß durch die Halle geflogen, so viel an meinem Kopf vorbei.« Reni zeigt ungefähr 20 cm zwischen den Händen. Als alle Maschinen laufen, ist ein Höllenlärm, gegen den selbst Gehörschutzwatte nicht viel ausrichten kann. Unsere zwei Meister und deren Chef sind von der Sorte Mann, die unser Verlangen nach dem anderen Geschlecht eher dämpfen. Sie sind von ihrem Betrieb hierher abgestellt worden, und vermutlich bekommen sie einen Gefahrenzuschlag für ihre Arbeit. Sie verlassen ihre Meisterbude nur, um Maschinen für unsere Arbeit einzurichten und die Arbeitsgänge zu erklären oder Qualitätskontrollen zu machen. Ob Vorschrift oder Verachtung hinter ihrer oft unfreundlichen Art steckt, ist unerfindlich.

Hier werden Rohteile für Elektromotoren weiterverarbeitet. Ich lande an einer großen Bohrmaschine und muß Löcher in Kupplungsscheiben aus Grauguß bohren. Der feine Metallstaub setzt sich auf der Haut und in der Lunge fest. Die Normen sind hoch, aber angeblich die gleichen wie im Betrieb draußen. Doch das erscheint uns unwahrscheinlich.

Die Arbeit bei ELMO ist die schwerste und schmutzigste im Strafvollzug, aber sie bringt auch einige Vorteile mit sich. Wir erhalten »Sonderverpflegung«, d.h. etwas größere Rationen, und verdienen mehr als der Durchschnitt der anderen Gefangenen, die Damenstrümpfe herstellen oder Bettwäsche nähen für »Neckermann«. Um die 100 Mark im Monat verdienen wir, wohingegen andere oft nur 20 oder 30 Mark haben. Gewöhnlich geben wir (die Politischen) Gleichgesinnten, die weniger verdienen, etwas ab, oder unterstützen Neuankömmlinge, bis sie das erste Geld kriegen. Das Beste aber ist, daß wir jeden Tag nach der Arbeit duschen können, ein Vergnügen, das alle anderen Gefangenen nur einmal in der Woche haben.

Unser Verdienst wird am Ende des Monats in kleinen Papierscheinen ausgezahlt. Mit solchem Papiergeld haben wir als Kinder »Kaufladen« gespielt. Jetzt setzen wir es in Kekse, Zigaretten oder Kosmetikartikel um, oder was immer das kleine Geschäft, das im hinteren Teil des Speisesaales eingerichtet ist, zu bieten hat. Oder wir kaufen frischgebrühten HOMO. Das Devisensparprogramm der DDR trieb seltsame Blüten. Man brachte einen »Kaffeemix« auf den Markt, mit »40% hochwertigen Kaffeesurrogaten«. In Großbetrieben und Küchen durfte lt. staatlicher Anweisung nur noch dieser Mixkaffee ausgeschenkt werden. Also bekamen auch wir »Honeckers Mokka« (HOMO) - auch »Erichs Krönung« genannt.

Was es im Kino gibt, weiß keiner genau vorher. Trotzdem gehen die meisten von uns jeden zweiten oder dritten Sonntag hin, um Bekannte oder Freundinnen aus den anderen Kommandos zu treffen, Infos oder Zärtlichkeiten auszutauschen. Der Kinosaal befindet sich im oberen Stockwerk. Dichtgedrängt schieben wir uns die breite Turmtreppe hoch.

Es ist mein erster Kinobesuch, ich kenne niemanden, den ich treffen kann. Aus dem Fenster hat man einen weiten Blick ins Land. Sanfte, bewaldete Hügel, Getreidefelder, kleine Dörfer, das Gebirge, aus dem jahrhundertelang Erz geschürft wurde. »Bist du die Helgard?« fragt mich eine hübsche Blondine um die Vierzig. »Mensch, dich hab' ich mir ganz anders vorgestellt.« Es ist Martina, eine Zellennachbarin aus der U-Haft. Wir hatten uns nie gesehen, uns nur durch Klopfzeichen verständigt. Sie ist schon lange vor mir hergekommen. Ihr Mann sitzt in Cottbus in der Haftanstalt. Beide haben zweieinhalb Jahre, weil sie versucht haben, mit gefälschten Pässen nach Österreich durchzukommen. Nun erfahre ich, daß sie auch ihren Bruder verhaftet hatten, um ihm Mitwisserschaft anzuhängen – aber man hatte zum Glück keine Beweise, und er kam nach drei Monaten U-Haft wieder frei. Ihr Schwiegervater wurde aus dem Betrieb entlassen, nachdem er sich geweigert hatte, den Kontakt zu ihr und seinem Sohn aufzugeben. »Sonst geht's so . . . Wir müssen durchhalten. Hauptsache, wir überstehen es gesund«, sagt sie, dann beginnt die Filmvorführung. Es läuft ein Farbfilm über die Naturschönheiten Neuseelands.

»Es ist nicht erlaubt, Ihre Eltern zu umarmen, nur Handschlag, und kein Wort über den Fall oder die Haftanstalt, sonst wird der Sprecher sofort abgebrochen.« Die Ermahnungen der Oberleutnant im Ohr, betrete ich das Besucherzimmer, das sich im Bürotrakt befindet. Für diese eine Stunde sind die Eltern fast zwei Tage unterwegs gewesen – wegen schlechter Zugverbindungen. Alle zwei Monate eine Stunde! Auf der anderen Seite des breiten Tisches zwei verweinte, verbitterte Gesichter. Sie sind alt geworden in den letzten Monaten. Die Hausdurchsuchung, die stundenlangen Verhöre haben an ihnen gezehrt. Sogar die Schreibmaschine wurde eingezogen – das »Tatwerkzeug«, mit der das »Verbrechen« begangen wurde. »Aber du hast doch gar nichts verbrochen«, sagt die Mutter. Frau Oberleutnant, die uns zur Seite sitzt, weiß es besser: »In diesem Staate kommt niemand grundlos hinter Gitter!« Wir sitzen einander gegenüber, verlegen wie ein Liebespaar, das sich nichts sagen kann, weil es belauscht wird. Ich versuche die Eltern zu trösten, deute vorsichtig die Hoffnung auf vorzeitige Entlassung und Übersiedlung an – aber für sie zählen nur die Fakten: Noch über drei Jahre! »Mir brauchst du nichts zu erzählen, ich war auch zwei Jahre in Kriegsgefangenschaft«, sagt der Vater. Dort ging es ihm dreckig, und ich möchte nicht, daß sie meinen, es erginge mir hier genauso schlimm. »Es geht mir relativ gut«, sage ich, aber ich wirke nicht überzeugend, da sie wissen, daß ich nicht frei reden kann. »Und viele Grüße sollen wir bestellen von . . . und . . . und . . . von Tante Marie aus Bonn, Onkel Klaus aus München . . .« Ich habe keine Tante Marie und auch keinen Onkel Klaus, aber wer immer sie sind, ich bin dankbar, daß sie den Eltern beistehen. »Die Geschenke sind von Tante Regina – sie ist vor kurzem nach Würzburg umgezogen.« Seife, Schokolade, Hautcreme . . . von Regina, sie hatte es also geschafft und Wort gehalten. »Macht euch nicht zu viele Sorgen – die Zeit vergeht hier schnell«, gebe ich den Eltern mit auf den Heimweg.

Grüße von Regina! Sie hatte sich also tatsächlich mit meinen Eltern in Verbindung gesetzt. Wir waren zusammen in einer Zelle in der U-Haft gewesen. Sie war lange vor mir nach Hoheneck gekommen, ich hatte sie hier auf dem Freihof wiedergetroffen. Regina war eine unverwüstliche, lustige junge Frau – mit ihr kam nie Traurigkeit auf. Wir hatten uns gegenseitig erzählt, wie es bei unseren Gerichtsverhandlungen zugegangen war, und dabei festgestellt, daß wir dieselbe Staatsanwältin gehabt haben müssen: die verbissene Physiognomie, scharfzüngige Phrasen, die hilflos laute Stimme, wenn sie sich durch eines unserer Argumente provoziert fühlte, die roten Haare und dazu das feuerwehrrote Kostüm. Regina und ihre Freundin wurden schon verhaftet, als sie erst einmal von einem böhmischen Hügel aus nach einem möglichen Fluchtweg spähen wollten. Sie zitierte die Staatsanwältin: »Besonders erschwerend ist der Umstand, daß die Tat in einer Gruppe begangen wurde und unter Ausnutzung des visafreien Reiseverkehrs mit der CSSR.« »Das hätt' ich eher wissen sollen, daß man ab zwei Personen schon eine Gruppe ist«, meint sie, »dann hätten wir doch bei der Bahn immer Gruppenermäßigung kriegen müssen. Und wie hätten wir eigentlich sonst in die Tschechei kommen sollen – vielleicht über die grüne Grenze?«

Es schien tatsächlich ausgesprochen schwierig zu sein, eine einfache Straftat zu begehen, z. B. eine Republikflucht; immer fand man irgendwelche Umstände, die sie »besonders schwerwiegend« machte. Entweder man hatte den visafreien Reiseverkehr mißbraucht, war eine Gruppe, hatte sich ein Visum erschlichen (nach Bulgarien). Man hatte seine Kinder bei der Flucht dabei und sie somit größten Gefahren ausgesetzt, oder man hatte sie nicht dabei – um sie eben keinen Gefahren auszusetzen –, dann hatte man sie vernachlässigt und sich egoistisch verhalten. Hatte man eine Zange bei sich, dann lasteten sie einem einen »terroristischen Anschlag auf die Staatsgrenze« an. Oder man hatte sich hinterlistig und heimtückisch Urlaub geben lassen und das Vertrauen der Arbeitskollegen mißbraucht. Es gab immer irgendwelche Gründe, die die Tat besonders unmoralisch und verabscheuungswürdig machten und das Strafmaß erhöhten.

Wir erinnerten uns, daß wir in der U-Haft ein Buch gelesen hatten von Kurt Tucholsky. Es kann nur durch Unkenntnis des Inhalts in die Gefängnisbibliothek geraten sein. Tucholsky beschreibt darin Fälle aus seiner Gerichtsreporter-Praxis und ironisiert die gleiche Art der paradoxen Argumentation bei den Prozessen, z. B. den Fall eines kleinen Einbrechers, dem als besonders schwerwiegend und straferhöhenden Tatbestand vorgeworfen wird, daß er die Tat im Schutze der Dunkelheit begangen hatte! Auch sein Vorschlag, sich lästige Gerichtsverhandlungen doch am besten gleich zu sparen und der Einfachheit halber den Beschuldigten auf einer Postkarte mitzuteilen, welches Strafmaß sie »Im Namen des Volkes« erhalten, fanden wir sehr praktikabel. Von einigen Schöffen war durchgesickert, daß sie bei politischen Prozessen nichts zu sagen hätten und die Höhe des Strafmaßes vom Staatssicherheitsdienst »vorgeschlagen« wird – also schon vor der Verhandlung feststeht. Mir ist auch kein Fall bekannt, bei dem eine Berufung eine Strafminderung eingebracht hätte.

Regina staunte nicht schlecht, als ich ihr mein Sündenregister offenbarte. Hatte ich doch – so unsere Staatsanwältin – »den Entspannungsgegnern Material in die Hände gespielt, womit sie die DDR erpressen und den Kalten Krieg schüren konnten«. Auch die »friedliche Koexistenz zwischen den Völkern« hatte ich gefährdet mit meiner »verleumderischen Hetze«. »Na, dafür, daß du den Weltfrieden in Gefahr gebracht hast, bist du doch mit deinen vier Jahren noch gut bedient«, meint sie. Sie hatte schon ein Jahr von ihren 1,6 Jahren rum. Zwei Tage später war sie weg.

James und Daisy sind zweifellos die legendärsten Figuren von Hoheneck. Niemand hatte sie jemals zu Gesicht bekommen, es gab keine verläßlichen Anzeichen für ihre Existenz – und dennoch waren wir davon überzeugt. Unsere Fantasie kreiste ständig um die beiden. Wir wollten wissen, hinter welchem Fenster des Bürogebäudes sie ihre Schreibtische hatten. Von ihnen hing unsere Zukunft ab. Wir stellten uns vor, wie sie aussehen würden. James würde alle äußeren Anzeichen eines typischen Stasi-Beamten haben: Kurze, gepflegte Haare, korrekte Bügelfalte, sportliches Hemd, keine Krawatte. Je nach Wetterlage würde er in Wind- oder Lederjacke zur Arbeit kommen. Und Daisy, seine Sekretärin, würde höchstwahrscheinlich ungeschickt geschminkt und zickig sein, mit Klamotten aus dem Exquisit-Laden.

»Bei James hat die ganze Nacht das Licht gebrannt.« Eine solche Nachricht löste regelmäßig erwartungsvolle Spannung unter den Politischen aus. Man wollte wissen, daß James in solchen Nächten unsere Akten fertig machte – fertig für unseren Transport in den Westen. Je länger das Licht gebrannt hatte, desto größer mußte der Transport sein.

Es gab noch andere angeblich verläßliche Zeichen für einen Transport. »Bei den Effekten haben sie Sachen gepackt« oder »In der Krankenabteilung haben sie Akten gezogen«. Das sicherste Zeichen waren tatsächlich die Effekten, aber die Fenster waren dort wohlweislich verhangen, und die dort Arbeitenden waren alle »Lebenslängliche«, die riskierten nicht für einen von uns ihren Job. Einer wollte immer etwas gesehen oder gehört haben – todsicher! Und so flammten immer wieder hartnäckige Transportgerüchte auf. Und wenn sie wieder verloschen waren, dann ging tatsächlich und völlig unerwartet wirklich einer. Ohne erkennbares System, in Abständen von zwei Wochen bis drei Monaten. Von den Maschinen weg, aus dem Bett oder aus dem Speisesaal – wo immer sich die Auserwählten befanden, wurden sie plötzlich abgeholt. Meist blieb nicht einmal Zeit für ein »Auf Wiedersehen«.

Brief: Du Zweimillimeteröffnung der Tür zur Welt, du bist angekommen!

Dabei war es zuerst nur eine Postkarte, und beinahe hätte ich sie der Oberleutnant auch noch zurückgegeben, weil ich meinte, sie wäre nicht für mich!

Ich kannte keine Blanche Jenkins, die mir da aus einer englischen Stadt Grüße schickte. Doch es war mein Name, die Anschrift, alles stimmte!

Das konnte nur jemand von »amnesty international« sein. Aber wie in aller Welt war die Karte zu mir gelangt, wo doch jede Post, die nicht von den offiziell genehmigten 3 Schreibadressen kam, einbehalten wurde? Es mußte ein Versehen gewesen sein. Aber es konnte auch bedeuten, daß ich die Schreiberlaubnis mit England erhalten hatte. Ich hatte einen guten Freund in London, und um mit ihm in Verbindung bleiben zu können, hatte ich unsere Freundschaft kurzerhand zu einer Verlobung aufgewertet und die Schreiberlaubnis mit ihm beantragt. Das war drei Monate her; und tatsächlich kam auch kurz darauf der erste Brief von ihm an. »Erinnerst Du dich«, schrieb er u. a., »an den Schriftsteller, von dem Du mir einmal erzählt hast? Er läßt dich herzlich grüßen.« Nach kurzem Nachdenken fällt mir ein, daß ich ihm bei einem Treffen mal von Rainer Kunze erzählt hatte. Dann mußten die Grüße von ihm sein! Aber das war doch unmöglich, der kannte mich doch gar nicht, wie sollte denn ...

Es blieb ein Rätsel, das ich erst nach meiner Haftentlassung lösen konnte. Aber dieses Rätselhafte machte den Umstand, daß er mir Grüße schickte, noch aufregender und schöner.

Ich kenne inzwischen eine Menge der Politischen, und wo

immer – ob im Speisesaal, auf dem Freihof oder im Kino – ich eine Frau von ihnen treffe, erzähle ich davon, und alle freuen sich, denn Grüße von Kunze und »ai« gelten in gewissem Sinne uns allen.

»Oh, wie will ich triumphieren, wenn sie dich zum Richtplatz führen«, schmettert Steffi mit tiefer Stimme durch den Raum. Sie ist Operettenkennerin und hat den größten »Unterhaltungswert« von allen. Sie ist guter Laune und verteilt Zwiebelquark auf Knäckebrot.

Die Zwiebel im Quark dokumentiert ihre guten Beziehungen zur Küche. Wir sind in eine neue Zelle verlegt worden und nur noch zu fünft (der Rest der ehemaligen Crew ist entlassen oder schon in Westdeutschland) – ein entspanntes, angenehmes Klima. Steffi hat schon 6 Jahre wegen »Prosti« und Diebstahl »runtergerissen«. In den sächsischen Metropolen hat sie ihr Unwesen getrieben, und wenn sie in guter Stimmung ist, erzählt sie im lieblichen Dialekt ein paar ihrer Jugendstreiche. Einmal hatte sie mit zwei Freunden am hellichten Tag, mitten in der Hauptgeschäftszeit, einen Laden für exquisite Damenmoden beklaut. Als Dekorateure getarnt, hatten sie in aller Ruhe die Schaufenster ausgeräumt und waren mit den Sachen verschwunden. Keiner der Verkäufer hatte auch nur den leisesten Verdacht geschöpft. Dann trieb sie es aber auf die Spitze, indem sie in einem der Modellkleider zwei Tage später in die Oper ging, die diesem Laden gegenüberliegt. Jemand erkannte das Kleid. Für diese Dreistigkeit büßte sie in Hoheneck. Ihr Leben schien voll von verwegenen Abenteuern, die sich alle lustig anhörten, wenn sie sie zum besten gab – aber eigentlich steckte dahinter ein tragisches Schicksal. Sie hatte früh geheiratet und war dann mit zwei kleinen Kindern sitzengelassen worden. Keine Stelle fühlte sich zuständig für ihre Probleme – kein Krippenplatz war zu kriegen, der Unterhalt blieb aus – sie geriet in Schulden und ging schließlich auf den Strich. Eine weitere Ehe ging schief, mittlerweile hatte sie fünf Kinder zu versorgen, sie landete wieder beim alten Gewerbe und wieder in Hoheneck. Das erzählt sie nur mir, nachts, wenn wir noch im Waschraum eine Zigarette rauchen. Dann hört es sich überhaupt nicht mehr lustig an, da kommen Dinge wie »Sinnhaftigkeit« und »Zukunft« ins Spiel – und ihre Bilanz ist traurig. Ihre Kinder waren ihr alle weggenommen und zur Adoption freigegeben worden, sie weiß nicht von einem, wo es sich befindet. Sie hat Angst vor der Entlassung und der Einsamkeit. Und – was ich viel zu spät bemerke – sie ist leidenschaftlich in mich verliebt und leidet, weil ihre Liebe nicht erwidert wird. »Ich hasse die Männer. Versprich mir, daß du sie ausnimmst, wenn du rauskommst«, forderte sie von mir.

Das Orakel von Hoheneck. Es fällt mir tatsächlich erst auf, als mir jemand das Gerücht erzählt. Die wilden, lockigen Haare, der starre Blick, die Hakennase, das meckernde Lachen – tatsächlich. Reni verfügt über alle klassischen Merkmale einer Hexe. »Sie kann Geister anrufen«, munkelt man. Die Möglichkeit, einen Blick in die Zukunft zu tun, ist wohl für jeden Menschen faszinierend. Für uns, deren Zukunft besonders ungewiß ist, ist das ganz besonders verlockend. Orakeln ist strengstens verboten, aber eines Tages haben wir Reni breitgeschlagen. Natürlich sind wir nicht abergläubisch, nur neugierig. Wir wollen sehen, woran wir nicht glauben können. Nach der nächsten Spätschicht soll es losgehen. Alle nötigen Utensilien haben wir in der Zelle: eine Schere, schwarzen Zwirn und ein dickes Buch. Das dickste verfügbare Buch war die Bibel. Bei diesem Gedanken wird es mir doch mulmig, und ich frage vorsichtshalber: »Reni, glaubst du an Gott?«, und obwohl sie wahrscheinlich lügt, als sie »ja« sagt, bin ich etwas beruhigt und tröste mich mit meiner Zuschauerrolle. Daß wir die Bibel überhaupt in der Zelle haben, ist Zufall. Wie sich viele Menschen erst in Notzeiten auf Gott besinnen – so besann sich auch Vera auf ihn, bestellte und erhielt schließlich die Bibel. Aber dann, nachdem sie schon ein paar Seiten darin geblättert hatte, passierte irgendeine dumme Sache mit einem ihrer Söhne draußen. Er war wohl aus dem Heim ausgebüchst und wollte an die Grenze. Das konnte Vera dem lieben Gott nicht verzeihen, sie strafte ihn mit Verachtung und lieferte die Bibel wieder ab (so kam es, daß ich Abrahams weitverzweigte Sippe nur bis ins dritte Glied kennenlernte). Aber zu dieser Zeit haben wir die Bibel noch.

Wir verhalten uns wie immer. Um keinen Verdacht zu erregen, schlüpfen wir ins Bett, bis draußen das Licht ausgeschaltet wird. Punkt zwölf wollen wir uns alle um den Tisch im Waschraum versammeln. Reni hat als einzige eine Uhr und wird uns Bescheid geben. Wir haben aus alten Blechbüchsen, Margarine und Schnürsenkeln ein paar Kerzen gemacht, die sollen die Szene beleuchten. Bald ist es soweit. Reni will alleine sein und sich konzentrieren. Ich husche noch schnell zu ihr in den Waschraum, um Zähne zu putzen. Es ist eine geradezu unheilvolle Stille . . . Plötzlich öffnet sich leise knarrend das angelehnte Fenster. Ich werfe einen Blick über die Schulter zu Reni und erstarre. Da steht sie – mit wildem Blick, die Stirnadern sind angeschwollen, der Schweiß perlt wie von großer Anstrengung auf ihrem Gesicht. »Reni«, frage ich, »war das dein Vater?« Sie nickt ganz verkrampft. Wachsbleich und mit zitternden Knien schleiche ich in die Zelle zurück. Um Mitternacht versammeln wir uns alle um den Tisch im Waschraum. Die Schere mit den Schneiden in die Mitte des Buches gesteckt, der Zwirn – Abrakadabra zwölf Mal in die eine Richtung um Buch und Scherengriff gewickelt – zwölf Mal in die andere – nur die Scherengriffe gucken noch raus. Reni legt einen Scherengriff auf ihren ausgestreckten Zeigefinger – Steffi tut dasselbe mit dem anderen Griff. Das Buch schwebt jetzt frei, niemand berührt es. Reni hatte den Geist ihres verstorbenen Vaters gerufen. »Vati, bist du da?« fragt sie zaghaft. Da beginnt sich das Buch zu drehen. »Bist du links von mir?« Keine Reaktion. »Rechts?« Heftige Drehung. Uns stockt das Blut in den Adern. »Werde ich begnadigt werden?« Drehung. »Wann?« 1979 . . . 80 . . . 81 . . . Reni zählt noch ein paar Jahre auf, bevor sich endlich was bewegt. Sie ist geknickt, sie hatte gehofft, es würde eher sein. »Vati, hier neben mir sitzt die Helgard, eine Kameradin von mir, sie möchte dich gerne was fragen, willst du ihr antworten?« Er will! »Sie möchte gerne wissen, ob sie mit einem Transport in den Westen kommen wird.« Sofort erfolgt eine heftige Drehung. Dann zählt sie die Monate auf ... bei März beginnt sich was zu regen, und bei April schwenkt das Buch ganz weit aus. Noch 4 Monate! Auf diese Weise erfragen alle ihre »Termine«. Wir fragen noch, ob es eine Amnestie geben wird. Die Reaktion ist so heftig, daß das Buch beinahe auf die Erde fällt. Im Oktober nächsten Jahres, wie erwartet, zum »Tag der Republik«. Dann fragen wir nach Freundinnen. »Und Elvira, kommt sie rüber?« Zaghaftes Ja. »Wann?« Reni zählt die Monate und ist schon beim Sommer des übernächsten Jahres, erst dann kommt die Drehung. »Aber das heißt doch – dann ist doch ihre Haftzeit lange abgelaufen! Wird sie denn noch mal in die DDR entlassen?« Ein deutliches Ja als Antwort. Ich erzähle Elvira nie davon, sie ist sowieso in einer schlechten Verfassung und rechnet mit dem Schlimmsten. Es ist schon so schwer genug, ihr immer wieder Mut zu machen.

Ich gehe tatsächlich im März auf Transport, die Amnestie kommt wie vorhergesehen, doch alle – auch Elvira – werden in die DDR entlassen, und sie kann erst im Sommer darauf mit ihrer Familie nach langem Behördenkampf übersiedeln.

»Was sind die vier größten Feinde des Sozialismus?« ging die scherzhafte Frage in der Bevölkerung, und wer sie noch nicht kannte, dem wurden sie genannt: Frühling, Sommer, Herbst und Winter. Der Winter 1978/79 ist ein besonders schlimmer Feind. Monatelanger Frost mit viel Schnee. Im Lande werden die Kohlen knapp und rationiert. Die Eltern heizen nur noch einen Raum. Die Zeitungen sind voll von Berichten über Initiativen der Werktätigen, die trotz der extremen Witterungsverhältnisse um die Planerfüllung kämpfen. Arbeiter aus dem Braunkohletagebau, die – in dicke Wattejakken und Fausthandschuhe gemummt – vor dem Förderturm für ein Foto postieren, versprechen, ihr Letztes zu geben.

Unsere Heizungen sind zum Glück immer heiß, können

aber den großen Raum nur notdürftig temperieren. Wann immer wir können, liegen wir auf den Betten und hüllen uns in Decken ein. Nur die Köpfe gucken noch raus. »Leiden ist ungefähr das einzige zuverlässige Sprengmittel für den Schlaf des Geistes«, lese ich im Regenkönig.

Alle haben Angst vor Weihnachten. Mein zweites hinter Gittern. In der U-Haft hatte ich es ganz allein verbringen müssen. Doch diesmal kommt es noch schlimmer.

Die ev. Kirche und die Regierung bemühen sich zu dieser Zeit um ein besseres Verhältnis zueinander, und eine der Auswirkungen war es wohl, daß am Heiligen Abend für uns ein Gottesdienst mit einem Bischof sein sollte. Nicht, wie sonst im Kinosaal, sondern im Kulturhaus der Polizei, das außerhalb der Haftanstalt, etwa 150 m vor dem Gefängnistor, liegt. Ein aufwendiger Neubau, in dem das Wachpersonal gelegentlich lautstarke Feste feiert und dann betrunken und grölend heimzieht.

Jeder, der sich für den Gottesdienst angemeldet hat, wird am Nachmittag in den Bürotrakt gebracht und kontrolliert. »Machen Se mal die Taschen links – Schuh ausziehen!« Auf dem Tisch bildet sich ein Haufen von kleinen bunten Geschenken, die nun ihren Empfänger nicht mehr erreichen werden. Unsere Namen werden aufgerufen. Dieser Willkür entsprechend, müssen wir uns in Viererreihen aufstellen. Dann belehrt uns ein Wachmann lautstark, wie der Weihnachtsspaziergang zu verlaufen hat: »Wir gehn jetzt rüber zum Kulturhaus. Kein Wort auf dem Weg oder zu dem Pfarrer. Wer sich muckst, geht sofort zurück. Bei Fluchtversuch wird geschossen. Los jetzt!« Die schweren Tore werden geöffnet. Da sehen wir, daß sie einige Dutzend Polizeiposten aufgeboten haben zu unserer Bewachung. Sie bilden ein Spalier bis zum Kulturhaus, jeder von ihnen hat die MP schußbereit, viele von ihnen haben noch einen Wachhund an der Leine. Wir laufen fast fluchtartig durch das Spalier von kläffenden Hunden. Die 150 m kommen uns wie Kilometer vor.

Im Saal werden wir plaziert und erhalten jeder ein Gesangbuch. Wir sind ca. 150 Frauen, in der Mehrzahl Politische. Der Bischof ist ein Mann mittleren Alters, hager, sympathisch. Die Betroffenheit über unseren Anblick steht ihm ins Gesicht geschrieben. Wir sind zweifellos der jämmerlichste Haufen, vor dem er je die Weihnachtsbotschaft verkündet hat. Zögernd, fast stockend, beginnt er die Predigt, er kann seine Bewegtheit nur schwer verbergen. Wir tun uns gegenseitig leid. Er stimmt ein Lied an, aber fast allen versagt die Stimme, die Melodie geht beinahe in unterdrücktem Schluchzen unter. Nach dem Segen taumeln wir wieder in Viererreihen zurück. Auch auf dem Rückweg wird niemand auf der Flucht erschossen.

»Frö - hö - liche Weihnacht überall, tönt es durch die Lüfte, froher Schall.« Am liebsten möchten wir den Lautsprecher von der Wand reißen. Abstellen kann man ihn nicht. Steffi hat den Weihnachtstisch gedeckt. Ein Bettuch als Tischdecke, für jeden von uns hat sie eine kleine Figur gebastelt - einen Nikolaus, einen Schornsteinfeger, ich habe einen Engel. Jede Figur trägt eine winzige Schokoladentafel. Auch eine Knasttorte hat sie »gebacken« - aus Zwieback, Früchten, eine Creme aus Pudding, Milch und Butter zusammengerührt, garniert mit Schokoladenstreuseln und Pralinen. In der Mitte prangt ein großer Weihnachtsmann - auch Steffis Werk. Der Leib aus Vorlagen, die um eine Flasche gewickelt sind, ein roter Putzlumpen von der Arbeit ist sein Mantel geworden. Apfelgesicht, Wattebart, Mütze und Rucksack - ein Meisterwerk der Improvisation. Da steht er und lächelt uns an. Bis auf Steffi haben alle ein Weihnachtspaket bekommen - der Tisch ist voll von Süßigkeiten und Lebkuchen, sogar an Servietten haben die Angehörigen gedacht. Ich gucke in die brennenden Kerzen auf dem schönsten Weihnachtstisch, den ich jemals sah. »Also heißer wird der Kaffee nicht mehr.« Jemand holt die Blechkanne von der Heizung, mit dem Kaffee, den wir am Vortag gekauft und tassenweise eingefüllt hatten. »Wer heulen muß, der geht in den Waschraum«, wird vereinbart. So beginnen wir unsere Weihnachtsfeier. Jede soll eine fröhliche Geschichte erzählen – aber wir kommen nicht weit. Barbara fängt zuerst an. »Das Lied hat letztes Jahr meine Tochter unterm Tannenbaum gesungen«, erinnert sie sich und weint los. Da können wir die Tränen auch nicht mehr zurückhalten – an die Abmachung mit dem Waschraum denkt keine mehr.

Um uns aufzuheitern, gehen wir schnell zur Bescherung über. Steffi fällt mir – sichtlich bewegt – um den Hals und bedankt sich, als ob ich ihr einen Diamantring geschenkt hätte, dabei war es nur eine Schachtel westlicher Hautcreme. Die Stimmung bessert sich. Wir erzählen doch noch Geschichten – da geht plötzlich die Tür auf, und vor uns steht die Oberleutnant. »Strafgefangene, ich habe eine unangenehme Neuigkeit für Sie. Ihr Kommando wird aufgelöst. Sie werden morgen ELMO I und ELMO III zugeteilt. Packen Sie Ihre Sachen zusammen und machen Sie den Verwahrraum sauber.«

Inge, die zu ihrer Mutter »nüber« will, und mich trifft es. Wir kommen nach ELMO III, dem berüchtigten Mörderkommando. Alle Proteste helfen nichts. Steffi hat vor Wut über unsere Trennung noch den Spiegel im Waschraum zerschlagen – am 1. Weihnachtsfeiertag ziehen wir, unser Bündel auf dem Rücken, den Weihnachtsmann unterm Arm, um, in die Zelle mit dem schlimmsten Ruf von Hoheneck. In diesem Kommando haben fast alle lebenslänglich – bis auf zwei junge Frauen, die wegen Hetze bzw. Fluchtversuch hier sind und sich wie Kinder freuen, daß sie Verstärkung bekommen. Hier spürt man die Kluft zwischen den Politischen und den »Krimis« am deutlichsten. Der Konflikt ist vorprogrammiert. Er ergibt sich hauptsächlich aus dem Umstand, daß die Frauen, die schwerste Verbrechen begangen haben, auch die Posten bekleiden, die es ihnen erlauben, uns innerhalb der Zelle oder auf Arbeit Anweisungen zu geben oder uns herumzukommandieren. Weil sie eine gewisse Macht über uns haben, fühlen sie sich uns moralisch überlegen – selbst hier noch wirkt der bekannte Mechanismus. Wir empfinden es als pervers und demütigend, uns von einer Kindesmörderin vorschreiben zu lassen, wie wir unsere Sachen im Schrank zu verstauen haben: gestapelt, 30 cm lang die Außenkante – und die Betten: messerscharfe Kanten, keine Falten. Zwar sind dies Vorschriften der Anstalt, deren Einhaltung bei gelegentlichen Zellendurchgängen kontrolliert und mit Plus- oder Minuspunkten für Ordnung und Sauberkeit benotet werden. Ein Langstrafer muß viele solcher Pluspunkte sammeln, wenn er auf vorzeitige Entlassung spekuliert. Aber es ist noch mehr: ein guter Platz bei diesem »Sozialistischen Kampf um die sauberste Zelle« erfüllt sie mit echtem Stolz! Es ist der verzweifelte Versuch, dem sinnentleerten, eintönigen Leben durch Einhaltung von äußeren Normen und übertriebener Ordnung eine trügerische Sinnhaftigkeit zu geben. Es scheint auch eine Substitution für Heimatgefühl zu sein – da, wo mein exakt gebautes Bett steht, meine akkurat gestapelte Wäsche im Schrank ist, der Fußboden blitzt und die Zahnputzbecher poliert sind, da fühl' ich mich zu Hause.

Wir jedoch wollen uns hier nicht häuslich einrichten oder niederlassen. Wettbewerbe interessieren uns nicht. Wir warten nur auf unseren Transport. Wir widersetzten uns, so gut es ging, der Forderung nach faltenlosen Bettdecken und freiwilliger Arbeitsnormenübererfüllung. Manche Krimis fühlen sich auf eine uns unverständliche Weise hier zu Hause, und uns betrachten sie wohl als ungebetenen Besuch, der sich nicht den Gepflogenheiten des Hauses entsprechend benimmt.

Hin und wieder flackern kleine Gefechte zwischen den Fronten auf. Als meine neue Bandleiterin, die, so munkelt man, ihr Neugeborenes in der Waschmaschine umgebracht haben soll, mich eines Tages auf der Arbeit anfährt, ich sei zu lange auf dem Klo gewesen und solle gefälligst arbeiten, explodiere ich. Es kommt zu einem Schlagabtausch heftiger Worte, bei dem sie zwangsläufig unterliegen muß. Heulend rennt sie schließlich weg – ich war so unanständig gewesen, sie daran zu erinnern, daß sie aus gutem Grunde in Hoheneck ist. Im allgemeinen entspannt sich die Situation jedoch. Wir sind zahlenmäßig fast gleichstarke Parteien – das Verhältnis spielt sich zunehmend auf eine Art »friedliche Koexistenz« ein. Wir haben unseren eigenen Tisch in der Zelle, wo wir – eine »Viererbande« – drumhocken, Karten spielen, Briefe schreiben oder wie auch immer die Zeit totschlagen und ansonsten allen Angriffen oder Schicksalsschlägen gemeinsam trotzen.

Das neue Jahr hat schon begonnen. Wir waren recht gut »reingerutscht«. Für den Silvesterabend hatten wir schon Wochen vorher einen Fruchtwein angesetzt. In einer alten Blechkanne Kompott gesammelt, dazu in einem Stückchen Nylonstrumpf ein paar Stückchen Brot getan und das ganze auf einem Schrank auf der Arbeit versteckt. Der Sauerteig sollte – so hofften wir – die Vergärung in Gang setzen, und als wir am Silvesternachmittag heimlich die ersten Schlucke probieren, stellen wir mit Befriedigung fest, daß er das auch getan hat. Es ist zwar mehr ein Rumtopf herausgekommen, der außerdem auch noch abscheulich schmeckt, aber wir konsumieren ihn trotzdem und bilden uns ein, daß er seine Wirkung tut. Das Licht blieb bis nach Mitternacht an, und aus dem Lautsprecher tönten seichte Schlager und Poppiges. Aufkommende Sentimentalität versuchten wir wieder gleich von vornherein abzublocken, indem wir uns Zöpfchen flochten, Bändchen ins Haar steckten oder uns mit Lippenstift Herzchen auf die Backen malten und in der Zelle herumsprangen. Was sich jede für sich selbst und die anderen in dieser Nacht für 1979 wünschte, war klar.

Mein 25. Geburtstag würde ein ganz besonderer Tag werden, hatte ich mir immer vorgestellt. Irgend etwas ganz Tolles müßte geschehen oder mir gelingen. Die erlangte Freiheit wäre eine solche Wende gewesen. Aber statt dessen ist es ein Tag wie jeder andere, ein ganz gewöhnlicher Winter- und Arbeitstag. Oder doch nicht. Als wir am Mittag von der Arbeit kommen und unsere Runden auf dem Freistundenhof drehen, wo wir immer andere Kommandos treffen, erhalte ich viele Glückwünsche. Aus einem Zellenfenster ruft mich jemand. Es ist Monika, ein sehr nettes Mädchen, das in der U-Haft in die Zelle neben mir eingeliefert wurde. Ich hatte ihr damals sehr trickreich beigebracht, wie man sich mit Klopfzeichen verständigt und durch das Klobecken miteinander sprechen kann. Angst, Unwissenheit und das Gefühl, allein zu sein, bedrükken einen Neueingelieferten am meisten in der fremden, feindseligen Umgebung und werden gerne von den Vernehmern ausgenutzt, um Geständnisse zu erpressen oder einen »Gesinnungswechsel« herbeizuführen, der mit rascher Haftentlassung (in die DDR) honoriert wird. Der Kontakt zu Mitgefangenen, die nötige, wichtige Informationen geben können, und die Solidarität machen stark gegen solche Versuche.

Jetzt wirft sie mir, in einem Moment, in dem das Wachpersonal nicht guckt, ein flaches Päckchen aus dem Fenster zu. Es landet auf einer Schneewehe. Ich nehme und verstecke es hastig unter meiner Jacke. In der Zelle packe ich es aus. Es ist ein himmelblaues, herzförmiges Kissen, umrandet mit einer weißen Rüsche. Dazu ein Gedicht von Hesse: »Seltsam, im Nebel zu wandern . . .« Beides so herrlich unschuldig, daß ich mir die Tränen verdrücken muß. Ich versuche, die Botschaft des Gedichtes zu ergründen. »Jeder ist allein«. Es ist ein schönes Gefühl zu bemerken, wie wenig das auf meine Situation zutrifft. Ich hatte das große Glück, im Gefängnis Menschen zu begegnen, mit denen mich echte Zuneigung verband. Und es handelt sich dabei nicht nur um die zweifelhafte Solidarität, die durch den Druck der Umstände erzwungen worden ist. Nicht nur der Wille zu überleben trieb uns zu einem einmütigen Haufen zusammen, wir waren wirklich einmütig, und einige der damals geschlossenen Freundschaften dauern bis heute an.

Meine alte Freundin Steffi hatte es irgendwie geschafft, mir eine Knasttorte in die Zelle zu bringen, garniert mit Pralinen, auf denen kleine Zettel klebten: Rom, London, Paris . . . An der Geburtstagstafel auf meinem himmelblauen Kissen sitzend, drei nette Geburtstagsgäste, ein Stück Zwiebacktorte vor mir und dem Schildchen »London« auf dem Tellerrand, verstehe ich, daß dies doch ein besonderer Geburtstag ist.

Einen Vorteil hat es immerhin, in ELMO III zu sein. Wir haben die netteste und menschlichste »Erzieherin« – Hauptmann H. Sie ist eine große, ältere Frau von kräftiger Statur und mit immer roten Backen und freundlichem Gesicht. Sie ist so was wie die »big mama« von Hoheneck.

Wie es ihr gelungen ist, ihr Gemüt in dieser Umgebung zu bewahren, weiß ich nicht. Sie scheint sich über jeden ankommenden Brief oder jedes Paket mitzufreuen und beeilt sich, die Post sofort »zuzustellen«. Während andere oft eine Woche oder länger warten müssen, bis sie ihre Post ausgehändigt bekommen, rennt sie uns förmlich hinterher und sucht uns, wenn uns jemand was geschickt hat. Auf der Arbeit, auf dem Freihof – sogar unter der Dusche steckt sie uns Briefe zu.

Einmal holt sie mich von meiner Bohrmaschine weg. »Kommen Sie mal mit, ich hab' was für Sie« – sie zwinkert vielversprechend mit den Augen. Im Vorraum, auf der Umkleidebank, steht ein keines Paket – aus London. Sie mußte in meinen letzten Brief an meinen »Verlobten« einen Paketschein gelegt haben! Inzwischen sind wir von den anderen umringt, die neugierig gucken. »Nun schauen Sie schon rein«, sagt sie und scheint aufgeregter zu sein als ich. Unter allgemeinem »Oh« und »Ah« hole ich Handcreme und Zahnpasta – die auf englisch verspricht, den Zahnverfall zu stoppen – und einen Pralinenkasten ans Licht.

»Was ist denn das nur?« – Auf jeder Praline klebt ein kleiner blauer Knuddel. Wir probieren jeder eine und rätseln. »Also irgendwoher kenne ich den Geschmack!« Dann kommen wir drauf: Es schmeckt so, wie Veilchen riechen. Es sind kandierte Veilchen!

»Aber das kann ich Ihnen nicht geben.« Die Hauptmann hält ein Fläschchen Parfüm-Spray hoch. »Alle Druckbehälter sind hier verboten.«

Wir bestaunen die hübsche Flasche mit der goldgelben Flüssigkeit.

»Nun riechen Sie doch wenigstens mal dran!« Die Hauptmann zieht die knallrote Kappe von der Flasche und sprüht über uns hinweg, bis wir alle in eine Parfümwolke gehüllt sind. In unseren dunklen, ölverschmierten Arbeitsanzügen stehen wir da und duften wie eine Gruppe Teenager, die zur Disco gehen will. Insgeheim muß ich schmunzeln, denn ich ahne, warum ich ausgerechnet dieses Parfüm geschickt bekommen habe – es trägt den Namen »Rebel«.

Seit wir die Hauptmann als »Erzieherin« haben, die es mit der vorgeschriebenen 2-kg-Begrenzung für ein Paket nicht so genau nimmt, versuchen wir unsere Angehörigen aufzumuntern, doch etwas mehr reinzupacken. »Ihr müßt nicht mit der Briefwaage nachwiegen«, schreiben wir. Aber der einzige, der diesen Wink mit dem Zaunpfahl richtig verstanden hat, ist Uschis Verlobter in West-Berlin.

Eines Tages kommt die Hauptmann wutschnaubend und hochrot vor Zorn in die Zelle gestürmt. »Also, so geht das nicht! So nicht!« fährt sie uns in ungewohnt heftigem Ton an. »Das ist ja kein Paket mehr – das ist ein Ochse! Zehn Kilo – das kann man ja kaum tragen.«

Sie winkt Uschi aus der Zelle. »So, jetzt suchen Sie sich zwei Kilo davon raus, der Rest wird zurückgeschickt.« Als Uschi zurückkommt, hat sie aber doch den ganzen »Ochsen« in der Hand. Ihr Verlobter hat uns eingedeckt mit Badelotion, Kosmetikzeug, Schokolade und Lebensmitteln, sogar Tomaten und eine Frucht, die wir nicht kennen und die wir wie ein Naturwunder bestaunen: es ist eine »Kiwi«.

Vielleicht bahnte sich das Ende meiner Haftzeit schon Monate vorher an – zurückblickend erscheint es mir so. 15 Monate hatte ich schon hinter mir, aber langsam verließen mich die Kräfte – dabei hatte ich immer soviel davon gehabt.

Oder es war eine Reihe von beunruhigenden Ereignissen, die besonders an meinen Kräften zehrte.

Ich hatte es mit den Meistern verdorben, und mir wurden vermehrt die unangenehmsten Arbeiten zugeteilt. Wochenlang mußte ich Grate von Werkstücken feilen. Die Feilen waren ungefähr einen halben Meter lang und so schwer und unhandlich, daß ich ständig den Krampf in den Fingern hatte und die Hände voller Blasen. Aber noch mehr hat mich ein Ereignis aus ganz unerwarteter Richtung fast aus dem Gleichgewicht gebracht. Mit uns arbeiteten immer zwei Frauen, die nicht in meiner Zelle lagen. Sie waren recht exzentrische Erscheinungen und eigentlich ein Liebespaar, jedoch von so unkontrollierter Heftigkeit und Leidenschaft, daß sie sich ständig zankten und prügelten.

Deshalb war jede für sich in einer Absonderungszelle. Wir hatten kaum Kontakt zu ihnen. Die jüngere von beiden, ein hochaufgeschossenes, überschlankes Mädchen mit kahlgeschorenem Kopf, wirkte ziemlich schnoddrig und unsensibel.

An einem Tag weigerte sie sich, an einer Maschine zu arbeiten, die besonders laut war. »Dann stecken Sie sich doch Gehörschutzwatte oder Ohropax in die Ohren«, lautete der pragmatische Rat des Meisters.

»Das kann ich nicht«, meinte sie darauf. »Dann hör' ich mein Herz immer so schlagen, das halt' ich nicht aus!« Eine Antwort, die mich traf.

In der Wand, an der mein Bett steht, ist ein kleines Fenster mit einer Metallklappe, die man von draußen öffnen und durch die man zu uns in die Zelle gucken kann. Sie wird nicht mehr benützt, weil, wer sie hochhebt, bestenfalls einen guten Blick auf mich hat – mehr nicht. Eines Morgens, es ist noch Nachtruhe, weckt mich ein seltsames Klappern. Als ich die Augen aufschlage, sehe ich, wie mich durch diese Luke ein Gesicht mit großen Augen anguckt, und noch ehe ich voll wach bin, ruft eine Stimme von draußen »Mensch Helgard«. Wir sind beide erschrocken voreinander, und es dauert ein paar Sekunden, eh' ich begreife, was die Stimme noch sagt: »Es geht ein Transport . . . die haben uns hier auf dem Gang eingeschlossen und holen uns gleich wieder.« Ich kann gerade noch alles Gute wünschen, da fällt die Klappe wieder zu, eine schroffe Stimme gibt Befehle, dann entfernen sich Schritte.

Das kann doch nicht sein! Silvia war doch erst Monate nach mir verhaftet worden und hatte sogar noch ein halbes Jahr mehr als ich. Ich wäre doch noch vor ihr drangewesen!

Die lassen mich hier sitzen bis zum letzten Tag, die ganzen vier Jahre – ohne Pardon. Das ist alles, woran ich denken kann an diesem Tag.

»Is was mit dir? Du siehst so bleich aus«, fragt Inge besorgt, nachdem wir aufgestanden sind. Ich kann kaum gerade stehen, es ist mir, als ob das ganze Inventar um mich herum schwankt. Schwarze Flecken tanzen vor meinen Augen.

»Komm, leg dich wieder hin«, ordnet sie an. Uschi, die noch Reserven aus ihrem Ochsen-Paket hat, reißt hastig eine Schachtel »Mon cheri« auf, schneidet die Pralinen entzwei und füllt sorgfältig den Alkohol daraus in ein kleines Glas. Den muß ich trinken. Die Geste tut mir wohler als der Fingerhut voll Brandy.

Trotz allem lande ich in der Krankenstation. Mein Blutdruck ist fast gar keiner mehr, stellt man fest – und steckt mich zur Beobachtung für ein paar Tage ins Bett. Erst dort spüre ich das ganze Ausmaß an Erschöpfung. Die angespannte Situation in den letzten Monaten, der Schichtdienst, das Zuwenig an Sauerstoff und Bewegung, kein ungestörter Schlaf . . . und die Aussicht auf weitere zweieinhalb Jahre unter diesen Bedingungen . . .

Die Zelle ist leer, als ich wieder zurückgebracht werde. Die anderen sind noch auf Arbeit. Wie still das hier sein kann! Ich räume gemächlich meine Wäsche wieder in den Schrank und finde plötzlich einen Zettel.

»Liebe Helgard . . . nun gehst Du wohl auf Transport und wir sehen uns nicht noch mal. Hoffentlich findest Du diesen Brief . . . Wir wünschen Dir alles Gute und hoffen, daß wir uns alle in der Freiheit wiedersehen. Vergiß uns nicht.«

ELMO III hat mich wieder.

Am Sonntagnachmittag spielen wir gewöhnlich Skat. Ilse, eine ältere Frau, die noch wegen NS-Verbrechen sitzt, ist mit von der Partie. Wir sind so in unser Spiel vertieft, daß wir zuerst gar nicht merken, was sich dicht neben uns abspielt.

Wir haben eine Neue in der Zelle. Sie liegt im Bett, weil sie an Liebeskummer leidet. Die, der ihre – unerwiderte – Liebe gilt, sitzt bei ihr am Bettrand und tröstet sie flüsternd.

Plötzlich steht sie auf, geht ganz langsam zur Tür und klingelt nach einem Wachtposten. In der Hand hält sie eine blutige Glasscherbe. »Die hat versucht zu schnippeln«, meint sie, erstaunlich ruhig.

Erst da gucken wir zu der Neuen und sehen, daß sie unter der Bettdecke hastige Bewegungen in der Halsgegend macht. »Mensch, die macht weiter«, schreit jemand und reißt ihr die Bettdecke weg. Da sehen wir, daß sie sich mit einem spitzen Glasstück im Hals bohrt. Aus einem großen Loch blubbert dunkles Blut. Zwei stürzen sich auf sie und versuchen, ihr die Scherbe abzunehmen. Wir rennen zur Tür und klopfen wie wild und rufen nach Hilfe. Endlich kommen ein paar »Wachteln«, und mit vereinter Kraft schleifen sie das Mädchen raus, das sich heftig wehrt und wie besessen mit den Fingern in der Wunde bohrt, die immer mehr aufreißt.

Uns schlackern die Knie. Uschi ist fast ohnmächtig. Eine ganz Couragierte zieht das Bett ab und wischt die Blutstropfen vom Boden auf, die eine Spur vom Bett zur Tür bilden.

»Scheiße!« schimpft eine laut. »Die hat uns den ganzen Sonntag versaut.«

Selbst wenn man sich das Ereignis 1000mal vorgestellt, sich ausgemalt hat, wie es sein würde – wenn es dann tatsächlich eintrifft, ist es doch immer anders als erwartet. Und obwohl man ständig darauf gewartet hat, kommt es letzten Endes doch unverhofft.

Plötzlich geht das Licht an – das vertraute Geräusch des Schließens, noch bevor ich richtig aufgewacht bin, steht die Oberleutnant im Raum und kommandiert: »Strafgefangene

Krumm! Ziehen Sie sich an und packen Sie Ihre Sachen, in fünf Minuten komm' ich wieder, da sind Sie fertig!«

Wie erstarrt sitz' ich im Bett und kapier' überhaupt nichts. Erst als die anderen aus ihren Betten springen und aufgeregt anfangen, meine Sachen aus dem Schrank zu reißen und sie auf eine Decke werfen, die sie hastig auf dem Boden ausgebreitet haben, und mich anfeuern »Na los, mach schon, zieh dich an!«, laß' ich mich langsam vom Bett rutschen.

Unter mir liegt Inge, mit dem Gesicht zur Wand. Als ich sie vorsichtig rüttle und sie frage: »Inge, hast du das gehört?«, dreht sie sich langsam rum, und ich sehe, daß sie gar nicht schläft, sondern weint. »Ich wußte es«, sagt sie, »jetzt läßt du uns hier allein!«

»Weißt du die Adressen noch?« werde ich gefragt. Und noch während ich mich notdürftig wasche und mich anziehe, sage ich noch mal alle Anschriften von Verlobten, Müttern und Eltern auf, die ich sofort verständigen werde, sobald ich drüben bin.

Es bleibt kaum Zeit für eine Umarmung – schon steht die Oberleutnant wieder in der Tür. »Kommse jetzt; Beeilung!« Ich werfe mein Bündel über die Schulter und geh'. »Ihr habt's auch bald geschafft«, kann ich noch zurückrufen – dann fällt die Tür hinter mir ins Schloß.

Anmerkung: Der Beitrag von Helgard Krumm ist kein O-Tonband-, sondern ein von ihr verfaßtes Gedächtnisprotokoll.

Bettina Gilek

Bettina Gilek wurde am 19. Juli 1959 in Erfurt geboren. Von 1961 bis 1966 lebte sie mit ihren Eltern in Oberhof/Thüringen, die sich 1964 scheiden ließen. 1966 zog sie mit ihrer Mutter nach Erfurt zurück, wo sie bis 1976 die Polytechnische Oberschule besuchte. 1969 heiratete ihre Mutter einen Mitarbeiter der SED-Kreisleitung Gotha. Im September 1976 begann Bettina Gilek eine Facharbeiterausbildung als Serviererin im Interhotel »Erfurter Hof« in Erfurt, die sie 1978 erfolgreich abschloß. Am 25. Oktober desselben Jahres heiratete sie den Musikstudenten Ronald Gilek. Beide versuchten fünf Tage später durch einen nächtlichen Einstieg in den abgestellten Interzonenzug Leipzig–Stuttgart aus der DDR zu fliehen. Das Vorhaben scheiterte jedoch schon im Anfangsstadium und endete mit der Verhaftung der beiden und anschließenden Festsetzung in der Kripo-U-Haft in Leipzig. Vierzehn Tage später folgte ihre Überführung in die U-Haftanstalt der Bezirksverwaltung Dresden des MfS, wo sie bis zum Prozeß vor dem Bezirksgericht am 5. und 6. sowie am 12. April 1979 verblieben. Bettina Gilek wurde wegen »Ungesetzlichen Grenzübertritts« zu zweieinhalb Jahren Freiheitsentzug verurteilt. Ihr Mann erhielt fünf Jahre, weil in seinem Falle noch eine sog. »Landesverräterische Nachrichtenübermittlung« vorlag. Am 29.April 1979 brachte man Bettina Gilek in die Strafvollzugseinrichtung »Hoheneck«, die sie am 4. Dezember desselben Jahres im Rahmen der Amnestie zum 30. Jahrestag der Gründung der DDR wieder verlassen konnte. Mit ihrem Mann, der ebenfalls amnestiert worden war, kehrte sie nach Erfurt zurück und sollte dort in der Großküche eines VEB als Spülfrau arbeiten, was sie ablehnte. Ihr Mann durfte sein Musikstudium nicht fortsetzen und wurde gleichzeitig von den zuständigen Behörden zwangsverpflichtet, auf einem Hilfsposten im VEB Optima-Schreibmaschinenwerk zu arbeiten.

Dort kündigte er jedoch am 30. Januar 1980 und war fortan als Heizer beim Ev. Kreiskirchenamt Erfurt tätig. Nach mehreren willkürlichen Haussuchungen, kurzfristigen Festnahmen und permanenter Observation konnten beide schließlich am 23. April 1981 in die Bundesrepublik Deutschland ausreisen. Seitdem lebt Bettina Gilek in Hamburg, wo sie im Sommersemester 1982 ein Studium an der Hochschule für Wirtschaft und Politik aufnahm.

Es hat bei mir so, sagen wir, zwei bis drei Jahre gedauert, bis ich mich zur Flucht entschlossen habe, und es fing konkret eigentlich damit an, daß ich meinen Freund kennenlernte, sowie mit Erfahrungen, die ich während meiner Erziehung und in der Schulzeit gemacht hatte. Das ging dann weiter in der Lehre, wo ich diese ganze Cliquen- und Parteiwirtschaft ziemlich hautnah zu spüren bekam. Dadurch kam es auch zu Konflikten im Elternhaus, denn ich konnte mich mit meinem Stiefvater allmählich überhaupt nicht mehr verstehen, merkte ich doch gerade bei ihm, daß eine ruhige Diskussion gar nicht stattfinden konnte, wenn mir was an der Partei und ihren Vertretern nicht gefiel. Und das stellte ich im Laufe der Zeit bei allen Parteigenossen fest, so daß ich mich eigentlich immer mehr absonderte von ihnen und damit von dem System, das sie vertraten und für das ich als Kind eigentlich mal war. Es spitzte sich also alles zu, und mit 18 Jahren war ich mir ziemlich sicher, daß ich in diesem Staat nicht alt werden würde. Mein Freund und ich haben uns dann entschlossen, eine illegale Sache zu machen. Haben aber damit gerechnet, daß es schiefgehen und wir ins Gefängnis kommen können. Ein einschneidendes Erlebnis vor unserer Flucht waren übrigens die Vorgänge während des Pressefestes im Mai 1978 in Erfurt. Wir gingen damals auch zum IGA-Gelände, wo das immer stattfindet, und es kam dort im Laufe des Tages zu Tumulten und Straßenschlachten zwischen Jugendlichen und Polizei,

Staatssicherheitsdienst und Armee. Der Anlaß war, wie immer, ein lächerlich geringer: Jugendliche saßen gemütlich auf einem Rasenstück und hörten einem Konzert zu. Aber das Sitzen auf dem Rasen war eben nicht gestattet, so einfach herumzuliegen gefährdete wohl die öffentliche Ordnung – jedenfalls kamen die Vopos, und zwar mit Hunden. Da haben die Jugendlichen nicht gerade sanft darauf reagiert, und es kam zu einer kleinen Auseinandersetzung zwischen einem Mädchen, das die Szene fotografieren wollte, und der Polizei. Schließlich gabs ein erstes Handgemenge, und plötzlich verbiß sich ein Polizeihund in einen Arm des Mädchens. Schreie, Wut – und schon breitete sich der kleine Vorfall ganz schnell zu einer mächtigen Straßenschlacht aus mit vielen Verletzten und Verhafteten. Diese sinnlose Brutalität war so ein Punkt, der bei uns das Faß zum Überlaufen brachte. Wir wollten weg, nichts wie weg! Versuchten es – und wurden in Leipzig im Interzonenzug verhaftet. Dort wollten wir uns nämlich im Dach eines Waggons verstecken. Aber es kam gar nicht erst zur Ausführung des Planes, denn die Transportpolizei hatte uns schon vorher gesehen und verhaftete uns logischerweise sofort. Zunächst gings in die Kripo-U-Haft in die Leipziger Kästnerstraße. Dort blieben wir zwei Wochen, dann überführte man uns nach Dresden in die U-Haft des MfS. Zwischen beiden U-Haften war natürlich ein großer Unterschied, der mich zuerst mächtig erschreckt hat, denn in Dresden saß ich ca. zwei Wochen lang ganz allein in einer Zelle. Ich war auch schockiert über die primitiven Holzpritschen und über die Totenstille in der Stasi-U-Haft. Nach knapp zwei Wochen wurde ich dann aber mit einer anderen Gefangenen zusammengelegt, und danach habe ich mich eigentlich recht schnell an die neue Umgebung gewöhnt, die eben ganz anders ist als die Kripo-U-Haft, wo es nicht so bedrohlich-geheimnisvoll zugeht. Aber ich wußte nun, wo ich war und mit wem ich es zu tun hatte und habe deshalb versucht, mich entsprechend zu verhalten. Dennoch konnte ich mir nicht verkneifen, mit anderen Häftlingen Kontakt aufzunehmen – und deswegen wurde ich im März

1979 in den strengen Arrest gesteckt. Der war ziemlich schlimm. Es gab nur trockenes Brot zu essen, 3 x täglich 3 Scheiben. Die Zelle, in der ich den Arrest verbüßte, enthielt einen Hocker, der auf dem Boden festgeschraubt war, dunkel gestrichene Wände, und es war unerträglich warm am Tag, nachts dafür unerträglich kalt. Ich bekam natürlich da unten auch nichts zu lesen, mußte den ganzen Tag auf dem Hocker sitzen und wurde auch noch von den Schließern tyrannisiert. Meine Notdurft konnte ich auf einem Kübel verrichten, und ich war wirklich froh, als die drei Tage vorüber waren. Ich habe mich danach auch kaum mehr zu klopfen getraut. Die Staatssicherheit hatte damit im Prinzip erreicht, was sie wollte. Außerdem stand unser Prozeß bevor, der am 5. April 1979 begann und am 12. April mit der Urteilsverkündung endete. Ich erhielt zweieinhalb Jahre, mein Mann fünf, weil er zusätzlich zum Paragraphen 213 auch noch den 99er bekam, der sog. »Landesverräterische Nachrichtenübermittlung« bestraft, was sich im Falle meines Mannes auf einen Brief bezog, in dem er über die schon erwähnten Vorfälle während des Pressefestes in Erfurt berichtete und diesen Brief in den Westen schickte. Nach der Urteilsverkündung landete ich noch einmal für gut 14 Tage bei der Kripo und ging dann am 29. April auf Transport nach Hoheneck. Mittags fing die Reise an: Zuerst wurde gesammelt, dann ab in die Minna, schließlich in den »Grotewohl-Expreß« – ein ganz normaler Personenzug, an den ein Waggon für Häftlinge gekoppelt ist. Der Waggon erinnerte mich an einen Viehtransport: 4 bis 6 Häftlinge wurden in einen eineinhalb m^2 kleinen Raum gepfercht. Man konnte sich wirklich kaum bewegen. So ging's bis nach Karl-Marx-Stadt, wo wir aussteigen mußten. Ich wurde mit einer Frau, die auch eine Politische war, durch Handschellen zusammengekettet, und neben uns lief ein Posten mit Polizeihund. Die Leute auf dem Bahnhof guckten uns natürlich wie sonstwas an. Ich weiß jedoch, daß ich mich überhaupt nicht schämte. Ich war sogar irgendwie stolz, hab' die Leute angeguckt und gedacht: Ihr müßt doch eigentlich sehen, daß ich nichts gemacht habe. Aber schon ging es wieder in eine grüne Minna. Ich hatte zum Glück schon von meiner Schwägerin von Hoheneck gehört und war dadurch ein wenig vorbereitet und dachte mir damals: Nun, es wird eben so sein, wie du es gehört hast. Aber es war so ein Doppelgefühl: auf der einen Seite war mir ganz gruselig zu Mute, auf der anderen Seite wußte ich, es kann eigentlich nur noch vorwärtsgehen. Mit diesen Gedanken bin ich jedenfalls den Berg zur Burg hochgefahren. Dann stiegen wir aus und sahen die Wachteln, die ziemlich brutal waren. Man merkte sofort, daß man so gut wie entmündigt war. Wir kamen dann in die Zugangszellen, und der erste Eindruck, den ich hatte: Ein Gefängnis in ganz mittelalterlichem Stil. Komischerweise aber so, wie ich es mir vorgestellt und auch mal im Film gesehen hatte. Also es schokkierte mich nicht unbedingt. In der ersten Zelle war ich sechs Tage und kam dann ins Kommando. Das war für mich ganz gruselig, weil ich wirklich Angst hatte vor den Kriminellen. Ich mußte ausgerechnet in eine Nachtschicht und kam um neun Uhr früh in die Zelle, wo alles noch schlief. Die ersten Worte, mit denen ich empfangen wurde: »Schon wieder ein neuer Zugang! Und immer in der Nachtschicht!« Die waren also ziemlich aufgebracht, weil sie in ihrer Ruhe gestört wurden. Ich bin dann ganz verschüchtert mit meinem Bündel in meine Ecke gekrochen, legte es ab und hab' mich kaum getraut, das Bett zu machen, geschweige denn einen Mucks zu sagen. Hab' dagesessen wie ein kleines Kind, das man geschlagen hat. Schließlich half mir dann doch jemand und sagte mir, wie der Bettenbau zu sein hätte und daß ich mich hinlegen sollte, weil das Kommando Nachtschicht hätte. Zuvor, um das hinzuzufügen, hatte ich erfahren, daß dieses Kommando Teile an Herrenoberhemden nähte und daß es sich »WKL« nannte: »Wäschekombinat Lösnitz«. Für diesen Betrieb arbeiteten wir quasi als Zulieferer. Die Arbeit war für mich zu Anfang ein ziemlicher Hammer. Ich hatte damals große Angst vor den Normen und lag an diesem ersten Tag im Bett und konnte nicht schlafen, weil ich die ganze Zeit an die bevorstehende

Schicht denken mußte und daran, mit was für Leuten ich wohl zusammenkommen würde. Ich hoffte natürlich auf viele Politische, hoffte darauf, Bekannte aus der U-Haft wiederzutreffen. Solche Gedanken beherrschten mich in diesen Stunden – bis dann die ersten aufstanden und sich wuschen. Langsam kamen die anderen ebenfalls hoch und damit etwas Leben in die Zelle. Man ging in den Waschraum, den ich bis dahin noch gar nicht gesehen hatte. Ich guckte mir aber erst einmal die Leute nur so an. Dann sagte man mir, wo mein Schrank sei, und was mir in diesem Moment auffiel, war, daß die Leute total auf Ordnung bedacht waren. Später stellte sich heraus, daß gerade *die* Kriminellen so ordnungssüchtig auftraten, die draußen am schlampigsten gelebt hatten. Sie wiesen mich gleich auf kastenmäßiges Bettenbauen hin, und in den Schränken nahm alles schon geometrische Zustände an. Ich versuchte mich anzugleichen, nicht aufzufallen und war ziemlich schüchtern, was eigentlich gar nicht so gut war. Dann warf ich einen ersten Blick in den Waschraum und habe mich wirklich sehr erschrocken: Ich sah ungefähr sechs m^2 Grundfläche, zwei Toiletten, sechs Waschbecken und zwei kleine Spiegel. Und das war's auch schon. Von der anderen Zelle waren inzwischen auch schon Frauen gekommen, denn es war nämlich so, daß dieser kleine Waschraum *zwei* Zellen, d. h. 20 Frauen zur Reinigung diente. Es gab deshalb auch, wie ich bald mitbekam, genaue Zeiten, wann sich wer zu waschen hatte. Aber das Schlimmste war für mich der Gedanke: Ach, du großer Gott, jetzt mußt du womöglich mit zehn oder zwanzig Leuten zusammen auf die Toilette gehen. Das hat mich wirklich schockiert, weil ich es als entwürdigend empfand. Und auch anderen Frauen ging es so. Zunächst habe ich mir das deshalb nur angeguckt, und wenn sechs Frauen an den Waschbecken waren, dann mußte man aufpassen, daß man nicht mit seinem nackten Hintern einen anderen störte. Nachdem sich alle zehn Frauen aus der Zelle gewaschen hatten, tauchten die ersten Zwistigkeiten auf, und ich überlegte, wer hier noch eine Politische oder ob überhaupt eine in dieser Zelle war. Es fiel mir nur eine Frau auf, die sehr ruhig auftrat. Die anderen dagegen schienen mir sehr nervös und launisch zu sein. Dann hieß es antreten: Es ging zum Essen. Wir marschierten in den sogenannten »Speisesaal«. Er ähnelte aber mehr einer schlechteren Turnhalle. Es war alles gefliest, und vor den Tischen standen Holzhocker. Eine große Menschenschlange bildete sich vor einem kleinen Loch in der Wand. Und dort gabs in Plasteschüsseln Zuchthausfraß, wie wir später sagten. Es mußte auch ziemlich schnell gehen, denn es waren gerade 15 Minuten Zeit für das Essen. Man mußte sich also in diesen 15 Minuten anstellen, essen, das Geschirr abwaschen und wieder antreten. Deshalb habe ich auch am ersten Tag kaum etwas gegessen, habe mehr beobachtet und sah – als wir den Saal betraten –, daß es bestimmte Leute gab, die erst einmal panisch an diese Essensausgabe rannten, um die ersten zu sein. Das waren meistens, wie sich für mich später herausstellte, die alten Zuchthäuslerinnen, die schon genau auf die Abläufe getrimmt waren. Dann sah ich eine Reihe von Frauen, die alles ziemlich ruhig angingen, als ginge sie das alles gar nichts an. Hier habe ich versucht, mich anzuschließen. Nach diesen 15 Minuten gings zur sog. Freistunde. Die kannte ich ja schon aus der U-Haft. Da war sie allerdings ganz anders: total isoliert. Diesmal Freistunde in einem großen Gefängnishof, man konnte sich unterhalten mit Bekannten oder sich mit Freundinnen treffen, und da schon schönes Wetter war, spielten einige Federball. Das klingt jetzt beinahe wie in irgendeinem Wohnheim, wo man ganz normal seine Freizeit gestaltet. Aber diese kleinen Freizügigkeiten gab's erst seit 1977. Traurig war, daß an Natur nur noch ein einziger Baum auf dem Hof vorhanden war, der schon zu grünen begann. Ansonsten umgaben uns nur Gefängnismauern, und ich hatte außerdem auch noch das Pech, in eine Zelle zu kommen, die zum Gefängnishof hin lag. Andere konnten wenigstens etwas vom Erzgebirge sehen. Ich sah also nur noch Gefängnismauern. Ich ging nun eine Weile hin und her und entdeckte auch recht bald ein paar bekannte Gesichter. Ich rannte gleich hin und traf eine frühere Zellenpartnerin aus der Stasi-U-Haft – eine Zahnärztin, mit der ich acht Wochen zusammengelegen hatte. Wir waren ganz freudig überrascht, daß wir uns gerade in diesem Kommando wiedertrafen, denn wir waren schon in der U-Haft ziemlich gut miteinander ausgekommen. Sie erzählte mir sofort viel von der Schicht und sagte mir, daß ich ruhig bleiben und alles ruhig angehen solle. Nach der Freistunde ging es dann wieder in die Zelle hoch, und die meisten setzten sich hin und schrieben Post, manche lasen auch. In unserer Zelle wurde ansonsten auch viel gespielt: Halma, Mensch, ärgere-dich-nicht, Dame und Mühle usw. Ich setzte mich ebenfalls hin – es waren ja noch vier Stunden bis zur Arbeit – und schrieb meiner Mutter. Nachmittags kam dann die sog. Erzieherin. Sie hieß Witzel und war Unterleutnant. Sie war eigentlich eine relativ hübsche Frau, was deshalb erwähnenswert ist, weil ich sonst nur häßliche Gestalten unter den Wachteln sah. Und sie war auch, wenn ich mich zurückerinnere, die wohl menschlichste Erzieherin. Sie holte mich nun zum Gespräch, stellte sich als meine Erzieherin vor und vergatterte mich, wie ich mich zu verhalten hätte. Im großen und ganzen kam ich mir dabei wie in einem Kindergarten vor. Ich bin dann wieder in meine Zelle zurück und probierte meine Klamotten aus, die ich zugeteilt bekommen hatte. Ich stellte fest, daß ich einiges ändern mußte, was man aber gar nicht durfte und trotzdem machte. Die anderen fragten mich nun allmählich aus – was ich für ein Delikt hätte – hatten es mir aber schon an der Nasenspitze angesehen, denn es wurde meistens gesagt: »Du bist RF!« Ich merkte sofort, daß sie seit diesem Augenblick distanzierter waren. Inzwischen war die sog. Freizeit vorbei, und ich hörte zum zweiten Mal den Lautsprecher quäken: »Andrähden zum Zählabell!« Es war also Zählappell. Das kannte ich ja schon aus der Kripo-U-Haft. Wir mußten uns alle geordnet hinstellen, und die sog. Verwahrraumälteste machte dann die Meldung. Ich kann mich nur erinnern, daß ich mir bei dieser Zeremonie immer das Lachen verbeißen mußte. Etwa eine Stunde später gingen wir zum Abendbrot und um 21 Uhr zur Arbeit. Alle Kommandos wurden durch einen Lautsprecher erteilt. Am meisten mußte ich lachen, wenn die Durchsage kam: »Achtung, Achtung, eine Durchsage! Alle Strafgefangenen machen sich fertig zum Zählappell mit vollständiger Bekleidung!« So ein Quatsch. Es war außerdem auch noch zum Brüllen, weil das alles in diesem Karl-Marx-Städter Jargon rauskam. Dann gings für mich zum ersten Mal zur Arbeit. Und zwar in einen Nähmaschinensaal mit ungefähr 40 Maschinen. Dazu kamen Knopflochmaschinen, und dann gab's auch noch andere Automaten. Ich glaube, Taschenaufnähautomaten. Insgesamt wohl ungefähr 50 Maschinen. Ich bekam eine Nähmaschine zugewiesen und hatte zuvor natürlich noch nie mit einer Nähmaschine genäht. Es gab dann bei der Arbeit die sog. Lenkungskräfte. Die waren an diesem Tag relativ freundlich und zeigten mir die ersten Handgriffe. Zunächst stellte ich mich ziemlich tolpatschig an. Ich erschrak auch, wie manche kaum den Kopf bei der Arbeit hoben und wie die Wilden nähten. Da hab ich mir gedacht, das wirst du nie schaffen – mußte aber anfangen und habe gleich die Maschine kaputtgemacht. Ich hab' so doll draufgetreten, daß der ganze Nadelkopf wegflog. Die anderen lachten natürlich. Ich wußte überhaupt nichts mit mir anzufangen und hab' vor der Nähmaschine gesessen wie eine Blöde. Schließlich kam der Monteur. Wie ich später merkte, wurde er von den Frauen oft gehänselt, weil er nicht gerade der Schönste war. Er reparierte mir jedenfalls die kaputte Maschine, die ich demoliert hatte. Es wurde dann allmählich besser. Aber ich wußte ganz genau: Die Norm schaffst du noch lange nicht! So lebte ich mich langsam in den Gefängnistrott ein. Später bekam ich von der Erzieherin zum ersten Mal Geld: 40,– Mark – Gefängnisgeld. Also bunte Papierscheine: grüne, rote, gelbe. Es dauerte nur einen Tag, da waren 20,– Mark verschwunden. Ich war natürlich erschrocken darüber, denn 40,– Mark waren unwahrscheinlich viel Geld dort. Ich hatte die ja nur deswegen bekommen, weil ich Zugang war und meine Mutter einiges geschickt hatte. Ich stellte das nun also fest und fragte ganz naiv in die Zelle: »Wer hat mir 20,– Mark geklaut?« Das war natürlich schon stark. Ich hätte das viel diplomatischer machen müssen, ich wußte ja noch gar nicht, mit wem ich es eigentlich zu tun hatte. Ich wußte nur, eine der Frauen guckte immer so böse. Ich erfuhr dann später, daß sie wegen Diebstahl saß, und ich bin auch heute noch davon überzeugt, daß sie meine 20,– Mark geklaut hat, die sich natürlich nicht wieder angefunden haben. Aber die Folge davon war, daß ich fortan in dieser Zelle Spießruten laufen mußte. Ich wurde zum Beispiel beim Waschen beobachtet und tat das dann nur noch, wenn alle raus waren aus der Zelle. Wenn ich in die Zelle kam, wurde gekichert. Ich hatte zum Glück in der Zelle noch eine Politische, die mir dann erzählte, daß sie – als ich noch nicht da war – die ganze Zeit drangsaliert worden war. Und nun war ich dran. Im Laufe der Zeit erfuhr ich dann auch, was die einzelnen für Delikte hatten. Die Frau, die über mir lag, saß schon zum dritten Mal – und immer wegen Diebstahl. Schräg gegenüber von mir lag die sog. »Sittenellie«. Die hatte, das kann man sich eigentlich schwer vorstellen, eine Tochter und die pflegte mit ihrem Mann Geschlechtsverkehr. Sie wußte davon und meldete es nicht. Darunter lag eine Frau – eine ganz armselige Kreatur, wie ich immer dachte –, die hatte ihr ganzes bisheriges Leben nur in Heimen und Gefängnissen verbracht und wurde immer nur von einem Knast in den anderen transportiert. Sie war höchstens einmal ein paar Wochen draußen in der sog. Freiheit. Aber dann kam sie wieder zurück. Sie hatte in Hoheneck einen geregelten Tagesablauf und war wohl unfähig geworden, sich woanders zurechtzufinden. Was mir bei ihr besonders auffiel, war der runde Bauch – wie bei einer schwangeren Frau, die im fünften Monat ist. Oder man sieht solche Bäuche auch bei Leuten, die am Verhungern sind. Im Laufe der Zeit bin ich in Hoheneck noch oft Frauen begegnet, die ganz merkwürdige, aufgedunsene Bäuche hatten – die im Grunde also nicht dick waren, sondern das war typisch für die Ernährung dort. Ich hab' sie mal heimlich beobachtet, wie sie acht bis neun Marmeladenbrote verzehrte. Sie hatte auch kaum noch einen Zahn im Mund, was kein Wunder war bei solch einer Ernährung: Brot, Marmelade, Margarine. Jahraus, jahrein. Dann erinnere ich mich an eine Frau aus unserer Zelle, die erinnerte mich immer an den Glöckner von Notre-Dame. Sie hatte einen komischen Spitznamen, aber der fällt mir jetzt nicht mehr ein. Die saß wegen Unterschlagung. Auch war da noch ein ganz harmloses Mädchen. Sie war 19 Jahre alt und saß wegen »asozialem Verhalten«. Aber dann war noch eine in der Zelle, die war der fetteste Happen: Die hatte ihr Kind in eine Hundehütte gesteckt und von weitem zugesehen, wie das Kind zu Tode gequält wurde. Ihr Mann saß auch – in Brandenburg. Sie hatte lebenslänglich. Er fünfzehn Jahre. Der Sohn fünf. Da hing die ganze Familie mit drin. Für mich war alles unvorstellbar. Jedenfalls war klar, daß sie eine Mörderin war. Das war unsere Zelle. Die Politische, die mit mir lag, hatte das gleiche Delikt wie ich: Paragraph 213. Eine nette Frau, 28 Jahre alt und, wie ich schon sagte, sehr, sehr ruhig. Sie sagte kaum etwas, selbst wenn man sie getriezt hat. Sie versuchte, das ganze mit Ruhe zu ertragen. Von Beruf war sie Sekretärin. Aber eines Tages ging sie auf Transport, der erste Transport, den ich in Hoheneck überhaupt miterlebte. Emotional wahnsinnig beeindruckend. Ich bekam zum erstenmal die Atmosphäre mit, wenn ein Transport geht. Aus vielen Zellen schrien Frauen: »Transport! Transport!« Die Leute riefen sich gegenseitig zu, wer auf Transport gegangen und welches Delikt die Glücklichen gehabt hatten. Man versuchte also den jeweiligen Transport gleich zu analysieren. Ich habe Frauen erlebt, die führten direkt Listen darüber, wer wann und wie viele auf Transport gingen. Man führte sogar Listen, wie viele politische Gefangene es in Hoheneck überhaupt gab, die allerdings nicht unbedingt objektiv waren, weil es ja auch einige Frauen gab, die man als Mischtäter bezeichnen mußte. Jedenfalls ging die Margret, und ich war nun die einzige Politische in der Zelle. Seit dieser Zeit lief ich erst richtig Spießruten und hatte keinen mehr, mit dem ich mich richtig aussprechen konnte. Es äußerte sich z. B., wenn ich saubermachen mußte.

Dann wurde befohlen: »Mach da noch und da noch!« Ich wurde wie ein unmündiges Kind behandelt. Hinzu kam, daß ich die Jüngste war und eine Politische dazu. Es wurde jedenfalls von Tag zu Tag unerträglicher. Außerdem lagen in meiner Zelle auch noch die Frauen, die auf der Arbeit ebenfalls das Ruder in den Händen hatten. Z. B. die Vornäherin: Diese Frau war besonders darauf versessen, ihre Haft vorzeitig zu beenden. Es wurde über sie erzählt, daß sie sich zusammen mit ihrem Kind hatte umbringen wollen und daß das Kind gestorben war, sie jedoch überlebte. Dafür hatte sie sechs Jahre bekommen und davon schon die Hälfte abgesessen. Nun wollte sie ihre Haft vorzeitig beenden – war also ein rücksichtsloser Streber, hat jeden verpfiffen, war, wie man so sagt, ein Anscheißer durch und durch. Die hat z. B. Sachen gemeldet, die wirklich gar nicht wichtig waren, auch nicht für ihre vorzeitige Entlassung. Sie hatte mich jedenfalls ziemlich auf dem Kieker, bemängelte ständig meine Arbeit, und auch in der Zelle hatte ich keine Ruhe vor ihr. Es spitzte sich so zu, daß ich die Zelle wechseln wollte, denn ich wußte, daß in der Nachbarzelle die Verhältnisse ganz anders waren. Dort lebten sechs Politische mit vier Kriminellen zusammen. Ich versuchte jetzt, in die andere Zelle zu kommen, was aber sehr schwierig war. Ich sprach deshalb mit der Erzieherin. Aber die sagte mir, daß das nicht so einfach ginge. Es dauerte Wochen und nichts regte sich. Schließlich gab mir eine andere politische Gefangene, die ähnliche Schwierigkeiten gehabt hatte, den Rat, mich bei der Anstaltspsychologin zu melden. Wir haben dann während der Freistunde ein Schreiben aufgesetzt, in dem sinngemäß stand, daß ich fast am Ende sei und daß ich, wenn ich nicht aus jener Zelle käme, kurz vor dem Selbstmord stünde. Ich habe das Schreiben dann abgegeben, und es dauerte auch nicht lange – ca. eine Woche –, da wurde ich plötzlich verlegt: in die Zelle, in die ich wollte. Und dort ging es mir dann auch wesentlich besser. Es gab zwar auch hier Spannungen. Aber das lag einfach daran, daß es, wenn viele Menschen auf einem Haufen zusammen zu leben gezwungen sind, immer Spannungen gibt. Man muß sich nur einmal vorstellen, wenn sieben Frauen in der Zelle ihre Menstruation hatten – und das kam vor –, aber früh hatte man eben nur 30 Minuten Zeit, sich zu waschen, und den Waschraum habe ich vorhin ja schon beschrieben – da kann man sich vorstellen, was sich für Spannungen entwickeln können. Die vier Krimninellen, die wir in dieser Zelle hatten, waren eigentlich recht harmlos. Was die Politischen in der neuen Zelle betraf, so lag über mir eine 44 Jahre alte Diplomhistorikerin und neben mir ein 23jähriges Mädchen. Die hatte Abitur gemacht, dann Sprechstundenhilfe gelernt und wollte Medizin studieren. Beide saßen wie ich wegen Republikflucht. Das Mädchen hatte ihren Verlobten im Westen, die Diplomhistorikerin ihren Mann. Sie war überhaupt eine ziemlich interessante Persönlichkeit. Hatte durch ihren Beruf schon Reisen in den Westen gemacht, und daraus konnte man schließen, daß sie eigentlich mal ziemlich für den Staat gearbeitet haben mußte, sonst wäre sie ja nicht rausgekommen. Und während so einer Auslandsreise hat sie dann geheiratet, ist aber wegen ihrer Kinder wieder in die DDR eingereist. Aber sie wollte mit Hilfe falscher Pässe die Kinder – eine Tochter und einen Sohn – herausbekommen. Doch der Sohn hat sich wohl ziemlich dämlich bei der Sache angestellt, mit DDR-Wehrpaß in der Tasche usw. Jedenfalls ist die ganze Sache aufgeflogen. Der Sohn kam nach Cottbus, und die 13jährige Tochter steckte man in ein Heim. Dann war da noch die Maria, die war 26 Jahre alt und hatte Chemie studiert, sowie eine Zahnärztin und schließlich Marianne, die ein EDV-Studium absolviert hatte. Sie war aber nicht lange bei uns und ging, ich kann mich noch sehr gut daran erinnern, genau an meinem 20. Geburtstag auf Transport. Da waren wir wohl gerade vier Wochen zusammengewesen. In dieser Zelle gab es zwei Tische: an einem saßen die Politischen, am anderen die Kriminellen. Die fühlten sich dadurch natürlich wie ausgesperrt. Aber es war so, und dadurch gab es natürlich eine Reihe von Konflikten, die mehr Gruppenkonflikte waren. Wir haben uns, offen gestanden, ziemlich abgekapselt, haben zusammen Karten gespielt oder gelesen. Wir konnten uns zum Glück ja auch Bücher ausleihen. Da ich früher schon, also in der Schule, z. B. gerne Schiller gelesen habe, vor allem seine Balladen, war ich froh, als ich zufällig mal einen Band mit Werken von ihm in die Hand bekam. Das war gar nicht so einfach. Und ich habe dann wieder versucht, Balladen auswendig zu lernen, so »Die Bürgschaft« und »Den Handschuh«. Ich habe mich auch bemüht, etwas von Goethe zu bekommen – also vor allem die deutschen Klassiker, die mich schon in der Schule interessierten. Aber dann auch Reisebeschreibungen und leichte Lektüre. Das »ND« erhielten wir ja auch jeden Tag. Da hab' ich zwar ab und zu mal reingeguckt, aber nicht so intensiv, hab' also nichts ausgewertet oder so. Ansonsten verbrachte ich viel Zeit beim Schreiben, und manchmal zog ich mich auch zurück. Die besagte Diplomhistorikerin hatte einmal Karten aus Italien und auch andere Karten aus dem Westen in die Zelle bekommen – die hab' ich mir dann angeguckt und hab dabei bestimmte Vorstellungen entwickelt, wie das im Westen so werden wird und was ich hier machen werde. So konnte ich dann stundenlang vor mich hin träumen, Zukunftspläne schmieden und hoffen, daß Hoheneck so schnell wie möglich vorbeigeht. Nicht zuletzt habe ich auch die Briefe meines Mannes gelesen, die mir ziemlich geholfen haben in dieser Zeit. Es kam vor, daß ich einen Brief 10mal las. Das haben andere Frauen auch gemacht. Andererseits kostete es auch viel Zeit, Briefe zu schreiben, weil man ja so klein wie möglich schreiben mußte, durfte man doch nur alle zehn Tage 2 Seiten schreiben. Und da hat man natürlich eng geschrieben und versucht, soviel wie möglich mitzuteilen – vor allem zwischen den Zeilen etwas zu schreiben. Dazu verbrachte man eine Menge Zeit. Manchmal haben wir, was ganz lustig war, Torten geklitscht und Geburtstagsgeschenke gebastelt. Man hat eben versucht, aus allem möglichen etwas zu machen. In meinem Kommando hatte ich noch eine Freundin, die drei Jahre älter war als ich. Die konnte unwahrscheinlich gut malen, war ziemlich belesen und schrieb selbst Gedichte. Sie ging aber leider auch schon im Juni auf Transport, was mich sehr berührte, weil diese Freundschaft sich sicher noch entwickelt und mir wohl auch geholfen hätte in der noch bevorstehenden Zeit. Man freute sich zwar, wenn der andere in die Freiheit ging, aber es wurde einem gleichzeitig sehr wehmütig ums Herz, man kam sich so verlassen vor – ein Gefühl, als wenn der andere gestorben war.

Es ist natürlich immer der Fall, daß in einem Gefängnis auch viel von Amnestie die Rede ist. Die letzte Amnestie war 1972 gewesen, und da in dem Jahr, in dem ich saß, der 30. Geburtstag der Gründung der DDR bevorstand, rechneten gerade viele Kriminelle mit einer Amnestie. Die Politischen machten sich diesbezüglich nicht so viele Gedanken. Aber das war ganz selbstverständlich, weil sie zum einen nicht so lange Strafen hatten und zum anderen nicht genau wußten, ob eine Amnestie überhaupt gut ist für sie, denn sie wollten ja nicht in die DDR entlassen werden. Die Kriminellen entfachten nun eine heiße Gerüchteküche: Man beobachtete das Effektenfenster und andere merkwürdige Sachen, also pure Phantasiegebilde, die in Wirklichkeit gar nichts mit einer möglichen Amnestie zu tun hatten. Ich persönlich habe mich davon eigentlich überhaupt nicht verrückt machen lassen und bin ziemlich nüchtern an die Sache herangegangen, weil ich auch wirklich nicht wußte, ob eine Amnestie gut oder schlecht war für mich. Aber manchmal habe ich insgeheim dann doch ein wenig darauf gehofft, daß man dann eben rüber kommt, weil ja mein Mann immerhin 5 Jahre hatte und ich deshalb meine Strafe wohl ganz hätte absitzen müssen, denn das wäre die Hälfte der Strafe meines Mannes gewesen. Und das ist schon hart! In dieser Hinsicht war die Atmosphäre jedenfalls ganz schön angeheizt, auch wenn man versuchte, dieser Stimmung so nüchtern wie möglich entgegenzutreten. Und dann kam der 30. September 1979. Der Zählappell war bereits vorbei – aber es kam durchaus häufiger vor, daß er zwei oder drei Mal durchgeführt wurde –, da ging – 10 Minuten vor 19 Uhr – der Lautsprecher erneut an, und wir dachten sofort, nun würde noch einmal gezählt werden. Statt dessen sagte eine Stimme, daß aus Anlaß des 30. Jahrestages der DDR der Staatsrat der DDR eine Amnestie verkündet hätte. Es wurde aber zugleich darauf hingewiesen, daß bestimmte Delikte, die später noch bekanntgegeben werden sollten, davon ausgeschlossen seien. Zuerst umarmten sich alle. Ich machte auch mit, obwohl ich das noch gar nicht richtig glauben konnte, denn irgendwie war mir komisch zu Mute. Ich traute dem Frieden nicht. Und kurz nach der ersten Durchsage kam dann gleich die angekündigte Information, welche Delikte amnestiert und welche nicht amnestiert würden. Doch es wurde nicht ganz klar ausgedrückt, so daß man eigentlich – wie es in der DDR üblich ist – Gegenstand einer Auslegungssache war. Viele fingen nun an, Transportbeutel zu packen. Aber ich habe meine Sachen total im Schrank gelassen, weil ich, wie schon gesagt, dem Frieden überhaupt nicht traute. Die Leute, gerade die Politischen, die sonst viel von ihren Paketen aufbewahrten und versuchten, die Dinge so gut wie möglich einzuteilen, die aßen jetzt alles auf oder verschenkten es. Es wurde also, wie man so schön sagt, alles verjubelt. Alle Habseligkeiten, die sie sich im Laufe der Zeit mühsam abgespart oder aufgehoben hatten, die wurden jetzt ratzeputz leer gemacht. Man hatte im übrigen auch noch gesagt, daß die Amnestie am 10. Oktober beginnen und am 10. Dezember enden sollte. Aber nun kam es: Die Verkündigung der Amnestie wirkte sich natürlich akut auf unsere Arbeitseinstellung aus. An diesem Tag hatten wir gerade Nachtschicht, und im Durchschnitt lag bei allen Politischen nun die Normerfüllung um 40% niedriger. Die Folge: Fernsehverbot, Kinoverbot – und so ging das wochenlang. Die Politischen haben sich aber kaum etwas daraus gemacht. Ich dachte mir nur, wenn es anders kommt und du nicht nach drüben gelassen wirst, warum sollst du dich dafür auch noch abrackern? Habe mich also richtig gehenlassen und versucht, meine ganze aufgestaute Wut einmal so richtig abzulassen. Mit mich tyrannisieren war da nichts mehr! Vor allem war es ganz interessant zu beobachten, wie die Kriminellen sich allmählich gegenseitig fertigmachten, weil ja gesagt worden war, daß z. B. mehrmals Vorbestrafte nicht amnestiert werden würden, und oft hatten die Leute natürlich geschwindelt, hatten nicht gesagt, daß sie schon vorbestraft waren. Jetzt konnte man also wirklich sehen, wer gelogen hatte und wer nicht. Inzwischen kam der 10. Dezember – aber aus unserer Zelle war überhaupt noch keiner entlassen worden. Jetzt fingen die Politischen langsam zu zweifeln an. Wir begannen zu rätseln, welche Paragraphen ausgespart werden könnten: Terror? Spionage? Hetze? Flucht überhaupt? Könnte es sogar so sein, daß die Politischen überhaupt nicht amnestiert werden? Können wir überhaupt in den Westen? Wie wird das alles weitergehen? Aber dann gab es in dieser Zeit einen Besuch von inhaftierten Ehemännern, die brachten Informationen mit, denn die Männer in Brandenburg-Görden z. B. hatten ja illegale, selbstgebastelte Radios und hatten da gehört, so wurde erzählt, daß der damalige Minister für innerdeutsche Beziehungen, Egon Franke, im RIAS gesagt haben sollte: Alle Hinweise darauf, daß die politischen Häftlinge der DDR in die DDR entlassen werden, hielte er für falsch oder für Gerüchtemacherei. Das gab uns natürlich sehr zu denken, und wir wurden allmählich immer skeptischer. Inzwischen, es war schon fast Ende Oktober, waren die ersten amnestiert worden – aber nur Kriminelle und keiner aus unserer Zelle, sondern aus anderen Kommandos. Wir wurden immer nervöser, und es war manchmal so extrem, daß irgendeiner aus unserer Zelle anfing zu sagen: »Jetzt geht das Tor auf! Hört ihr das? Jetzt geht das Tor auf! Jetzt kommen bestimmt die Busse rein!« Das war schon fast schizophren. Die Kriminellen lachten natürlich darüber, weil sie uns die Reise in den Westen selbstverständlich nicht gönnten. So ging das nun Tag für Tag – bis um den 15. November herum die ersten Politischen amnestiert und sog. Eingliederungsgespräche durchgeführt wurden. Damit wurde langsam, aber sicher klar, daß es wohl nicht in den Westen gehen würde. Zuerst wollten wir das natürlich nicht wahrhaben und sagten uns: »Es ist ganz klar, daß Eingliederungsgespräche geführt werden, damit es nicht durchdringt im Gefängnis, damit es ganz normal aussieht.« Mit solchen Redensarten trösteten wir uns praktisch. Und das merkten wir auch. Das merkte jeder, daß irgendwas nicht stimmte. Dennoch behielten wir zugleich die Hoffnung, daß es doch in den Westen geht. Es war eine verrückte Situation im wahrsten Sinne des Wortes. Mein Gedanke war: »Kann es sein, daß Ronald, mein Mann, nicht amnestiert wird und ich deshalb auch nicht?« Denn wir wußten ja inzwischen, daß Flucht amnestiert wird. Aber Nachrichtensammlung? Doch Flucht wurde. Wir wußten nur nicht, was mit den Amnestierten passierte, wo sie hinkamen. Sie waren nur eines Tages weg. Trotzdem wurde immer klarer, daß man sie in die DDR entlassen hatte. Natürlich gab es auch angesichts dieser Klarheit immer noch Politische, die etwas »gesehen« haben wollten, also daß die Effekten z. B. schon seit Nächten arbeiten würden und ähnliche Scherze. Die Mehrheit von uns lachte jedoch inzwischen über solche Phantasiegebilde und war ziemlich realisisch geworden. Aber am 13. oder 15. November, ich weiß das wirklich nicht mehr genau, wurde unsere Zelle aufgeschlossen, und es hieß: »Strafgefangene Gilek, kommen Sie mit!« Alle guckten mich an und wußten sofort, daß ich jetzt amnestiert werden würde. Die Erzieherin brachte mich in ihren Raum und sagte: »Ich kann Ihnen die erfreuliche Mitteilung machen, daß Sie amnestiert worden sind, und ich möchte zunächst, daß Sie Ihre Amnestierung annehmen.« Dann wollte sie das Eingliederungsgespräch mit mir führen. Ich hab' das alles zunächst ganz nüchtern zur Kenntnis genommen, hab' weder gelacht noch traurig geguckt. Ich gab mich, als hätte sie gesagt: »Strafgefangene Gilek, Sie haben einen Brief von Ihrer Mutter bekommen.« Und ich merkte ihr förmlich an, daß sie wußte, was ich über den ganzen Vorgang dachte, denn normalerweise freut man sich ja eigentlich, wenn man amnestiert wird. Aber ich war nicht die erste Politische, die diesen speziellen Eindruck hinterließ. Daraufhin sagte sie: »Sie haben zuletzt da und da gewohnt und dort gearbeitet. Strafgefangene Gilek, können Sie wieder bei Ihrer Mutter wohnen?« Ich antwortete ihr: »Ne, kann ich nicht.« Und als sie von meiner Arbeit anfing, habe ich gesagt: »Ne, arbeiten gehe ich auch nicht mehr!« Und ihr damit klargemacht, daß ich eine Wiedereingliederung in die DDR im Prinzip ablehne. Daraufhin brach sie das Gespräch ab und sagte nur noch: »Ich möchte das schriftlich haben.« Ich hab' ihr das dann auch schriftlich gegeben. Mir halfen dabei die anderen Politischen meiner Zelle, damit die Sache ganz prägnant wurde. Zudem haben wir es auch deshalb gemeinsam gemacht, weil ich die erste war, die mit dem Entlassungsvorgang konfrontiert wurde. Wir sind also ganz geschlossen aufgetreten. Damit war aber nun auch der letzte Hoffnungsfunken, daß es vielleicht doch noch in den Westen geht, endgültig weg. Wie weggeblasen! Ich wußte jetzt ganz genau: Am 4. Dezember geht's in den verhaßten Verein DDR zurück. Und deshalb habe ich, ich kann mich noch ganz genau erinnern, am 3. Dezember mit voller Absicht wie ein Teufel gearbeitet und 130% gemacht – nur deshalb, um die Lenkungskräfte zu ärgern. Denn die Wochen zuvor lieferte ich ja nur 50 oder 60%. Und am letzten Tag hab' ich also wie ein Teufel geschuftet, daß mir danach total das Kreuz weh getan hat. Aber es saß, denn eine der Lenkungskräfte kam wütend zu mir und sagte: »Na, Strafgefangene Gilek, dann hätte man Sie ja nicht amnestieren dürfen!« Wir hatten Spätschicht, als ich entlassen wurde, und es war so, daß wir bis zur letzten Nacht arbeiten mußten. Auch die Häftlinge, die Nachtschicht hatten und in der Frühe entlassen wurden, mußten zuvor noch zur Nachtschicht – kamen also praktisch um 5 Uhr aus der Schicht, konnten sich gar nicht mehr hinlegen und wurden total erschöpft entlassen. Bei mir war es, wie schon gesagt, zum Glück die Spätschicht und die war um 21 Uhr zu Ende. Allerdings konnte ich dann auch nicht mehr schlafen. Ich hatte früh schon mein Bündel gepackt, und nach der ziemlich unruhigen Nacht habe ich mich dann von allen anderen verabschiedet. Es war ein wehmütiger Abschied. Man wollte lieber drinbleiben als rausgehen, weil man nicht wußte, wie es weitergehen würde und bestimmte Gerüchte besagten, daß der ganze Häftlingsfreikauf überhaupt nicht mehr weitergeht. Ein furchtbarer Gedanke. Ja, und dann bin ich praktisch aufgefordert worden, die Zelle zu verlassen, kam zu den Effekten, hab' meine Entlassungsurkunde erhalten sowie den Befehl, mich innerhalb von 24 Stunden beim zuständigen Polizeikreisamt in Erfurt zu melden. Ich kann mich noch erinnern, wie ich meinen Ehering überstreifte und meine Uhr. Ich war ja nun inzwischen ein Jahr verheiratet, von dem wir ganze fünf Tage zusammen in Freiheit verbracht hatten. Bekam dann auch meine Ohrringe, und draußen versuchte ich, ob sie überhaupt noch ins Ohr passen. Das weiß ich noch: Den ersten Schmuck wieder dranmachen! Ansonsten hatte ich die sog. LMA-Stimmung ... Mir war wirklich alles egal. Die einzige Freude, die ich hatte, war die Freude auf meinen Mann. Nur wußte ich zu diesem Zeitpunkt noch gar nicht, ob man ihn auch entlassen hatte. Ich bekam nun meine Privatkleidung ausgehändigt, und ich kann mich erinnern, daß ich unwahrscheinlich Mühe hatte, in meine Hose zu kommen. Ich mußte mich tatsächlich auf den Fußboden legen, und eine Gefangene hat sie mir dann zugemacht, denn ich hatte ja nichts anderes anzuziehen. Ungefähr 3 bis 5 Kilo mußte ich zugenommen haben von dem Knastfraß. Dann zog ich meinen Mantel an, mußte aber einen Knopf wieder aufmachen, und schließlich führte mich eine Wachtel ans Tor. Die wünschte mir alles Gute und daß ich dieses Haus nicht mehr betreten möge. Da hab' ich gesagt: »Das weiß ich noch nicht ganz genau.« Und mit diesen Worten bin ich entlassen worden, bin gegangen. Da stand ich nun oben und sah den Ort Stollberg vor mir liegen, sah eine wunderschöne Landschaft an einem herrlichen Dezembertag. Mit mir zusammen entließ man noch vier weitere Frauen, eine davon hatte ebenfalls aus politischen Gründen gesessen. Per Anhalter fuhren wir schließlich nach Karl-Marx-Stadt rein, und dort bin ich mit Gabi, der Politischen, in das erstbeste Café gelaufen. Es war am Vormittag, ungefähr gegen 11 Uhr, und es war an einem Dienstag. Da setzten wir uns einfach an die Bar – für die

DDR ziemlich ungewöhnlich, wenn sich Frauen um diese Zeit an eine Bar setzen. Wir bestellten uns jeder einen Kaffee, einen Eisbecher mit Schlagsahne sowie einen Cognac. Den haben wir auch zuerst getrunken und darauf angestoßen, daß es für uns vielleicht doch noch eine günstige Lösung gibt. Aber so richtige Freude erfüllte uns eben nicht. Alles, was wir da tranken und aßen, hatte einen bitteren Nachgeschmack. Man war nämlich wieder in diesem alten, verhaßten Milieu gelandet und deshalb sehr frustriert. Wir wußten auch nicht, ob wir vielleicht wieder ins Gefängnis gehen würden, und deswegen war es eine ganz komische Stimmung. Wir bestellten dann noch einen Cognac und wurden immer mehr beobachtet. Vielleicht waren das sogar welche vom Staatssicherheitsdienst. Aber das war uns scheißegal, denn wir wollten uns anmerken lassen, daß wir das alles hier als einen einzigen Saftladen empfanden. Die Eisbecher konnten wir dann aber gar nicht ganz aufessen. Nichts ging richtig runter. Ich rief schließlich zu Hause an und erfuhr, daß meine Mutter auf dem Wege nach Hoheneck war. Wir mußten uns irgendwie verfehlt haben. Drei Stunden später rief ich erneut an und erfuhr nun, daß auch mein Mann entlassen worden war und schon in Erfurt weilte. Nun begab ich mich schleunigst auf den Heimweg, während die anderen noch zum Friseur gingen und sich aufdonnerten. Ich nicht. Ich fuhr nach Hause, wo mein Mann, meine Mutter und mein Stiefvater mich vom Zug abholten. Es war nun zwar wieder alles unsicher für uns, aber gleichzeitig war klar, daß es keinen anderen Weg für uns gab als den in die Bundesrepublik Deutschland. Wir wußten nicht, ob uns dieser Wille noch einmal ins Gefängnis führen würde. Aber dazu waren wir wirklich bereit, und es war uns klar, daß die nächste Zeit hart werden würde, was dann streckenweise auch der Fall gewesen ist. Aber wir gaben die Hoffnung, in die Freiheit zu gelangen, nicht auf und haben dieses Ziel schließlich doch erreicht.

Kerstin Hergert

Kerstin Hergert wurde am 11. Dezember 1960 in Erfurt geboren, wuchs aber im benachbarten Jena auf. Dort besuchte sie von 1967 bis 1977 die Polytechnische Oberschule und absolvierte anschließend bis 1979 eine Lehre als Keramikerin im VEB Porzellankombinat Kahla/Thüringen. Nach dem Erhalt des Facharbeiterbriefes arbeitete sie jedoch nicht mehr in ihrem Beruf, sondern jobte als Krankenpflegerin, Kellnerin, Verkäuferin, Nachtwache und Wirtschaftsgehilfin. Am 20. Dezember 1979 wurde sie daraufhin wegen »asozialen Verhaltens« verhaftet und erhielt in einem Prozeß, zu dem der Rechtsanwalt nicht geladen wurde, 1 Jahr Freiheitsentzug. Im Februar 1980 erfolgte jedoch überraschend ihre Entlassung aus dem Gefängnis auf Bewährung. Sie erhielt u. a. Arbeitsplatzbindung und mußte als Stationshilfe in einem Jenaer Kinderkrankenhaus arbeiten. Ihre Versuche, von dort wegzukommen, führten im September 1980 zu einer erneuten Verhaftung, in deren Folge sie in Gera zu 8 Monaten Freiheitsentzug verurteilt wurde. Kurz zuvor, am 12. Mai 1981, verstarb ihr Freund Matthias Domaschk unter ungeklärten Umständen in einem Untersuchungsgefängnis des Ministeriums für Staatssicherheit. Offiziell hieß es, er habe Selbstmord verübt. Im Mai 1981 wurde Kerstin Hergert aus der Haft entlassen. Sie lebte wieder in Jena, schloß sich dem oppositionellen »Jenaer Lesekreis« an und versuchte Arbeit zu finden, um nicht erneut kriminalisiert werden zu können. Mit verschiedenen Jobs im Freundes- und Bekanntenkreis hielt sie sich über Wasser und stellte dann im August 1981 ihren 1. Ausreiseantrag. Im Juli 1981 wurde diesem Antrag stattgegeben, nicht jedoch auch für Oliver Schwarz, mit dem Kerstin Hergert seit einiger Zeit zusammenlebte. Das gemeinsame Verfassen einer Erklärung, an dem sich auch noch andere Ausreisewillige beteiligten, führte am 25. August 1983 erneut zur Verhaftung von Kerstin Hergert und anderen Personen. Am 26. August wurde sie in die Untersuchungshaftanstalt des Ministeriums für Staatssicherheit in Gera eingeliefert und am 19. September 1983 wegen »Beeinträchtigung staatlicher Organe der DDR« zu einem Jahr und acht Monaten Freiheitsentzug verurteilt. Eine Strafe in gleicher Höhe erhielt Oliver Schwarz. Anfang Oktober 1983 kam Kerstin Hergert nach Hoheneck, wo sie bis zum 10. Januar 1984 verblieb. Am selben Tag ging sie auf Transport nach Karl-Marx-Stadt und wurde von dort am 25. Januar 1984 in die Bundesrepublik entlassen. Seitdem lebt sie mit Oliver Schwarz in Westberlin. Kerstin Hergert hat sich inzwischen um Aufnahme an der Berliner Hochschule der Künste beworben.

Im Mai 1981 bin ich zum zweiten Mal aus einem DDR-Gefängnis entlassen worden. Ich hatte während dieser Haftzeit immer noch die Hoffnung, draußen irgend etwas machen zu können, arbeiten zu können, zum Beispiel im medizinischen Bereich, denn in der Keramik war es für mich aussichtslos geworden. Da kam ich nicht mehr rein. Doch es ging nicht, es gab keine wirkliche Perspektive, und so stellte ich meinen 1. Ausreiseantrag. Aber entscheidend wurde dieser Schritt durch den Tod meines Freundes Matthias Domaschk ausgelöst, der auf eigenartige, mir bis heute unerklärliche Weise in der Untersuchungshaft des Ministeriums für Staatssicherheit in Gera umgekommen ist. Zwei Tage nach seiner Verhaftung, am 12. April 1981, hat er angeblich Selbstmord verübt. Nach dem Tod von Matthias hatte ich dann einfach keine Kraft mehr. In der Arbeit bin ich dann auch gescheitert, habe immer wieder diesen Stempel aufgedrückt bekommen! Also immer wieder wurde getuschelt, wenn ich irgendwo reinkam, und dann plötzlich geschwiegen. Es war eigentlich von morgens bis abends, bis die Arbeit vorbei war, für mich eine Atmosphäre der Demütigung: Die Knast-Kerstin! Die war ja sowieso schon im Gefängnis. Die ist ja kriminell! Vielleicht klaut die auch?! Die Garderobenschränke wurden immer abgeschlossen. Und das konnte ich dann auch nicht mehr verkraften. Ich dachte deshalb, daß eine Ausreise ganz einfach ein Neubeginn meines Lebens werden könnte – so ein Weggehen! Im August 1981 habe ich dann den Ausreiseantrag gestellt und ihn beim Rat der Stadt, Abt. Inneres, abgegeben, habe dann noch schriftlich und mündlich versucht, mit den Leuten zu reden, und wurde von Anfang an *nicht* abgelehnt. Man ging wohl wegen des mysteriösen Todes von Matthias sehr vorsichtig mit mir um. Ich habe das ja auch ausgesprochen und gefragt, wie es dazu gekommen ist, habe jedenfalls Fragen gestellt zu diesem Tod! Von Anfang an wurde mein Ausreiseantrag deshalb nie abgelehnt – aber natürlich genausowenig genehmigt. Das zog sich hin, und ich hatte auch keine Lust, jeden Tag dort hinzurammeln und nachzufragen: Kann ich denn nun gehen oder kann ich nicht gehen? Es war mir eigentlich zu blöd, mich ständig mit den Leuten herumzuschlagen und immer wieder dieselben sinnlosen Diskussionen zu führen. Und ich hab' dann versucht, die Zeit, die verblieb, zu nutzen. Das fiel mir auch nicht so schwer, weil ich Freunde hatte, die mir geholfen haben, die mich sozial absicherten und mich bei sich einstellten, kleinste Privatfirmen, private Haushalte – solche Dinge eben! Ich habe in dieser Zeit viel gemalt und mich sehr viel mit mir selbst beschäftigt. Hab' eigentlich so wenig wie möglich äußere Dinge an mich herankommen lassen, hab' mich ziemlich abgeschirmt und eigentlich nur noch in mir und meiner kleinen Wohnung gelebt. Hatte aber natürlich trotzdem viel Kontakt mit meinen Freunden, die viel machten. Es liefen damals solche Lesekreise in Jena, und ich hatte Freunde, die schrieben und malten und sich mit den bestehenden Dingen, die so ablaufen in der DDR, auseinandersetzten. Manchmal habe ich mich da mit unterhalten, obwohl ich politisch nicht so engagiert war wie die anderen. Das hat vielleicht meine Depressivität mit sich gebracht, daß ich das nicht so war. Trotzdem habe ich mich natürlich gerne getroffen mit den Leuten und auch wirklich sehr viele schöne und sinnvolle Stunden verbracht. Es wurde dabei auch viel getrunken und gefeiert. Und da kam geistig, ideell eben immer wieder etwas heraus dabei. Wir haben zum Beispiel Nicaragua-Aktionen zusammen gemacht. Grafiken angefertigt und die verkauft, haben gespendet. So ist viel entstanden. Aber es ging immer alles nur bis zu einem bestimmten Punkt. Es kam keine wirkliche Freisetzung irgendwelcher eigener Ideen. Es war immer nur so ein Dagegenanreden, gegen bestehende Mauern, und eigentlich kein Darüberhinwegsetzen oder Kaputtmachen oder so . . . Das war einfach nicht möglich. Wir haben in der eigenen Brühe gekocht. Aber ich habe das eben noch Gott sei Dank mitgekriegt und auch nicht vergessen, daß ich einen Ausreiseantrag gestellt hatte und noch so manche schriftliche Eingabe, um den Ausreisewillen zu bekräftigen. Habe dann auch wieder einen Menschen kennengelernt, den Oliver, mit dem ich dann zusammenlebte und der sich meinem Ausreisegedanken dann anschloß. Und so ging es weiter bis zum Sommer 1983. Wir haben damals noch einen wunderschönen Urlaub verbracht, sind 14 Tage durch die Berge gelaufen – und wirklich: das erste Mal habe ich mich grenzenlos glücklich gefühlt, habe wieder einmal richtig leben können, und mit vielen, vielen Ideen kamen wir wieder zurück. Aber bei mir im Kasten lag ein Zettel und ich wurde schon empfangen von den Freunden mit dem Ruf: Du kannst ausreisen! Ich bin dann noch am selben Tag zu Inneres gerannt – ängstlich, denn wir hatten wahnsinnige Angst, daß ich allein weg muß, daß ich meinen Freund nicht mitnehmen kann, daß wir nicht zusammen leben können auch im Westen. Denn wir wollten zusammen leben! Ich bin also hingerannt, und mir wurde eröffnet, also 14 Tage dauert es noch ungefähr, der Ausreiseantrag ist befürwortet worden. Ich hab' dann dort gleich gesagt, ich bin damit aber nicht einverstanden – mit der Ausreise schon, aber nicht, wenn es nicht gleichzeitig auch mit meinem Freund klappt. Aber darauf sind sie überhaupt nicht eingegangen. Der Name Oliver Schwarz war ihnen »unbekannt«! Wir haben dann eine Eingabe verfaßt, die auch angekommen ist, das erfuhr ich im nachhinein. Aber natürlich ist sie nicht beantwortet worden, obwohl der Brief eingeschrieben war und eine Rückantwortkarte beilag. Es war ungefähr zu der Zeit, wo der ganze Ausreiseboom losging – »Weißer Kreis« in Jena. Wo sich Leute verschiedenster Interessen und Ansichten zusammenschlossen und unbedingt wegwollten! Manchmal aus eigenartigen, mir unverständlichen Gründen, rein materiellen Gesichtspunkten. Aber mein Gott, das ist mir auch egal, wenn die doch so glücklich werden! Wir hatten uns dann mit einigen Freunden, die wir gut kannten und die auch wegwollten, zusammengeschlossen und versucht, eine Eingabe zu schreiben. Die wollten weg, weil sie auch solchen Repressalien unterworfen waren, eben absolute soziale Diskriminierung, die sind von der Arbeit gefeuert woren, hatten mitunter schon Familie und Kinder und wußten nun nicht mehr, woher sie das Geld nehmen sollten, hatten keine Arbeitsverträge mehr usw. Wir konnten jedoch unserem kollektiven Ausreisewillen nicht mehr Ausdruck bzw. Nachdruck verleihen – die Tür war zu! Wir hatten bei der Abteilung Inneres Hausverbot. Da saß einer an der Pforte und sagte uns, daß es nicht möglich sei, daß wir hereinkämen, und wenn wir das dennoch machen würden, dann sei das Hausfriedensbruch! Das empfanden wir als eine reine Menschenrechtsverletzung und haben uns daraufhin zusammengesetzt und diese Eingabe geschrieben. Oliver hat sie formuliert, und ich hab' sie dann zusammen mit ihm noch einmal überarbeitet. Die anderen sollten sie, wenn sie ihnen gefällt oder wenn sie noch neue Ideen gehabt hätten, verbessern und unterschreiben. Es war ja eine ganz freie Angelegenheit. Zum Wegschicken kam es aber leider nicht mehr. Ich weiß nicht, wer uns verpfiffen hat, jedenfalls wurden wir während des Abtippens geholt, der Oliver und ich, von Zivilleuten und einem vollbesetzten Polizeiwagen. Wir hatten am selben Tag gerade noch Geburtstag gefeiert und saßen im Garten – und plötzlich haben sie uns umstellt und wir mußten mitkommen. Und so nach und nach sammelten sich dann diese 12 Leute und trafen sich im Volkspolizeikreisamt. Und wir 12, die Leute also, die das unterschreiben wollten, die also die schwärzeste Biografie und das schwärzeste Verhalten hatten, wurden mitgenommen. Ja, und dann wurden wir abgeführt und nach Gera in die Stasi-U-Haft gefahren. Und da ging der ganze Wahnsinn los bei der Staatssicherheit: Festnahme, Haftbefehl, Anklage! Die ganze übliche Scheiße: dem Haftrichter vorgeführt, dieser Marionette, das Vorlegen des Deliktes der Anklage: Verstoß gegen Paragraph 214, Abschnitt I, II und V usw. Ich habe aber von Anfang an nichts unterschrieben, es war für mich eine reine Farce. Habe gesagt, es könnte nicht sein, daß man wegen einer einfachen Bürgereingabe von irgendwelchen Organen eingesperrt, daß man deshalb festgesetzt würde. Das konnte ich nicht begreifen. Eine Unterschrift von mir hätte bedeutet, daß ich mich damit abgefunden hätte, daß ich das ganze Verfahren akzeptiere. 14 Tage blieb ich dann allein in der Geraer Stasi-U-Haft, in der Einzelzelle. Ich habe damals viel nachgedacht, hab' einen Drang gehabt, zu schreiben, zu reden. Ich hatte immer so einen Traum, mich hinzustellen und irgend etwas zu sagen. Ich habe Filme geträumt, ich habe versucht, lebendig zu bleiben. Aber das hat natürlich nicht ausgeschlossen, daß ich nach und nach verzweifelter und immer depressiver wurde und nicht mehr schlafen konnte. Ich habe mich dann schon – nachdem ich so lange nicht mehr vom Vernehmer geholt worden war – richtig gefreut, mit diesem sehr netten Idioten und sehr attraktiven Mann wieder einmal sprechen zu können oder einfach nur dazusitzen und diese Stimme plätschern zu hören – obwohl ich nicht begriffen habe, was der da sagte. Manchmal ist mir dann was rausgeplatzt. Ich habe lange gebraucht, um richtig formulieren zu können, hatte eigentlich schon verlernt, wie man sich richtig unterhält, wenn man spricht – zu solchen Leuten vor allen Dingen. Mit anderen Menschen hätte ich vielleicht reden können, die ähnliche Empfindungen hatten. Ja, und dann wurde dieser Prozeß vorbereitet. Nach 14 Tagen habe ich ungefähr begriffen, worauf es diesen Typen ankommt, hab' begriffen, was für sie wichtig ist zu verneinen. Ich hab' dann auch die Protokolle unterschrieben, die sicherlich meinem Wortlaut entsprachen. Gleich zu Anfang hatte ich dem Dr. Vogel geschrieben, aber der meldete sich nicht, nach drei Wochen immer noch nicht. Ich war die einzige, bei der er sich nicht meldete. Ich hatte so durch Klopfen erfahren, daß die alle schon einen Verteidiger hatten. Ich aber noch nicht. Und am 15. September erfuhr ich dann, daß ich am 19., so um 7.30 Uhr, Verhandlung hätte. Normalerweise ist das ja so, daß man mindestens drei Wochentage vorher informiert sein muß. Bei mir war aber ein Wochenende dazwischen, also konnte ich überhaupt nichts mehr machen. Mir war es allerdings auch insofern recht, daß endlich Ruhe war, daß ich eben endlich erfuhr, woran ich war, daß ich Klarheit hatte, daß ich mich endlich verteidigen kann. Es ist ja immer noch so ein Restglaube an irgendeine Gerechtigkeit da. Immer noch hat man so etwas im Hinterkopf, obwohl man Bescheid weiß über das System und alles verneint! Dennoch hat man das Gefühl: Vielleicht kommste doch noch irgendwie rum. Ich hatte das Gefühl, selbst wenn ich zur Bewährung verurteilt werden würde, gehe ich in Berufung. Ich war so überzeugt von meiner Unschuld und bin es auch immer noch! Am 19. September stieg dann die Verhandlung. Ich wurde in den Verhandlungsraum geführt, dicke Stasi-Arschlöcher saßen da herum und feixten. Für die ist das ja alles eine Farce. Dann wurde ich einer völlig hysterischen und unsachlichen Staatsanwältin und einem Richter vorgeführt und mußte nun so einiges über mich ergehen lassen. Ich habe gar nicht begreifen können, daß dermaßen dumme und trotzdem (oder gerade deshalb) so mächtige Leute eine Selbstsicherheit an den Tag legen und einen mit einer Abgebrühtheit verurteilen und über meine Zeit verfügen konnten, daß es sich gewaschen hatte, so daß ich zu Anfang gar nichts sagen konnte. Doch plötzlich, während der Verhandlung, so nach der ersten halben Stunde, habe ich angefangen zu reden. Ich habe mich auch nicht unterbrechen lassen. Zum Schluß wurde mir militantes, provozierendes, unheimlich arrogantes Verhalten vorgeworfen. Ich habe immer auf den Tisch geklopft und habe geredet und habe denen noch etwas beibringen wollen – im Glauben an irgendwelche Gefühle. Aber – vielleicht war das nur ein Appell an mich alleine, an meine Kraft! Und so wurde ich, die Staatsanwältin betonte es, gerade wegen meines, so sagte sie, arroganten, militanten, bösen Auftretens verurteilt, das zudem bestätige, daß ich schuldig sei! Und daß ich unbedingt zu der erzieherischen Maßnahme – sprich 1 Jahr und 8 Monate Freiheitsentzug – verurteilt werden müßte. Der Oliver kam eine Woche nach mir dran. Ich hatte während der Verhandlung keinen Rechtsanwalt. Ich hätte zwar einen Pflichtverteidiger bekommen können. Aber den habe ich abgelehnt, weil ich der Meinung war, ich kann mich auch selbst verteidigen. Dazu brauche ich keinen Anwalt. Zwei Stunden danach war dann auch gleich Urteilsverkündung. Es wurde gleich alles festgemacht. Und nachdem ich von dort wiedergekommen war, von der Urteilsverkündung, kam dieser Läufer, wie man sie in der Stasi-U-Haft nennt, mit einem Zettelchen an die Klappe der Zelle und hat gesagt: »Oh, hier haben Sie die Vollmacht vom Rechtsanwalt, müssen Sie unterschreiben, und der kümmert sich ab jetzt um Sie!« *Nach* der Verhandlung, *nach* der Urteilsverkündung! Ich war trotzdem froh, weil ich unbedingt noch in Berufung gehen wollte. Mich hat das so geschockt, immer noch – eben das Begreifen, daß die Dummen die Macht haben! Da hab ich Berufung eingelegt, zusammen mit dem Rechtsanwalt, dem Dr. Lüderitz. Den hab' ich dann kurz kennengelernt. Der war selbst 20 Jahre Chef vom Kreisgericht, aber wirklich ein guter Mann. Der hat mir dann mit Händchen und Fingerzeigen erklärt, was da los ist. Aber die Berufung wurde natürlich souverän abgelehnt – nach 4 Tagen! Dann durfte ich noch eine Woche bleiben. Und das habe ich im nachhinein als gut empfunden – im Vergleich zum Strafvollzug war das immer noch was »Schönes«, die Stasi-U-Haft etwas »Besseres«. Anfang Oktober wurde ich dann in die Krimi-U-Haft verlegt und von dort aus mit einem Sammeltransport nach Hoheneck gebracht. In Handschellen ging es von Gera nach Karl-Marx-Stadt und dort über den Bahnsteig. Da hat uns eine Schulklasse gesehen und uns angebrüllt und Kommentare gegeben: Guckt mal, Handschellen! Das sind doch Verbrecher! Man selbst mußte schweigen, weil man wußte, du kannst mit einem Schrei, mit einem kleinen Satz niemandem sagen, was dir wirklich widerfahren ist. Von Karl-Marx-Stadt aus sind wir dann mit dem Autobus nach Hoheneck gefahren worden. Es war schon Nacht. Ich habe bis zum Abgang nicht gewußt, wie Hoheneck von außen aussieht. Meine Eltern haben es mir beim Sprecher beschrieben, daß es grausam aussehe und daß sie ganz alt und ganz müde geworden seien in dieser Zeit. Sie hatten wirklich ganz schön abgebaut. Ja, und dann war ich da eben in Hoheneck! Dort ist übrigens auch der DEFA-Film »Die Verlobte« gedreht worden. Er spielt in der Nazizeit, und den haben sie dort oben gedreht. Ich hatte den Film gesehen und steckte nun selber mittendrin. Zuerst kam ich in den Zugang, dort mußte ich bißchen Teile feilen, kleine, beschissene Arbeiten machen – Beschäftigungstherapie. Nach 14 Tagen mußte ich vor irgendeine Frau Oberleutnant, mußte eine Erklärung abgeben bzw. schreiben – eine Selbsteinschätzung und eine Stellungnahme: »Wie werde ich mich im Strafvollzug verhalten?« oder so ähnlich. Wie so ein Schulaufsatz in der 4. Klasse. Aber da hab' ich auch nur einen Satz hingeschrieben, daß es für mich zu blödsinnig ist, mich dazu zu äußern, und daß ich nur zusehen würde, wie ich jetzt schnell hier herauskäme, daß ich hoffte, daß mir viele Leute dabei helfen würden, dieser Blödheit zu entrinnen, der gefährlichen! Und dann bin ich hoch ins Kommando gekommen. Das war »Esda« – jene Betriebe im Erzgebirge, die die Strumpfhosen nähen, und auch für die Billigfirmen im Westen. Wir mußten da 700 Feinstrumpfhosen pro Tag und pro Mann nähen – und das möglichst auch noch schaffen, sonst gab es eben kleine Disziplinarmaßnahmen: keinen Tee trinken und kein Paket bekommen! Und wenn die meinten, du seist faul, dann gab es auch keinen Sprecher, die ganze Skala bis hin zum Arrest. Ich habe dann versucht, die Sache irgendwie zu überstehen. Ich meine, wir waren 16 Frauen in der Zelle, die war ungefähr 5 × 12 m groß. Dran hat noch ein kleines Naßteil gegrenzt mit 4 Waschbecken, wo sich dann vor der Schicht und nach der Schicht 16 Frauen in 20 Minuten waschen oder ihre Bedürfnisse verrichten mußten. Dann natürlich 3-Stock-Betten. Es hatte jeder sein Bett zur Verfügung, auf dem man aber nicht liegen durfte – am Tag. Wenn man dabei erwischt wurde, gab es wieder solche kleinen Schikanen. Jedenfalls habe ich große Schwierigkeiten dort gehabt. Mitunter haben sich auch die Mithäftlinge blöder und brutaler verhalten als die Wächterinnen. Schlimm! Kriminelle Mitgefangene, die 3 oder 4 Jahre schon saßen und vielleicht 6 hatten und hofften, vielleicht 1 Jahr eher herauszukommen, die haben sich unheimlich arrangiert, haben Spitzeldienste und sonstwas gemacht, haben einen genötigt, irgendwelche Gänge zu scheuern oder so . . . Das hat mich eigentlich am meisten deprimiert. Aber wie gesagt, ich hab' versucht, jede Möglichkeit zu nutzen, um allein zu sein. Allein zu sein in dem Kreis von 15 Frauen, habe versucht, Dinge für mich aufzuschreiben, zu lesen. Ich habe mich mit Sokrates und anderen griechischen Philosophen beschäftigt. Viel Tucholsky gelesen. Habe viel gehabt von seinem Zynismus, dem schönen. Der hat mir gut gefallen. Und dann Sarah Kirsch. Aber die hat mir nicht so gut gefallen. Ich habe wirklich versucht, viel mit meiner Zeit zu machen. Die Sehnsucht war für mich immer eine ganz produktive Sache! Es gab natürlich für besondere Leistungen Fernsehen. Wenn das Kollektiv mal geschafft hatte, was eigentlich nicht zu schaffen war, durfte es auch einmal fernsehen. Und wenn man sich viele Monate vorher angemeldet hatte und der Schlüssel war da, dann konnte man auch mal in einen Raum, um Sport zu treiben – auf einem Fußboden, der völlig ungeeignet dafür war. Ich selbst habe es in den 5 Monaten, die ich in Hoheneck war, nicht erlebt. Zweimal im Monat war Plattenstunde. Da hatte ich das Glück, unter falschem Namen zweimal mit reinzurutschen und mir schöne klassische Musik anhören zu können. Kino, das war eigentlich eine ganz komische, ganz böse Geschichte, ganz makaber. Wir hatten damals im Kino solche Filme gesehen wie »Der Kurpfuscher«. Der ging ja noch! Dann so einen komischen, banalen Film, den ich vergessen habe. Aber dann noch einen amerikanischen über diesen jungen Amerikaner, der nach Chile kommt und dort von der Junta umgebracht wird. Den haben wir im Knast gesehen! Das war für mich eigentlich ein ganz schlimmes Erlebnis. Während des Films hab' ich gedacht: Mein Gott, was wird da noch gezeigt! Man kann das sehen! Da gibt es einen Widerstand, den der Film zeigt. Und dann ging das Licht an, der Film war zu Ende. Um mich herum die ganzen grauen Gesichter der grau gekleideten Frauen, die schweigend aufstanden. Und da habe ich das erste Mal wahnsinnig geweint da drinnen, weil – das war für mich nicht so, daß man in ein Kino geht, was Gutes, auch sehr Tragisches sieht, rauskommt und irgend was hat, woran man sich halten kann oder ein Gespräch hat, darüber spricht. Da kam man raus – und da war man eigentlich wieder im Film! Und keiner hat darüber gesprochen. Die sind alle auseinandergegangen. Es hat keiner groß registriert, was er da gesehen hat. Manche vielleicht. Aber zu denen hatte ich keinen Kontakt. Die Leute, die ich gern gesehen hätte, hatten immer verschiedene Schichten. Mit denen konnte ich manchmal im Vorbeigehen ein, zwei kurze Sätze wechseln, uns was zurufen. Das hat einem wieder Kraft gegeben für ein paar Tage. Nein, Hoheneck war eine schlimme Sache. Ich habe übrigens oft gefroren. In Hoheneck ist es wahnsinnig kalt gewesen im Winter. Das alte Gemäuer dieser Burg. Wir haben uns manchmal mit Mänteln zugedeckt. Es wurde nicht genug geheizt. Damals konnte man sich deshalb auch Strümpfe von zu Hause schicken lassen: Wollstrümpfe oder warme Strumpfhosen – aber nur braune! Bunte durften es nicht sein! Ich hatte eine Bekannte, die bekam dunkelgrüne und mußte sie zurückschicken, weil sie eben nicht braun waren. Aber mir wurden die Strümpfe verweigert, weil ich nicht fleißig genug gearbeitet hatte, weil ich Unruhe gestiftet habe, weil ich geredet hab, weil ich gefragt hab. Das wurde vermerkt! Also, mir wurden die Strümpfe verweigert! Und damit gingen eigentlich alle diese Schikanen bei mir los. Ich bekam Verwahrraumbindung. Mußte immer drinnen bleiben, durfte keinen empfangen, durfte nicht mehr ins Kino, nicht zur Plattenstunde, und fernsehen durfte ich überhaupt nicht. Es war allerdings auch nicht so interessant. Nun, das hatte sich bei mir allerdings auch zugespitzt – ich hatte schließlich so eine Art Anwaltsbüro, das war unheimlich lustig. Wenn es darum ging, Leuten zu helfen, die nicht so formulieren konnten und gerne eine Eingabe schreiben wollten, sich irgendwie beschweren wollten – ich habe dann im 3. Stock des Bettes die Sachen formuliert, habe den Anträgen Nachdruck verliehen. Das wurde schließlich bemerkt, und mir wurde Arrest angedroht dafür. Davor hatte ich aber furchtbare Angst. Nicht vor dem Alleinsein, das habe ich mir manchmal sogar gewünscht, sondern vor dieser Tortur: es war Winter, und dort wurde nicht geheizt, das Fenster war immer offen. Ich hatte einfach Angst vor der physischen Bedrohung. Und ich hab' zwei Frauen erlebt, die kamen jede mit einer schweren Nierenbeckenentzündung wieder heraus und waren völlig fix und fertig, waren um Jahre älter. Sie bekamen da unten ganz wenig zu essen, eben gerade soviel, daß das gereicht hat. Davor hatte ich Angst, ich wollte einfach gesund bleiben. Ich habe dann geschrieben, wenn diese ständigen Nörgeleien, diese ständigen Drohungen gegen mich nicht nachließen, dann wollte ich am 4. Januar – kurz bevor ich dann auf Transport ging – einen Hungerstreik machen. Und das hab' ich dann auch wahr gemacht. Aber die haben darauf nicht reagiert. Ich habe 4 Tage lang nichts gegessen. Das war auch eine ganz schöne Folter. Die ersten beiden Tage war ich ganz nervös, habe auch geweint und immerzu rumgepfriemelt. Und dann – am 3. Tag – wurde ich völlig apathisch. Am 4. Tag habe ich überhaupt nichts mehr gemerkt. Am nächsten Montag wurde mir dann jedoch gesagt: Also, wenn du nichts ißt, dann hast du keinen Sprecher. Und da hab' ich mir dann überlegt: Um Gottes willen, wenn du keinen Sprecher hast, kannst du deinen Eltern nichts sagen. Die können dir nichts mehr übermitteln, können nicht mehr erfahren, wie es dir geht, was hier drinnen los ist! Und da habe ich mir überlegt: Gut, dann ißt du eben wieder! Das hat mir zwar überhaupt nicht geschmeckt am Anfang. Das hat mir richtig weh getan, wieder etwas zu essen. Und das Essen war katastrophal. Es spazierten dabei immer Kakerlaken über den Tisch. Daran hatte man sich schon fast gewöhnt, an dieses Ungeziefer. Ich hatte also wieder angefangen zu essen, mir aber gleichzeitig ausgedacht, am Montag, wenn meine Eltern kommen würden, sie einfach zu beauftragen, den Knast nicht eher zu verlassen, bevor nicht ein Gespräch zwischen meinen Eltern, mir und dem Haftanstaltsleiter zustande gekommen war. So geschah es dann auch – kurz nach dem Sprecher! Das war für mich ein unheimliches Hoch, ein Triumph, das geschafft zu haben. Ich hab' dann mit meinen Eltern einen zweiten Sprecher gehabt und eigentlich nur gelacht. Mein Vater war ganz selig, meine Mutter furchtbar ängstlich. Ich war so aufgeregt und wollte meinen Eltern nicht weh tun und sie mit meinen Problemen bedrängen. Aber es war ihnen auch wichtig, mir helfen zu können, und das haben sie dann auch getan. Nach dieser Geschichte wurde ich dann in Ruhe gelassen. Da passierte überhaupt nichts mehr. An Weihnachten erinnere ich mich noch. Ich habe mich mit einigen Frauen sehr gut verstanden, die eine sehr starke Bindung an die evangelische Kirche hatten, die immer in die Kirche gegangen sind, und die auch so gelebt haben, ein bißchen. Ich bin nicht getauft und habe keine solche Erziehung genossen. Hatte von daher auch nicht so eine wahnsinnige Beziehung zu Weihnachten. Es war eher ein Familienfest mit vielen Geschenken für uns Kinder gewesen. Das ist für mich nichts Heiliges, es ist einfach immer ein schönes Zusammensein gewesen. Ich hab's in Hoheneck wirklich gut verkraftet. Für mich war's nur schlimm, meine Eltern draußen allein zu wissen – mit den Gedanken an mich im Knast, in so einer Zelle. Aber selbst Weihnachten erlebte ich eine Strafmaßnahme: Diese Firma »Esda« hatte sich herabgelassen, für Brigadiere und solche Leute eine kleine Flasche Parfüm, ein bißchen Bademittel und so ein Zeug, einen halben Stollen pro Person sowie einen Apfel und eine Apfelsine zu geben. Die Feier fand im Flur statt. Da waren so sämtliche Kommandos zusammen, spielte auch ein bißchen Weihnachtsmusik, das war schon pervers. Und ich wurde davon ausgeschlossen. Ich mußte mit noch zwei anderen Frauen in der Zelle sitzen. Wir waren für uns. Es war eigentlich ein Tag wie jeder andere. Wir haben viel gelacht über diesen Wahnsinn, der da draußen ablief. Über diese seligen Gesichter, die überhaupt nichts mitbekamen und froh waren, wenn sie ein Stück Stollen kriegten – von einer Firma, die ihnen für 8 Stunden harter Arbeit zwischen 36,– und maximal 90,– Mark Monatslohn zahlte!

Am 10. Januar 1984 bin ich dann weggekommen. Kurz nach dem Gespräch zwischen meinen Eltern, mir und dem Anstaltsleiter. Der gab sich dabei unheimlich verständnisvoll und sagte immerzu nur: »Ach, das kann doch nicht sein! Ach, das gibt's doch nicht. Da werde ich aber was machen! Wie heißt denn Ihre Erzieherin?« Das war eine herrliche Geschichte. Die Gerichtsverhandlung war schon ein großes Theaterstück für mich. Aber dieses Gespräch war die Fortsetzung des Wahnsinns. Am Montag ging's dann also los in Richtung Karl-Marx-Stadt. Das war dann noch einmal so der letzte Puffer. Da hat man gemerkt, die Blöden, die wollen einem noch einmal so richtig zeigen, was sie können. Böse und eigenartig war das. Man hat das aber nicht mehr so übelgenommen. Doch stellenweise habe ich mir diese dicken Bullengesichter, diese völlig leeren Gesichter genau angesehen – meistens waren sie leer, manchmal stimmungsvoll, manchmal wütend! Je nachdem, ob sie eine gute Nacht hinter sich oder ein schönes Fressen vor sich hatten. Mehr passierte da auch nicht. Das hat mir manchmal sogar leid getan, obwohl das auch wieder gefährlich ist, denn ich weiß nicht: Wehe, wenn die einmal losgelassen werden, was die noch alles machen würden! Ich weiß nicht, wie es hier aussieht: Moabit oder so, habe ich noch nicht gesehen, Stammheim auch nicht. Aber im Knast läuft es fast überall gleich. Da gibt es bestimmt Parallelen. Aber jetzt liegt das alles hinter mir und ich muß sagen: Mut zur Zukunft habe ich schon! Ich hab' ein großes Bedürfnis, was zu machen, wieder zu malen. Ich möchte wieder was tun, das tun, was ich möchte! Auf alle Fälle ist etwas von mir gewichen, was drüben immer da war – nicht zuletzt durch dieses 3x Inhaftiertsein: die Angst. Diese Angst ist weg! Die Angst ist einfach verschwunden!

Inhalt